财政部规划教材
安徽省一流教材

会 计 学

——基于信息使用者视角

（第二版）

周萍华　宋佳宁　周　蕾　主编

中国财经出版传媒集团
经济科学出版社
Economic Science Press

图书在版编目（CIP）数据

会计学：基于信息使用者视角 / 周萍华，宋佳宁，
周蕾主编 . —2 版 . —北京：经济科学出版社，2022. 1（2024. 7 重印）
财政部规划教材
ISBN 978 - 7 - 5218 - 2991 - 4

Ⅰ. ①会… Ⅱ. ①周… ②宋… ③周… Ⅲ. ①会计学
- 高等学校 - 教材 Ⅳ. ①F230

中国版本图书馆 CIP 数据核字（2021）第 214013 号

责任编辑：杨晓莹
责任校对：靳玉环
责任印制：张佳裕

会　计　学
——基于信息使用者视角
（第二版）
周萍华　宋佳宁　周　蕾　主编
经济科学出版社出版、发行　新华书店经销
社址：北京市海淀区阜成路甲 28 号　邮编：100142
教材分社电话：010 - 88191309　发行部电话：010 - 88191522
网址：http：//www. esp. com. cn
电子邮箱：bailiujie518@ 126. com
天猫网店：经济科学出版社旗舰店
网址：http：//jjkxcbs. tmall. com
北京密兴印刷有限公司印装
787 × 1092　16 开　21. 25 印张　540000 字
2022 年 1 月第 2 版　2024 年 7 月第 3 次印刷
ISBN 978 - 7 - 5218 - 2991 - 4　定价：52. 00 元
（图书出现印装问题，本社负责调换。电话：010 - 88191510）

前言

基于会计信息使用者视角，而非会计信息提供者视角是编写本教材的特点。本教材从“会计信息使用者”的角度出发，按“会计目标—财务报表—会计交易和事项—报表分析”的内容体系，遵循全新的会计和税收法规政策，力求体现会计信息的全面性与系统性、有用性与时效性。为了使本书的内容跟上会计改革的步伐，适应新时代会计教学改革的需要，丰富教学内容，使会计学科内容更具深度，作者对本书进行了修订。

本次修订在第一版的基础上融入课程思政内容，将思政教育融入专业教育之中，在会计专业知识中融入诚实守信、遵纪守法、环境保护、勤俭节约等元素，旨在引导学生弘扬信以立身、俭以养德的中华民族传统美德，树立正确的金钱观、消费观、价值观，这既是对教材知识体系的必要补充，也进一步体现了教材应担负的立德树人使命，更为人工智能环境下会计教学形式的创新创造条件。

在修订过程中，除了保持原有的特色外，还接受了有关读者的建议，建立了“会计学”课程网站（http：//kjxzyjs. aufe. edu. cn/），及时上传和更新相关教学及学习资料，如大纲、教案和课件等；同时，组织教材编写组成员编写了《〈会计学——基于信息使用者视角〉学习指导书》根据各章的内容提出了学习目的和要求，学习要点、重点与难点，并根据内容模块设置习题，在每章最后提供相关案例，以锻炼学习者的实际运用能力；基于本教材的“会计学”配套线上课程已在智慧树平台上线（http：//coursehome. zhihuishu. com/coursehome/1000070299），帮助学生综合性地理解和掌握章节内容，循序渐进，达到深入学习的效果。

本书由周萍华、宋佳宁和周蕾主编。主编修订了大纲，并对全书进行修改和总纂。各章分工如下：周萍华执笔第一章；宋佳宁执笔第二、第四章；张丽英执笔第三、第九章；唐玮执笔第五章；刘锦妹执笔第六、第八章；周蕾执笔第七、第十一章；姜利执笔第十章。

本教材为安徽省一流教材“会计学——基于信息使用者视角”（2020yljc002）项目研究成果之一。在本书的编写过程中，参考了国内外大量的相关文献和资料，得到了安徽省教育厅和安徽财经大学的大力支持和帮助，许多同行和读者也给本书提出了宝贵的意见，在此一并表示衷心感谢！

本书除作为高等院校经济管理类各专业的教学用书外，也可作为广大经济管理工作者的自学参考书。

由于编者的水平有限，本书难免存在不足之处，恭请读者给予批评指正。

编　者

2022 年 1 月

前言（第一版）

本书基于会计信息使用者视角，而不是会计信息提供者视角是编写本教材的特点。

会计以提供有用的信息为目的，理解这些信息需要提供的信息简单清晰。但会计的技术性要求使用者需要经过系统的学习，掌握一定的会计知识才能充分理解这些信息。为满足非会计专业的信息使用者阅读财务报表的需要，理解会计数据传递的信息，本教材根据企业交易活动将全书内容分为筹资、经营、投资和利润分配四个模块，其中第八章负债和第九章所有者权益为筹资活动会计；第四章收入和速动资产与第五章存货和销货成本为经营活动会计；第六章对内投资与第七章对外投资为投资活动会计；第十章利润的确定和分配为收益分配会计。每个模块介绍相关业务活动及其信息生成过程，着重说明其对报表的影响，编者在每章后面都增加了相关会计信息分析的内容，帮助学习者掌握运用会计信息进行管理的能力。

自企业会计准则颁布以来，财政部不断地对其进行增补和修订，其中以2014年和2018年修订的幅度最大；2016年和2019年我国增值税相关规定又作了较大调整。这些政策法规都对会计信息产生了较大影响。本教材的编写遵循了全新的会计和税收法规政策，作者力求体现会计信息的全面性与系统性、有用性与时效性。

为了让学习者学起来更轻松，每章的开篇以一个小故事或小案例入手，便于对本章内容有一个具体的印象，理解其实用价值，增强对本章内容学习的积极性和探究性，达到了解、掌握和运用的目的，提高使用者利用会计信息进行专业思维，达到分析和解决相关实际问题的综合能力。

本书由周萍华和周蕾主编。各章节编写的分工是：周萍华第一章和第四章；周蕾第二章和第十一章；张丽英第三章和第九章；唐玮第五章；刘锦姝第六章和第八章；宋佳宁第七章；姜利第十章。主编负责总纂和具体事项的安排。

本教材为安徽省规划教材“会计学——基于信息使用者视角”（2017ghjc118）项目研究成果之一，在本书的编写过程中，参考了国内外大量的相关文献和资料，在此向这些学者表示深切感谢！

由于作者水平有限，疏漏之处在所难免，敬请各位同仁批评指正。

编　者

2020年1月12日

目录

第一章

会计概论

案 例

学校对面的一家店铺挂牌转让，这让营销专业大四的学生Z兴奋不已，他在创业课程学习时就打算在学校附近开一家奶茶吧，将学校学到的营销知识与实践相结合，同时方便同学们休闲学习、朋友聊天等。

在做商业计划书时，Z碰到了难题：钱从哪来？除自己勤工俭学的结余和家人的资助外，他打算向银行贷款。Z向会计专业的同学L咨询时，L告诉他，企业资金来源有两个渠道，一是向所有者筹资，二是向债权人筹资。向所有者筹资，即找合伙人，让合伙人再投入一部分资金；若向银行贷款，银行除对贷款人的现金流量有一定的要求外，还要求企业的资产质量要高、偿债能力要强、具有一定的盈利能力。筹资、资产、偿债能力、盈利能力、现金流量？Z听了这些专业名词后，一脸茫然，不知从何入手。

你知道这些专业词语吗？Z同学的公司该如何起步呢？这都是会计学所要教给你的内容。

第一节　会计信息与会计信息使用者

一、会计信息

会计是商业语言，它汇集了组织机构商业活动的所有经济元素。组织是为了实现一个或多个共同目标而使若干人集合在一起的团体。人类所从事的社会活动，大多是通过一定的组织来完成的。组织按其目标分为两大类：一类是营利组织，主要目的是赚取利润，如企业；另一类是非营利组织，主要目标是服务社会和管理社会，如学校、医院和政府机构等行政、事业单位。这些组织，会计上称为会计主体。无论是营利组织还是非营利组织，为其目标都会发生一系列的经济活动，为获得较高的效率，需要对其进行管理。组织进行管理的前提是获得各类所需信息。管理者依据信息对各职能部门进行有效管理。会计就是一个信息系统，是一个计量会计主体经济活动、处理经济信息，并将处理结果与决策者进行交流的信息系统。什么是信息？通俗地说，信息就是消息。例如，企业的管理人员为有效利用各种资源，需要掌握原材料的采购和供应、产品的生产与加工，以及库存商品的销售和货币资金的及时回笼等信息，掌握资金的取得渠道和偿付手段，掌握资源的分布数量、使用效果等。医院、学校、政府和慈善机构等非营利组织，需要了解预算资金、预算外资金及社会资金等各种资金的取得和使用情况的信息。因此，不同类型的组织（即会计主体）出于其自身的运行和发展目的，都需要信息的支持。组织的类型不同，所需具体信息类别也有所不同，但有些信息是通用的。

我们以科佳文具店为例，说明信息的类别。科佳文具店由智科和佳雯两人合伙组成，日常经营由佳雯管理，聘请两名营业员；主要经营各类办公和学习文具。文具店自有价值较大的一间门面房，另租入一间仓库，储存了一定数量以备出售的各类办公用具和学习用品，在银行账户中有存款。这段文字为我们提供了不同形式的信息，既告诉我们这个组织的性质，又说明了其员工的人数；既阐明了经营范围，又介绍了资产内容与金额。总体来说，信息分为定性信息和定量信息。定性信息主要用文字表述，用于说明某一事物特征的信息，如企业性质和企业形象、行业属性与主营业务等；定量信息是用数量来表述的，如职工人数、销售收入等。会计信息是定量信息中的一种，与其他定量信息的区别是会计信息主要采用货币计量。有些定量信息若不能以货币计量，则不是会计信息，如企业的市场份额、董事会人数、职工技术等级等。会计信息具体可分为财务会计信息、管理会计信息和税务会计信息三种，提供会计主体的经营管理相关的情况。信息的具体构成及分类见图 1－1。

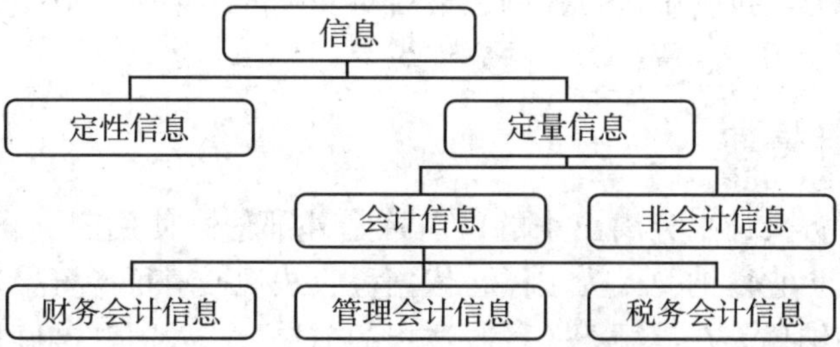

图 1－1　信息的构成及分类

（一）财务会计信息

财务会计信息是指对主体已经发生或完成的经济业务进行确认、计量和报告，为外部各个方面关系人和内部管理者提供财务状况、经营成果和现金流量等有关的信息。和中介机构外部各个方面关系人包括投资人、非营利组织受托人、债权人、供应商、客户、财务分析师、政府有关部门及一般社会公众等。如科佳文具店日常经营由佳雯负责，另一合伙人（投资者）智科需了解企业盈利现状、盈利的主要品种及利润的可持续性等信息；当科佳文具店需要向银行贷款时，银行（债权人）要了解文具店目前的负债程度、偿债风险及还本付息的能力；供应商为及时收回货款，需关注其支付货款所需现金流量的信息；税务部门需关注其纳税信息等。此外，客户为避免企业售后服务中断而导致的经营被动，需关注企业财务状况和经营情况的变化等信息；政府在制定宏观经济政策时，需判断各行业目前的盈利情况和财务情况，以通过恰当的税率来调整产业政策等。

外部信息使用者的需求不尽相同，会计主体应充分披露各类相关的会计信息。会计信息披露不足，会影响外部使用者的分析利用；但披露的信息过多、过细，会造成信息使用（如筛选、分析等）成本上升，还可能导致商业秘密（如客户的信息、供应商的信息、产品成本的信息等）的泄露，因此，会计信息不可能满足外部使用者的所有需求。在实务中，财务会计按照国家财政部门制定的统一会计准则和会计制度以及其他相关规定提供通用的财务会计信息（“标准化”会计信息）。外部信息使用者若不了解提供信息所遵循的准则等相关规定，就很难理解财务报告所披露信息代表的经济内容。

为方便报表使用者更好地理解财务信息的内容，我国会计准则规定财务信息以财务会计报告方式对外披露，财务会计报告也称会计报告，简称财务报表，具体包括资产负债表、利润表、现金流量表、所有者权益变动表和财务报表附注。俗称为“四表一附注”，具体内容在第二章讲述。

（二）管理会计信息

管理会计信息指通过一系列专门方法，利用财务会计提供的资料及其他资料进行加工、整理和报告，为内部各级管理人员使用的信息。内部管理人员承担职能包括预测、决策、规划（或预算）、控制、评价。例如，科佳文具店为增加经营利润有以下备选方案：（1）提高某种或几种文具的售价；（2）扩大宣传以增加文具的销售数量；（3）改变采购渠道，降低文具的采购成本等。科佳文具店可以根据收入、销量及成本对利润的敏感性预测和可行性分析进行决策，选择其中的最优方案，然后对选择的方案进行规划和预算，确定目标和达到目标的途径，并在实施方案过程中进行控制，最后对实施的结果进行业绩评价。相对外部使用者而言，内部管理者所需信息量更大、更详细。

（三）税务会计信息

税务会计是从财务会计中分离出来的，向特定外部信息使用者（国家税务机关）提供相关信息的会计分支。它以纳税人为主体，依据税收法规，对税务资金进行筹划、确认、计量和报告，目的是使纳税人在遵循相关税收法规的前提下，及时、准确地缴纳税金并向税务部门提供纳税义务的信息。税务会计信息的主体是负有纳税义务的独立纳税人，包括法人和非法人。例如，科佳文具店在日常经营管理取得营业收入的同时，需要根据国家相关税收法规的要求，计算应缴纳增值税、消费税、教育费附加等流转税；在一定期间终了，根据经营所得计算需要缴纳所得税等。

税务会计产生于“财税分离”的会计制度体系，这种体制下的财务会计准则与税收法规不一致，需要根据税收法规提供专门用于纳税申报的会计信息。由于税金可分为所得税、流转税、财产税、行为税等，税务会计信息也可相应地分为所得税会计信息、流转税会计信息和财产税会计信息等。在“财税合一”的会计制度体系下，税务会计信息包含在财务会计信息之中。

在实际工作中，为帮助报表使用者加深理解，财务会计也提供一些非货币信息和定性信息。本教材主要讲述财务会计信息的生成过程、财务会计信息的内容和财务报告对外提供的方式等。

二、会计信息使用者

我国2006年2月发布的《企业会计准则——基本准则》指出，财务会计报告使用者包括投资者、债权人、政府及其有关部门和社会公众等。

（一）投资者

投资者是会计信息最主要的使用者，满足投资者信息需求是财务报告编制的首要出发点。投资者可以是个人投资者，也可以是机构投资者。企业在经营过程中，原有投资者可以追加投资，也可以引入新的投资者，符合条件的企业可以在资本市场上发行股票。投资者投入资本后，在现行法律体系下，一般不可以抽回投资。因此，投资者与企业经营者有着最直接的关系，他们在新增投资和转让投资时分析企业的未来收益和风险程度，考察投资对象获取利润的潜力和持续性，对投资收益和投资风险进行权衡后进行决策。投资后，通过参与股东大会等权力机构决定企业的融资规模、投资计划和经营方针；批准企业的年度预、决算报告和利润分配方案；评价企业管理层的工作业绩等。投资者作出上述决策所依据的信息主要来源于财务信息和其他经济信息，包括国内外宏观经济和行业发展信息、企业的财务状况和经营成果信息、企业的生产经营和市场信息及行业内其他企业的相关信息等。例如，科佳文具店是智科和佳雯两人合伙组成，日常经营由佳雯管理，但另一投资者智科需要了解文具店的财务状况，判断自已投入的资金是否存在风险；还要了解一定期间的经营成果，掌握投资资本的获利能力等信息，以决定是否追加投资，或是继续持有，或是转让投资。

（二）债权人

债务融资是除投资者投资外的另一融资渠道。企业的债权人通常是银行等金融机构、原材料的供应商、持有企业债券的社会公众等。债权人的要求是到期偿还本金和利息，因此，无论何种形式的债权人关注的都是债权本息的安全性。在贷款决策时，银行等金融机构根据企业的财务状况和经营能力判断企业未来还本付息的能力；债券投资者据此决定是否购买企业债券，购买数量的多少以及期限结构等；原材料供应商决定是否同意赊销或分期付款，以及分期付款的金额规模、付款期限等。贷款后，短期债权人关注企业资产的流动性即短期偿债能力，关注债务到期时资产的变现能力；而长期债权人关注企业连续偿还利息及债务到期后偿还本金的能力，这种能力是长期和持续的，并与企业的盈利能力相关。而上述信息，债权人一般借助经过注册会计师审计的报告获得。例如，科佳文具店在经营过程中，如果出现暂时的资金短缺，需向银行或其他金融机构（债权人）借入一定数量的资金时，银行或其他金融机构需要了解科佳文具店的财务状况，如资产总额、资产负债率、现金流量、资产变现能力、获利能力，以评价其短期或长期偿债能力，以做出是否向其贷款的决策。

（三）政府监管部门及中介机构

政府及其监管部门包括税务部门、财政部门、国有资产管理委员会（国资委）、市场监督部门和会计师事务所、审计机构等，上市公司的监管部门还包括证券管理委员会（证监会）及证券交易所等。这些部门承担着调控宏观经济、监督企业纳税以及为企业提供咨询服务等职能，目的在于提高社会资源的配置效率。为保证这些职能的履行，监管部门及中介机构需要定期获得企业财务报告。例如，税务部门一般以会计资料为基础进行纳税调整，检查企业依据税法应纳税额的已交、待交、退税及未来的税源状况等；财政部门根据财务报告检查企业会计信息质量；国资委根据财务报告检查国有资产的保值增值情况；市场监督部门依据财务报告检查企业是否依法经营；审计部门以财务报告为主要对象，审查资产、负债、收入、费用及其财务收支的合理性、合法性及效益性；证监会和证券交易所根据企业财务报告判断其披露信息的可靠性、相关性和及时性，以确保上市公司的质量等。会计师事务所根据委托，对企业财务报告及相关资料进行独立审计并发表审计意见，复核企业财务报表、账簿及凭证；核实财务报表与资产实物、财务状况和经营业绩是否相符，以保证会计信息的可靠与相关。例如，科佳文具店在经营过程中，市场监督部门监督其经营是否符合市场法则，税务部门对其纳税情况进行检查，质监部门对其产品的质量进行监督，审计和会计师事务所对其对外提供会计信息的真实性和相关性进行检查。

（四）企业管理者

企业管理者包括董事会成员、企业高级管理人员及计划、财务、供应、生产、营销、人事等部门管理人员。他们对企业日常经营活动进行控制和管理，根据及时、充分的会计信息制订企业的经营、融资、投资决策及利润分配方案。经营决策包括生产决策（生产哪些产品、生产数量、生产成本等）、营销决策（产品定价及销售费用的控制等）和人员管理（薪酬预算、职工薪酬的计算及支付、经营业绩指标完成等）；融资决策是指融资渠道（内源性融资、发行股票、向银行借款、发行债券）、融资时机和融资数额的大小；投资决策指企业资源如何配置、投资方向（购买固定资产和无形资产进行扩大再生产、购买股票或债券进行外部投资等）、闲置资金的管理等；利润分配是当期向股东分配的利润及当期损益的留存情况。例如，科佳文具店管理者根据相关信息分析，可以做出扩大销售范围、提高某种（类）商品的销售价格、改变采购渠道、提高（降低）人工费用等决策。

此外，作为潜在投资者的社会公众、客户和内部职工也是会计信息的使用者，他们关心企业的生产经营活动，以评价企业对所在地区经济作出的贡献，以及增加就业、刺激消费、提供社会服务等社会责任履行情况。财务报告中提供的有关企业发展前景及能力、经济效益及效率等方面的信息，满足了社会公众对信息的需求。

第二节　企业经济活动与会计行为

一、经济活动与会计业务

经济活动是指人们从事物质生产及其相应的交换、分配和消费活动。企业作为国民经济的基本单位，是依法设立的以营利为目的从事商品生产经营和服务活动的独立核算的经济组织，是市场经济活动的主要参加者。现代会计主要是以企业会计为代表，它按照会计法规的要求以财务报告为载体向利益相关者提供会计信息。财务报告集中反映了企业活动的相关经济信息，要理解财务报告所表达的信息内容，首先需要了解企业各种经营活动。

企业应具备一定数量的资金，才能顺利开展经济活动，包括生产经营活动和服务活动。企业的经济活动很多，有些需要会计信息加以反映，如现金的收付、商品的购销、存货的收发等；有些则不需要会计信息加以反映，如企业人事变迁、产品质量的管理、分销渠道的建立等。需要会计信息反映的经济活动称为会计业务，它是指企业能够以货币反映的经济活动，即会引起会计要素增减变动的经济活动（资金运动）。会计业务包括交易和事项。交易是指某一企业与其他主体和个人之间发生的经济往来活动，如企业购买材料并向供应商支付货款、支付职工工资等；事项是指某一企业内部发生的经济活动，不涉及另一方，如计提固定资产折旧、期末计算借款利息等。

企业的经济活动按资金运动方式不同主要分为两类：一类是为提供产品和劳务而开展的活动，属于企业的日常生产经营范围；另一类是筹资、投资和收益分配活动，即企业的财务活动。因此，筹资活动、投资活动、经营活动和收益分配活动，都是会计反映的内容。

（一）筹资活动

筹资活动也称融资活动，是指企业按照特定目的（如生产经营、投资等）需要，遵循有关章程，通过一定的方式从企业内部、外部取得所需资金的财务活动。企业进行生产经营或服务活动，没有资金就不能运转，筹资是企业生产经营的必要条件。在筹资过程中，企业一方面要合理确定筹资规模，提高筹资效果；另一方面要通过筹资渠道、筹资方式的选择，合理确定筹资结构，以降低筹资成本和筹资风险。企业筹资方式总的来说有两种：内源性筹（融）资和外源性筹（融）资。内源性融资是指本企业的留存收益和折旧转化为投资的过程；外源性融资是指企业通过一定方式向企业之外的其他经济主体筹集资金。外源性融资包括权益资本筹资和债务资本筹资。权益资本筹资是企业通过向投资者吸收直接投资、发行股票等方式取得的；债务资本筹资是企业通过向银行借款、发行债券、商业信用等方式取得的。企业筹集所需资本，使得资金流入企业。企业偿还借款、支付利息和股利等，使得资金流出企业。会计要核算筹资活动发生所引起的会计要素的增减变动。

（二）投资活动

企业筹集到生产经营所需的资金后，必须对其加以运用，给企业带来经济利益。企业只有不断投资，才有可能不断积累，扩大经营规模。企业投资有广义和狭义之分。广义的投资是指企业将筹集的所有资金投入使用的过程，包括对内投资和对外投资。对内投资是指把资金投放在企业内部，通过购置厂房、机器设备等固定资产和专利权、商标权等无形资产各种生产经营用资产，扩大生产规模的投资；对外投资是指企业购买其他企业发行的股票、债券和基金或与其他企业联营等。狭义的投资仅指对外投资。会计上所说的投资，特指对外投资。企业将资金投入到其他企业中，成为其他企业的股东，是一种通过参与分配来增加财富，或为谋求其他利益，将资产让渡给其他企业使用而获得另一项资产的活动。无论是对内投资还是对外投资，企业的资金会因此而发生增减变化，会计要核算这种因投资而产生的资金变动情况及结果。

投资和筹资是相应的经济活动，一个企业的投资往往可能会成为其他企业筹资的来源。企业在投资过程中，必须考虑投资的规模，通过投资方向和投资方式的选择，确定合理的投资结构，以提高投资效益，降低投资风险。

（三）经营活动

企业筹集到了资金，各个部门要按照决策所确定的计划，根据市场变化的具体情况实施，这个具体的实施过程就是资源的转换过程，也是企业的具体生产经营过程。由于企业的活动领域不同，制造业、商品流通业、服务业等各类企业的经营活动会有所不同。例如，制造业企业的生产经营过程包括供应、生产、销售三个过程，其生产经营活动具体化为上述三个过程所发生的各项经济业务，包括采购、生产、销售等业务；商品流通企业的经营活动主要有购进、销售等活动。随着企业的各项经营活动的发生，企业的资金表现为不断循环周转，会计上要核算资金在经营过程中所发生的增减变动情况及其结果。

（四）收益分配活动

企业通过资金运动取得收入，实现资本的增值。分配是作为投资的结果而出现，它是对投资成果的分配。投资成果表现为取得各种收入，在扣除各种费用后获得的利润。所以，广义的分配是指对投资收入（如销售收入和利润）进行分割和分派的过程；而狭义的分配仅指对利润的分配。企业实现的利润，首先要缴纳所得税，然后按规定的程序进行合理分配。会计上要进行核算利润的形成与分配、税金的计算与缴纳等活动。

企业的所有者、债权人等利益相关者需要了解企业在筹资、投资、经营、收益分配活动中的情况，便于其作出决策。为此，企业如何全面、恰当地报告各种活动及其结果？财务会计主要以会计法规、准则和制度为依据，对企业已发生的经济活动，进行确认、计量、记录和报告，并以财务报告的形式，将信息提供给所有者、债权人、政府部门等企业利益相关者。

在实际会计工作中，财务会计首先应取得证明经济业务发生的原始凭证，确定该业务所产生的经济影响，即该业务的发生会导致会计要素发生什么变化，是数量增减还是结构变化，并通过编制记账凭证确定应记入的账户及其金额，然后根据记账凭证登记有关账簿，会计期末编制财务报告。此外，会计还要分析财务报告和评价企业经济活动，为经营管理提供建议。

二、会计行为

（一）会计确认

为向报表使用者提供企业筹资、投资、经营和收益分配等活动的会计信息，会计系统有着独特的一套程序与方法进行会计信息的生产和分配，即会计行为，具体包括会计确认、会计计量和会计报告三个基本环节。

会计确认指会计人员运用职业判断，依据一定的标准，辨认和确定特定会计主体中发生的交易和事项是否可以转化为特定期间的会计信息，以及确定其所属的会计要素类别的过程。在具体的会计实务中，会计确认包括两个步骤：第一个步骤表现为将交易和事项传递的数据利用文字和金额归集于账户之中，即确认在何时、以何种金额和何种要素进行记录，这可以看作初始确认。第二个步骤是将账户体系中的信息最终在财务报表中进行表述的过程，即确认在何时，以何种金额和何种会计要素列入财务报表，会计上称为再确认。

初始确认是会计人员按照会计规范，判断某项经济活动是否应当作为会计信息记录，作为什么会计要素记录，记入哪一账户中，以及何时记录。初始确认主要包括在会计的日常核算过程中。例如，（1）企业发生的未决诉讼，若符合预计负债的条件，应确认为负债，否则应作为或有负债在报表附注中进行披露；（2）企业发生包退的销售，若能合理判断退货的可能性，则应在销售时确认为收入，否则应作为负债，在退货期满期间确认为收入；（3）企业发生的权益性（股票）投资，会计上应根据持有目的和要求确认为交易性金融资产、可供出售金融资产或长期股权投资。一般地，会计确认包括四个基本原则，可定义性（企业发生的经济业务必须符合某个财务报表要素的定义）、可计量性（能够利用某种计量属性进行计量）、相关性和可靠性。

从日常核算的会计信息到财务报告信息，是财务会计加工信息的第二阶段，也就是会计的再确认。再确认是指在初始确认与计量的基础上，对所有项目的数据进行筛选、浓缩，最终列示在财务报表里，再确认的主要任务是编制和分析财务报表。

（二）会计计量

计量是运用一定的计量尺度（计量单位），选择被计量对象的合理属性（计量属性、计量基础），以确定被计量对象价值的过程。会计计量是为了将符合确认条件的会计要素登记入账并列报于财务报表而确定其金额的过程。因此，会计计量包括确定计量尺度和选择计量属性两个问题。

计量尺度，亦称计量单位，是指对计量对象量化时采用的具体标准，如千克、米、箱、人民币、美元等。古代会计和近代会计经历了从单一的实物计量向货币计量、实物计量和时间计量（劳动计量）并列的发展变化过程。而以货币为主要计量尺度是现代会计的主要特征。当然，以货币为主要计量尺度并不排除会计计量中同时应用实物计量和时间计量（劳动计量）等计量尺度，如企业购进原材料时，会计提供的信息中包括数量（实物计量）、单价和金额等信息；在计算职工薪酬采用的计时工资和计件工资时，也要采用劳动计量或实物计量（出勤工时、生产数量），只是会计计量应以货币计量为主，其他计量尺度是货币计量的补充。

货币具有衡量商品价值的职能。同一货币在不同的时期可能有着不同的度量（实际购买力)。因此，即使以货币为主要计量尺度，还存在着名义货币单位和不变购买力货币（稳值货币）单位。名义货币单位是以现实的货币单位作为会计计量单位。名义货币购买力的变动幅度较小或上下波动在一定时间内可以抵消时，名义货币单位还是相对稳定的，选择名义货币可以较好地满足会计计量的需要。一般购买力货币单位（一般购买力单位)，是在币值变化较大的环境中，对实际货币单位的一种调整或变化形式，它是按一定时点的货币实际购买力换算后的计量单位进行计量的。因此，也称为“不变货币单位”。在持续恶性通货膨胀的条件下，币值稳定的前提不再存在，必须选择一般购买力单位作为会计计量单位（物价变动会计)。

会计计量属性，亦称计量基础，计是指予以计量的某一要素的特性方面，如桌子的长度、铁矿的重量、楼房的面积等。从会计角度，计量属性反映的是会计要素金额的确定基础，主要包括历史成本、重置成本、可变现净值、现值和公允价值五种不同的计量属性。例如一台机器，它既可以按取得时的实际价格（历史成本）计量，或按现在取得该设备的重置成本计量，也可按出售净值或未来现金流量的现值计量。由于采用了不同的计量属性，同一项资产或相同的资产，会被确定为不同的金额。会计核算基本上是根据交易或事项发生时的实际交易价格，即取得资产的最初成本（也称历史成本、实际成本）进行计量的。采用重置成本、可变现净值、现值、公允价值计量的，应当保证所确定的会计要素金额能够取得并可靠计量。

（三）会计报告

会计报告，是将经过综合性再加工后总括反映会计主体财务状况、经营成果和现金流量的会计信息，以特定的内容与形式，提供给相关使用者的书面文件。

会计报告按报送的对象不同可分为对外会计报告和对内会计报告。对外会计报告即财务报告，亦称财务会计报表、财务报表，主要包括资产负债表、利润表、现金流量表和所有者权益变动表及财务报表附注等；对内会计报告主要指成本报表及各种管理会计报表，其内容和形式因具体用途不同而有所不同。本教材主要讲授财务报表的信息生成及报告。

为了保证财务报表提供信息的可靠性和对报表使用者相关，财务报告必须以一定的会计记录为基础进行编报。会计记录是对经过会计确认的每一笔交易和事项，运用预先设置的账户，按复式记账的要求，根据审核无误的会计凭证，在账簿中加以登记，并据以编制会计报表的过程。它是提供财务信息的一个重要环节。通过会计记录，既可对会计要素进行具体的描述与量化，又可对数据进行分类、汇总和加工，只有经过会计记录，才能生成决策有用的财务信息。会计信息的生成过程如图 1－2 所示。

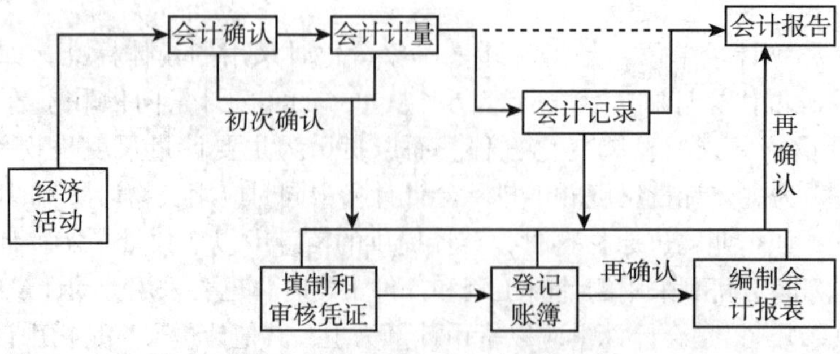

图 1－2　会计信息的生成过程

第三节 会计目标与会计假设

一、会计目标

会计目标，也称会计目的，是指会计行为所期望达到的境界或结果。会计目标的直接理解是为报表使用者提供有用的信息。那么它如何提供信息？提供哪些信息？为谁提供信息？我国《企业会计准则——基本准则》规定：企业应当编制财务会计报告。财务会计报告的目标是向财务会计报告使用者提供与企业财务状况、经营成果和现金流量等有关的会计信息，反映企业管理层受托责任履行情况，有助于财务会计报告使用者作出经济决策。由此产生了会计目标的受托责任观和决策有用观两种学术观点。

（一）受托责任观

现代企业制度强调所有权和经营权分离，受托责任观下的所有者（委托方）与经营者（受托方）之间的委托代理关系是直接建立的。资源的受托方接受委托，管理委托方所支付的资源，委托方关注的是委托财产资源的保值与增值。受托方因此承担合理、有效地管理与应用受托资源，使其尽可能地能够保值增值；受托方有义务及时、完整地向委托方报告其受托资源管理的情况以解脱受托经济责任。委托方通过相关的法规、合约和惯例等来激励和约束受托方的行为。企业受托责任包括两部分，一是财产受托责任关系，如股东将其资财托付给董事会；二是管理受托责任关系，如董事会分权给管理当局，最高管理当局又分权给下层管理当局等。在此观点下，会计目标应当是以恰当的方式向委托方（所有者和债权人）有效地反映资源受托者的受托经营管理责任及其履行情况，其中财务会计是在受托人接受托付后，按照公认会计准则的要求，对受托责任的完成情况进行自我认定、自我计量，并定期编制各种受托财务责任报告，为委托人审核受托财务责任的完成过程和结果提供信息；管理会计是通过计划、预算和控制等手段来确定、分解受托责任目标，并协助受托人完成受托责任目标，提出管理业绩报告，是否需要更换经营者等。

为了反映受托方的经营状况，在会计处理上，主要采用历史成本计量，强调会计信息的可靠性；会计信息使用者更关注财务报表中的利润表。

（二）决策有用观

决策有用观产生的背景也是所有权和经营权分离，但所有者与经营者之间的委托代理关系不是直接建立的，而是通过资本市场间接建立的。决策有用观的会计目标是为了向财务会计报告使用者提供对他们的经济决策有用的会计信息。美国财务会计准则委员会在其《财务会计概念公告》中对财务报表的目标作出了进一步的阐述：第一，财务报告应提供对投资者、债权人以及其他使用者作出合理的投资、信贷及类似决策有用的信息；第二，财务报告应提供有助于投资者、债权人以及其他使用者评估来自销售、偿付到期证券或借款等的实得收入的金额、时间分布和不确定的信息；第三，财务报告应能提供关于企业的经济资源、对这些经济资源的要求权以及使资源和对这些资源要求权发生变动的交易、事项和情况影响的信息。

为了提供决策有用的信息，在会计处理上，不仅关注已发生的经济事项，还应关注对企业产生影响的现时和未来事项，更倾向于公允价值或现行价值计量，强调会计信息的有用（相关）性；会计信息使用者更关注财务报表中的资产负债表。

二、会计假设

会计假设，也称会计核算的基本前提、会计核算的前提条件，是为了保证会计工作的正常进行和提供高质量的会计信息，而规定的会计核算的范围、内容、基本程序和方法。按照国际惯例，结合我国具体情况，企业在组织会计核算时，应当以会计主体、持续经营、会计分期、货币计量作为会计核算的基本前提。

（一）会计主体

会计主体是指会计服务的对象或者说是会计人员进行确认、计量和报告的特定单位。会计进行确认、计量和报告必须首先明确会计主体，即核算谁的经济业务？提供谁的会计信息？会计主体的弹性很大，凡是有经济业务的任何特定的独立单位，都可以、也需要进行独立核算，成为一个特定的会计主体。会计主体可以是一个企业，也可以是由若干企业组成的集团公司。会计主体与企业法人不同。企业法人是指在政府部门注册登记、有独立的财产、能够承担民事责任的法律主体，它强调企业与各方面的经济法律关系。而会计主体则是按照正确处理外部利益相关者（如投资者、债权人、税务及相关部门、供应商、客户及职工等）与企业的关系，以及正确处理企业内部关系的要求而设立的。尽管所有经营法人都是会计主体，但并不是每一个会计主体都是法人。例如，独资企业和合伙企业不是法人，但每一个独资企业和合伙企业都是一个独立的会计主体；集团公司是由若干具有法人地位的企业所组成，出于经营管理的需要，为了全面考核和反映集团公司的经营活动和财务成果，只能把集团公司看作是一个会计主体，编制合并会计报表，以便全面分析和评价整个集团公司的经营情况。

会计主体实际上是对会计核算和监督进行空间活动范围的界定，一切核算工作都是站在特定会计主体立场上进行的。在会计核算中必须将该主体所有者、其他经济实体、内部职工的财务活动与该主体本身的财务活动严格区分开。

我国《企业会计准则——基本准则》规定：企业应当对其本身发生的交易或事项进行会计确认、计量和报告。

（二）持续经营

持续经营是指会计确认、计量和报告应当以持续、正常的生产经营活动为前提，在可以预见的将来，不会进行破产清算。会计主体确定后，只有假定这个会计主体是持续、正常经营的，才能保持会计信息处理的一致性和稳定性。例如，只有在持续经营的前提下，企业的资产和负债才能区分为流动的和长期的；企业资产才以历史成本计价，而不以现行成本或清算价格计价；才有必要进行会计分期，并为采用权责发生制奠定基础；才使正确区分资本与负债成为必要。

这一前提的主要意义在于：可以使会计原则建立在非清算基础之上，为解决常见的资产计价和收益确定提供了基础。当然，任何企业都存在着破产的可能性，一旦进入破产清算，持续经营前提将被清算前提所代替，但这并不影响会计核算和监督仍然以持续经营为前提。

我国《企业会计准则——基本准则》规定：企业会计确认、计量和报告应当以持续经营为前提。

（三）会计分期

会计分期是指把企业持续不断的生产经营过程，人为地划分为间隔相等、首尾相接的会计时段，每一时段为一会计期间，以便分期结算账目和编制会计报表。会计期间是会计工作中为核算生产经营活动或预算执行情况所规定的起讫日期。企业的经营活动是连续不断进行的，在时间上具有不间断性，会计要对这个连续不断的经营活动过程进行计量和报告，从而提供有用的会计信息，不可能等到企业全部经济活动都结束后，再进行结算和编制会计报表。所以将持续经营的经济活动划分会计期间，以及时确定每一会计期间的收入、费用和利润，确定每一会计期初期末的资产、负债和所有者权益的数量，进行结算账目和编制会计报表。它明确了会计工作的时间范围。

会计期间包括会计年度和中期。会计年度一般是 12 个月，可以与日历年度相同，从每年 1 月 1 日至 12 月 31 日作为一个会计年度；也可以根据经济活动的高低潮来划分会计年度，如从 10 月 1 日开始至下一年度的 9 月 30 日作为一个会计年度。会计年度确定后，再确定会计半年度、会计季度和会计月份，半年度、季度和月度统称为会计中期。有了会计期间这个前提，才产生了本期与非本期的区别，才产生了收付实现制和权责发生制，才能正确贯彻配比原则。

我国《企业会计准则——基本准则》规定：企业应当划分会计期间，分期结算账目和编制财务会计报告。会计期间分为年度和中期，中期是指短于一个完整的会计年度的报告期间。

（四）货币计量

货币计量是指会计主体在会计核算过程中采用货币作为主要计量单位，综合反映会计主体的经营情况。由于企业经济活动的不同，财产物资繁多，会计核算需要选择合理的计量单位。在商品经济条件下，货币是商品的一般等价物，是衡量商品价值的共同尺度，会计核算就必然选择货币作为其主要计量单位，以货币形式来反映企业的生产经营活动全过程。由于经营活动的国际化，经营活动涉及不同的货币，会计核算必须确定基本记账货币——记账本位币。《中华人民共和国会计法》第十二条规定：会计核算以人民币为记账本位币。业务收支以人民币以外的货币为主的单位，可以选定其中一种货币作为记账本位币，但是编报的财务会计报告应当折算为人民币。

货币计量实际上是对经济活动进行货币估价，而货币估价的习惯做法是以历史成本计价。不言而喻，采用历史成本计价，就必须假定货币本身的价值稳定不变，或者变动的幅度不大，可以忽略不计。也就是说货币计量实际上还包括另一个重要前提，即币值稳定前提。在会计实务中，若物价发生较大波动时，需要采用特殊业务会计（物价变动会计）来处理有关交易和事项。

我国《企业会计准则——基本准则》规定：企业会计应当以货币计量。

上述会计核算的四项基本前提具有相互依存、相互补充的关系。会计主体确立了会计核算的空间范围，持续经营与会计分期确立了会计核算的时间长度，而货币计量则为会计核算提供了必要的手段。没有会计主体，就不会有持续经营；没有持续经营，就不会有会计分期；没有货币计量，就不会有现代会计。

三、会计含义

综上所述，会计是通过对一个组织（会计主体）的经济信息进行确认、计量和报告，反映管理层受托责任履行情况，有助于财务会计报告使用者作出经济决策的信息系统。它包含三层含义：第一，会计的目的是反映管理层的受托责任和为使用者提供有用的决策信息，以使其作出有用的判断；第二，会计对象是会计主体发生的能以货币计量的定量信息，以反映会计主体的财务状况、经营成果和现金流量等有关情况；第三，会计工作的手段和过程（会计行为）包括确认、计量和报告。

第四节　会计职业与会计规范

一、会计职业

职业是指专业的、在社会中所从事的作为主要生活来源的工作。能够胜任会计职业的人被称为会计师，前面我们提到的主要是企业会计，实际上，任何组织都需要会计人员对其所从事的经济活动进行确认、计量和报告。会计职业按其服务对象不同可以分为企业会计、政府和非营利组织会计与公共会计。

（一）企业会计

企业会计也称营利组织会计，是指服务于以营利为目的的商业组织的会计，如公司会计。企业会计部门通常是除生产和销售等业务部门之外的最大的参谋性职能部门。服务于企业的会计人员，按其工作的重点可分为财务会计、管理会计和税务会计；按其工作性质可分为财务总监、财务经理、会计主管和一般会计人员等。

财务总监（Chief Financial Officer，CFO）全面负责企业的财务管理、会计核算与监督工作。财务总监的职责是组织制定公司财务方面的管理制度及相关规定，制定和完善内部控制制度，落实财务政策；参与公司重要事项的分析和决策，利用财务核算与会计管理原理为公司经营决策提供依据，主持公司财务战略规划的制定；负责财务人员的组建和优化、培训和考核；制订公司资金运营计划，监督资金管理报告和预算、决算；组织实施公司财务核算，提供经营分析和财务报告等。

财务经理是指企业会计机构的负责人，是会计工作的具体领导者和组织者。其职责是全面负责财务部的日常管理工作，组织制定财务方面的管理制度及有关规定并监督执行；制订财务计划，负责编制及组织实施财务预算报告和财务报告，负责企业全面的资金调配、成本核算、会计核算和分析工作；协助财务总监开展财务部与内外部的沟通和协调工作等。

会计主管是主管企业会计工作的技术负责人，一般会计人员是会计工作的具体承担者。他们的职责是依法进行会计核算，实行会计监督。包括审核有关费用的开支范围、标准和列支口径；填制会计凭证，登记账簿，按时结账对账，编制会计报表；开展内部审计，确保财产物资的安全完整；进行各项税费的申报事项；保管财务报表及相关资料等。

（二）政府与非营利组织会计

政府与非营利组织会计是指政府机关、行政单位和各类不以营利为主要目的的组织的会计，政府与非营利组织一般不直接生产物质产品，而是通过各自的业务（服务）活动对社会发展进行保障和维护，包括政府会计与非营利组织会计。它们的共同点是管理和服务，不以营利为目的。

政府会计又分为政府财政会计和行政单位会计。政府财政会计（狭义的政府会计）是各级人民政府财政部门核算和监督各级政府预算财务收支活动及其委托责任履行情况的会计，又称财政总预算会计、政府财政会计。行政单位会计是各级人民政府所属行政单位核算和监督单位预算执行情况的会计，又称行政单位会计，是同级政府会计的组成部分。

非营利组织会计又分为公立非营利组织会计和民间非营利组织会计。公立非营利组织会计是地方行政区域的财政建立的，不以营利为主要目的，旨在完成某项事业或使命的组织，如医院、图书馆、新闻媒体、出版社、文艺团体、科研院所、体育机构等的会计；民间非营利组织会计是指由民间出资举办的、不以营利为目的，从事教育、科技、文化、卫生、宗教等社会公益活动的社会服务组织，主要包括社会团体、基金会、民办非企业单位、寺院等的会计。

（三）公共会计

公共会计也称社会会计，是指在会计师事务所从事的面向社会各类企业、事业和行政单位提供会计、审计和咨询服务，并按规定向客户收取服务费用的会计职业。因其面向社会公开提供会计服务，与只为本单位服务的企业会计和政府及非营利组织会计不同，被称为公共会计或社会会计。公共会计的主要业务包括报表审计、资产评估、会计服务、税务服务、管理咨询服务、经济案件鉴证、参与办理企业清算等。但其主要业务是提供财务报表审计，财务报表审计的签字会计师需要符合一定的资质，他们被称为注册会计师。

注册会计师（Certified Public Accountant，CPA），产生于现代企业制度所有权和经营权分离大背景下企业内外部的信息不对称。企业内部的经营者负责会计信息的编制和披露；而外部利益相关者如投资者和债权人等需要根据经营者提供的财务报告了解企业的经营情况。内部经营者在拥有信息优势的前提下，可能从自身利益最大化出发，进行盈余管理，甚至做假账。为了防止经营管理层进行会计信息操纵，需要由注册会计师以独立的身份对会计信息进行再确认、再计量和再报告，注册会计师就是独立于信息的提供者和使用者的第三方，他们具有会计专业技术能力和执业资质，按照规定，上市公司所披露的年度报告，必须经注册会计师审计，并将审计报告与财务报告一并披露。

根据我国《注册会计师法》规定，申请成为注册会计师的基本要求为：国家实行注册会计师全国统一考试制度；具有高等专科以上学校毕业的学历，或者具有会计或相关专业中级以上技术职称的中国公民，可以申请参加注册会计师全国统一考试；参加注册会计师全国统一考试成绩合格，并从事审计业务工作二年以上的，可以向省、自治区、直辖市注册会计师协会申请注册；注册会计师执行业务，应当加入会计师事务所。

二、会计规范

会计规范是人们在从事与会计有关的活动时，所应遵循的约束性或指导性的行为准则。从企业的经济业务形成到会计信息对外提供，需要经过复杂的加工过程，会计人员在加工过程中，因经济业务的多样性、会计假设、不同的计量基础、收入的实现和费用的分配都存在一定程度的不确定性，需要会计人员根据职业判断进行会计政策选择和会计估计。会计人员经验不同，选择不同，得出的结论可能会有明显的差异，这种选择的存在为企业管理者和会计人员操纵利润提供了可能性。为了保证会计信息的有用性，尽量减少环境不确定性的影响，提高会计信息质量，会计行为都应遵循具有普遍约束性的行为准则。从其形成过程来看，会计规范包括职业道德和会计法律。

（一）会计职业道德

会计职业道德是根据会计职业特点提出的，要求会计人员在会计活动中应普遍遵循的道德要求，它贯穿于整个会计规范体系之中。以中国注册会计师职业道德为例，2020 年 12 月中国注册会计师协会颁布了修订的《中国注册会计师职业道德守则》和《中国注册会计师协会非执业会员职业道德守则》，自 2021 年 7 月 1 日起施行。注册会计师在执业过程中应遵循《中国注册会计师职业道德守则》，该体系分为两个层次，包括五个具体守则。第一层次包括《中国注册会计师职业道德守则第 1 号——职业道德基本原则》《中国注册会计师职业道德守则第 2 号——职业道德概念框架》；第二层次是 3 个具体要求，包括《中国注册会计师职业道德守则第 3 号——提供专业服务的具体要求》《中国注册会计师职业道德守则第 4 号——审计和审阅业务对独立性的要求》《中国注册会计师职业道德守则第 5 号——其他鉴证业务对独立性的要求》。

《中国注册会计师职业道德守则第 1 号——职业道德基本原则》规定了注册会计师应当履行相应的社会责任，维护公众利益；职业道德六项基本原则是诚信、客观和公正、独立性、专业胜任能力和勤勉尽责、保密及良好职业行为。

诚信原则是要求注册会计师应当在所有的职业活动中，保持正直，诚实守信。在执业过程中，注册会计师如果认为业务报告、申报资料或其他信息存在含有严重虚假或误导性的陈述、有缺少充分依据的陈述或信息、存在遗漏或含糊其词的信息等，则不能与这些有问题的信息发生牵连；如果注意到已与有问题的信息发生牵连，应当采取措施消除牵连。

客观和公正是指注册会计师应当公正处事、实事求是，不得由于偏见、利益冲突或他人的不当影响而损害自己的职业判断。如果存在导致职业判断出现偏差，或对职业判断产生不当影响的情形，注册会计师就不得提供相关专业服务。

独立性是注册会计师执行审计和审阅业务以及其他鉴证业务时，应当从实质上和形式上保持独立性，不得因任何利害关系影响其客观性。会计师事务所在承办审计和审阅业务以及其他鉴证业务时，应当从整体层面和具体业务层面采取措施，以保持会计师事务所和项目组的独立性。

专业胜任能力和勤勉尽责是要求注册会计师应当获取并保持应有的专业知识和技能，确保为客户提供具有专业水准的服务；做到勤勉尽责。专业胜任能力应当通过教育、培训和执业实践来获取和保持。同时，应当持续了解并掌握当前法律、技术和实务的发展变化，将专业知识和技能始终保持在应有的水平。注册会计师的勤勉尽责，也即遵守职业准则的要求并保持应有的职业怀疑，认真、全面、及时地完成工作任务。

保密是指注册会计师应当对职业活动中获知的涉密信息保密，不得未经客户授权或法律法规允许，向会计师事务所以外的第三方披露其所获知的涉密信息，也不允许利用所获知的涉密信息为自己或第三方谋取利益。注册会计师应当对拟接受的客户或拟受雇的工作单位向其披露的涉密信息保密，也要对所在会计师事务所的涉密信息保密，在终止与客户的关系后，应当对以前职业活动中获知的涉密信息保密。但根据法律法规的要求，为法律诉讼、仲裁准备文件或提供证据，向监管机构报告所发现的违法行为，为维护自己的合法权益，接受注册会计师协会或监管机构的执业质量检查，答复其询问和调查等，注册会计师可以披露涉密信息。

良好职业行为是指注册会计师应当遵守相关法律法规，避免发生任何损害职业声誉的行为，在向公众传递信息以及推介自己和工作时，应当客观、真实、得体，不得损害职业形象。不要夸大宣传提供的服务、拥有的资质或获得的经验，也不能贬低或无根据地比较其他注册会计师的工作。

内部会计人员是企业外部利益各方与管理当局的中介，在日常的工作中经常有涉及社会公众的利益、职业界的利益、管理当局的利益和会计人员个人的利益等。这些利益从长远来看是趋于一致的，会计人员提供了高质量的服务，提供的信息反映了企业的受托责任和满足了信息使用者的决策有用。一方面，社会公众的利益得到了满足，职业界和管理当局的价值得到了体现；另一方面，会计人员的个人价值也得到了承认，个人利益得到了满足。但是，这些利益在短期内却常常相互冲突，如粉饰报表、虚报利润是管理当局为增加自身利益的一种行为，会计人员作为帮凶，可能为了获得个人的短期利益，却损害了职业界和社会公众的利益。为此，在《会计基础工作规范》中提出了会计人员职业道德要求，具体包括爱岗敬业、诚实守信、廉洁自律、客观公正、坚持准则、提高技能、参与管理和强化服务。2018年4月，财政部又印发了《关于加强会计人员诚信建设的指导意见》，提出要增强会计人员诚信意识，加强会计人员信用档案建设，健全会计人员守信联合激励和失信联合惩戒机制。

（二）会计法规体系

职业道德规范属于意识形态范畴。法律规范是国家制定或认可的并由国家强制力保证实现的一种社会规范。我国会计法规体系具体由会计法律、行政法规、部门规章及规范性文件几部分组成。

1. 会计法律。广义上，会计法律是指国家权力、行政机关制定的调整会计关系的法规、规章、制度、准则条例等，是会计法规的统称。狭义的会计法律是指由全国人民代表大会及其常务委员会经过一定的立法程序制定的有关会计工作的法律，是调整我国经济生活中会计关系的法律总规范。我国目前有两部会计法律，分别是《中华人民共和国会计法》（下称《会计法》）和《中华人民共和国注册会计师法》（下称《注册会计师法》）。《会计法》是会计法规体系中层次最高的法律规范，是制定其他会计法规的依据，是指导会计工作的最高准则。我国于1985年1月21日第六届全国人大常委会第九次会议通过了《会计法》，1993年12月29日第八届全国人大常委会第五次会议修正，1999年10月31日第九届全国人大常委会第十二次会议修订。《会计法》规定，单位负责人对本单位的会计工作和会计资料的真实性、完整性负责；会计人员的基本职能是进行会计核算，实行会计监督；核算和监督的经济业务事项包括：（1）款项和有价证券的收付；（2）财物的收发、增减和使用；（3）债权债务的发生和结算；（4）资本、基金的增减；（5）收入、支出、费用、成本的计算；（6）财务成果的计算和处理；（7）需要办理会计手续、进行会计核算的其他事项。《会计法》是会计工作的基本法，是会计工作的最高行为准则，国家机关、社会团体、企业、事业单位和其他组织都必须遵守《会计法》处理会计事务。拟订其他会计法规，制定会计准则和会计制度，均应以《会计法》为依据。

2. 会计行政法规。国务院制定或认可的会计规范，它是调整经济生活中某些方面会计关系的法律规范。会计行政法规是依据《会计法》，由国务院制定发布或者由国务院有关部门拟订经国务院批准发布，如1990年12月31日国务院发布的《总会计师条例》、2000年6月21日国务院发布的《企业财务会计报告条例》等。此外，国务院制定的与会计工作有关的其他行政法规，对会计工作同样具有约束力。如国务院自1988年10月1日起实施的《现金管理暂行条例》，虽属于行政法规，会计工作也要遵循。

3. 会计规章。是根据《立法法》规定的程序，由财政部或国务院其他有关部委制定，并由部门首长签署命令予以公布的会计制度办法。如《企业会计准则——基本准则》《政府会计准则——基本准则》《会计师事务所审批和监督暂行办法》等。我国的基本准则类似于国际会计准则理事会的《编报财务报表的框架》，在整个会计准则体系中具有统驭地位，内容包括财务报告目标、会计基本假设、会计基础、会计信息质量要求、会计要素及其确认与计量原则和财务报告等；它构建起了完整、统一的财务会计概念体系，从不同角度明确了整个会计准则需要解决的基本问题。不执行会计准则的企业，应按会计制度进行核算。

4. 规范性文件。会计规范性文件是指财政部就会计工作中的某些方面所制定的制度办法。《会计法》规定，国务院财政部门主管全国的会计工作。财政部是制定会计规章的主管部门，从会计规章的数量看，绝大部分会计规章由财政部制定。国务院有关部门根据其职责制定的会计方面的规范性文件，也属于会计规章，如财政部与国家档案局联合发布的《会计档案管理办法》等。会计规章包括会计核算制度、会计监督制度、会计机构和人员管理制度及会计工作制度。其中会计监督制度分散于其他制度之中，如《会计基础工作规范》；会计机构和人员管理制度如《会计人员继续教育管理办法》；会计工作制度如《代理记账管理办法》《会计档案管理办法》等。其中最主要的是会计核算制度。会计核算制度是会计信息产生的标准，是评价会计工作质量的准绳。我国目前会计核算制度包括会计准则和会计制度两种。

“基本准则”属于会计规章，是对会计确认、计量和报告的原则性规定，为了对某一会计主体发生的业务对其财务状况、经营成果和现金流量的影响进行确认、计量和报告，加强会计实务的可操作性，根据“基本准则”的要求，财政部颁布了一系列会计核算的规范性文件，包括具体准则、准则指南和准则解释。我国目前已颁布的42项具体准则（2006年颁布38项，2014年修订其中4项，新颁布3项，2017年颁布1项），包括一般业务准则（存货、长期股权投资、固定资产、无形资产、资产减值、职工薪酬、收入、所得税、金融工具确认和计量等）、特殊行业和特殊业务准则（原保险合同、再保险合同、石油天然气开采、非货币性资产交换、债务重组、借款费用、企业合并、股份支付、或有事项、租赁等）及财务报告准则（财务报表列报、现金流量表、合并财务报表、每股收益等）。

各省、自治区、直辖市人民代表大会及其常委会在同宪法和会计法律、行政法规不相抵触的前提下制定发布的会计规范性文件，也是我国会计法律制度的重要组成部分。

企业应当严格按照会计规范编制财务报表，列报企业已经发生的交易或者事项，披露对于使用者决策有用的信息，反映管理层的受托责任。

第二章

财务报表与审计报告

案　例

A 毕业后应聘到某一担保公司做信贷业务员，任职后接受的第一份业务是协助信贷主管为在当地一家银行贷款 500 万元的甲企业提供担保。主管要求 A 作一份分析报告，并提示 A 除其他相关资料外，要关注甲企业的财务报表。

甲企业的财务报表主要情况：截至 2×21 年底，甲企业资产负债表中资产总额 5 000 万元，负债 4 000 万元；净资产 1 000 万元。该公司注册资本是 800 万元；利润表中当年营业收入 10 000 万元，营业利润 1 200 万元，净利润 700 万元；现金流量表中经营活动现金净流量 560 万元。A 看不懂上述数据，请教本公司老员工 B 和 C，B 认为甲公司的资产负债率高达 90%，偿债能力较弱，不能为其提供担保；C 认为虽然资产负债率高，但该公司当年盈利，且经营活动现金流与利润相似，利润质量较好，可以为其提供担保。

听了 B 和 C 的分析，A 不知如何写这份分析报告了。

如果你是 A，你应该如何处理？

第一节 资产负债表

企业应当编制财务会计报告（以下简称“财务报告”）。财务会计报告的目标是向财务会计报告使用者提供与企业财务状况、经营成果和现金流量等有关的会计信息，反映企业管理层受托责任履行情况，有助于财务会计报告使用者作出经济决策①。财务会计报告是指企业对外提供的反映企业某一特定日期的财务状况和某一会计期间的经营成果、现金流量等会计信息的文件②。财务报告的披露包括强制性披露和自愿性披露两种方式。强制性披露是根据相关法律法规的要求，企业必须披露的信息，如财务报表和审计报告是强制性披露的，自愿性披露是企业根据自身的需求，结合市场情况提供的各种相关的信息，自愿性披露的信息不受会计准则的约束，形式可以灵活多样，主要有管理层的分析与讨论预测报告、物价变动影响报告及社会责任报告等。自愿性披露的信息因企业不同而不同，本章的内容是强制性披露的信息，也即财务报表列报准则中规范的财务报表的信息。财务报表是对企业财务状况、经营成果和现金流量的结构性表述。财务报表至少应当包括下列组成部分：资产负债表、利润表、现金流量表、所有者权益（或股东权益，下同）变动表和财务报表附注③。也就是俗称的“四表一附注”。

一、资产负债表基本原理

资产负债表是反映企业在某一特定日期财务状况的报表，因此又称财务状况表。资产、负债和所有者权益三要素反映了企业的财务状况，即企业在某一特定日期所拥有或控制的经济资源、所承担的现时义务和所有者对净资产的要求权。

我国企业的资产负债表的资产和负债是按流动性快慢依次排列的，且资产和负债的流动性含义不同。资产的流动性是指资产的变现和耗用的速度，变现和耗用速度越快，说明流动性越强，排在前面。如货币资金本身就是现金，不存在变现问题，所以排在资产项下第一项；应收票据和应收账款项目收回来就是现金，可以在短时间内变现，原材料和产成品等在出售后才能变现或经过应收项目变现，时间更长一些，依次往后排。负债的流动性是指负债的偿还期限，偿还期限越短的负债，流动性越强，排在前面，如短期借款就比长期借款排在更前面。所有者权益一般是按重要性排列的，对一个企业来说，需要筹集一定的“本钱”才能经营，因此，实收资本（股本）和资本公积等应排在所有者权益项下的前面。

企业应在每一会计期末编制资产负债表。我国资产负债表的格式是账户式的，左边列示资产，右边列示负债和所有者权益；资产负债表的格式也可以是报告式的，报告式的资产负债表，上面列示资产，中间列示负债，下面列示所有者权益。

资产负债表的主要内容由资产、负债和所有者权益三个基本部分构成，资产、负债和所

① 《企业会计准则——基本准则》第四条。

② 《企业会计准则——基本准则》第四十四条。

③ 《企业会计准则第30号——财务报表列报》第两条。

有者权益是会计的基本要素，也称资产负债表要素。

二、资产负债表要素

（一）资产

资产是企业从事生产经营的物质基础，它以各种具体形态分布或占用在生产经营过程的不同方面。资产可以是货币的，也可以是非货币的，如银行存款、机器设备等；可以是有形的，也可以是无形的，如原材料、无形资产（商标权和专利权）等。我国《企业会计准则——基本准则》规定，“资产是指过去的交易、事项形成并由企业拥有或者控制的资源，该资源预期会给企业带来经济利益。”符合资产定义的资源，在同时满足以下条件时，确认为资产：第一，与该资源有关的经济利益很可能流入企业；第二，该资源的成本或者价值能够可靠地计量。符合资产定义和资产确认条件的项目，应当列入资产负债表；符合资产定义但不符合资产确认条件的项目，不应当列入资产负债表。

资产按照其流动性不同，分为流动资产和非流动资产（长期资产）两大类。流动资产是指可以在一年内或者长于一年的一个营业周期内变现或耗用的资产，包括货币资金、交易性金融资产、应收及预付账款、存货等。凡不符合流动资产条件的是非流动资产，主要包括债权投资、长期股权投资、固定资产、无形资产和其他资产等。营业周期是企业完成一个经营循环所需要的时间，即企业资产从货币资金开始又回到货币资金形态所需要的时间。以制造业为例，企业以货币资金购买原材料，将原材料投资加工形成产成品，将资产销售至收回货款，所花费的时间就是一个营业周期。若企业的营业周期短于一年，则以一年为限，在一年或一年以内变现或耗用的是流动资产，反之则是非流动资产；若企业的营业周期长于一年，则以一个营业周期为限，在一个营业周期内变现或耗用的是流动资产，反之则是非流动资产。

资产的货币表现形式为资金（能以货币表现的财产物资包括货币本身，称为资金）。资产是为保证经营的正常进行所不可缺少的，在经营过程中，资产不断地被消耗、补偿或更新，成为会计核算的一项主要内容。例如，科佳文具店2×21年12月31日有固定资产（一间门面房）价值200 000元，存货（储存的以备出售的各类办公用具和学习用品）价值56 500元，应收账款（客户欠款）10 000元，银行存款60 000元，库存现金13 500元。因此，该店2×21年末资产总额340 000元。其中，流动资产（库存现金、银行存款、应收账款、存货）140 000元，非流动资产200 000元。2×22年1月1日科佳文具店以银行存款购进文具5 000元，该业务使得5 000元的银行存款转换为存货（库存商品）。

（二）负债

企业的资产均有其来源，主要是来自个人和组织提供的贷款或投资，为企业提供贷款的称为债主或债权人，投资于企业的个人或组织称为所有者（业主、股东）。债权人和所有者把资本提供给某一企业，则对这一企业的资产或净资产享有要求权（索偿权），前者称为债权人权益，即负债，后者称为所有者权益。负债通常指在一个固定的或可确定的日期，依据债权人的索偿权支付一定金额的资产或以劳务偿还的义务。我国《企业会计准则——基本准则》规定，“负债是指过去的交易、事项形成的现时义务，履行该义务预期会导致经济利益流出企业”。符合负债定义的义务，在同时满足以下条件时，确认为负债。第一，与该项目有关的未来经济利益很可能流出企业；第二，未来经济利益的流出能够可靠地计量。

负债通常按照其流动性，即偿还期限分类，分为流动负债和非流动负债（长期负债）。流动负债是指将在一年或者超过一年的一个营业周期内偿还的债务。包括短期借款、应付票据、应付账款、预收账款、应付职工薪酬、应交税费、应付利润、其他应付款和一年内到期的长期借款等。非流动负债是指偿还期在一年或者超过一年的一个营业周期以上的债务，包括长期借款、应付债券和长期应付款等。负债具有杠杆作用，负债经营是企业的一个经营策略。在经营过程中，负债的取得、计息和偿还，成为会计核算的一项主要内容。例如，科佳文具店2×21年12月31日的负债包括6个月借款30 000元，赊购商品欠供应商货款（应付账款）15 000元，年末尚未缴纳的各种税费10 000元，本月尚未支付的职员的工资14 000元，向银行借入的两年期的借款50 000元。因此，该店2×21年末负债总额为11.9万元。其中，流动负债（短期借款、应付账款、应付职工薪酬、应交税费）合计6.9万元，非流动负债50 000元。2×22年1月1日科佳文具店以银行存款归还欠供应商的货款15 000元，该业务使得企业的资产和负债同时减少15 000元。

（三）所有者权益

所有者权益亦称业主权益，公司的所有者权益亦称股东权益。根据相关法律规定，债权人有优于所有者对企业资产的求偿权，因此，所有者权益是企业投资者对企业净资产的要求权。净资产是指企业的全部资产减去全部负债后的净额。我国《企业会计准则——基本准则》规定，“所有者权益是指企业资产扣除负债后由所有者享有的剩余权益。公司的所有者权益又称为股东权益。”所有者权益金额取决于资产和负债的计量。企业实现利润，会导致所有者权益增加；发生亏损，会导致所有者权益减少；所有者凭借所有者权益能够参与利润的分配；除非发生减资、清算，在持续经营期间内，企业不需要偿还所有者权益。

所有者权益包括投入资本、直接计入所有者权益的利得和损失及留存收益等。投入资本包括实收资本（股本）、其他权益工具（除普通股以外分类为权益工具，如优先股和永续债）、资本公积（超面值缴入股本）等；直接计入所有者权益的利得和损失，是指不应计入当期损益、会导致所有者权益发生增减变动的、与所有者投入资本或者向所有者分配利润无关的利得或者损失。利得是指由企业非日常活动所形成的、会导致所有者权益增加的、与所有者投入资本无关的经济利益的流入。损失是指由企业非日常活动所发生的、会导致所有者权益减少的、与向所有者分配利润无关的经济利益的流出。直接计入所有者权益的利得和损失，会计上称为其他综合收益；留存收益是企业历年实现的净利润留存于企业的部分，主要包括累计的盈余公积和未分配利润，盈余公积是指定用途的留存收益，主要用于弥补亏损；未分配利润是未指定用途的留存收益，可用于弥补亏损、利润（股利）分配等。所有者权益是可供企业长期支配使用的最基本的资金来源，是正常组织企业生产经营活动的保证。企业是没有自己的利益的，企业的利益就是所有者的利益，企业的利润分给了所有者，就减少了所有者在企业中的利益；没有分的还是属于所有者，只是留给企业继续使用。在经营过程中，所有者的投资、其他综合收益的形成、向所有者的分配等成为会计核算的一项主要内容。例如，科佳文具店2×21年12月31日拥有智科投入的资金100 000元，佳雯投入资金

80 000 元，以前年度经营实现利润留存部分 41 000 元。所有者权益合计 221 000 元，其中实收资本 180 000 元，留存收益 41 000 元。2×22 年 1 月 1 日科佳文具店收到佳雯追加的货币资金投资 20 000 元，该业务使得企业的资产和所有者权益同时增加 20 000 元。

上述资产、负债、所有者权益要素的具体内容形成资产负债表。资产负债表左边列示资产，反映企业资产（金）的分布情况；右边列示负债和所有者权益，反映企业资金的来源，资产 = 负债 + 所有者权益。

科佳文具店 2×20 年 12 月 31 日资产负债表见表 2－1（“上年年末余额”略）。

表 2－1 **资产负债表** 会企 01 表

编制单位：科佳文具店 2×21 年 12 月 31 日 单位：元

资产	期末余额	上年年末余额	负债和所有者权益	期末余额	上年年末余额
流动资产：			流动负债：		
货币资金	73 500		短期借款	30 000	
应收账款	10 000		应付账款	15 000	
存货	56 500		应付职工薪酬	14 000	
			应交税费	10 000	
流动资产合计	140 000		流动负债合计	69 000	
非流动资产：			非流动负债：		
固定资产	200 000		长期借款	50 000	
固定资产清理			非流动负债合计	50 000	
			负债合计	119 000	
			所有者权益：		
			实收资本	180 000	
			盈余公积	30 000	
			未分配利润	11 000	
非流动资产合计	200 000		所有者权益合计	221 000	
资产总计	340 000		负债和所有者权益总计	340 000	

表 2－1 说明，科佳文具店 2×21 年末总资产 340 000 元，是由债权人的 119 000 元和投资者享有的 221 000 元组成。资产负债率约为 35%［(119 000 ÷ 340 000) × 100%，即 100 元资产中有 35 元是借入的］。

（四）资产、负债、所有者权益之间的关系

资产负债表左右两边分别代表了同一事物（资金）的两个不同方面。左方的资产反映了企业的资金是以什么形式存在的，说明资金的去向或存在方式；右方的负债和所有者权益反映了这些资金是从什么渠道取得的，说明了资金的来源渠道，向债权人借入的表现为负

债，向投资人筹集的表现为所有者权益。如表2-1科佳文具店2×21年12月31日“资产负债表”中，科佳文具店2×21年12月31日共有资金340 000元，以货币资金（库存现金和银行存款73 500元）、应收账款（10 000元）、存货（56 500元）及固定资产（房屋200 000元）等形式存在。而这340 000元的资产来源于119 000元的负债和221 000元的所有者权益，即其中119 000元的负债，由债权人享有，债权人包括银行（短期借款和长期借款共计80 000元）、供应商（应付账款15 000元）、国家（应交税费10 000元）及店中的职工（应付职工薪酬14 000元）；另外的221 000元是由所有者享有的，包括投资者投入的180 000元和留存未分配的利润41 000元。资产负债表左方的资产合计数一定等于右方的负债及所有者权益的合计数，即：资产=负债+所有者权益。会计术语中，平衡即为相等，英语中的资产负债表称为“balance sheet”，它体现了这种左右相等的关系，“资产=负债+所有者权益”也称为会计等式，无论发生什么类型的经济业务，这一等式都是成立的。

企业的经济业务类型从等式两边的影响来分，共可分为四大类：

第一类，经济业务发生，使得资产和权益同时增加，增加金额相等。这一类经济业务使得资金进入企业，如收到投资者（佳雯追加）的货币资金投资20 000元，存入企业存款户。

第二类，经济业务发生，使得资产和权益同时减少，减少金额相等。这一类经济业务使得资金退出企业，如以银行存款归还欠供应商的货款（应付账款）15 000元。

第三类，经济业务发生，使得资产内部有增有减，增减金额相等。如以银行存款5 000元购买库存商品（文具）。

第四类，经济业务发生，使得权益内部有增有减，增减金额相等。如欠银行100 000万元，转为向企业的投资。

第一类和第二类经济业务发生后，使等式两边同时增加或同时减少，增加或减少金额相等，虽然总额发生了变化，但两边金额相等，等式还是成立的；第三类和第四类经济业务发生，只在等式的一边发生增减变化，且增减金额相等，它不涉及另一边的项目，因此资产和权益总额不变，不引起会计等式变化。因此，资产=负债+所有者权益，是会计恒等式，也称会计方程式、会计平衡公式、会计基本等式，简称会计等式。它是复式记账、设置账户及编制资产负债表的理论基础。

三、资产负债表具体内容

资产负债表的具体格式见表2-2。

表2-2　　资产负债表　　会企01表

编制单位：　　____年____月____日　　单位：元

资产	期末余额	上年年末余额	负债和所有者权益（或股东权益）	期末余额	上年年末余额
流动资产：			流动负债：		
货币资金			短期借款		
交易性金融资产			交易性金融负债		

续表

资产	期末余额	上年年末余额	负债和所有者权益（或股东权益）	期末余额	上年年末余额
衍生金融资产			衍生金融负债		
应收票据			应付票据		
应收账款			应付账款		
应收款项融资			预收款项		
预付款项			合同负债		
其他应收款			应付职工薪酬		
存货			应交税费		
合同资产			其他应付款		
持有待售资产			持有待售负债		
一年内到期的非流动资产			一年内到期的非流动负债		
其他流动资产			其他流动负债		
流动资产合计			流动负债合计		
非流动资产：			非流动负债：		
债权投资			长期借款		
其他债权投资			应付债券		
长期应收款			其中：优先股		
长期股权投资			永续债		
其他权益工具投资			租赁负债		
其他非流动金融资产			长期应付款		
投资性房地产			预计负债		
固定资产			递延收益		
在建工程			递延所得税负债		
生产性生物资产			其他非流动负债		
油气资产			非流动负债合计		
使用权资产			负债合计		
无形资产			所有者权益（或股东权益）：		
开发支出			实收资本（或股本）		
商誉			其他权益工具		
长期待摊费用			其中：优先股		
递延所得税资产			永续债		

续表

资产	期末余额	上年年末余额	负债和所有者权益（或股东权益）	期末余额	上年年末余额
其他非流动资产			资本公积		
非流动资产合计			减：库存股		
			其他综合收益		
			专项储备		
			盈余公积		
			未分配利润		
			所有者权益（或股东权益）合计		
资产总计			负债和所有者权益（或股东权益）总计		

第二节 利润表

一、利润表的基本结构

利润表，又称损益表，是总括反映企业一定期间（月份、季度、半年度或年度）经营成果的财务报表。收入、费用和利润三要素反映了企业的经营成果（财务成果）的形成。即在一定期间取得的收入、为取得收入所发生的耗费和最终的财务成果。

我国利润表是按重要性排列的。从影响企业的可持续发展来看，营业收入是最主要的因素，因此，营业收入排在利润表的第一项，为取得营业收入所发生的各项耗费，如营业成本、税金及附加、管理费用、销售费用、财务费用等在营业收入下面依次排次。利润分为几个层：第一，毛利，即营业收入减去营业成本后的差额，反映产品的初始盈利能力；第二，核心利润，即毛利减税金及附加、管理费用、销售费用、财务费用、研发费用后的差额，用以分析企业主要经营活动的盈利能力；第三，营业利润，即核心利润再调整其他项目如其他收入、投资收益、公允价值变动收益、信用减值损失、资产减值损失及资产处置收益等，它是核心利润加非核心的经营活动所形成的利润；第四，利润总额，即一定期间所得总额，是营业利润加减营业外收支构成；第五，净利润，即企业一定期间最终财务成果，是利润总额减去所得税费用。我国现行利润表中还反映综合收益，综合收益是指在会计期间除所有者投资和向所有者分派以外的全部所有者权益变动，它由净利润和其他综合收益两部分组成。

企业应在每一会计期末编制利润表。我国利润表的格式是多步式的，分步计算毛利、核心利润、营业利润、利润总额、净利润和综合收益；利润表的格式也可以是单步式的，单步式的利润表，上面是所有收入，下面列示费用，最后一步计算净利润。

利润表的主要内容由收入、费用和利润三个部分基本构成，收入、费用和利润是会计的基本要素，也称利润表要素。

二、利润表要素

（一）收入

收入有广义和狭义之分。准则中的收入要素是指狭义的收入，即经营收入，是指企业在销售商品、提供劳务及让渡资产使用权等日常活动中所形成的经济利益的总流入。我国《企业会计准则——基本准则》规定，收入是指企业在日常活动中形成的、会导致所有者权益增加的、与所有者投入资本无关的经济利益的总流入。收入只有在未来经济利益很有可能增加并且经济利益增加金额能够可靠计量时才能确认。收入的增加可能表现为资产的增加，也可能表现为负债的减少，或者两者兼而有之，收入最终会使得所有者权益增加。

企业的收入分为核心经营收入和非核心的经营损益。核心经营收入即利润表中的营业收入，具体又分为主营业务收入和其他业务收入。主营业务收入是指企业为完成其经营目标而从事的日常活动中的主要活动所取得的收入，可根据企业营业执照上规定的主要业务范围确定，如销售商品、提供劳务取得的收入。其他业务收入是指从事主营业务之外，与主营业务相关附带所取得的收入，如工业企业销售材料收入、出租固定资产租金收入、提供非工业性劳务收入等。其他业务收入属于企业日常活动中次要的交易收入，也称附营业务收入；非核心的经营损益是指在核心收入外所取得的经营损益，如与企业日常活动相关但不宜确认收入或冲减成本费用的政府补助、从事对外投资业务取得的投资收益和公允价值变收益、处置固定资产和无形资产等取得的收益等。例如，科佳文具店 2×21 年销售办公用品和文具等取得的收入为 150 万元，全部是其主营业务收入。

广义的收入除营业收入外，还包括利得。利得属于偶发性的经济利益流入。我国《企业会计准则——基本准则》规定，利得是指企业在非日常活动中形成的、会导致所有者权益增加的、与所有者投入资本无关的经济利益的流入。利得通常从偶发的经济业务中取得，不经过经营过程即可取得或不曾期望获得的收益。利得可以直接计入所有者权益（其他综合收益），如其他权益工具投资公允价值变动收益；也可以直接计入利润（营业外收入），如无法支付的应付款、接受捐赠等。

本书所提的收入，均为准则中收入要素内容，即经营收入。

（二）费用

费用是指企业为销售商品、提供劳务等日常活动所发生的经济利益的流出，我国《企业会计准则——基本准则》规定，费用是指企业在日常活动中发生的、会导致所有者权益减少的、与向所有者分配利润无关的经济利益的总流出。费用的确认通常会导致资产的减少或者负债的增加，具体表现为现金和现金等价物的流出、固定资产和无形资产的损耗、存货的销售或者耗用等。但资产的减少或负债的增加并不一定确认为费用，它可能形成某一资产的成本，也可能确认为损失。

费用与成本不同。费用是为取得收入而消耗的支出，发生时直接计入发生当期损益，从取得的收入中得到补偿，如营业成本、税金及附加、销售费用、管理费用、财务费用等。成本是指为生产产品、提供劳务而发生的各种耗费，即成本是取得某种物资或劳务所垫支的金额，是一种未实际消耗，且预计能产生未来收入的支出，成本发生时确认为一项资产，在确认产品或劳务收入时，根据配比原则，再计入当期损益，如材料耗用时计入产品成本（生产成本——库存商品），须待产品出售取得收入时，再确认为营业成本。

费用与损失不同。损失可以直接计入所有者权益（其他综合收益），如其他权益工具投资公允价值变动损失；也可以直接计入利润（营业外支出），如自然灾害造成的损失、对外捐赠、支付的罚款或赔款、固定资产报废或毁损的净损失等。

费用的确认应遵循权责发生制和配比原则，并区分资本性支出和收益性支出。权责发生制是确认收入和费用所属期间的原则，具体内容在下一章中讲解。配比原则是指企业的收入应与为产生这项收入所发生的费用相配比，以计算企业的盈利。如某企业某一会计期间购进商品100件，单位成本50元；当期出售80件，单位售价70元，不考虑其他因素下，企业当期利润为1 600元（80×70－80×50）。当为取得收入所发出的支出使用期限超过一年时，还在一定的期限内分摊，如企业购入一汽车100万元，可用10年，每年的运输收入15万元，在计算费用时，企业应将100万元分10年，每年按一定标准分摊一定的折旧费计作当期费用，如在没有净残值的情况下，按年限平均法计算当年折旧费用为10万元，计算出每年利润为5万元（150 000－1 000 000÷10），这种收益期限超过一年的支出称为资本性支出；收益期限在一年或一年内的支出称为收益性支出，如短期人工薪酬支出。如果将收益性支出作为资本性支出列支，则会高估资产，高估利润；反之，如果将资本性支出作收益性支出列支，则会低估资产，低估利润。

例如，科佳文具店2×21年发生的营业成本（销售办公用品和文具的成本）为62.5万元；取得主营业务收入发生的税金及附加（消费税、教育费附加等）8.6万元；发生的销售费用（广告费等）3.4万元；管理费用（人工薪酬及房屋租金等）24.7万元；财务费用（借款利息等）4.8万元；所得税费用10.5万元。

（三）利润

利润是指企业在一定会计期间的经营成果，也称财务成果。通常情况下，企业实现了利润，业绩得到了提升，表明企业的所有者权益增加；反之，企业发生了亏损（即利润为负数），业绩下降，表明企业的所有者权益减少。利润是评价企业管理层业绩的指标之一，也是投资者和债权人等财务报告使用者进行决策时的重要参考。

利润包括收入减去费用后的净额、直接计入当期利润的利得和损失等。其中收入减去费用后的净额反映企业日常活动的经营业绩，即营业利润。营业利润是指营业收入减去营业成本、税金及附加、销售费用、管理费用、财务费用和研发费用及非核心经营损益后的金额。直接计入当期利润的利得和损失反映企业非日常活动取得的营业外收入和营业外支出。营业外收入是指与生产经营活动无直接关系的各项收入，如固定资产盘盈、罚款收入、确实无法支付的应付账款等；营业外支出是指与生产经营活动无直接关系的各项支出，如固定资产盘亏、处理固定资产净损失、罚款支出和非常损失等。

利润表中的利润分为三个层次：营业利润、利润总额和净利润。但从企业管理方向，还可细分为毛利和核心利润。这样利润共分为五个层次。

第一层次：毛利。

$$毛利 = 营业收入 - 营业成本$$

第二层次：核心利润。

核心利润 = 毛利 - 税金及附加 - 销售费用 - 管理费用 - 财务费用 - 研发费用

第三层次：营业利润。

营业利润 = 核心利润 + 其他收益 + 投资收益 + 净敞口套期收益 + 公允价值变动收益 - 信用减值损失 - 资产减值损失 + 资产处置收益

第四层次：利润总额。

利润总额 = 营业利润 + 营业外收入 - 营业外支出

第五层次：净利润。

净利润 = 利润总额 - 所得税费用

利润表中还反映综合收益：

综合收益 = 净利润 + 其他综合收益

例如，科佳文具店 2×21 年的毛利为 875 000 元，核心利润等于营业利润均为 460 000 元，营业外收入（无法支付供货商的应付款）13 000 元，营业外支出（存货发生自然灾害损失）8 000 元；实现利润总额 465 000 元。当期所得税费用 105 000 元，2×21 年全年净利润 360 000 元。

科佳文具店 2×21 年利润表的具体格式见表 2-3。

表 2-3 **利润表** 会企 02 表

编制单位：科佳文具店 2×21 年度 单位：元

项目	本期金额	上期金额
一、营业收入	1 500 000	
减：营业成本	625 000	
税金及附加	86 000	
销售费用	34 000	
管理费用	247 000	
财务费用	48 000	
二、营业利润（亏损以“-”号填列）	460 000	
加：营业外收入	13 000	
减：营业外支出	8 000	
其中：非流动资产处置损失		
三、利润总额（亏损总额以“-”号填列）	465 000	
减：所得税费用	105 000	
四、净利润（净亏损以“-”号填列）	360 000	

企业的净利润应按有关规定提取盈余公积和向投资者分配，分配后的余额加上年初未分配利润，即为年末未分配利润。

利润表反映了企业利润的形成或亏损的发生情况。除净利润外，利润表还反映企业综合收益总额，净利润加其他综合收益，为企业综合收益总额。其他综合收益和综合收益总额具体内容在其他章节中讲解。通过利润表可以分析企业的收入形成、费用的结构、盈利能力及利润的未来发展趋势；利润表与资产负债表结合，可以分析企业的营运能力、偿债能力及发展能力等。利润表的具体格式见表 2－4。

表 2－4　　**利润表**　　会企 02 表

编制单位：　　____年____月　　单位：元

项目	本期金额	上期金额
一、营业收入		
减：营业成本		
税金及附加		
销售费用		
管理费用		
研发费用		
财务费用		
其中：利息费用		
利息收入		
加：其他收益		
投资收益（损失以“－”号填列）		
其中：对联营企业和合营企业的投资收益		
以摊余成本计量的金融资产终止确认收益（损失以“－”号填列）		
净敞口套期收益（损失以“－”号填列）		
公允价值变动收益（损失以“－”号填列）		
信用减值损失（损失以“－”号填列）		
资产减值损失（损失以“－”号填列）		
资产处置收益（损失以“－”号填列）		
二、营业利润（亏损以“－”号填列）		
加：营业外收入		
减：营业外支出		
三、利润总额（亏损总额以“－”号填列）		
减：所得税费用		

续表

项目	本期金额	上期金额
四、净利润（净亏损以“－”号填列）		
（一）持续经营净利润（净亏损以“－”号填列）		
（二）终止经营净利润（净亏损以“－”号填列）		
五、其他综合收益的税后净额		
（一）不能重分类进损益的其他综合收益		
1. 重新计量设定受益计划变动额		
2. 权益法下不能转损益的其他综合收益		
3. 其他权益工具投资公允价值变动		
4. 企业自身信用风险公允价值变动		
……		
（一）将重分类进损益的其他综合收益		
1. 权益法下可转损益的其他综合收益		
2. 其他债权投资公允价值变动		
3. 金融资产重分类计入其他综合收益的金额		
4. 其他债权投资信用减值准备		
5. 现金流量套期储备		
6. 外币财务报表折算差额		
……		
六、综合收益总额		
七、每股收益		
（一）基本每股收益		
（二）稀释每股收益		

（四）收入、费用和利润之间的关系

会计上，收入和费用是按权责发生制和配比原则确认的。

$$收入-费用=利润$$

收入会导致资产的增加或负债的减少，或两者兼而有之；费用会导致资产的减少或负债的增加，或两者兼而有之。据此，会计等式可为：

$$资产=负债+所有者权益 \tag{1}$$

$$资产=负债+所有者权益+收入-费用 \tag{2}$$

$$资产=负债+所有者权益+利润 \tag{3}$$

利润都由所有者所有，将利润并入所有者权益。等式（3）又回到等式（1），资产＝负

债+所有者权益

等式（1）为会计恒等式，等式（2）和式（3）为会计扩展等式。

第三节　现金流量表

一、现金流量表的基本结构

经营成功的企业，有着不同的战略和方法；但经营失败的企业，都有共同的问题和征兆，就是资金链条断裂。有经验数据表明，五家倒闭的企业，有四家是盈利的，只有一家是亏损的。盈利的企业为什么会倒闭呢？我国《公司法》规定，企业法人不能清偿到期债务，债权人可以向人民法院提出对债务人进行重整或者破产清算的申请。企业盈利可能并没有收到现金（广义的现金，狭义的现金为库存现金。下同），而债务主要是以现金偿还。可见，现金对企业具有举足轻重的作用。资产负债表和利润表是以权责发生制为基础编制的，有些收入并不在当期产生现金流入，如向客户赊销商品，在利润表中记作当期收入，但现金是在以后期间收到的；有些费用并不在当期产生现金流出，如固定资产折旧，折旧费用是在当期记入利润表，但购进固定资产的现金支出是在购入时流出的；这样利润表中的会计利润与现金净流量之间存在一定差异。比较两期资产负债表时，可以知道现金增加或减少的净额，但是资产负债表没有说明为什么现金会增加或者减少，无法看出企业现金流的增减变动及其原因。为反映企业现金的流入、流出和净流量的情况，企业编制现金流量表，现金流量表是按收付实现制编制，反映企业在一定会计期间现金和现金等价物流入和流出情况。通过现金流量表，可以预测企业未来的现金流量，企业需要用现金来偿还债务，过去的现金收支能够很好地预测未来的现金流量；可以评价管理层决策，正确的决策可以带来利润和较多的现金流量，错误的决策则可能导致企业破产，现金流量表报告经营活动现金流量、投资活动现金流量和筹资活动现金流量，投资者和债权人利用现金流量表信息评价管理层的决策；可以预测公司向股东支付股利和向债权人还本付息的能力，债权人希望按时收到本息，而股东希望投资能获得股利，现金流量表有助于预测企业的支付能力。

二、现金流量表的内容

现金流量表反映现金净流量，即：

$$现金净流量=现金流入量-现金流出量$$

其中现金的概念是广义的，包括库存现金、银行存款、其他货币资金和现金等价物。其中库存现金、银行存款、其他货币资金构成资产负债表中的货币资金，但银行存款和其他货币资金中有些不能及时用于支付的，不能作为现金；现金等价物是指企业持有的期限短、流动性强，易于转化为已知金额的现金、价值变动风险很小的投资。

企业的现金流可以分为三大类：经营活动现金流、投资活动现金流和筹资活动现金流，这种分类有助于投资者和债权人判断企业的现金流的来源和构成。现金净流量由经营活动现金流量、投资活动现金流量、筹资活动现金流量及汇率变动对现金和现金等价物的影响四部分构成。

（一）经营活动现金流量

经营活动是指企业投资活动和筹资活动以外的所有交易和事项。经营活动的范围很广，就工商企业来说主要包括供应活动（如购买商品或接受劳务）、生产活动（如产品的制造加工）、销售活动（如销售产品或提供劳务）以及由供产销引起的职工薪酬及相关税费等活动。经营活动现金流量是指企业上述经营活动所产生的现金流入量、流出量和净流量。它是企业最为稳定和有保障的现金来源，反映了企业制造核心利润的活动，即收入的取得和费用的发生情况。经营活动产生的现金流入主要是销售商品、提供劳务收到的现金及收到的税费返还；经营活动产生的现金流出主要是购买商品、接受劳务支付的现金，以及为职工支付的现金和支付的各项税费等；将经营活动现金流入量、流出量和净流量与利润表的收入、费用和利润比较，可以更好地反映企业的盈利质量及其发展趋势。

（二）投资活动现金流量

现金流量表中的投资活动是广义的，既包括扩大生产规模的对内投资活动，也包括与股票、债券和基金等（不包括现金等价物，下同）相关的对外投资活动。对内投资是指长期资产，包括固定资产、无形资产和其他长期资产的购建及处置活动；对外投资是对不包括现金等价物在内的股票、债券和基金的购买和处置活动。投资活动现金流量是指企业上述投资活动所产生的现金流入量、流出量和净流量。投资活动产生的现金流入主要包括收回投资所收到的现金、取得投资收益所收到的现金、处置固定资产和无形资产以及其他长期资产而收到的现金净额等。投资活动产生的现金流出购建固定资产、无形资产和其他长期资产所支付的现金、投资支付的现金和取得子公司及其他营业单位支付的现金净额等。分析投资活动产生的现金流量，可以看出投资活动是否符合企业的发展战略及企业定位。

（三）筹资活动现金流量

筹资活动是指企业为满足生产和发展的需要，通过改变企业资本及债务规模和构成而筹集资金的活动，具体包括吸收投资、发行股票、借入和偿还资金、分配利润等活动。筹资活动现金流量是指企业上述筹资活动所产生的现金流入量、流出量和净流量。筹资活动现金流入量主要包括吸收投资收到的现金、取得借款收到的现金等；筹资活动现金流出量主要包括偿还债务支付的现金和分配股利、利润或偿付利息支付的现金等。筹资活动现金流量分析可以看出企业筹资目的及企业的财务风险。

（四）汇率变动对现金和现金等价物的影响

企业的外币现金流量及境外子公司的现金流量，当期末汇率与业务发生或期初汇率不同时产生的折算差额，也会影响现金流量，应当在现金流量表中单列项目反映。如某公司某一会计期间，期初持有 100 000 美元，美元汇率为 1∶6.8；本期美元现金没有发生变化，期末美元汇率为 1∶7.0，则该公司本期因汇率变动影响的现金金额为 20 000 元（100 000 ×7.0 – 100 000 – 6.8）；这 20 000 元列入现金流量表“汇率变动对现金和现金等价物的影响”项目中。

我国现行企业会计准则体系规定，小企业可以不编制现金流量表。现金流量表的具体格式见表2－5。

表2－5　　**现金流量表**　　会企03表

编制单位：　　____年____月　　单位：元

项目	本期金额	上期金额
一、经营活动产生的现金流量		
销售商品、提供劳务收到的现金		
收到的税费返还		
收到其他与经营活动有关的现金		
经营活动现金流入小计		
购买商品、接受劳务支付的现金		
支付给职工以及为职工支付的现金		
支付的各项税费		
支付其他与经营活动有关的现金		
经营活动现金流出小计		
经营活动产生的现金流量净额		
二、投资活动产生的现金流量		
收回投资收到的现金		
取得投资收益收到的现金		
处置固定资产、无形资产和其他长期资产收回的现金净额		
处置子公司及其他营业单位收到的现金净额		
收到其他与投资活动有关的现金		
投资活动现金流入小计		
购建固定资产、无形资产和其他长期资产支付的现金		
投资支付的现金		
取得子公司及其他营业单位支付的现金净额		
支付其他与投资活动有关的现金		
投资活动现金流出小计		
投资活动产生的现金流量净额		
三、筹资活动产生的现金流量		
吸收投资收到的现金		
取得借款收到的现金		
收到其他与筹资活动有关的现金		

续表

项目	本期金额	上期金额
筹资活动现金流入小计		
偿还债务支付的现金		
分配股利、利润或偿付利息支付的现金		
支付其他与筹资活动有关的现金		
筹资活动现金流出小计		
筹资活动产生的现金流量净额		
四、汇率变动对现金及现金等价物的影响		
五、现金及现金等价物净增加额		
加：期初现金及现金等价物余额		
六、期末现金及现金等价物余额		

第四节　所有者权益变动表及财务报表附注

一、所有者权益变动表

所有权和经营权分离的现代企业管理制度下，投资者投入资金后，委托经营者管理企业，期望企业获取收益，达到资本增值。两期比较的资产负债表提供了所有者权益变动净额的相关信息，但缺少所有者权益变动的原因及过程的说明；也没有说明当期实现利润向所有者的分配情况。为了投资者能充分了解企业的经营规模、财务状况、现金流量等重要信息，从而对所投资企业的风险和发展前景有比较全面的认识和评价，还需编制所有者权益变动表，以减少投资者与经营者之间的信息不对称，保护投资者利益。

所有者权益变动表（又称股东权益变动表）是指反映构成所有者权益的各组成部分当期的增减变动情况的报表。它体现了全面收益观，是资产负债表和利润表之间的桥梁，它不仅展示了资产负债表中所有者权益总量的变化，还包括所有者权益增减变动的重要结构信息。

为了清楚地表明所有者权益的各组成部分当期的增减变动情况，所有者权益变动表以矩阵形式列示（棋盘式）。一方面，列示所有者权益的各组成项目；另一方面，列示所有者权益变动的原因。所有者权益变动表至少应单独列示如下项目：综合收益总额、所有者投入和减少资本、利润分配和所有者权益内部结转等。通过所有者权益变动表，既可以为报表使用者提供所有者权益总量增减变动的信息，也能为其提供所有者权益增减变动的结构性信息，特别是能够让报表使用者理解所有者权益增减变动的根源。所有者权益变动表具体格式见表 2 - 6。

表 2－6

所有者权益变动表

________年度

会企 04 表

编制单位：　　　　单位：元

项目	本年金额										上年金额									
	实收资本（或股本）	其他权益工具			资本公积	减：库存股	其他综合收益	专项储备	盈余公积	未分配利润	所有者权益合计	实收资本（或股本）	其他权益工具			资本公积	减：库存股	其他综合收益	专项储备	盈余公积	未分配利润	所有者权益合计
		优先股	永续债	其他									优先股	永续债	其他							
一、上年年未余额																						
加：会计政策变更																						
前期差错更正																						
其他																						
二、本年年初余额																						
三、本年增减变动金额（减少以“－”号填列）																						
（一）综合收益总额																						
（二）所有者投入和减少资本																						
1. 所有者投入的普通股																						
2. 其他权益工具持有者投入资本																						
3. 股份支付计入所有者权益的金额																						
4. 其他																						
（三）利润分配																						
1. 提取盈余公积																						
2. 对所有者（或股东）的分配																						
3. 其他																						

续表

项目	本年金额											上年金额										
	实收资本（或股本）	其他权益工具			资本公积	减：库存股	其他综合收益	专项储备	盈余公积	未分配利润	所有者权益合计	实收资本（或股本）	其他权益工具			资本公积	减：库存股	其他综合收益	专项储备	盈余公积	未分配利润	所有者权益合计
		优先股	永续债	其他									优先股	永续债	其他							
（四）所有者权益内部结转																						
1. 资本公积转增资本（或股本）																						
2. 盈余公积转增资本（或股本）																						
3. 盈余公积弥补亏损																						
4. 设定受益计划变动额结转留存收益																						
5. 其他综合收益结转留存收益																						
6. 其他																						
四、本年年末余额																						

二、财务报表附注

附注是对在会计报表中列示项目所作的进一步说明，以及对未能在这些报表中列示项目的说明等。附注由若干附表（如固定资产明细表等，见表2－7）、对有关项目的文字性说明（存货计价方法的选择等）以及不符合要求确认条件、未在报表中列报事项（或有负债、关联方及其交易等）三部分组成，是财务报表的重要组成部分。编制附注的目的是对财务报表本身作补充说明，使用者可以通过它来了解一些在主表中无法反映的信息，它拓展了企业会计信息的内容，突破了揭示项目必须用货币计量的局限性；它对财务报表的编制基础、编制依据、编制原则和方法及主要事项等进行解释，以更加全面、系统地反映企业财务状况、经营成果和现金流量的全貌；通过报表附注的文字说明，辅以某些统计资料或定性信息，以此增进会计信息的可理解性，弥补财务信息的不足，保证了信息的完整性，从而有助于向使用者提供更为有用的决策信息，帮助其作出更加科学合理的决策。随着经济环境的复杂化以及人们对相关信息要求的提高，附注在整个报告体系中的地位日益突出。

表2－7　　固定资产情况　　单位：元　币种：人民币

项目	房屋及建筑物	机器设备	运输工具	电子设备及其他	合计
一、账面原值					
1. 期初余额	16 627 946 181.01	1 596 592 572.24	202 318 864.52	543 377 908.90	18 970 235 526.67
2. 本期增加金额	1 685 595 650.02	91 808 912.56	9 383 698.16	39 446 027.75	1 826 234 288.49
（1）购置	24 320 367.82	670 161.29	850 493.93	2 089 629.20	27 930 652.24
（2）在建工程转入	1 657 263 037.40	91 138 751.27	8 533 204.23	37 355 827.85	1 794 290 820.75
（3）企业合并增加					
（4）外币报表折算	4 012 244.80			570.70	4 012 815.50
3. 本期减少金额		328 725.76	1 606 709.37	932 248.12	2 867 683.25
（1）处置或报废		328 725.76	1 606 709.37	932 248.12	2 867 683.25
（2）外币报表折算					
4. 期末余额	18 313 541 831.03	1 688 072 759.04	210 095 853.31	581 891 688.53	20 793 602 131.91
二、累计折旧					
1. 期初余额	3 224 788 277.54	756 123 168.44	135 429 543.88	398 685 142.18	4 515 026 132.04
2. 本期增加金额	838 277 256.73	117 092 153.86	23 529 081.99	56 154 240.87	1 035 052 733.45
（1）计提	837 963 972.45	117 092 153.86	23 529 081.99	56 154 019.27	1 034 739 227.57
1）外币报表折算	313 284.28			221.60	313 505.88
3. 本期减少金额		237 665.64	1 517 419.17	850 236.08	2 605 320.89
（1）处置或报废		237 665.64	1 517 419.17	850 236.08	2 605 320.89
（2）外币报表折算					

续表

项目	房屋及建筑物	机器设备	运输工具	电子设备及其他	合计
4. 期末余额	4 063 065 534. 27	872 977 656. 66	157 441 206. 70	453 989 146. 97	5 547 473 544. 60
三、减值准备					
1. 期初余额		1 908 646. 04		123 309. 25	2 031 955. 29
2. 本期增加金额					
(1) 计提					
3. 本期减少金额					
(1) 处置或报废					
4. 期末余额		1 908 646. 04		123 309. 25	2 031 955. 29
四、账面价值					
1. 期末账面价值	14 250 476 296. 76	813 186 456. 34	52 654 646. 61	127 779 232. 31	15 244 096 632. 02
2. 期初账面价值	13 403 157 903. 47	838 560 757. 76	66 889 320. 64	144 569 457. 47	14 453 177 439. 34

资料来源：GL公司2020年年报。

财务报表是财务报告的核心内容，除了财务报表之外，财务报告还应当包括其他相关信息，具体可以根据有关法律法规的规定和外部使用者的信息需求而定。如审计报告、管理层重大决策、财务状况分析等，企业还可以在财务报告中披露其承担的社会责任、对社区的贡献、可持续发展能力等信息，这些信息对于使用者的决策也是相关的，尽管属于非财务信息，无法包括在财务报表中，但是如果有规定或者使用者有需求，企业应当在财务报告中予以披露。

第五节　审计报告

企业根据会计规范进行确认、计量和报告，为报表使用者提供有用的会计信息，但所有权和经营权分离产生信息不对称，为了增强财务报表的可靠性，企业需要聘请独立的社会中介机构——会计师事务所进行审计，对财务报表的公允性、合法性和一致性发表意见。会计师事务所的审计为社会审计（独立审计）。社会审计、国家审计、内部审计构成我国目前的审计体系。

审计报告是承担独立审计工作的注册会计师根据独立审计准则的要求，在实施了必要的审计程序后，出具的用于对被审计单位年度财务报表发表审计意见的书面文件。审计报告类型按照注册会计师发表的意见不同，分为无保留意见审计报告、保留意见审计报告、否定意见审计报告和无法表示意见审计报告。

一、无保留意见审计报告

无保留意见是指审计人员对被审计单位的财务报表，依照独立审计准则的要求进行审查后，确认被审计单位采用的会计处理方法遵循了会计准则及有关规定。无保留意见审计报告具体地又可分为标准无保留意见审计报告和附带说明段的无保留意见审计报告两种。标准无保留意见审计报告是表明注册会计师认为财务报表质量合格；附带说明段的无保留意见审计报告是指审计人员在审计过程中未受任何阻碍和限制，审计结果令人满意，财务报表也是公允表达，但审计人员认为有必要提供更多的信息。

注册会计师出具标准无保留意见审计报告，说明被审计单位财务报表符合下列情况：(1) 财务报表的编制符合《企业会计准则》及国家其他有关财务会计法规的规定。(2) 财务报表在所有重大方面公允地反映了被审计单位的财务状况、经营成果和资金变动情况。(3) 审计人员已按照独立审计准则的要求，实施了必要的审计程序，在审计过程中未受限制和阻碍。(4) 会计处理方法的选用符合一贯性原则。不存在应调整而被审计单位未予调整的重要事项。

有时候，注册会计师认为应当发表无保留意见，但其措辞又有别于标准无保留意见，注册会计师会出具附带说明段的无保留意见审计报告，也称非标准无保留意见审计报告，它可以向报表使用者提供更多的信息，增加财务报表的可靠性，同时也可明确审计责任，避免不必要的诉讼纠纷发生。非标准无保留意见的审计报告，注册会计师会在意见段之后增加说明段，对利用专家或其他注册会计师的工作、需加以强调的某一事项、对会计准则的偏离、受到未来事项不确定性的影响等重要事项进行说明。

无保留意见审计报告要说明在所有重大方面公允反映了企业的信息。例如：

ABC 公司全体股东：

我们审计了后附的 ABC 公司财务报表，包括 2×21 年 12 月 31 日的资产负债表，2×21 年度的利润表、股东权益变动表和现金流量表以及财务报表附注。

一、管理层对财务报表的责任

……

二、注册会计师的责任

……

三、审计意见

我们认为，ABC 公司财务报表已经按照企业会计准则和《××会计制度》的规定编制，在所有重大方面公允反映了 ABC 公司 2×21 年 12 月 31 日的财务状况以及 2×21 年度的经营成果和现金流量

……

××会计师事务所	中国注册会计：×××、×××
(盖章)	(签名并盖章)
××市	二×二一年×月×日

二、保留意见审计报告

注册会计师通过审计，对被审计单位的财务报表持异议，或存在某些疑问，就不能发表无保留意见的审计报告，而应视被审计单位的实际情况及所掌握的审计证据，发表保留意见、否定意见和无法表示意见。保留意见是指注册会计师对财务报表的反映有所保留的意见，即注册会计师认为被审计单位的财务报表整体而言是公允的，但由于某些影响的存在，注册会计师对影响事项提出保留意见，并表示对该意见负责。

当存在下列情况之一时，注册会计师会发表保留意见的审计报告：（1）会计政策的选用、会计估计的作出或财务报表的披露不符合适用的会计准则和相关会计制度的规定，虽影响重大，但不至于出具否定意见的审计报告；（2）因审计范围受到限制，不能获取充分、适当的审计证据，虽影响重大，但不至于出具无法表示意见的审计报告。当出具保留意见的审计报告时，注册会计师应当在审计意见段中使用“除……的影响外”等术语。如果因审计范围受到限制，注册会计师还应当在注册会计师的责任段中提及这一情况。

保留意见不同于附加说明段的无保留意见，附加说明段的无保留意见是注册会计师认为财务报表符合出具无保留意见的要求，但由于个别事项的存在，注册会计师认为说明该事项可以向报表使用者提供更多的信息，增加财务报表的可信性，同时也可明确审计责任，因此在意见段之后增加说明段，增加对个别事项的说明，起附注或提示作用。保留意见是虽然注册会计师认为被审计单位财务报表就整体而言是公允的，但由于某些影响事项的存在，注册会计师对财务报表仍有异议和疑问，在范围段和意见段之间增加说明段，就重要影响事项提出保留意见，并表示对该意见负责。

三、否定意见审计报告

否定意见是指注册会计师认为财务报表没有按照适用的会计准则和相关会计制度的规定编制，未能在所有重大方面公允反映被审计单位的财务状况、经营成果和现金流量，注册会计师出具否定意见的审计报告时，应当在审计意见段中使用“由于上述问题造成的重大影响”“由于受到前段所述事项的重大影响”等术语。

否定意见说明被审计单位的财务报表不能信赖，因此，无论是注册会计师还是被审计单位都不希望发表此类意见，在审计实务中，发表否定意见的也比较少。

否定意见不同于保留意见，两者的区别在于，保留意见适用于个别的重要事项存在严重错误、违反一致性原则或存在或有事项，而预期结果不能合理估计或不很严重，财务会计报告总体上还能接受；否定意见适用于较多的重要事项或特别重要的事项存在严重错误、违反一致性原则或存在或有事项，而且预期结果能够合理估计并且性质上很严重，甚至严重歪曲财务报告，使财务会计报告总体上不能接受。

四、无法表示意见（拒绝表示意见）审计报告

无法表示意见是指如果审计范围受到限制可能产生的影响非常重大和广泛，不能获取充

分、适当的审计证据，以至于无法对财务报表发表审计意见，注册会计师应当出具无法表示意见的审计报告。即对被审计单位的财务报表既不发表无保留意见或保留意见，也不发表否定意见。

注册会计师发表无法表示意见，不同于注册会计师拒绝接受委托，它是在注册会计实施了必要的审计程序后所形成的结论。注册会计师发表无法表示意见，不是注册会计师不愿意发表无保留、保留或否定意见，而是由于一些重大限制使得注册会计师无法实施必要的审计程序，未能对一些重大事项获得充分、适当的审计证据，从而不能对财务报表整体发表意见。

典型的审计范围受到限制的情况有：（1）未能对存货进行监盘；（2）未能对应收账款进行函证；（3）未能取得被投资企业的财务报表；（4）内部控制极度混乱，会计记录缺乏系统性与完整性等。

如果无法获取充分、适当的审计证据以作为形成审计意见的基础，但认为未发现的错报（如存在）对财务报表可能产生的影响重大且具有广泛性，注册会计师应发表无法表示意见。

第三章

会计信息的记录与计量

案　例

2×21 年 3 月初，洪胜投入本钱 50 000 元在某大学附近开了一家打印社。他到工商行政管理部门注册登记，取得了营业执照，还进行了税务登记。同时，在学校附近租了一个门面房，并先预付给业主 1 年的租金 12 000元。又花费 30 000 元购置了一些复印机、打印机、电脑等设备和用品。还招聘了两个员工。为了吸引客户，洪胜采取了一些措施，打印或复印数量多会给予一定折扣，同时与学校内的一些学院协议，每次打印或复印资料可以只签单，不用付款，每学期末统一结算。一切准备就绪，生意一天天开展起来了。可是洪胜心中有些问题，如何看待自己购买的那些复印机等设备？自己投入的 50 000 元现金，开业后就所剩不多，还要支付员工当月工资，发生了这么多事项，要怎么记账呢？如何确定每个月的收入和费用呢？应该怎样计算利润呢？

在上述案例中，会计扮演什么样的角色？如果洪胜想知道自己的财务状况和经营成果时，他应当怎么办？

第一节 账户和复式记账

一、会计科目和账户

（一）会计科目

企业的经济活动主要包括为提供产品和劳务而开展的筹资活动、投资活动、经营活动和收益分配活动等，这些都是会计所必须反映的内容。财务会计主要以会计法规、准则和制度为依据，对企业已发生的经济活动，进行确认、计量、记录和报告，并以财务报告的形式，将信息提供给会计信息使用者。

在企业进行生产经营活动的过程中，会计要素的具体内容必定会发生数量、金额的增减变动。例如，用银行存款购进设备，固定资产的增加导致银行存款的减少，使得资产要素的具体构成发生变化；从银行取得短期借款，银行存款的增加来源于短期借款的增加，使得资产与负债两个要素数量同时增加等。由于企业的经济活动纷繁复杂，它所引起的各个会计要素内部构成以及各个会计要素之间的增减变化也错综复杂，并表现为不同的形式。为了对会计要素的具体内容进行会计核算和监督，就需要根据其各自不同的特点，分门别类地确定项目。对会计要素的具体内容进行分类核算的项目即会计科目。

通过设置会计科目，可以对纷繁复杂、性质不同的经济业务进行科学的分类，为会计信息使用者提供科学、详细的分类指标体系。我国企业会计准则的应用指南为企业设计了主要的会计科目，涵盖了各类企业的经济业务。企业在会计核算过程中，在不违反会计准则中确认、计量和报告规定的前提下，可以根据本单位的实际情况自行增设、分拆、合并会计科目。企业不存在的经济业务，可以不设置相关会计科目。表 3－1 列示了一些常用的会计科目。

表 3－1　　常用会计科目表

一、资产类	流动资产	库存现金	预付账款	原材料
		银行存款	应收股利	库存商品
		其他货币资金	应收利息	周转材料
		交易性金融资产	其他应收款	存货跌价准备
		应收票据	坏账准备	合同资产
		应收账款	材料采购	合同资产减值准备
			在途物资	
	非流动资产	债权投资	投资性房地产	使用权资产
		债权投资减值准备	固定资产	无形资产
		其他债权投资	累计折旧	累计摊销
		长期应收款	固定资产减值准备	无形资产减值准备
		其他权益工具投资	在建工程	递延所得税资产
		长期股权投资	工程物资	待处理财产损溢
		长期股权投资减值准备	固定资产清理	

续表

二、负债类	流动负债	短期借款	预收账款	应付利息
		交易性金融负债	合同负债	应付股利
		应付票据	应付职工薪酬	其他应付款
		应付账款	应交税费	
	非流动负债	长期借款	长期应付款	递延收益
		应付债券	预计负债	递延所得税负债
		租赁负债		
三、所有者权益类		实收资本	其他综合收益	利润分配
		资本公积	盈余公积	库存股
		其他权益工具	本年利润	
四、成本类		生产成本	制造费用	研发支出
五、损益类		主营业务收入	主营业务成本	资产减值损失
		其他业务收入	其他业务成本	信用减值损失
		投资收益	税金及附加	营业外支出
		公允价值变动损益	销售费用	所得税费用
		资产处置损益	管理费用	以前年度损益调整
		营业外收入	财务费用	

会计科目按其提供指标的详细程度，可以进一步分为总分类科目和明细分类科目。总分类科目亦称一级科目或总账科目，是对会计要素的具体内容进行总括分类、提供总括信息的科目，如“应收账款”“应付账款”等。明细分类科目是对总分类科目作进一步分类，提供更详细、更具体会计信息的科目，如“应收账款”科目按债务人名称设置明细科目，反映应收账款的具体对象；“原材料”科目按原料及材料的类别、品种和规格等设置明细科目，反映各种原材料的具体构成内容。对明细科目较多的总账科目，可在总分类科目与明细科目之间增设二级科目（也称子目）。举例说明如表 3 – 2 所示。

表 3 – 2　　总分类科目和明细分类科目举例

总分类科目	明细分类科目	
	二级科目（子目）	明细科目（细目、三级科目）
应收账款	甲公司 乙公司	
原材料	原料及主要材料	甲材料 乙材料
	辅助材料	润滑油 防锈剂
	燃料	汽油 柴油

（二）账户

会计主体要记账，首先需要设置必要的账户。账户要依附于账簿开设，每一个账户只表现为账簿中的某张或某些账页。账户是根据会计科目在账簿中设置的、具有一定格式和结构，用于分类记录、反映会计要素增减变动情况及其结果的工具。账户是分门别类地汇集和存储会计数据的主要载体，账簿记录不仅是编制财务报表的基本依据，更可以为各项经济管理活动提供系统全面的会计信息。

账户与会计科目是两个既有区别又相互联系的概念。会计科目是设置账户的基本依据，账户的名称就是会计科目。在核算内容上，两者一致，即两者所反映的经济内容是相同的。会计科目与账户的主要区别是：会计科目通常由国家统一规定，而账户则由各会计主体自行设置；会计科目仅仅是对会计要素具体内容进行分类核算的项目名称，只表明某项经济业务，而账户不仅表明相同的经济业务，还具有一定的结构格式。在实际工作中，会计科目与账户常被作为同义语来理解，互相通用，不加区别。

随着企业经济业务的不断发生，会计要素的具体内容也必然随之发生变化，而且这种变化不论多么错综复杂，从数量上看不外乎是增加和减少两种情况。所以用来记录企业在某一会计期间内各种有关数据的账户，在结构上就应分为两方，即左方和右方，以一方登记增加数，另一方登记减少数。其具体格式如表3－3所示。

表3－3　　　　　　　　　　**账户名称：×××**

年		凭证字号	摘要	借方	贷方	借或贷	余额
月	日						

在会计教学中为了简化格式，往往以“T”形（亦称丁字形）作为账户的最基本形式。如图3－1所示。

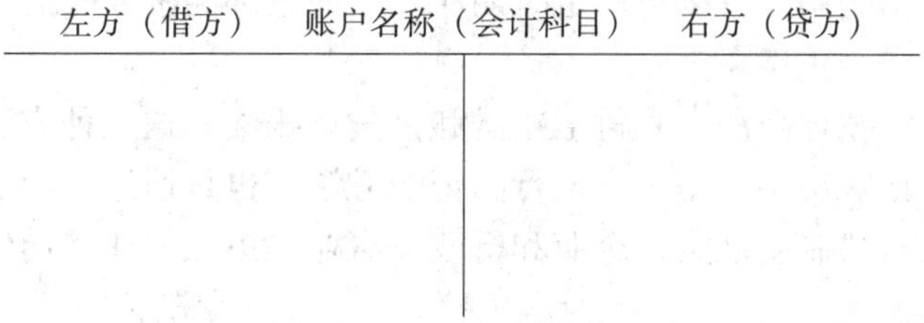

图3－1　丁字形账

每个账户一般有四个金额要素，即期初余额、本期增加额、本期减少额、期末余额。在一定期间账户登记的增加数合计、减少数合计分别称为本期增加发生额和本期减少发生额，本期增加发生额减去本期减少发生额的差额称为“余额”。余额按其表示的时间不同，分为期初余额和期末余额，上一期的期末余额即为下一期的期初余额。在账户中记录的金额之间的关系可以用下列等式表示：

$$期末余额 = 期初余额 + 本期增加发生额 - 本期减少发生额$$

账户的左右两方是按相反方向来记录增加额和减少额。也就是说，如果规定在左方记录增加额，就应该在右方记录减少额；反之，如果在右方记录增加额，就应该在左方记录减少额。在账户中究竟哪一方记录增加额，哪一方记录减少额，则取决于所采用的记账方法和各账户所要记录的经济内容（即账户的性质）。显然账户的余额一般与记录的增加额在同一方向。

账户按其反映的经济内容可分为资产类、负债类、所有者权益类、成本类及损益类五大类账户，而损益类又可分为反映收入和费用的两类账户。账户的性质与会计科目的性质是一致的。

同会计科目分为总分类科目和明细科目相对应，账户按照核算信息的详细程度及统驭关系不同，可分为总分类账户和明细分类账户。按总分类科目开设的账户称为总分类账户（简称“总账账户”），按明细分类科目开设的账户称为明细分类账户（简称“明细账户”）。总分类账户提供的是总括核算指标，因而一般只用货币计量；明细分类账户提供的是明细核算指标，因而除用货币计量外，有的还用实物量度（如千克、件等）。对经济业务通过总分类账户进行的核算，称为总分类核算；通过有关明细账户进行的核算，称为明细分类核算。

二、复式记账

（一）记账方法

记账方法是指在账簿中登记各项经济业务的方法。会计上的记账方法经历了一个由单式记账法发展到复式记账法的过程。

单式记账法是指对每一项经济业务活动所引起的资金增减变化情况及其结果，只在一个账户中进行单方面的记录和反映的一种方法。单式记账法主要记录现金、银行存款和债权债务的增减，是一种比较简单、不完整的记账方法，目前已很少采用。

复式记账法是在每一项经济业务发生后，用相等的金额，在相互关联的两个或两个以上的账户中进行登记，以反映会计要素增减变动情况的记账方法。其主要特点是：对于每一项经济业务，都在两个或两个以上相互关联的账户中进行等额双重记录；根据账户之间的对应关系和会计等式的平衡关系，可以对一定时期所发生的全部经济业务的会计记录进行试算平衡，以检查账户记录是否正确。

复式记账法包括增减记账法、收付记账法和借贷记账法。这三种方法在我国会计实务中都曾广泛使用。借贷记账法不仅是一个通行的记账方法，也是通用的商业语言，被世界各国广泛采用。我国现行有关制度规定，企业和行政、事业等单位一律采用借贷记账法。

（二）借贷记账法

借贷记账法是以“借”“贷”为记账符号，记录会计要素增减变动情况的一种复式记账法。

1. 借贷记账法的记账符号。借贷记账法的记账符号就是“借”“贷”。借贷记账法大约起源于13世纪的意大利。当时，意大利沿海城市的商品经济特别是海上贸易已经有很大的发展，在商品交换中，为了适应借贷资本和商业资本经营者管理的需要，逐步形成了借贷记账法。“借”“贷”二字的含义，最初是从借贷资本家的角度来解释的，借贷资本家以经营货币资金为主要业务，对于收进来的存款，记在贷主（creditor）的名下，表示自身的债务即欠人的增加；对于付出去的放款，则记在借主（debtor）的名下，表示自身的债权即人欠的增加。这样，“借”“贷”分别表示借贷资本家的债权（人欠）和债务（欠人）及其增减变化。随着商品经济的发展，经济活动的内容日趋复杂，记录的业务也不再仅限于货币资金的借贷业务，而逐渐扩展到财产物资、经营损益和经营资本等的增减变化。“借”“贷”逐渐失去了原来的字面含义，转化为纯粹的记账符号，变成会计上的专门术语。15 世纪借贷记账法逐渐完备，并逐渐流传于全世界。与此同时，西方国家的会计学者提出了借贷记账法的理论依据，即所谓“资产 = 负债 + 资本”的平衡公式，确立了记账规则，使其成为一种科学的记账方法，为世界各国广泛采用。会计成为一种国际商业语言。

就符号意义上而言，“借”“贷”本身不表示任何确切的意义。无论是“借”还是“贷”都既表示增加，又表示减少。在“借”“贷”符号与特定的会计账户结合时，才用于表示记入账户的方向，“借”表示记入账户的借方；“贷”表示记入账户的贷方。

2. 借贷记账法的账户结构。在借贷记账法中，任何账户都分为借方和贷方两个基本部分，而且把账户的左方称为“借方”，账户的右方称为“贷方”。记账时，账户的借贷两方必须作相反方向的记录，即对于每一个账户来说，如果借方用来登记增加额，则贷方用来登记减少额；如果借方用来登记减少额，则贷方用来登记增加额。在一个会计期间内，借方登记的合计数称为借方发生额，贷方登记的合计数称为贷方发生额。那么，增加额和减少额应分别记入账户的哪一方，要根据各个账户所反映的经济内容，即账户的性质决定。

下面，分别说明各类账户的结构。

（1）资产类账户的结构。资产类账户的结构是：账户的借方登记资产的增加额，贷方登记资产的减少额，期末余额一般在借方。该类账户期末余额的计算公式如下：

资产类账户期末借方余额 = 期初借方余额 + 本期借方发生额 − 本期贷方发生额

资产类账户的结构如图 3 − 2 所示。

借方	资产类账户		贷方
期初余额	×××		
（1）增加额	×××	（1）减少额	×××
（2）增加额	×××	（2）减少额	×××
本期发生额	×××	本期发生额	×××
期末余额	×××		

图 3 − 2　资产类账户的结构

（2）负债及所有者权益类账户的结构。由会计平衡公式“资产 = 负债 + 所有者权益”所决定，负债及所有者权益类账户的结构与资产类账户正好相反，其贷方登记负债及所有者权益的增加额，借方登记负债及所有者权益的减少额，期末余额一般在贷方。该类账户期末余额的计算公式如下：

负债及所有者权益类账户期末贷方余额 = 期初贷方余额 + 本期贷方发生额 − 本期借方发生额

负债及所有者权益类账户的结构如图 3 − 3 所示。

借方	负债及所有者权益类账户		贷方
		期初余额	×××
（1）减少额	×××	（1）增加额	×××
（2）减少额	×××	（2）增加额	×××
本期发生额	×××	本期发生额	×××
		期末余额	×××

图3－3　负债及所有者权益类账户的结构

（3）费用类账户的结构。企业在生产经营中所发生的各种耗费，大多由资产转化而来，所以费用在抵销收入之前，可将其视为一种特殊资产。因此，费用类账户的结构与资产类账户基本相同，账户的借方登记费用的增加额，贷方登记费用的减少额。在会计期末，当期各项费用一般都要通过账户贷方转出，所以该类账户通常没有期末余额①。如果因某种情况有余额，也表现为借方余额。

费用类账户的结构如图3－4所示。

借方	费用类账户		贷方
（1）增加额	×××	（1）减少额	×××
（2）增加额	×××	（2）转出额	×××
本期发生额	×××	本期发生额	×××

图3－4　费用类账户的结构

（4）收入类账户的结构。收入类账户的结构与负债及所有者权益类账户相类似，账户的贷方登记收入的增加额，借方登记收入的减少额。在会计期末，当期各项收入一般都要通过账户借方转出，所以该类账户通常也没有期末余额。如果因某种情况有余额，则表现为贷方余额。

收入类账户的结构如图3－5所示。

借方	收入类账户		贷方
（1）减少额	×××	（1）增加额	×××
（2）转出额	×××	（2）增加额	×××
本期发生额	×××	本期发生额	×××

图3－5　收入类账户的结构

（5）利润类账户的结构。利润类账户的结构与负债及所有者权益类账户大致相同，账户的贷方登记利润的增加额，借方登记利润的减少额。期末如有余额，可能在借方，也可能在贷方。

在会计期末，当期实现的各项收入要从各收入账户的借方结转至“本年利润”账户的贷方，当期发生的各项费用要从各费用账户的贷方结转至“本年利润”账户的借方，目的

① 为了简化，一般在丁字形账户中的垂直线上画两条平行的小横线表示账户余额为零。

是计算确定当期实现的利润。转入“本年利润”账户贷方的收入额扣除转入该账户借方的费用额以后的余额，就是当期实现的利润。“本年利润”账户的结构如图 3－6 所示。

借方　　　　本年利润	贷方
本期发生费用 （从费用类账户转入）	本期实现收入 （从收入类账户转入）
余额：本期发生亏损额	余额：本期实现利润额

图 3－6　“本年利润”账户的结构

综上所述可以看出，“借”“贷”二字作为记账符号所表示的经济含义是不一样的。“借”表示资产的增加，费用的增加，负债及所有者权益的减少，收入的减少，利润的减少。“贷”表示资产的减少，费用的减少，负债及所有者权益的增加，收入的增加，利润的增加。

用丁字形账户表示全部账户结构，如图 3－7 所示。

借方　　　　账户名称（会计科目）	贷方
资产、费用增加数 负债、所有者权益、收入、利润减少数	资产、费用减少数 负债、所有者权益、收入、利润增加数
期末余额：资产（或费用、利润）余额	期末余额：负债及所有者权益（或收入、利润）余额

图 3－7　用丁字形账户表示全部账户结构

3. 借贷记账法的记账规则。按照复式记账的原理，任何经济业务都要以相等的金额，在两个或两个以上相互关联的账户中进行记录。会计恒等式是借贷记账法的理论基础，是反映经济业务活动引起会计要素数量增减变化的表达式。随着经济业务活动的不断开展，会计恒等式两边项目的数额会发生变化，但是，无论怎样变化都不会破坏会计恒等式的平衡关系。对于借贷记账法的记账规则，我们可以从经济业务的四种类型中推导出来（见图 3－8）。

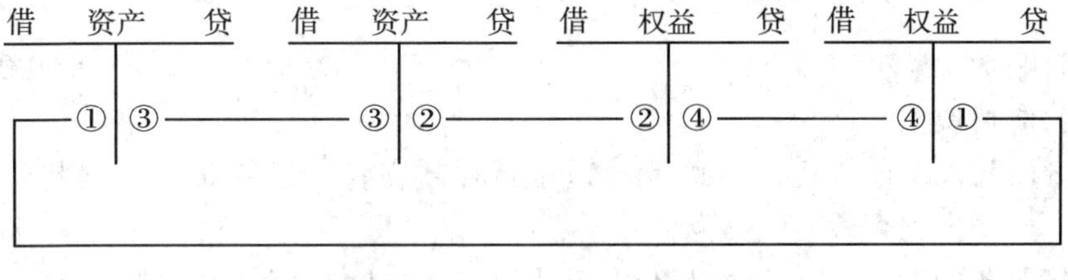

图 3－8　经济业务的四种类型

（1）资产和权益同增，增加金额相等。

（2）资产和权益同减，减少金额相等。

（3）资产内部此增彼减，增减金额相等。

（4）权益内部此增彼减，增减金额相等。

从图 3－8 中可以看出，根据借贷记账法的原理，对每一项经济业务都应当作借贷相反的记录。每种类型经济业务的发生，记账时都是有借方也有贷方，双方的金额都是相等的。因此，我们归纳出借贷记账法的记账规则是：有借必有贷，借贷必相等。

为了说明借贷记账法的记账规则，下面举例说明。

假设兴达股份有限公司2×21年3月发生下列经济业务：

【例3-1】 收到投资者甲公司以货币资金200 000元向本企业进行投资，款项已存入银行。

这项经济业务的发生，一方面表现为企业资产——银行存款的增加，应记入“银行存款”账户的借方；另一方面表现为企业所有者权益——实收资本的增加，应记入“实收资本”账户的贷方。

借：银行存款　　200 000

　　贷：实收资本　　200 000

【例3-2】 以银行存款30 000元偿还前欠B公司的材料款。

这项经济业务的发生，一方面表现为企业负债——应付账款的减少，应记入“应付账款”账户的借方；另一方面表现为企业资产——银行存款的减少，应记入“银行存款”账户的贷方。

借：应付账款　　30 000

　　贷：银行存款　　30 000

【例3-3】 以银行存款购入设备一台，价值100 000元（暂不考虑增值税）。

这项经济业务的发生，一方面表现为企业资产——固定资产的增加，应记入“固定资产”账户的借方；另一方面表现为企业资产——银行存款的减少，应记入“银行存款”账户的贷方。

借：固定资产　　100 000

　　贷：银行存款　　100 000

【例3-4】 签发并承兑一张面额为50 000元、为期3个月的商业汇票，用以抵付应付账款。

这项经济业务的发生，一方面表现为企业负债——应付账款的减少，应记入“应付账款”账户的借方；另一方面表现为企业负债——应付票据的增加，应记入“应付票据”账户的贷方。

借：应付账款　　50 000

　　贷：应付票据　　50 000

【例3-5】 购入库存商品20 000元，以银行存款支付一半货款，另一半暂欠（暂不考虑增值税）。

这项经济业务的发生，一方面表现为企业资产——库存商品的增加，应记入“库存商品”账户的借方；另一方面表现为企业资产——银行存款的减少，应记入“银行存款”账户的贷方，企业负债——应付账款的增加，应记入“应付账款”账户的贷方。

借：库存商品　　20 000

　　贷：银行存款　　10 000

　　　　应付账款　　10 000

【例3-6】 销售库存商品100 000元，收到款存入银行（暂不考虑增值税）。

这项经济业务的发生，一方面表现为企业资产——银行存款的增加，应记入“银行存款”账户的借方；另一方面表现为企业收入——销售收入的增加，应记入“主营业务收入”账户的贷方。

借：银行存款　　　　100 000

　　贷：主营业务收入　　　　100 000

【例3－7】结转上述已销售商品的成本80 000元。

这项经济业务的发生，一方面表现为企业费用——销售成本的增加，应记入“主营业务成本”账户的借方；另一方面表现为企业资产——库存商品的减少，应记入“库存商品”账户的贷方。

借：主营业务成本　　　　80 000

　　贷：库存商品　　　　80 000

【例3－8】以银行存款支付管理费用1 000元。

这项经济业务的发生，一方面表现为企业费用——管理费用的增加，应记入“管理费用”账户的借方；另一方面表现为企业资产——银行存款的减少，应记入“银行存款”账户的贷方。

借：管理费用　　　　1 000

　　贷：银行存款　　　　1 000

【例3－9】月初以银行存款预付半年的固定资产租金12 000元。

公司预付固定资产租金，属于预付款性质，预付的租金目前仍是企业的资产，将来会随着租用的时间而逐步转化为费用。这项经济业务的发生，一方面表现为企业资产——债权的增加，应记入“预付账款”账户的借方；另一方面表现为企业资产——银行存款的减少，应记入“银行存款”账户的贷方。

借：预付账款　　　　12 000

　　贷：银行存款　　　　12 000

【例3－10】从银行借入短期借款100 000元，款已入存款户。

这项经济业务的发生，一方面表现为企业资产——银行存款的增加，应记入“银行存款”账户的借方；另一方面表现为企业负债——短期借款的增加，应记入“短期借款”账户的贷方。

借：银行存款　　　　100 000

　　贷：短期借款　　　　100 000

【例3－1】至【例3－10】业务的具体账户登记情况见本章第二节中“调整前试算平衡”部分。

4. 账户对应关系和会计分录。对各项经济业务运用复式记账法在有关账户中进行登记时，会在有关账户之间形成某种相互的对应关系，账户间的这种对应关系称为账户对应关系。存在着对应关系的账户称为对应账户。由于账户对应关系反映了每项经济业务的内容，以及由此而引起的资金运动的来龙去脉，因此在采用借贷记账法登记某项经济业务时，应先通过编制会计分录来确定所涉及的账户及其对应关系，从而保证账户记录的正确性。所谓会计分录（简称“分录”），是指标明每项经济业务应记账户的名称、方向和金额的一种记录。它是会计语言的表达方式。

编制会计分录是会计工作的初始阶段。在实际工作中，会计分录一般是通过编制记账凭证来体现的。编制会计分录，就意味着对经济业务进行会计确认，为经济业务数据记入账户提供依据。编制会计分录的基本步骤为：

（1）经济业务发生后，首先分析业务发生引起哪些会计要素增减变动；

（2）找出所涉及的账户；

（3）根据经济业务分析的结果确定应记入相关账户的方向及金额。

具体会计分录见【例3－1】至【例3－10】。

会计分录按每笔经济业务所涉及的账户的多少分为简单会计分录和复合会计分录。简单会计分录是指经济业务活动发生引起资金运动变化只涉及两个账户的一种会计分录，即一借一贷。复合会计分录是指经济业务活动发生引起资金运动变化涉及两个以上账户的一种会计分录，即一借多贷、一贷多借或者多借多贷，如前述【例3－5】的会计分录。复合会计分录实际上是由几个简单会计分录组成的，因而必要时可将其分解为若干个简单会计分录。编制复合会计分录，既可以简化记账手续，又能集中反映某项经济业务的全面情况。以前述【例3－5】为例，可以编制会计分录如下：

借：库存商品	10 000	
贷：银行存款		10 000
借：库存商品	10 000	
贷：应付账款		10 000

在实际工作中，如果一项经济业务涉及多借多贷，为全面反映此项经济业务，可以编制多借多贷的复合会计分录，但不允许将几项经济业务合并编制复合分录。

第二节　会计循环

一、会计循环的基本步骤

会计作为一个会计信息系统，需要以财务报告为载体，定期向会计信息使用者提供一定期间的会计信息。在每个会计期间，对企业已经发生的经济活动，进行确认、计量、记录和报告，“生产”出会计信息。这个会计信息的“生产”过程周而复始，具有循环的特征，人们习惯上，将其称为会计循环。

实际上，对会计循环有广义和狭义两种理解。从广义上理解，会计循环就是在一个特定会计期间内，对交易、事项的发生，从会计确认开始，经过计量、记录，实现对交易或事项的会计处理，到最后编制财务报告，完成一个会计期间的会计循环，下一会计期间依然按此顺序进行会计循环。从狭义上理解，会计循环就是指企业在一个会计期间内，从经济业务发生编制和审核会计凭证开始，到登记会计账簿，最后编制财务报告为止，财务会计人员运用一定的方法所完成的一系列会计处理程序。会计循环是一个完整的会计处理程序，而企业的经济业务是持续不断地发生的，因此，会计循环将在企业的每一个会计期间依次继起、周而复始地不断进行。

在一个完整的会计循环中通常包括以下几个基本步骤：

（1）根据原始凭证分析经济业务。通过对原始凭证所记载的资料进行分析，分析发生的经济业务是否属于应纳入会计核算系统的会计业务，并确定经济业务的发生对哪些会计要素产生影响。

（2）编制记账凭证。根据审核无误的原始凭证，按照复式记账的要求编制会计分录，填制记账凭证。

（3）过账。根据记账凭证（会计分录）中所确定的账户名称、借贷方向和入账金额，分别记入有关的日记账、总分类账和明细分类账，以便分类地反映各会计要素的增减变动情况。

（4）编制调整前试算平衡表。根据会计等式的平衡关系，利用借贷记账规则的原理，通过汇总、计算和比较来检查账户记录的正确性与完整性，这项工作称为试算平衡。在会计实务中，通过编制试算表进行试算平衡。

（5）期末账项调整。期末对应予调整的事项，按权责发生制进行必要的调整，编制调整分录，并过入有关的总分类账或明细分类账。

（6）编制调整后试算平衡表。由于编制了期末调整分录并过账，需要再次编制调整后的试算平衡表，再次检查账簿记录的正确性。

（7）编制结账分录并过账。在会计期末，编制结账分录，结清损益类账户（月末或年末）和利润账户（年末），并据以登记有关账簿。

（8）编制结账后试算平衡表。编制结账后试算平衡表，目的是验证账户记录的正确性，以便于下期开设新账；同时也是为了便于利用其编制财务报告。

（9）编制正式的财务报表。根据相关资料，编制正式的财务报表。

上述基本步骤可以通过图 3－9 表示。

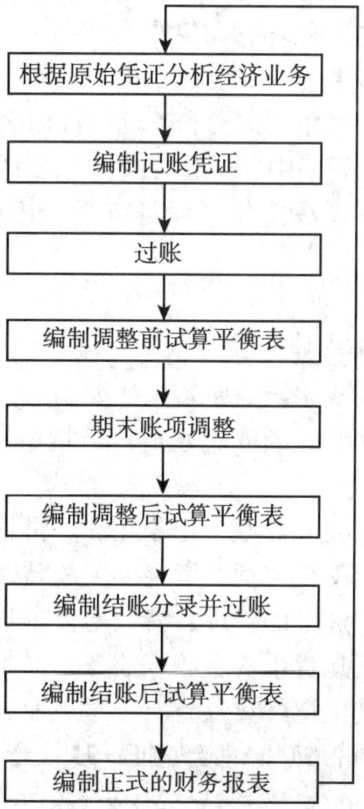

图 3－9　会计循环流程

二、编制会计凭证

会计凭证是用来证明经济业务发生、明确经济责任的书面证明。按用途不同，会计凭证可分为原始凭证和记账凭证两类。会计循环始于编审用于证实经济业务已经发生的原始凭证，会计人员运用专门的会计手段分析确认经济业务，编制会计分录。记账凭证是会计分录的载体。会计人员要在审核原始凭证的基础上填制记账凭证，然后根据记账凭证登记账簿。

（一）原始凭证

原始凭证是在经济业务发生时取得或填制的，用来记载和证明经济业务发生或完成情况并明确经济责任的最初书面证明。这些原始单据是在经济业务发生的过程中直接产生的，在法律上具备证明效力，所以能够成为会计记录的客观依据。

原始凭证按其来源不同，可分为外来原始凭证和自制原始凭证。外来原始凭证是指在同外单位发生经济往来关系时，从外单位取得的凭证，如购买商品时从供货单位取得的发货票、付款时取得的收据等。自制原始凭证是由本单位内部经办业务的部门或个人，在完成某项经济业务时自行填制的凭证，如购买材料入库时填制的收料单、差旅费报销单等。

为了如实反映经济业务的发生和完成情况，充分发挥会计的监督职能，保证会计信息的真实性、可靠性和正确性，会计机构、会计人员必须对原始凭证进行严格审核，审核内容包括原始凭证的真实性、合法性、合理性、正确性、完整性。

原始凭证来源渠道繁杂，种类繁多，格式各异，大小不同，其只局限于经济业务内容，不能说明该项业务的发生会影响哪些会计要素的变化，不便于直接登记会计账簿，因而需要根据原始凭证反映的不同经济业务，加以归类和整理，并以会计分录的形式将其转换为会计信息，填制到具有统一格式的记账凭证中，并将相关的原始凭证附在记账凭证后面，以供查验。这样不仅可以简化记账工作、减少差错，而且有利于原始凭证的保管，便于对账和查账，提高会计工作质量。

（二）记账凭证

记账凭证是由会计人员根据审核无误的原始凭证编制的，确定会计分录并作为记账直接依据的会计凭证。记账凭证按其反映的经济业务是否与货币资金有关，可以分为收款凭证、付款凭证和转账凭证。

收款凭证是用以反映货币资金收入业务的记账凭证。付款凭证是用以反映货币资金支出业务的记账凭证。转账凭证是用以反映与货币资金无关的转账业务的凭证。单独设立收款凭证和付款凭证的目的是加强对货币资金的管理，有效地监督货币资金的使用。

会计实务中，某些经济业务既是货币资金收入业务，又是货币资金支出业务，如现金和银行存款之间的划转业务。为了避免记账重复，对于这类业务一般只编制付款凭证，不编制收款凭证。即将现金存入银行，编制现金付款凭证；从银行提取现金，编制银行存款付款凭证。

结合本章【例3－1】【例3－2】【例3－4】，列示三种记账凭证的格式如表3－4、表3－5、表3－6所示。

表 3－4 收款凭证

借方科目：银行存款 2×21 年××月××日 银收字第 1 号

摘要	贷方科目		记账	金额	
	总账科目	明细科目			附件
收到投资	实收资本	甲公司	√	200 000	
合计				200 000	张

财务主管 记账 出纳 审核 制单

表 3－5 付款凭证

贷方科目：银行存款 2×21 年××月××日 银付字第 1 号

摘要	借方科目		记账	金额	
	总账科目	明细科目			附件
偿还货款	应付账款	B 公司	√	30 000	
合计				30 000	张

财务主管 记账 出纳 审核 制单

表 3－6 转账凭证

2×21 年××月××日 转字第 1 号

摘要	会计科目		记账	借方金额	贷方金额	
	总账科目	明细科目				附件
开出汇票抵付货款	应付账款		√	50 000		
	应付票据		√		50 000	
合计				50 000	50 000	张

财务主管 记账 出纳 审核 制单

企业也可以使用通用记账凭证。通用记账凭证是指以一种统一的格式记录全部经济业务的记账凭证。其格式与转账凭证格式基本相同。

尽管各种记账凭证的格式、内容不尽相同，但编制记账凭证的目的在于反映经济业务，便于登记账簿和日后查阅。所以记账凭证的内容必须具备：凭证名称、日期、编号、摘要、借方贷方科目以及金额、所附原始凭证张数、有关人员的签章和入账标记等。摘要以简要的形式描述了经济业务的内容；借方贷方科目包括总分类科目和明细分类科目。收款凭证中，左上方为借方科目，只包括“库存现金”或“银行存款”等货币资金；付款凭证中，左上方为贷方科目，只包括“库存现金”或“银行存款”等货币资金；转账凭证中借方贷方科目要根据业务内容确定，因此借方贷方科目先后列示于凭证中的“会计科目”栏中。

三、登记会计账簿

过账是指根据记账凭证（会计分录）中所确定的账户名称、借贷方向和入账金额，分别记入有关总分类账、明细分类账及日记账的过程。在实际工作中，过账之前，账户中在上月月末如果有余额，即为本月的月初余额，应先予以反映，然后再根据会计分录在账簿中按账户进行登记。

账簿是根据会计凭证，用来序时地、分类地记录和反映各项经济业务的会计簿籍。它是由具有专门格式，又以一定形式联结在一起的账页所组成的。设置账户，并在账簿中进行登记，有利于全面、系统地记录和反映企业生产经营活动的情况，把大量而分散的核算资料进行归类整理，以满足提供有效信息的需要，因此，这是会计工作的一个重要环节，设置和登记账簿是会计核算的一种专门方法。各单位应当按照国家统一会计制度的规定和会计业务的需要设置会计账簿。

账簿按其用途不同，可分为序时账、分类账和备查账三种。

（一）序时账

序时账，也称日记账，是指按照经济业务发生的时间先后顺序，逐日逐笔进行登记的账簿。我国企业一般仅设置库存现金日记账和银行存款日记账，其目的是加强对货币资金的管理和控制。

日记账是由出纳人员根据审核无误的收款凭证和付款凭证逐日逐笔登记的。每日终了，应分别计算现金、银行存款的收入和支出的合计数并结出余额，现金日记账余额要与库存现金的实有数额相核对，做到日清；月末应计算出现金、银行存款全月收入、支出的合计数并结出余额，做到月结。日记账的格式一般采用“借”“贷”“余”三栏式。结合本章【例 3－1】至【例 3－10】，银行存款日记账的登记如表 3－7 所示。

表 3－7　　银行存款日记账

2×21 年		凭证		摘要	借方	贷方	借或贷	余额
月	日	种类	号数					
3	1			期初余额			借	200 000
	略	银收	1	收到投资	200 000			
	略	银付	1	偿还货款		30 000		
	略	略	略	购入设备		100 000		
	略	略	略	购入商品		10 000		
	略	略	略	销售商品	100 000			
	略	略	略	支付管理费用		1 000		
	略	略	略	预付租金		12 000		
	略	略	略	借入短期借款	100 000			
3	31			本月合计	400 000	153 000	借	447 000

（二）分类账

分类账是指对经济业务进行分类登记的账簿，又分为总分类账簿和明细分类账簿。在实际工作中，为满足会计信息使用者的不同需求，各企业应分别按总分类科目开设总分类账户，按明细分类科目开设明细分类账户。总分类账簿（简称“总账”）是根据一级会计科目设置的，总括反映全部经济业务的账簿；明细分类账簿（简称“明细账”）是根据二级或明细会计科目设置的，详细反映某一类经济业务的账簿。

总分类账只提供金额指标，大多采用“借”“贷”“余”三栏式的格式。由于不同明细账要求反映的事项内容差异很大，明细账的账页格式也就多种多样。一般采用三栏式、数量金额式、多栏式等格式。总账和明细账的格式如表3-8、表3-9所示。

表3-8　　**总分类账**

会计科目：库存商品　　第×页

2×21年		凭证		摘要	借方	贷方	借或贷	余额
月	日	种类	号数					
3	1			期初余额			借	200 000
	…	…	…	…	…	…	…	…
	略	略	略	购入商品	20 000			
	…	…	…	…	…	…	…	…
3	31			本月合计	×××	×××	借	×××

表3-9　　**库存商品明细分类账**

类别：　　库存商品编号：

品名或规格：A商品　　储备定额：

存放地点：　　计量单位：

2×21年		凭证	摘要	收入			发出			结余		
月	日			数量	单价	金额	数量	单价	金额	数量	单价	金额
3	1		期初结存							2 000	100	200 000
	…	…	…	…	…	…	…	…	…	…	…	…
	略	略	购入	200	100	20 000				2 200	100	220 000
	…	…	…	…	…	…	…	…	…	…	…	…
3	31		本月合计	××		××	××		××	××		××

需要指出的是，由于总账与明细账存在着密切的联系，总账对所属明细账起着统驭控制作用，明细账对其所隶属的总账起着补充说明作用。总账及其所属明细账的核算对象是相同的，总账和明细账必须采用平行登记的方法。所谓平行登记，是指对每一笔经济业务，在一个会计期间内既要在总账中进行登记，又要在其所属的明细账中进行登记，

其登记的原始依据相同、方向一致、金额相等。其结果必然是：总账账户的本期发生额等于其所属的各明细账户的本期发生额之和；总账账户的期末余额等于其所属的各明细账户的期末余额之和。

（三）备查账

备查账又称辅助账簿，是对那些不能在日记账和分类账中记录的经济事项或记录不全的经济业务进行补充登记的账簿，如受托加工材料登记簿等。备查账簿可以为某项经济业务的内容提供必要的参考资料。备查账簿的设置应视企业实际需要而定，并非一定要设置，而且没有固定格式。

四、调整前试算平衡

根据会计等式的平衡关系，利用借贷记账规则的原理，通过汇总、计算和比较来检查账户记录的正确性与完整性，这项工作称为试算平衡。试算平衡可以采用发生额试算平衡的方法，也可以采用余额试算平衡的方法。在会计实务中，通过编制试算表进行试算平衡。

发生额试算平衡是根据借贷记账法的记账规则推导出来的。采用借贷记账法，由于对任何经济业务都是按照“有借必有贷，借贷必相等”的记账规则记入各有关账户，所以不仅每一笔会计分录借贷发生额相等，而且当一定会计期间的全部经济业务都记入相关账户后，所有账户的借方发生额合计数必然等于贷方发生额合计数，如果不等，则表明账户记录有错误。用公式表示为：

全部账户借方发生额合计 = 全部账户贷方发生额合计

余额试算平衡是根据会计等式的平衡关系确立的。期末结账后，全部账户借方余额合计数也必然等于全部账户贷方余额合计数。用公式表示为：

全部账户借方余额合计 = 全部账户贷方余额合计

试算平衡工作，一般是在月末结出各个账户的本月发生额和月末余额后，通过编制“总分类账户本期发生额及余额试算平衡表”（见表3－10）来进行的。

如前所述，会计循环的第一、第二、第三步骤需要做的会计工作主要是根据原始凭证分析经济业务，编制会计分录并填制记账凭证，然后登记有关账户。第一步骤至第三步骤的内容已在前面说明，现举例说明第四步骤试算平衡的工作。以本章第一节所举兴达股份有限公司的账务记录为例，3月末首先结出各总账账户余额。

借　　银行存款　　贷

期初余额	200 000	(2)	30 000
(1)	200 000	(3)	100 000
(6)	100 000	(5)	10 000
(10)	100 000	(8)	1 000
		(9)	12 000
本期发生额	400 000	本期发生额	153 000
期末余额	447 000		

借　　预付账款　　贷

期初余额	0		
(9)	12 000		
本期发生额	12 000	本期发生额	0
期末余额	12 000		

借　　库存商品　　贷

期初余额	200 000	(7)	80 000
(5)	20 000		
本期发生额	20 000	本期发生额	80 000
期末余额	140 000		

借　　固定资产　　贷

期初余额	1 100 000		
(3)	100 000		
本期发生额	100 000	本期发生额	0
期末余额	1 200 000		

借　　应付票据　　贷

		期初余额	0
		(4)	50 000
本期发生额	0	本期发生额	50 000
		期末余额	50 000

借　　应付账款　　贷

		期初余额	300 000
(2)	30 000	(5)	10 000
(4)	50 000		
本期发生额	80 000	本期发生额	10 000
		期末余额	230 000

借　　短期借款　　贷

		期初余额	0
		(10)	100 000
本期发生额	0	本期发生额	100 000
		期末余额	100 000

借　　实收资本　　贷

		期初余额	1 100 000
		(1)	200 000
本期发生额	0	本期发生额	200 000
		期末余额	1 300 000

借　　主营业务成本　　贷

(7)	80 000		
本期发生额	80 000	本期发生额	0
期末余额	80 000		

借　　管理费用　　贷

(8)	1 000		
本期发生额	1 000	本期发生额	0
期末余额	1 000		

借　　主营业务收入　　贷

		(6)	100 000
本期发生额	0	本期发生额	100 000
		期末余额	100 000

借　　累计折旧　　贷

		期初余额	100 000
本期发生额	0	本期发生额	0
		期末余额	100 000

编制试算平衡表，如表 3 – 10 所示。

表 3 – 10　　**总分类账户本期发生额及余额试算平衡表**

2×21 年 3 月 31 日　　单位：元

账户名称	期初余额		本期发生额		期末余额	
	借方	贷方	借方	贷方	借方	贷方
银行存款	200 000		400 000	153 000	447 000	
预付账款	0		12 000		12 000	
库存商品	200 000		20 000	80 000	140 000	
固定资产	1 100 000		100 000		1 200 000	
累计折旧		100 000				100 000
短期借款		0		100 000		100 000
应付账款		300 000	80 000	10 000		230 000

续表

账户名称	期初余额		本期发生额		期末余额	
	借方	贷方	借方	贷方	借方	贷方
应付票据		0		50 000		50 000
实收资本		1 100 000		200 000		1 300 000
主营业务收入		0		100 000		100 000
主营业务成本	0		80 000		80 000	
管理费用	0		1 000		1 000	
合计	1 500 000	1 500 000	693 000	693 000	1 880 000	1 880 000

必须说明的是，即使试算平衡表中借贷金额相等，也不足以说明账户记录完全没有错误，因为有些错误并不影响借贷双方的平衡，通过试算也就无法发现。例如，一笔经济业务全部被重记或漏记；一笔经济业务的借贷双方，在编制会计分录时，金额发生同样错误；账户名称用错；借贷记账方向彼此颠倒或方向正确但记错了账户；借方或贷方的金额偶然一多一少，刚好抵销等。因此，根据试算平衡的结果，只能确认账户记录是否基本正确。

五、权责发生制下的期末账项调整

（一）权责发生制

企业是以营利为目的的组织，企业发生费用主要是为了赚取收入，进而将收入与费用进行比较得出利润或亏损。从理论上说，在企业持续经营的情况下，要反映企业的经营成果只有等到企业所有的经营活动结束后，才能计算出企业的全部盈利，但那时提供的会计信息已经失去了应有的作用。为此，会计分期假设人为地将企业持续不断的生产经营过程划分为较短的会计期间，分期结算账目，按期编制财务报告，从而及时地向有关各方提供反映企业财务状况和经营成果的会计信息，满足有关方面的需要。

虽然会计分期假设解决了会计信息的及时性问题，但是，又产生了如何正确计量各期间收入和费用的问题。由于企业生产经营活动是连续的，而会计期间是人为划分的，所以难免有一部分收入和费用出现收支期间和应归属期间不一致的情况。例如，企业于 7 月 10 日销售商品一批，8 月 10 日收到货款存入银行。该项收入是属于 7 月份还是 8 月份呢？企业收入和费用的收付期和归属期是否一致，大致存在三种情况：第一种情况是，本期内收到的收入就是本期已获取的收入，本期已支付的费用就是本期应负担的费用。这类经济业务仅影响一个会计期间，如当期销售商品，当期收款；每月支付的办公费等。第二种情况是，本期内收款但本期尚未获取的收入，本期内支付但不应由本期负担的费用，如各种预收的收入和预付费用。第三种情况是，本期获取但尚未收款的收入，本期应负担但尚未支付的费用，如各种应计收入和应计费用。后两种情况的经济业务会涉及多个会计期间，其会计影响必须在多个会计期间进行合理的分配，需要考虑收入和费用在哪一个会计期间入账，入账金额是多少，这样才能正确计算各期间的经营成果。

因为会计分期假设，产生了本期与非本期的区别，产生了收付实现制和权责发生制等记账基础。

收付实现制又称现金制，是指以是否收到或付出款项作为收入、费用的确认标准，即在收到款项时确认为收入，支付款项时确认为费用。收入、费用的归属期间与款项收付期间相一致，不考虑款项收付行为是否由当期经济业务所产生。

权责发生制又称应计制，是指以权利或责任是否发生作为收入、费用的确认标准。也就是说，如果企业当期已经拥有了获取某项收入的权利，或承担了支付某项费用的责任，那么无论其款项是否收到或付出，都要确认为当期的收入或费用；同样，如果获取收入的权利与支付费用的责任不是由当期经营业务所产生，即使款项在当期收到或支付，也不能确认为当期的收入和费用。简单地说，只要是由本期经济业务引起的收入或费用，无论其款项是否收付，权责发生制均应予以确认。

例如，【例3－9】的业务，“月初以银行存款预付半年的固定资产租金12 000元”。按照收付实现制的要求，企业在3月份支付了租金12 000元，应全部作为3月份的费用确认，而不考虑企业实际使用固定资产情况的事实。但是按照权责发生制的要求，预付租金12 000元可以视为企业购买了6个月的固定资产使用权，为此支付的租金应在有效使用期内分摊，至3月末结账时，企业已经消耗了一个月的固定资产使用权，此时偿付费用的责任已经形成，应该负担一个月的租金2 000元，则3月份应确认费用2 000元。就出租方而言，按照收付实现制的要求，出租方应在3月初收到租金12 000元时确认为收入，而不考虑获取收入的经济活动是何时完成的。但是按照权责发生制的要求，出租方在收到租金时不能确认为收入，因为承租方还没有使用该资产，出租方不享有收取租金的权利，至3月末结账时，出租方享有了收取租金的权利，应调整确认3月份的收入2 000元。

正是由于收付实现制与权责发生制在收入、费用确认方面的区别，它们所提供的会计信息也不完全一致，信息的经济含义也有差别。例如，企业7月份支付款项购入一批商品80 000元，当月全部售出，实现销售收入100 000元，款项在8月份才收到。假定企业除此之外无其他经济业务发生。按照收付实现制的要求，企业7月份收入为0，费用为80 000元，亏损为80 000元；8月份收入为100 000元，费用为0，利润为100 000元。按照权责发生制的要求，企业7月份收入为100 000元，费用为80 000元，利润为20 000元；8月份收入为0，费用为0，利润为0。由此可以看出，采用权责发生制和收付实现制计算的各期损益是不同的。收付实现制提供的损益信息只反映一定期间内现金流入减去流出后的净流量，无法全面、正确合理地反映企业各期的经营成果。而权责发生制是按照经济业务是否真正发生为基础来确认收入、费用的，能够克服收付实现制的局限性，从而恰当地反映企业某一期间的经营成果。正因为如此，《企业会计准则——基本准则》明确规定：“企业应当以权责发生制为基础进行会计确认、计量和报告”。

（二）期末账项调整及内容

如前所述，用权责发生制的观点来看，账簿的日常记录往往还不能正确地反映企业本期的全部收入和费用。根据权责发生制和配比原则的要求，对于归属期与款项收付期不一致的收入、费用，需要在会计期末进行账项调整。

期末账项调整就是指按照应予归属的标准，合理地反映相互连接的各会计期间应得的收入和应负担的费用，使各期的收入和费用能在相关的基础上进行配比，从而比较正确地计算出各期的盈亏。在会计期末编制的、针对跨期业务收入和费用分摊确认的会计分录，即称为调整分录。

期末进行账项调整，虽然主要是为了在利润表中正确地反映本期的经营成果，但是收入和费用的调整，必然会使有关资产、负债和所有者权益项目发生相应的增减变动。因此，期末账项调整也与比较正确地反映企业期末财务状况密切相关。

1. 应计项目

（1）应计收入。应计收入也称应收收入，指本期已实现（赚取）但尚未收到款项的各项收入，收款行为将发生在未来期间，如应收利息、应收租金等。按照权责发生制的要求，凡属于本期已实现的收入，不论款项是否在本期收到，均应作为本期收入，期末应将尚未收到款项的收入调整入账。应计收入的调整，一方面应确认收入，另一方面要增加资产（如债权）或减少负债，待实际收到款项时再进行冲销。

银行存款的利息收入通常是按季度结算的。如果将利息收入全部计入结算期，会使各期的收入不均衡，不符合权责发生制的要求。为了正确反映企业各会计期间的收入，每期末应将属于本期的存款利息收入调整入账。存款利息收入通常作为银行借款利息支出的减项记入“财务费用”账户。月末确认企业的应计存款利息收入时，借记“其他应收款”账户，贷记“财务费用”账户。但是，如果企业利息收入金额不大，按照重要性的要求，也可以直接于收到时全部计入结算期的收入。

（2）应计费用。应计费用也称应付费用，指本期已发生（耗用）但尚未支付款项的各种费用，如应付租金、应计银行借款利息等，这些费用在以后会计期间才支付。按照权责发生制的要求，凡属于本期应负担的费用，不论款项是否在本期支付，均应作为本期费用，期末应将尚未支付款项的费用调整入账。应计费用的调整，一方面应确认费用，另一方面要增加负债，待实际支付款项时再予以冲销。

【例 3－11】承【例 3－10】，月末计提应由本月负担的短期借款利息费用 500 元（假设利息在借款到期时一次性支付）。

借款利息属于企业的一项财务费用，由于利息是在借款到期时结算的，所以本月的利息虽然在本月计算并由本月负担，但却不在本月支付，累计到借款到期时一并支付。本月末，编制调整分录如下：

借：财务费用　　500

　　贷：应付利息　　500

2. 递延项目

（1）预收收入。预收收入是指企业未提供产品或劳务之前先行收取的款项，如预收的销货款、预收的租金等。预收的款项，不属于企业收入，是一种负债性质的预收收入，在收到款项时，一般通过“预收账款”“其他应付款”等账户核算。随着产品的交付、劳务的提供，已实现的收入部分应从负债账户调整到收入账户中，冲减负债，未实现的部分递延到下期。

例如，租户租住房屋，按要求在入住前预付半年租金。从提供租赁服务的企业角度考虑，收到客户预付的租金时，租赁服务尚未开始，预收的租金不构成企业当期的租赁服务收入，应作为企业的短期负债，借记“银行存款”账户，贷记“预收账款”账户。企业在未来 6 个月中通过向客户提供租赁服务的形式偿还该项短期负债，企业将在每个月末，编制调整分录，借记“预收账款”账户，贷记“主营业务收入”等账户，将该项负债金额转为各期租赁服务收入，记入各期利润表中。

（2）预付费用。预付费用是指已经支出款项但应由本期和以后各期间共同负担的费用，如预付租金等。预付费用支付在前，但能使若干个会计期间受益，为正确计算各个会计期间的损益，要将这些支出在其各个受益期间进行分摊。

【例 3－12】 承【例 3－9】，月末摊销应由本月负担的固定资产租金 2 000 元。

公司已支付了半年的固定资产租金并计入资产，随着租用的时间而逐步转化为各期间的费用。月末，编制调整分录如下：

借：管理费用　　2 000

　　贷：预付账款　　2 000

【例 3－13】 月末，计提本月固定资产折旧费 8 000 元。

与预付租金的性质相似，企业购买机器设备等固定资产也是一项支付在先、受益在后的预付费用，企业先期支付了价款，而该项支出会给当期及以后各期带来经济利益，费用将在企业使用这些机器设备为企业经营服务的后续期间发生，表现为机器设备折旧，计入管理费用。按照权责发生制和配比原则的要求，每一会计期末应正确计算提取折旧，将应归属于本期的折旧费用调整入账。所以，折旧实际上也是预付费用的分期摊转。月末，编制调整分录如下：

借：管理费用　　8 000

　　贷：累计折旧　　8 000

在会计实务中，为了能够更好地体现固定资产的原始成本，在计提折旧时不直接贷记"固定资产"账户，而是贷记"累计折旧"账户。"累计折旧"是"固定资产"的抵减账户，表示固定资产成本中累计已提取折旧的金额。"固定资产"账户一般余额在借方，而"累计折旧"账户的余额在贷方。"固定资产"账户借方余额减去"累计折旧"账户贷方余额，结果即为固定资产原始价值减去累计折旧后的净值。

调整分录解决了跨多个会计期间的收入和费用的会计处理问题。与日常经济业务相区别，这些调整事项需要由会计人员运用专业判断在各会计期间进行合理的分摊，而不是仅仅依据交易所产生的原始凭证入账。分摊的方法将在所涉及的各章中具体介绍。在编制调整分录过程中，应注意成本效益原则和重要性原则的应用，在不影响会计信息有用性的前提下，最大限度地减少会计核算工作量。

六、调整后的试算平衡

为了检验调整分录的编制和过账的正确性，在将全部调整分录过入相应账户后，需要再进行一次试算平衡。

将前面所举【例 3－11】【例 3－12】【例 3－13】的调整分录入账后，相关总账账户记录情况如下：

借	应付利息		贷
		期初余额	0
		（11）	500
本期发生额	0	本期发生额	500
		期末余额	500

借	财务费用		贷
（11）	500		
本期发生额	500	本期发生额	0
期末余额	500		

借	预付账款		贷
期初余额	0		
(9)	12 000	(12)	2 000
本期发生额	12 000	本期发生额	2 000
期末余额	10 000		

借	管理费用		贷
(8)	1 000		
(12)	2 000		
(13)	8 000		
本期发生额	11 000	本期发生额	0
期末余额	11 000		

借	累计折旧		贷
		期初余额	100 000
		(13)	8 000
本期发生额	0	本期发生额	8 000
		期末余额	108 000

编制调整后的试算平衡表（略）。格式见表3－10。

七、结账分录

编制结账分录是指会计期末将所有损益类账户的余额结转至“本年利润”账户，使所有损益类账户的余额为零，在“本年利润”账户中归集当期利润总额；年终将“本年利润”账户余额结转至“利润分配”账户。

企业按照权责发生制的要求确认各会计期间实现的各项收入和发生的各项费用。收入与费用的差额形成企业的利润。企业设置各收入账户和各费用账户的目的是为了计量某一会计期间企业的最终经营成果。当某一会计期间结束时，应将各收入、费用账户中的数字从这些账户中转出，一方面是为了正确计算当期盈亏，另一方面也是为了方便计算下一会计期间的收入和费用。

【例3－14】仍以前述兴达股份有限公司为例，2×21年3月31日将该公司各收入和费用类账户的余额结转至“本年利润”账户。编制结账分录如下：

借：主营业务收入	100 000	
贷：本年利润		100 000
借：本年利润	91 500	
贷：主营业务成本		80 000
管理费用		11 000
财务费用		500

将【例3－14】的结账分录入账后，相关总账账户记录情况如下：

借	主营业务成本		贷
(7)	80 000	(14)	80 000
本期发生额	80 000	本期发生额	80 000
期末余额	0		

借	财务费用		贷
(11)	500	(14)	500
本期发生额	500	本期发生额	500
期末余额	0		

借	主营业务收入		贷
(14)	100 000	(6)	100 000
本期发生额	100 000	本期发生额	100 000
		期末余额	0

借	管理费用		贷
(8)	1 000	(14)	11 000
(12)	2 000		
(13)	8 000		
本期发生额	11 000	本期发生额	11 000
期末余额	0		

借	本年利润		贷
(14)	91 500	(14)	100 000
本期发生额	91 500	本期发生额	100 000
		期末余额	8 500

每月末，将当月各项收入、费用结转至“本年利润”账户，年终，“本年利润”的期末余额即为本年累计实现的利润总额或形成的亏损总额。年末应将该账户的余额转入“利润分配”账户，结转后，“本年利润”账户年末没有余额。

结账过程结束后，只有资产、负债及所有者权益类账户留有余额。

为保证结账过程的正确性，在结账分录编制完成后，仍有必要进行试算平衡。由于收入和费用账户余额已经结平，所以试算平衡表中只包含资产负债表项目。具体表格略。

八、编制会计报表

在会计日常业务核算和期末调整分录、结账分录编制完成后，所有当期发生的经济业务均已确认入账，可以进行会计报表的编制。

仍以前述兴达股份有限公司业务举例为基础，根据前面已完成的账簿记录，编制兴达股份有限公司的资产负债表和利润表。具体表格见表 2 – 2 和表 2 – 4。

第三节　会计计量属性与会计信息质量要求

一、会计计量属性

会计计量是指为了将符合确认条件的会计要素登记入账并列报于财务报表而确定其金额的过程。会计计量包括确定计量单位和选择计量属性两个问题。计量单位，也称计量尺度，是指对计量对象量化时采用的具体标准，如千克、件、元、美元等。计量属性，也称计量基础，是指予以计量的某一要素的特性方面，从会计角度看，计量属性反映的是会计要素金额的确定基础，即可以用货币计量的方面，主要包括历史成本、重置成本、可变现净值、现值和公允价值等。由于经济交易或事项可以从多方面予以货币计量，从而有不同的计量属性。

（一）历史成本

历史成本又称为实际成本，是指企业取得或建造某项财产物资时实际支付的现金及现金等价物。在历史成本计量下，资产按照购置时支付的现金或者现金等价物的金额，或者按照购置资产时所付出的对价的公允价值计量。负债按照因承担现时义务而实际收到的款项或者资产的金额，或者承担现时义务的合同金额，或者按照日常活动中为偿还负债预期需要支付的现金或者现金等价物的金额计量。

历史成本的特点体现在：

（1）发生的时点是资产取得当时，而没有考虑市场价格变动的影响。

（2）是真实交易的价格。

（3）在发生之时就是公允价值。

在我国目前的会计计量属性中，历史成本一直占主导地位，其所以得到广泛应用，主要有以下优点：

（1）具有客观性，有合法的原始凭证为依据。

（2）具有可验证性，其取得成本较低。

（3）具有可比较性，可以通过与实际成本、计划成本、定额成本等相比较，预测成本水平及其变化趋势。

历史成本的缺点是在物价变动较大时，历史成本缺乏可比性和相关性，收入与费用的配比缺乏逻辑统一性，经营业绩和持有收益不能分清，非货币性资产和负债出现低估，难以揭示企业真实的财务状况，可能使会计信息使用者作出错误的判断。

（二）重置成本

重置成本又称现行成本或现时投入成本，是指如果在现时重新取得相同的资产或与其相当的资产将会支付的现金或现金等价物金额，或者说是指在本期重购或重置持有资产的成本。在重置成本计量下，资产按照现在购买相同或者相似资产所需支付的现金或现金等价物的金额计量。负债按照现在偿付该项债务所需支付的现金或现金等价物的金额计量。

重置成本主要有以下优点：

（1）避免在物价上涨时虚计利润。

（2）增强了期间收入与费用相配比的可比性和可靠性。

（3）反映了企业真实的财务状况，增强了会计信息的有用性。

（4）便于区分企业经营收益，有助于正确评价管理当局的业绩。

同样，重置成本也存在缺点：

（1）由于条件因素的影响，事实上很难存在与原资产完全相同的重置成本。

（2）在计算上缺乏足够可信的证据，影响了会计信息的可靠性。

（3）仍然不能消除货币购买力变动的影响，也无法以持有资本的形式来解决资本保值问题，不能确保已耗生产能力得到补偿或更新。

（三）可变现净值

可变现净值是指出售时可能收回的金额（扣除可能发生的费用后的净值），又称为预期脱手价格。在可变现净值计量下，资产按照其正常对外销售所能收到现金或现金等价物的金额扣减该资产至完工时估计将要发生的成本、估计的销售费用以及相关税费后的金额计量。可变现净值反映了企业预期的变现能力，虽然在操作上有一定的难度，但可以真实反映资产的价值。

（四）现值

现值是指对未来现金流量以恰当的折现率进行折现后的价值，是考虑货币时间价值因素等的一种计量属性。在现值计量下，资产按照预计从其持续使用和最终处置中所产生的未来净现金流入量的折现金额计量。负债按照预计期限内需要偿还的未来净现金流出量的折现金额计量。

现值计量属性考虑了货币的时间价值，最能反映资产的经济价值，与经济决策更具有相关性；但其受主观因素的影响较多，未来现金流量的现值难以准确预测，所以用于决策的可靠性较差。

（五）公允价值

公允价值，是指市场参与者在计量日发生的有序交易中，出售一项资产所能收到或者转移一项负债所需支付的价格。市场参与者，是指在相关资产或负债的主要市场（或最有利市场）中，同时具备下列特征的买方和卖方：市场参与者应当相互独立，不存在关联方关系；市场参与者应当熟悉情况，能够根据可取得的信息对相关资产或负债以及交易具备合理认知；市场参与者应当有能力并自愿进行相关资产或负债的交易。有序交易，是指在计量日前一段时期内相关资产或负债具有惯常市场活动的交易。该交易不是被迫的交易，是一个假设性交易。主要市场是指相关资产或负债交易量最大和交易活跃度最高的市场。最有利市场是指在考虑交易费用和运输费用后以最高金额出售资产、以最低金额转移负债的市场。

公允价值的主要优点是：

（1）能提供可靠的会计信息，有利于企业的资本保值。

（2）符合会计的配比原则要求。

（3）能合理地反映企业的财务状况，从而提高财务信息的相关性。

（4）能更真实地反映企业的收益。

如何更好地理解上述各种会计计量属性的含义？以资产为例，实际上可以这样理解：在某一个时点上对某项资产进行计量时，历史成本是该项资产取得时的公允价值；重置成本是这个时点上重新取得该项资产时的公允价值；可变现净值是这个时点上出售该项资产的公允价值；现值是这个时点上，不重新购买也不出售该项资产，继续持有其会带来的经济利益的公允价值；公允价值是在任何时候只要是发生有序交易时，出售资产所收到或转移负债所付出的价格。

在各种计量属性中，历史成本通常反映的是资产或负债过去的价值，而重置成本、可变现净值、现值和公允价值通常反映的是资产或负债的现时成本或者现时价值，是与历史成本相对应的计量属性。但它们之间具有密切联系。一般来说，历史成本可能是过去环境下某项资产或负债的公允价值，而在当前环境下某项资产或负债的公允价值也许就是未来环境下某项资产或负债的历史成本。公允价值可以是重置成本，也可以是可变现净值和以公允价值为计量目的的现值。

《企业会计准则——基本准则》规定：“企业在对会计要素进行计量时，一般应当采用历史成本，采用重置成本、可变现净值、现值、公允价值计量的，应当保证所确定的会计要素金额能够取得并可靠计量。”这是对会计计量属性选择的一种限定性条件。

二、会计信息质量要求

会计的根本目标是为会计主体的经营决策提供有用的信息。为了达到这一最终目标，会计信息要达到一些基本的质量要求，也称为会计信息质量特征、会计信息质量标准。会计信息质量要求是对企业财务会计报告中所提供的会计信息质量的基本要求，是使财务会计报告中所提供会计信息对信息使用者决策有用应具备的基本特征。根据我国《企业会计准则——基本准则》的规定，会计信息质量要求包括以下八项：可靠性、相关性、可理解性、可比性、实质重于形式、重要性、谨慎性和及时性。

（一）可靠性

可靠性要求企业应当以实际发生的交易或者事项为依据进行会计确认、计量和报告，如实反映符合确认和计量要求的各项会计要素及其他相关信息，保证会计信息的真实可靠、内容完整。可靠性是最重要的会计信息质量特征之一。

可靠性包括三层含义：（1）信息是对企业所发生的经济交易和事项的真实反映，应以实际发生的交易或事项为依据，不能以虚构的交易或事项为依据。（2）企业应以中立的立场提供会计信息，不能有所偏向。（3）在符合重要性和成本效益原则的前提下，企业应保证会计信息的完整性，不能随意遗漏或减少应予披露的信息，与信息使用者决策相关的有用信息都应当充分披露。

可靠性原则并不意味着会计信息是绝对精确的或是无比详尽的。对于会计信息的可靠性，应该动态地去理解。会计最基本职能是对经济活动进行反映，而这种反映的客体是复杂多变、存在很大不确定性的经济现实，即便不存在主观上的偏向，会计信息也很难是绝对精确可靠的。在会计实务中，有些数据只能根据会计人员的经验或对未来的预计予以估测，如固定资产的折旧等。这些估计出来的数据不可能是精确的，但只要使用的方法和估计基础得当，产生的会计信息就是可靠的。

可靠性是会计信息质量的灵魂，不真实、不完整或是虚假的信息不仅不具备决策有用性，而且可能误导投资者，产生重大经济损失。提供虚假会计信息的企业最终将面临监督管理部门的处罚甚至更为严重的后果。

（二）相关性

相关性，亦称有用性，是指企业提供的会计信息应当与财务会计报告使用者的经济决策需要相关，有助于财务会计报告使用者对企业过去、现在或者未来的情况作出评价或预测；也即满足投资者、债权人等各方了解企业财务状况和经营成果的需要，满足企业加强经营管理的需要。

相关性要求会计信息不但应具有反馈价值，还应具有预测价值。反馈价值是指会计信息有助于信息使用者评价企业过去的财务状况、经营成果和现金流量；预测价值是指会计信息能够帮助信息使用者根据财务会计报告所提供的会计信息预测企业的未来发展趋势。

相关性是以可靠性为基础的，只有可靠的信息才谈得上决策相关。也就是说，会计信息在可靠性的前提下，尽可能地满足相关性，以满足投资者等财务会计报告使用者的决策需要。

满足相关性要求企业在会计信息的处理过程中，要考虑财务会计报告使用者不同的信息需求，但这并不是说会计信息必须满足所有会计信息使用者的需求，因为企业在提供会计信息的时候也要考虑到成本效益原则。也就是说企业提供一项会计信息时所带来的效益，应该大于提供会计信息所花费的成本，这样提供会计信息才是值得的。所以，实际上企业提供的会计信息从根本上讲，只能够是一种通用的会计信息，是在考虑各个会计信息使用者共同需要的基础上提供的，而不同的使用者在进行决策时，还需要对企业提供的通用的会计信息进行恰当的分析、整理和理解。

（三）可理解性

可理解性也称明晰性，是指企业提供的会计信息应当清晰明了，便于财务会计报告使用者理解和使用。

会计信息的可理解性也是相关性的前提条件，如果信息不能被使用者所理解，那么这种信息毫无用处。信息是否被使用者所理解，取决于信息本身是否易懂，也取决于使用者理解信息的能力。财务会计报告是具有较强专业性的信息载体形式。无论如何使其简化和通俗化，也难以保证所有的信息使用者都能够准确地把握其内涵。因此，会计信息质量要求中的“可理解性”只是针对那些具备一定知识背景，并且愿意花费时间和精力阅读和思考的信息使用者而言的。

（四）可比性

企业提供的会计信息应当具有可比性。为了保证会计信息有助于决策，不同企业之间，同一企业不同时期之间的会计信息也要可比。

可比性包括两层含义：

（1）不同企业在同一时期的横向可比。不同企业发生的相同或者相似的交易或者事项，应当采用规定的会计政策，确保会计信息口径一致、相互可比。也就是说，不同企业，尤其是同一行业的不同企业之间，在编制会计报表时，应采用相同或类似的会计程序和方法，提供口径一致、相互可比的会计指标，以便于报表使用者有效地比较判断企业的财务状况和经营成果，能够通过比较，确定企业业绩的优劣，发现存在的问题，据以作出决策。但可比性原则也不意味着企业没有任何选择会计处理程序和方法的权利，在国家允许的范围内，企业可以根据自身的具体情况，选择适当的会计程序和方法。

（2）同一企业在不同时期的纵向可比。同一企业不同时期发生的相同或者相似的交易或者事项，应当采用一致的会计政策，不得随意变更。确需变更的，应当在附注中说明。信息使用者在进行经济决策时，不仅可以进行同行业不同企业之间的比较，还可以比较企业不同时期的业绩，以判断未来走势。业绩前后期的比较结果也是信息使用者考核企业管理层业绩的重要指标。

（五）实质重于形式

实质重于形式要求企业应当按照交易或者事项的经济实质进行会计确认、计量和报告，不应仅以交易或者事项的法律形式为依据。实质是指交易或事项的经济实质，形式是指会计核算依据的法律形式。如果企业仅仅以交易或者事项的法律形式为依据进行会计确认、计量和报告，那么就容易导致会计信息失真，无法如实反映经济现实和实际情况。

例如，以融资租赁方式租入的固定资产。企业会计准则在定义资产时，规定企业“拥有”或“控制”的资源都可以确认为企业的资产。而从法律上来讲，只有“拥有”才代表企业对资产的所有权。会计实务中，有些企业需要购置大型设备，但由于资金不足，有些情况下会向租赁公司租入。双方签订合同后，租赁公司出资购买企业指定设备，交由企业长期使用，企业每年定期向租赁公司支付租赁费。从法律形式上讲，在租赁企业清偿全部租赁款之前，租赁设备的所有权属于租赁公司，不应作为企业的资产。但从经济实质看，企业拥有对租赁设备的长期使用权，使用期限接近于设备的整个寿命期限；而且企业有权在租赁期届满时以低价取得资产的所有权。因此，虽然在法律形式上企业只是“控制”而不是“拥有”租赁资产，但是在会计上依据实质重于形式原则，依然将其计入企业资产的范围。

（六）重要性

重要性要求企业提供的会计信息应当反映与企业财务状况、经营成果和现金流量等有关的所有重要交易或者事项。企业财务报告在全面反映企业的财务状况和经营成果的同时，应当区别经济业务的重要程度，采用不同的会计处理程序和方法。

会计工作是经济管理工作的组成部分。经济管理的基本思想是经济行为应符合成本效益原则。会计信息的取得、加工和报告都会产生人力和财力成本，企业在提供会计信息的时候也要考虑到成本效益原则。因此，虽然企业可能有着复杂的资产负债结构，可能进行着大量的交易，但是，这并不要求企业的会计部门精确地、事无巨细地报告所有数据。对资产、负债、损益等有较大影响，进而影响财务报告使用者据以作出合理判断的重要会计事项，必须按照规定的会计程序和方法予以处理，并在财务报告中予以充分、准确地披露；对于次要的会计事项，在不影响会计信息真实性和不至于导致财务报告使用者作出正确判断的前提下，则可适当简化处理。这样才能既满足会计信息使用者对会计信息的合理需求，又降低信息的提供成本。例如，对于金额较大的可使用多年的机器设备等固定资产，可以为若干个会计期间带来经济利益，为了核算每一个会计期间的损益，必须对这些机器设备计提折旧费用；而对于一些同样可长期使用的清洁用品、照明用品等，如果价值较低，则没有必要按会计期间计提折旧，可以在投入使用时一次计入费用。

需要明确的是，重要性具有相对性，并不是同样的业务对不同的企业都是重要或不重要的事项。对某项会计事项判断其重要性，在很大程度上取决于会计人员的职业判断。一般来说，重要性可以从质和量两个方面进行判断。从性质方面来说，如果某会计事项发生可能对决策产生重大影响，则该事项属于具有重要性的事项；从数量方面来说，如果某会计事项的发生达到一定数量或比例可能对决策产生重大影响，则该事项属于具有重要性的事项。

（七）谨慎性

企业对交易或事项进行会计确认、计量和报告应当保持应有的谨慎，不应高估资产或者收益、低估负债或者费用。

谨慎性，又称稳健性，是指在处理具有不确定性的经济业务时，应持谨慎态度，如果对某一项会计事项有多种处理方法可供选择时，应当选择不导致夸大资产、虚增盈利的方法。在进行会计核算时，对于可能发生的费用和损失，应充分予以估计，而不应预计可能发生的收入和过高估计资产的价值，以免会计报表反映的会计信息引起报表使用者的盲目乐观。

在竞争激烈的市场经济条件下，企业面对的是纷繁复杂的外部经济环境，面临着各种各样的市场风险，比如金融危机、债务人的破产、固定资产因技术进步而提前报废、恶性竞争等情况。谨慎性要求主要源于会计环境中存在的大量不确定因素，这些不确定性影响着会计要素的精确确认和计量，必须按照一定的标准进行估计和判断。企业在会计处理上要充分估计可能发生的风险和损失，例如，要求企业定期或者至少每年年度终了，对资产进行评估和测试，对于发生减值的资产需计提资产减值准备，确认资产减值损失，使企业资产账面价值能够反映其实际价值，防止高估资产，就充分体现了谨慎性原则对会计信息的修正。再如，固定资产采用加速折旧法等。

遵循谨慎性，对于企业存在的经营风险加以合理估计，这样有利于保护所有者和债权人的利益，可以抵消管理者过于乐观的负面影响，也有利于提高企业在市场上的竞争力。但谨慎性原则若使用不当，也可能降低企业会计信息的可靠性、可比性，如企业故意低估资产或收入，高估负债或费用，从而设置秘密准备，使会计信息失真，这样也是会计准则所不允许的。因此运用谨慎性原则要把握好度的问题。

（八）及时性

及时性是指企业对于已经发生的交易或者事项，应当及时进行会计确认、计量和报告，不得提前或者延后。

财务会计报告的根本目的是帮助信息使用者制定经济决策。会计信息具有时效性，其决策参考价值随着时间的流逝而逐渐降低，因此，会计人员在经济业务发生后，应及时取得有关凭证，及时进行会计处理，及时编制财务报告，并在一定时限内提供给各有关方面。

涉及信息使用者最为广泛的企业无疑是上市公司。根据我国资本市场监管法规的规定，上市公司必须在指定时间段内向公众发布上市公司年报、半年报和季报，这些要求直接体现了及时性质量特征在决策中的重要作用。

第四章 收入与速动资产

案 例

春节假期刚过完，会计专业毕业的B受朋友M之托，要帮他解决遇到的困难。M一脸困惑地告诉B，他成立了一个销售公司，公司正常经营已有两年，其销售额一直在增长，去年的净利润有100 000元，M希望这种趋势可以持续下去。但昨天下午公司会计告诉他，公司的银行账户没有足够的现金支付本月职工的工资。

M不明白，公司去年是赚钱的，利润表中明明有100 000元的净利润，为什么公司在银行账户中没有现金？公司销售额一直在增长，从顾客处收到的现金都到哪里去了？仓库的商品并没有增长太多，和上年是持平的，公司是如何使用现金的？

如果你是B，你能回答M的问题吗？

第一节　收　　入

一、收入概述

（一）收入的概念与特征

企业从事生产经营的主要目标是为了获得利润，而收入是获取利润的主要途径。企业一定时期内获得的收入补偿发生的费用后，就是当期的利润。收入有广义和狭义之分，广义的收入是指能导致所有者权益增加，但与所有者投入资本无关的各种经济利益流入，会计上分为收入和利得。会计上的收入是狭义的收入，属于企业经营取得的，它是构成利润的最主要的部分，企业会计准则指出收入“是指企业在日常活动中形成的、会导致所有者权益增加的、与所有者投入资本无关的经济利益的总流入”，即企业日常的经营收入，具体又分为核心经营收入和非核心经营收入，核心经营收入也称之为营业收入，非核心经营收入包括投资收益、资产处置收益、公允价值变动收益和其他收益等。利得是指由企业非日常活动所形成的、会导致所有者权益增加的、与所有者投入资本无关的经济利益的流入。利得属于不经过经营过程就能取得或不曾期望获得的收益，是企业偶发性交易或事项的结果，带来利得的交易和事项绝大多数是无法由企业控制的外界因素所引起的，例如无法支付的应付款等。利得根据具体情况，有些作为利润的一部分，会计上称为营业外收入；有些作为所有者权益，会计上称为其他综合收益。本书中的收入均为狭义的收入。收入具有如下特征：

1. 收入是企业日常活动形成的经济利益流入。日常活动，是指企业为完成其经营目标所从事的经常性活动以及与之相关的其他活动。如工业企业制造并销售产品、商业企业购进和销售商品、商业银行对外贷款、软件企业为客户开发软件、广告商提供广告策划服务等，由此产生的经济利益的总流入构成收入，会计上称为主营业务收入；企业还有一些活动属于与经常性活动相关的其他活动，如企业出售的原材料、出租资产所取得的租金等，由此产生的经济利益的流入也构成收入，会计上称为其他业务收入。主营业务收入和其他业务收入均属于企业核心经营收入。非核心经营收入也是在日常经营过程中，对外投资所发生的投资收益和公允价值变动收益及处置固定资产和无形资产时取得的资产处置收益等带来的经济利益流入。

2. 收入必然导致所有者权益的增加。收入可能表现为资产的增加，如销售商品收到货款存入银行；或负债的减少，如以产品抵付前欠货款；或两者兼而有之，如一部分抵付前欠货款，一部分收到货款。无论表现为资产的增加还是负债的减少，根据“资产 = 负债 + 所有者权益”的会计恒等式，最终必然导致所有者权益的增加。不符合这一特征的经济利益流入，不属于企业的收入。企业为第三方代收的款项不属于企业收入，如代税务机关收取的税款，旅行社代客户购买门票等收取的票款等，应作为负债记入暂收应付款相关账户。

3. 收入不包括所有者向企业投入资本导致的经济利益流入。收入只包括企业通过自身经营活动获取的经济利益流入，而不包括企业的所有者向企业投入资本导致的经济利益流入。所有者向企业投入的资本，在增加资产的同时，直接增加所有者权益。

（二）收入的分类

1. 按交易的性质分类。按企业交易的性质，收入可以分为销售商品收入和提供劳务收入。其中，销售商品收入，是指企业通过销售产品或商品实现的收入，如工业企业制造并销售产品实现的收入、商业企业销售商品实现的收入等。提供劳务收入，是指企业通过提供劳务作业实现的收入，如咨询公司提供咨询服务实现的收入（会计师事务所的收入）、软件公司为客户开发软件的收入、安装公司提供安装服务取得的收入、建筑企业提供建造服务取得的收入、运输公司实现的运费收入等。

2. 按在经营业务中所占比重分类。收入按其在经营业务中所占的比重，可分为主营业务收入和其他业务收入。其中，主营业务收入又称基本业务收入，是指企业为完成其经营目标而从事的日常主要活动所产生的收入，一般占企业总收入的比重较大。不同行业的企业主营业务收入所包括的内容不同，如制造业企业和商业企业的销售商品收入、施工企业的作业收入、广告公司的广告费收入、咨询公司的咨询费收入、运输公司的运费收入等均为其主营业务收入。其他业务收入，又称附营业务收入，指主营业务收入以外的其他日常活动中所产生的收入，如制造业企业的其他业务收入主要包括转让技术取得的收入、销售材料取得的收入、包装物出租收入、固定资产出租收入、提供非工业性劳务收入等。

企业日常核算中，应当设置“主营业务收入”和“其他业务收入”账户，分别核算主营业务活动形成的经济利益的总流入和其他业务活动形成的经济利益的总流入，在利润表中，将两者合并计入“营业收入”项目反映。

二、收入的确认

不同企业的经营活动各不相同，各种类型的收入应在何时进行确认，即收入应该计入哪一会计期间？会计准则规定，企业应当在履行了合同中的履约义务，即在客户取得相关商品控制权时确认收入。取得相关商品控制权，是指能够主导该商品的使用并从中获得几乎全部的经济利益，也包括有能力阻止其他方主导该商品的使用并从中获得经济利益。根据企业销售方式和会计准则中规定的收入确认条件，一般有销售时确认收入、销售后确认收入和销售前确认收入三种。

销售时确认收入，如果企业在销售时为赚取收入的工作大部分已完成，且企业在销售时已有客观凭证作为收入金额的可靠依据，则在销售时可确认收入实现；大多数企业一般都是在销售产品或提供劳务时其控制权已经转移，应在销售时确认收入的实现。销售后确认收入，如果企业在销售时赚取的收入具有不确定性，则应将收入递延到销售后符合收入确认条件时进行确认；企业在销售商品或提供劳务时如果无法预计最终是否能够获得款项，说明商品的控制权并没有完全转移，即使实际收到款项也不能作为收入确认，应在销售后确认商品的控制权已经转移时才能确认收入；零售业、服务业、游戏和影视行业许多收入在销售后确认的。销售前确认收入，如果企业在销售前为赚取收入可能发生的成本已经发生或可以合理估计，可以赚取的收入金额确认性很高，且能确定商品的控制权已经转移，则企业可以在当期确认收入，而不需等到销售时再确认；一般的长期工程合同，如建造高速公路、修建机场和桥梁、造船等，从设计开发到建造完工需要几个会计年度，不可能等到全部完工销售才确认收入，企业一般会在销售前根据具体情况确认部分或全部收入。

《企业会计准则第 14 号——收入》，将收入确认和计量大致分为五个步骤：第一步，识别与客户订立的合同；第二步，识别合同中的单项履约义务；第三步，确定交易价格；第四步，将交易价格分摊至各单项履约义务；第五步，履行各单项履约义务时确认收入。其中，第一步、第二步和第五步主要与收入的确认有关，第三步和第四步主要与收入的计量有关。

会计实务中，收入的确认是基于与客户之间订立的合同来判断的。合同是双方或多方之间订立有法律约束力的权利义务的协议，其形式有书面形式、口头形式以及其他形式（如隐含于商业惯例或企业以往的习惯做法），但必须都是可验证的。满足条件的合同，企业应确认收入。有时候合同中企业向客户转让商品的承诺（会计上称为履约义务）可能包括多项业务，如甲公司与客户签订合同，向客户出售一台其生产的设备并提供安装服务。除甲公司外，市场上还有其他供应商也能提供此项安装服务。则这个合同包含两项活动（履约义务），即销售设备和提供安装服务。同时，企业将商品的控制权转移给客户，该转移可能在某一时段内（即履行履约义务的过程中）发生，也可能在某一时点（即履约义务完成时）发生。企业根据实际情况，在合同开始日对合同进行评估，区分合同包含的几项交易活动，并确定交易活动是在某一时段内发生，还是在某一时点发生。对于在某一时段内发生的交易活动，企业应当选取恰当的方法来确定其进度；对于在某一时点发生的交易活动，应分析其控制权转移的迹象和转移时点。然后，根据控制权转移确认收入。

三、收入的计量

企业应按单项交易价格计量收入。交易价格是指企业因向客户转让商品而预期有权收取的对价金额。企业代第三方收取的款项（如增值税）以及预期将退还给客户的款项，应当作为负债进行会计处理，不计入收入。有时候合同标价并不一定代表交易价格，如在合同标价上八折销售（商业折扣），企业应当根据合同条款，并结合以往的习惯做法确定交易价格。在确定交易价格时，企业应当考虑可变对价、合同中存在的重大融资成分、非现金对价以及应付客户对价等因素的影响。

可变对价是指交易价格可能会因折扣、价格折让、返利、退款、奖励积分、激励措施、业绩奖金、索赔等因素而变化。例如，企业售出商品但允许客户退货时，由于企业有权收取的价款金额将取决于客户是否退货，但退货的数量不确定因此该合同的交易价格是可变的。在对可变对价进行估计时，企业应当按照期望值或最可能发生金额确定可变对价的最佳估计数。合同中存在的重大融资成分是指当企业将商品的控制权转移给客户的时间与客户实际付款的时间不一致，如企业以赊销的方式销售商品，或者要求客户支付预付款等，如果各方以在合同中明确（或者以隐含的方式）约定的付款时间为客户或企业就转让商品的交易提供了重大融资利益，则合同中即包含了重大融资成分，企业在确定交易价格时，应当按照假定客户在取得商品控制权时即以现金支付的应付金额，即现销价格对已承诺的金额作出调整，以剔除货币时间价值的影响，确定交易价格。非现金对价是当企业因转让商品而有权向客户收取的是非现金形式时，如实物资产、无形资产、股权、客户提供的广告服务等。企业通常应当按照非现金资产在合同开始日的公允价值确定交易价格。非现金资产的公允价值不能合理估计的，企业应当参照其承诺向客户转让商品的单独售价（企业向客户单独销售商品的价格）间接确定交易价格。应付客户对价是指企业在向客户转让商品的同时，需要向客户或第三方支付款项的，应当将该应付款项冲减交易价格。

当合同中包含两项或多项交易时，需要将交易价格分摊至各项交易，以使企业分摊至各单项交易活动的交易价格能够反映其因向客户转让已承诺的相关商品而预期有权收取的对价金额。分摊的原则是企业应当在合同开始日，按照各单项交易所承诺商品的单独售价的相对比例，将交易价格分摊至各单项交易活动。如甲公司与客户签订合同，向其销售 A、B、C 三件产品，合同价款为 12 000 元。A、B、C 产品的单独售价分别为 5 000 元、2 500 元和 7 500元，合计 15 000 元。上述价格均不包含增值税。则根据交易价格分摊原则，A 产品应当分摊的交易价格为 4 000 元（5 000 ÷ 15 000 × 12 000），B 产品应当分摊的交易价格为 2 000元（2 500 ÷ 15 000 × 12 000），C 产品应当分摊的交易价格为 6 000 元（7 500 ÷ 15 000 × 12 000）。

对于在某一时段内发生的交易，企业应当在该段时间内按照交易进度确认收入。企业应当考虑商品的性质，采用产出法或投入法确定恰当的交易进度。

产出法是根据已转移给客户的商品对于交易的价值确定交易进度的方法，通常可采用实际测量的完工进度、评估已实现的结果、已达到的里程碑、时间进度、已完工或交付的产品等产出指标确定履约进度。企业在评估是否采用产出法时，应当考虑具体的事实和情况，并选择能够如实反映企业履约进度和向客户转移商品控制权的产出指标。当选择的产出指标无法计量控制权已转移给客户的商品时，不应采用产出法。实务中，为便于操作，当企业向客户开具发票的对价金额与向客户转让增量商品价值直接相一致时，如企业按照固定的费率以及发生的工时向客户开具账单，企业直接按照发票对价金额确认收入也是一种恰当的产出法。产出法是根据能够代表向客户转移商品控制权的产出指标直接计算履约进度的，因此通常能够客观地反映履约进度。但是，产出法下有关产出指标的信息有时可能无法直接观察获得，企业为获得这些信息需要花费很高的成本，这就可能需要采用投入法来确定履约进度。

投入法是根据企业履约义务的投入确定履约进度的方法，通常可采用投入的材料数量、花费的人工工时或机器工时、发生的成本和时间进度等投入指标确定履约进度。当企业从事的工作或发生的投入是在整个履约期间内平均发生时，企业也可以按照直线法确认收入。实务中，通常按照累计实际发生的成本占预计总成本的比例（即成本法）确定履约进度，累计实际发生的成本包括企业向客户转移商品过程中所发生的直接成本和间接成本，如直接人工、直接材料、分包成本以及其他与合同相关的成本。

若交易进度不能合理确定，则不能采用交易进度确认收入。

企业按照履约进度确认收入时，通常应当在资产负债表日按照合同的交易价格总额乘以交易进度扣除以前会计期间累计已确认的收入后的金额，确认为当期收入。即：

本期收入 = 合同交易价格总额 × 履约进度 − 以前期间累计已确认的收入

四、收入的会计处理

（一）一般销售

1. 一般销售收入的确认。会计实务中，企业转让商品的交易在相当多的情况下并不复杂，属于交易相对单一，交易价格基本固定的简单合同。企业应在客户已取得相关商品的控制权，且因出售商品而有权取得的价款很可能收回时，应按已售或应收的合同或协议价款确认销售收入，同时或在资产负债表日，按已销商品的账面价值结转销售成本。企业销售商品应缴纳的消费税、资源税、城市维护建设税、教育费附加等相关税费，应在销售商品的同时或在资产负债表日，按相关税费的金额，计入税金及附加。

企业应对销售商品所产生的收入设置“主营业务收入”账户核算。“主营业务收入”账户核算因销售商品或提供劳务所取得的收入。该账户属于损益类账户，贷方登记取得的收入，借方登记发生的销售折让和销售退回，期末按其净额转入“本年利润”账户，期末一般无余额。

若销售商品不符合收入确认条件，则应设“发出商品”账户进行核算。该账户属于过渡性账户，借方登记不符合收入确认条件的发出商品，贷方登记转入“主营业务成本”的已售商品成本；期末余额在借方，表示未确认收入的已发出商品，计入“资产负债表”的“存货”项目。

【例4-1】2×21年6月5日，兴达公司向B公司销售一批化妆品，增值税发票上注明售价60 000元，增值税额7 800元，以银行存款代垫运费200元，以上款项尚未收到。该批化妆品成本为40 000元，应交消费税6 000元。编制会计分录如下：

借：应收账款——B公司	68 000	
贷：主营业务收入		60 000
应交税费——应交增值税（销项税额）		7 800
银行存款		200
借：主营业务成本	40 000	
贷：库存商品		40 000
借：税金及附加	6 000	
贷：应交税费——应交消费税		6 000

若上述销售不符合收入确认条件，则会计处理如下：

借：发出商品	40 000	
贷：库存商品		40 000

【例4-2】2×21年7月1日，兴达公司将一批原材料出售给甲公司，取得价款收入60 000元，应交增值税为7 800元，该批原材料成本为45 000。款项收到存入银行。编制会计分录如下：

借：银行存款	67 800	
贷：其他业务收入		60 000
应交税费——应交增值税（销项税额）		7 800
借：其他业务成本	45 000	
贷：原材料		45 000

2. 销售折让。销售折让，是指企业因售出商品的质量不合格等原因而在售价上给予的减让。销售折让可能发生在确认收入之前，也可能发生在确认收入之后。如果销售折让发生在确认收入之前，应直接从原定的销售价格中扣除给予客户的销售折让作为收入的入账金额，如果销售折让发生在确认收入之后，应按实际给予客户的销售折让，冲减当期的销售收

入。销售折让属于资产负债表日后事项的，应当按照有关资产负债表日后事项的相关规定进行处理。

【例4-3】2×21年9月10日，兴达公司对外销售一批商品，增值税发票注明不含税售价90 000元，增值税额11 700元，货到后购买方发现商品的质量与原合同的要求有所不符，但对其使用上并无较大影响，则要求在价格上给予5%的折让，销售方经验核后同意。编制如下会计分录：

（1）确认销售收入实现时：

借：应收账款	101 700	
贷：主营业务收入		90 000
应交税费——应交增值税（销项税额）		11 700

（2）同意给予购买方销售折让时：

借：主营业务收入	4 500	
应交税费——应交增值税（销项税额）	585	
贷：应收账款		5 085

（3）日后实际收到款项时：

借：银行存款	96 615	
贷：应收账款		96 615

3. 销售退回。销售退回，是指企业售出的商品由于质量、品种不符合要求等原因而发生的退货。对于销售退回，企业应分别不同情况进行会计处理：（1）对于未确认收入的售出商品发生销售退回的，企业应按已记入“发出商品”账户的商品成本金额，借记“库存商品”账户，贷记“发出商品”账户。（2）对于已确认收入的售出商品发生退回的，不论是当年销售的，还是以前年度销售的，除特殊情况外，一般应在发生时冲减当期销售商品收入，同时冲减当期销售商品成本。如该项销售退回已发生现金折扣的，应同时调整相关财务费用的金额；如该项销售退回允许扣减增值税额的，应同时调整“应交税费——应交增值税（销项税额）”账户的相应金额。（3）已确认收入的售出商品发生的销售退回属于资产负债表日后事项的，应当按照有关资产负债表日后事项的相关规定进行会计处理。

【例4-4】2×21年9月10日，兴达公司销售甲产品2 000件，单位售价15元，单位销售成本12元。因质量问题该批产品于2×22年10月退回200件并已入库，款项已经退回。销售退回时应退回的增值税已取得有关证明。编制如下会计分录：

借：主营业务收入	3 000	
应交税费——应交增值税（销项税额）	390	
贷：银行存款		3 390
借：库存商品	2 400	
贷：主营业务成本		2 400

（二）可变对价

有时企业为了鼓励客户尽早付款，会给客户一定的现金折扣，现金折扣是企业为了鼓励客户在规定的折扣期限内付款而给予客户的价格扣除。如企业赊销一批价值10 000元的商品，赊销期限是30天，企业规定若客户在10天内付款可以得到价款2%的折扣，超过10天应按发票金额全款支付，实务中表示为“付款条件：2/10，全/30”。在附有现金折扣条件销售的情况下，应收账款未来收到的金额是不确定的，若客户没有取得现金折扣，收到的是发票金额，若客户取得现金折扣，收到的是扣除现金折扣后的净额。因此，附有现金折扣的销售，交易价格属于可变对价，会计处理中有两种方法：总额法和净额法。总额法是按发票上的金额不扣除现金折扣的总额记入销售收入和应收款项；净额法是按发票金额扣除现金折扣后的净额记入销售收入和应收款项。企业选择总额还是净额入账，取决于职业判断，判断可变对价的最佳估计数是多少，如果判断客户在折扣期内不是极可能取得现金折扣，则应按总额入账；如果判断客户在折扣期内极可能取得现金折扣，则应按净额入账；总额法下，如果客户在期限内取得现金折扣，则企业应按客户取得的现金折扣调减收入金额；净额法下，如果客户未能在折扣期限付款，企业应按客户丧失的现金折扣金额调增收入。

【例4-5】兴达公司于2×21年6月销售产品价值20 000元，增值税税率为13%。为尽早收回货款，公司约定的现金折扣条件为“2/10，全/30”。产品已交付并办妥托收手续。

1. 假设客户在折扣期限内不是极可能取得现金折扣，总额法会计处理如下：

（1）销售商品时：

借：应收账款	22 600	
贷：主营业务收入		20 000
应交税费——应交增值税（销项税额）		2 600

（2）货款在10天内收到，应扣除现金折扣。作会计分录如下：

借：银行存款	22 200	
主营业务收入	400	
贷：应收账款		22 600

（3）货款在10天以后收到，应收取全额。作会计分录如下：

借：银行账款	22 600	
贷：应收账款		22 600

2. 假设客户在折扣期限内极可能取得现金折扣，净额法会计处理如下：

（1）销售商品时：

借：应收账款	22 200	
贷：主营业务收入		19 600
应交税费——应交增值税（销项税额）		2 600

（2）货款在10天内收到，作会计分录如下：

借：银行账款	22 200	
贷：应收账款		22 200

（3）货款在10天以后收到，收到22 600元，多收的400元增加主营业务收入。作会计分录如下：

借：银行账款	22 600	
贷：应收账款		22 200
主营业务收入		400

（三）某一时段内发生的交易

某些企业的交易是在一定时间内发生的，有的交易在发生消耗的同时取得经济收益，如保洁服务的一些服务类的合同；有的客户能够控制交易过程中的在建商品，如长期工程合同；有的是企业有权就已完成的部分收取款项，且产生的商品具有不可替代用途，如为某类业务提供的咨询服务等；均属于某一时段内发生的交易。对于某一时段内发生的交易，企业应按交易进度确认收入，在资产负债表日按照合同的交易价格总额乘以交易进度扣除以前会计期间累计已确认的收入后的金额，确认为当期收入。交易进度应根据商品的性质，采用产出法或投入法确定。

【例4-6】2017年11月，甲企业与客户签订了一项总金额为1 800万元的固定造价合同，合同工期18个月。甲公司预计合同总成本1 350万元，合同价款每年按工程进度结算一次，对于已结算的合同价款，甲公司有无条件收款的权利；除非甲公司未能按期履约，否则客户无权终止合同。各年合同成本、价款结算及收取情况的相关资料见表4-1。

表4-1　　合同成本与工程结算款项及收取情况　　单位：万元

项目	2×19年	2×20年	2×21年
累计发生成本	243	1 053	1 350
预计尚需发生成本	1 107	297	
结算合同价款	400	1 000	400
实际收到价款	300	1 000	500

1. 2×19年：

履约进度＝243/1 350＝18%

（1）登记发生的合同成本：

借：合同履约成本——工程施工　　243

　　贷：原材料、应付职工薪酬等　　243

（2）登记已结算的合同价款：

借：应收账款　　400

　　贷：合同结算——价款结算　　400

（3）登记实际收到的合同价款：

借：银行存款　　300

　　贷：应收账款　　300

（4）本年度应确认合同收入＝1 800×18%＝324（万元）

借：合同结算——收入结转　　324

　　贷：主营业务收入　　324

（5）本年度应确认合同费用＝1 350×18%＝243（万元）

借：主营业务成本　　243

　　贷：合同履约成本——工程施工　　243

2. 2×20 年：

履约进度＝1 053/1 350＝78%

（1）登记发生的合同成本＝1 053－243＝810（万元）

借：合同履约成本——工程施工　　810

　　贷：原材料、应付职工薪酬等　　810

（2）登记已结算的合同价款：

借：应收账款　　1 000

　　贷：合同结算——价款结算　　1 000

（3）登记实际收到的合同价款：

借：银行存款　　1 000

　　贷：应收账款　　1 000

（4）本年度应确认合同收入＝1 800×78%－324＝1 080（万元）

借：合同结算——收入结转　　1 080

　　贷：主营业务收入　　1 080

（5）本年度应确认合同费用＝1 350×78%－243＝810（万元）

借：主营业务成本　　810

　　贷：合同履约成本——工程施工　　810

3. 2×21 年：

（1）登记发生的合同成本＝1 350－1 053＝297（万元）

借：合同履约成本——工程施工　　297

　　贷：原材料、应付职工薪酬等　　297

（2）登记已结算的合同价款：

借：应收账款　　400

　　贷：合同结算——价款结算　　400

（3）登记实际收到的合同价款：

借：银行存款　　500

　　贷：应收账款　　500

（4）本年度应确认合同收入＝1 800－1 404＝396（万元）

借：合同结算——收入结转　　396

　　贷：主营业务收入　　396

（5）本年度应确认合同费用＝1 350－1 053＝297（万元）

借：主营业务成本　　297

　　贷：合同履约成本——工程施工　　297

（6）项目完工，对冲“合同结算”账户：

借：合同结算——价款结算　　1 800

　　贷：合同结算——收入结转　　1 800

（四）特定交易的会计处理

1. 附有销售退回条款的销售。附有销售退回条款的销售，是指客户依照有关合同有权退货的销售方式。合同中有关退货权的条款可能会明确约定，也有可能是隐含的。企业有关退货的承诺，可能会影响收入确认的金额，该交易对价其实是可变的，收入确认金额不应包括预期将会被退回的商品的金额。因此，企业应当在客户取得相关商品控制权时，按照因向客户转让商品估计有权收取的金额确认收入，按照估计因销售退回将退还的金额确认负债（“预计负债”）；同时，按照估计将退回商品账面价值，确认一项资产（“应收退货成本”），按照所转让商品转让时的账面价值，扣除应收退货成本后的净额结转成本。在客户要求退货时，如果企业有权向客户收取一定金额的退货费，则企业在估计预期有权收取的对价金额时，应当将该退货费包括在每一资产负债表日，企业应当重新估计未来销售退回情况，并对上述资产和负债进行重新计量。如有变化，应当作为会计估计变更进行会计处理。

【例4-7】兴达公司2×21年11月1日销售商品2 000件，单位售价200元，单位成本为160元；开出的增值税专用发票上注明的销售价格为40万元，增值税5.2万元。商品已发出，款项尚未收到。根据协议约定，客户应于2×21年12月1日之前支付货款，2×22年1月31日之前有权退还商品。发出商品时，甲公司根据经验估计的退货率约为20%；2×21年12月31日，兴达公司对退货率进行了重新评估，认为只有10%的商品会被退回。实际发生退回时取得税务机关开具的红字增值税专用发票。假定商品发出时控制权已转移。

(1) 2×21年11月1日发出商品时：

借：应收账款	452 000	
贷：主营业务收入		320 000
预计负债——应付退货款		80 000
应交税费——应交增值税（销项税额）		52 000
借：主营业务成本	256 000	
应收退货成本	64 000	
贷：库存商品		320 000

(2) 2×21年12月1日前收到货款：

借：银行存款	452 000	
贷：应收账款		452 000

(3) 2×21年12月31日，兴达公司对退货率进行重新评估：

借：预计负债——应付退货款	40 000	
贷：主营业务收入		40 000
借：主营业务成本	32 000	
贷：应收退货成本		32 000

(4) 2×22年1月31日发生销售退回，实际退货量为100件，退货款项已经支付：

借：预计负债——应付退货款	20 000	
贷：主营业务收入		20 000
借：主营业务成本	16 000	
贷：应收退货成本		16 000
借：预计负债——应付退货成本	20 000	
应交税费——应交增值税（销项税额）	2 600	
贷：银行存款		22 600

借：库存商品　　16 000

　　贷：应收退货成本　　16 000

2. 附有质量保证条款的销售。附有质量保证条款的销售，是指企业在向客户销售商品时，根据合同约定、法律规定或本企业以往的习惯做法等，为所销售的商品提供质量保证，这些质量保证的性质可能因行业或者客户而不同。企业应当对其所提供的质量保证的性质进行分析，对于客户能够选择单独购买质量保证的，表明该质量保证构成单项交易；作为单项交易的质量保证应当按本准则规定进行会计处理，并将部分交易价格分摊至该项质量保证部分。对于不能作为单项交易的质量保证，企业应当按照或有事项的规定进行会计处理。

【例4-8】2×21年11月20日，兴达公司销售商品（设备）一台，价款40万元，增值税5.2万元，成本30万元。合同约定兴达公司交款收货并验收合格后30天内负责安排专人为客户进行为期50小时的培训，保证客户能操作该设备，预计培训费为100元/小时。该项培训的单独收费标准为200元/小时。

由于客户能够选择单独购买该培训服务，该质量保证构成单项交易，应与销售的商品进行价格分摊。

（1）商品交易与培训交易：

$$商品的交易价格=\frac{400\ 000}{400\ 000+10\ 000}\times 400\ 000=390\ 200（元）$$

培训服务的交易价格＝400 000－390 200＝9 800（元）

借：银行存款　　452 000

　　贷：应交税费——应交增值税（销项税额）　　52 000

　　　　主营业务收入　　390 200

　　　　合同负债　　9 800

借：主营业务成本　　300 000

　　贷：库存商品　　300 000

（2）培训结束后：

借：合同负债　　9 800

　　贷：其他业务收入　　9 800

借：其他业务成本　　5 000

　　贷：应付职工薪酬　　5 000

3. 附有客户额外购买选择权的销售。附有客户额外购买选择权的销售，是企业在销售商品的同时，会向客户授予选择权，允许客户可以据此免费或者以折扣价格购买额外的商品。企业向客户授予的额外购买选择权的形式包括销售激励、客户奖励积分、未来购买商品的折扣券以及合同续约选择权等。对于附有客户额外购买选择权的销售，企业应当评估该选择权是否向客户提供了一项重大权利。如果企业向客户提供了重大权利的，该权利应当作为单项交易。在这种情况下，客户在该合同下支付的价款实际上购买了两项单独的商品：一是客户在该合同下原本购买的商品；二是客户可以免费或者以折扣价格购买额外商品的权利。企业应当将交易价格按照各单项交易所承诺的单独售价的相对比例在这两项商品之间进行分摊。

【例4-9】兴达公司2×21年元旦推出顾客购货赠送购物券的促销活动。规定在2×21

年1月1日~1月31日期间购物每满400元（含税）奖励金额为100元的购物券，可在1年内在本公司兑换任何商品。2×21年1月销售额6 780万元，共发出购物券1 500万元，根据经验估计，将有80%的顾客会运用购物券进行消费。2×21年2月，销售额为3 510万元，其中包括使用购物券消费的金额为700万元。

（1）2×21年1月：

借：银行存款	67 800 000	
贷：主营业务收入		48 000 000
合同负债		12 000 000
应交税费——应交增值税（销项税额）		7 800 000

（2）2×21年1月：

借：合同负债	7 000 000	
贷：主营业务收入		7 000 000

4. 售后回购。售后回购，是指企业销售商品的同时承诺或有权选择日后再将该商品购回的销售方式。被购回的商品包括原销售给客户的商品、与该商品几乎相同的商品，或者以该商品作为组成部分的其他商品。一般来说，售后回购通常有三种形式：一是企业和客户约定企业有义务回购该商品，即存在远期安排。二是企业有权利回购该商品，即企业拥有回购选择权。三是当客户要求时，企业有义务回购该商品，即客户拥有回售选择权。

企业和客户约定企业有义务回购该商品或享有权利回购该商品的，尽管客户可能已经持有了该商品的实物，但是，由于企业承诺回购或者有权回购该商品，导致客户主导该商品的使用并从中获取几乎全部经济利益的能力受到限制，因此，在销售时点，客户并没有取得该商品的控制权。在这种情况下，企业应根据下列情况分别进行相应的会计处理：一是回购价格低于原售价的，应当视为租赁交易，按照租赁的相关规定进行会计处理。二是回购价格不低于原售价的，应当视为融资交易，在收到客户款项时确认金融负债（而不是终止确认该资产），并将该款项和回购价格的差额在回购期间内确认为利息费用等。

企业负有应客户要求回购商品义务的，应当在合同开始日评估客户是否具有行使该要求权的重大经济动因。客户具有行使该要求权的重大经济动因的，企业应当将回购价格与原售价进行比较，并按照上述原则将该售后回购作为租赁交易或融资交易进行相应的会计处理。客户不具有行使该要求权的重大经济动因的，企业应当将该售后回购作为附有销售退回条款的销售交易进行相应的会计处理。

5. 向客户授予知识产权许可。授予知识产权许可，是指企业授予客户对企业拥有的知识产权享有相应权利。常见的知识产权包括软件和技术、影视和音乐等的版权、特许经营权以及专利权、商标权和其他版权等。企业向客户授予知识产权许可的，应当按照规定评估是否构成单项履约义务。该知识产权许可构成单项履约义务的（如企业向客户销售设备和相关软件，该软件内嵌于设备之中，该设备必须安装了该软件之后才能正常使用等），应当进一步确定其是在某一时段内履行还是在某一时点履行。

如果同时满足下列三项条件：（1）合同要求或客户能够合理预期企业将从事对该项知识产权有重大影响的活动；（2）该活动对客户将产生有利或不利影响；（3）该活动不会导致向客户转让某项商品。企业向客户授予的知识产权许可，应当作为在某一时段内交易确认相关收入。如甲公司是一家设计制作连环漫画的公司，2×21年末与客户签订合同，授权客户可在 3 年内使用其连环漫画中的角色形象和名称；甲公司会定期创造新的角色，角色的形象也会随时演变。合同要求客户必须使用最新的角色形象。在授权期内，甲公司每年向客户收取 1 000 万元。该许可的相关收入应当在某一时段（3 年）内确认，甲公司按照时间进度确定交易进度。按交易进度确认收入。如果授予知识产权许可属于在某一时点履行的交易，应在履行该交易时确认收入。在客户能够使用某项知识产权许可并开始从中获利之前，企业不能对此类知识产权许可确认收入。例如，企业授权客户在一定期间内使用软件，但是，在企业向客户提供该软件的密钥之前，客户都无法使用该软件，因此，企业在向客户提供该密钥之前虽然已经得到授权，但也不应确认收入。

企业向客户授予知识产权许可，并约定按客户实际销售或使用情况（如按照客户的销售额）收取特许权使用费的，应当在客户后续销售或使用行为实际发生与企业履行相关履约义务二者孰晚的时点确认收入。

6. 预收款销售。企业向客户预收销售商品款项的，应当首先将该款项确认为负债（“合同负债”），待履行了相关履约义务时再转为收入。

某些情况下，企业收取的预收款无须退回，但是客户可能会放弃其全部或部分合同权利，例如，放弃储值卡的使用等。企业预期将有权获得与客户所放弃的合同权利相关的金额的，应当按照客户行使合同权利的模式按比例将上述金额确认为收入；否则，企业只有在客户要求其履行剩余履约义务的可能性极低时，才能将相关负债余额转为收入。

第二节 货币资金的核算与管理

货币资金是指停留在货币资金形态的那部分资产，会计中将库存现金、银行存款和其他货币资金以合计数填列在资产负债表中“货币资金”项下，它是资产中流动性最强的资产。做好货币资金的核算与管理，对合理使用货币资金，加速资金周转，加强对单位货币资金的内部控制和管理，保证货币资金的安全具有重要作用。

一、库存现金

现金可以分为狭义的现金和广义的现金。狭义的现金是指企业的库存现金；广义的现金包括库存现金、银行存款和其他能够用于立即支付并且能被接受的票证。本书中的库存现金是指狭义的现金，是由出纳员保管，作为日常零星开支所需的，可以直接用于支付或结算那部分货币资金。

（一）库存现金管理的有关规定

由于库存现金具有高度的流动性，可以直接使用，也可以立即投入流通进行结算，为了保证库存现金的安全和完整，我国对库存现金的管理和使用有较严格的管理制度。根据国务院颁发的《现金管理暂行条例》和中国人民银行《现金管理暂行条例实施细则》的规定，企业与国家有关部门、其他单位和个人的一切经济往来，只能在下列范围内使用现金：（1）职工工资、津贴；（2）个人劳务报酬；（3）根据国家规定颁发给个人的科学技术、文化艺术、体育等各种奖金；（4）各种劳保、福利费用以及国家规定的对个人的其他支出；（5）向个人收购农副产品和其他物资的价款；（6）出差人员必须随身携带的差旅费；（7）结算起点以下的零星支出；（8）中国人民银行确定需要支付现金的其他支出。企业在遵守以上条例的基础上，结合本单位的实际情况，确定本单位现金的开支范围。凡不属于上述范围的款项支付，企业一律通过银行进行转账结算。

由于库存现金存放于企业，容易被经管人员挪用或侵占，也容易发生被盗现象，《现金管理暂行条例》规定了库存现金的限额。库存现金限额是指为保证各单位日常零星支出，按规定允许留存现金的最高额度。企业库存现金限额，由开户银行根据企业的实际需要和距离银行远近等情况核定。一般按照企业3～5天日常零星支出所需现金而确定库存现金限额；与开户银行距离较远或交通不便的企业，其限额可以适当放宽，但最多不得超过企业15天内日常零星支出所需的现金。经核定的库存现金限额，单位必须严格遵守。需要增加或者减少库存现金限额的，应当向开户银行提出申请，由开户银行核定。

为了保护现金的安全，防止发生意外或损失，根据《现金管理暂行条例》规定，企业在办理有关现金收支业务时，应当遵守以下规定：（1）开户单位收入现金应于当日送存开户银行，当日送存确有困难的，由开户银行确定送存时间。（2）开户单位支付现金，可从本单位现金库存中支付或者从开户银行提取，不得从本单位的现金收入中直接支付（即坐支）；需要坐支现金的单位，要事先报经开户银行审查批准，由开户银行核定坐支范围和限额。坐支单位必须在现金账上如实反映坐支金额，并按月向开户银行报送坐支金额和使用情况。（3）开户单位根据《现金管理暂行条例实施细则》第六条和第七条的规定，从开户银行提取现金的，应当如实写明用途，由本单位财会部门负责人签字盖章，并经开户银行审查批准，予以支付。（4）因采购地点不确定、交通不便、抢险救灾以及其他特殊情况，办理转账结算不够方便、必须使用现金的开户单位，要向开户银行提出书面申请，由本单位财务部门负责人签字盖章，开户银行审查批准后，予以支付现金。（5）必须建立健全现金账目，逐笔记载现金支付，账目要日清月结，做到账款相符。不准用不符合财务制度的凭证顶替库存现金；不准单位之间相互借用现金；不准谎报用途套取现金；不准利用银行账户代其他单位和个人存入或支取现金；不准将单位收入的现金以个人名义存入储蓄；不准保留账外公款（即小金库）；禁止发行变相货币，不准以任何票券代替人民币在市场上流通。

（二）库存现金的日常核算

企业应设置“库存现金”账户，总括反映库存现金的收支和结存情况，它是资产类账户，库存现金增加记借方，减少记贷方，期末余额在借方，反映期末库存现金的结余金额。对发生的每笔库存现金收入、支出业务，都必须根据审核无误的原始凭证编制记账凭证，然后据以记账。

【例4－10】 2×21年6月1日，兴达公司从银行存款中提取现金48 000元备用。

借：库存现金　　48 000

　　贷：银行存款　　48 000

【例4－11】 2×21年6月5日，兴达公司销售部门报销业务招待费2 600元，以现金付讫。

借：管理费用——业务招待费　　2 600

贷：库存现金 2 600

为加强对库存现金的管理，随时了解库存现金的收支和结存情况，企业还应设置“库存现金日记账”对库存现金进行序时核算。现金日记账是由出纳员按照经济业务发生时间的先后顺序，逐日逐笔进行登记，每日终了，应计算出全日的现金收入合计数、现金支出合计数和结存数，并根据结存数与实际库存数进行核对，做到账实相符。出纳员是专门从事货币资金收付业务及登记现金和银行存款日记账的会计人员。“出纳人员不得兼任稽核、会计档案保管和收入、支出、费用、债权债务账目的登记工作。”① 月末将“库存现金日记账”余额与“库存现金”总账余额进行核对，做到账账相符。

“库存现金日记账”的格式有“三栏式”和“多栏式”两种。三栏式现金日记账格式如表4－2所示。

表4－2 库存现金日记账 单位：元

2×21年		凭证		摘要	对方账户	借方	贷方	余额
月	日	种类	号数					
6	1			期初余额				2 000
	1	银付	1	提取现金	银行存款	4 000		6 000
	1	现付	1	报销招待费	管理费用		2 600	3 400
6	1			本日合计		4 000	2 600	3 400
				……				
6	30			本日合计				
6	30			本月发生额及期末余额				

（三）库存现金的清查

为了加强对出纳工作的监督，防止发生各种非法行为和记账错误，保证库存现金安全，单位应当定期和不定期地进行库存现金盘点，确保库存现金账面余额与实际库存数相符。

库存现金清查的主要方法是实地盘点，即将库存现金实有数额与库存现金日记账账面余额进行核对，做到日清月结，保证账款相符。在进行现金清查时，为了明确经济责任，出纳员必须在场。在清查过程中不能用不具法律效力的借条、收据等抵充库存现金（白条抵库）。盘点结束后，应根据盘点结果及与现金日记账核对的情况填制“库存现金盘点报告表”，据以调整账簿记录。现金盘点报告表是重要的原始凭证，应由盘点人员和出纳员共同签章方能生效。

通过清查如发现库存实有数额与账面余额不符，出现长款或短款现象，应及时调整“库存现金”账户，并通过“待处理财产损溢”账户记录差异额，做到账实相符。对于已查明原因的长短款，经批准后，按规定转销；无法查明原因的短款，经批准作为管理费用列支；无法查明原因的长款，经批准作为企业营业外收入处理。

① 《中华人民共和国会计法》第37条。

“待处理财产损溢”账户核算企业在清查财产过程中查明的财产盘盈、盘亏和毁损的价值；它是资产类账户，具有过渡性质；发生盘亏时记入该账户的借方，批准处理的盘亏数记入贷方；发生盘盈时记入贷方，批准处理的盘盈数记入其借方；该账户一般没有余额；设置“待处理流动资产损溢”和“待处理非流动资产损溢”两个明细账户。

【例4－12】 2×21年6月30日，兴达公司在现金清查时，发现现金短缺350元，原因待查。

借：待处理财产损溢——待处理流动资产损溢　　350

　　贷：库存现金　　350

【例4－13】 经查明，上述现金短缺350元，其中150元是出纳人员失职造成的，应由其赔偿；其余短缺款原因无法确定，经批准作为管理费用处理。

借：其他应收款——出纳员　　150

　　管理费用　　200

　　贷：待处理财产损溢——待处理流动资产损溢　　350

【例4－14】 2×21年7月31日，兴达公司在现金清查时发现库存现金长余180元，原因待查。

借：库存现金　　180

　　贷：待处理财产损溢——待处理流动资产损溢　　180

【例4－15】 经查明，上述长款现金原因无法查明，经批准作为营业外收入处理。

借：待处理财产损溢——待处理流动资产损溢　　180

　　贷：营业外收入　　180

（四）定额备用金制度

定额备用金制度是指企业拨付企业内部各部门或办理企业经济业务所需的日常零星开支的备用金款项，这种制度采用先付后用，集中报销，报销时补足与原核定金额之间的差额，从而提高日常工作效率。为了核算备用金，企业可设置“其他应收款——备用金”（或直接用“备用金”）账户。建立备用金时，应借记“其他应收款——备用金（备用金）”账户，贷记“库存现金”或“银行存款”账户。业务发生以后补足差额时，借记有关账户，贷记“库存现金”账户。

【例4－16】 2×21年3月1日兴达公司的财务部门为销售部门设置了限额为5 000元的定额备用金，企业拨付现金建立备用金时，应做的会计分录如下：

借：其他应收款——备用金（备用金）　　5 000

　　贷：银行存款　　5 000

月末，销售部门报销零星开支1 800元，并补足差额。会计分录如下：

借：管理费用　　1 800

　　贷：库存现金　　1 800

二、银行存款

银行存款是指企业存放在开户银行和其他金融机构的货币资金。根据《现金管理暂行条例》规定，企业经济活动中所发生的各种经济往来，凡不属于现金范围的款项支付，一律通过银行进行转账结算。库存现金超过限额的部分，也必须送存银行。企业应遵守支付结算的各项有关规定，加强企业银行存款的管理。

（一）支付结算方式

支付结算是指单位、个人在社会经济活动中采用一定的结算方式进行货币给付及其资金清算的行为。为了规范支付结算行为，保障支付结算活动中当事人的合法权益，加速资金周转和商品流通，促进社会主义市场经济的发展，中国人民银行制定了《支付结算办法》，规定了最常见的支付结算方式有票据、信用卡和汇兑、托收承付、委托收款等。

1. 票据支付结算。票据，是指支票、银行汇票、商业汇票和银行本票。

支票是出票人签发的，委托办理支票存款业务的银行在见票时无条件支付确定的金额给收款人或者持票人的票据。支票支付结算是单位和个人在同一票据交换区域结算普遍采用的一种结算方式。它具有手续简便灵活、收付款及时、便于款项结算的特点。支票分为现金支票、转账支票和普通支票三种。支票上印有“现金”字样的为现金支票，现金支票只能用于支取现金。支票上印有“转账”字样的为转账支票，转账支票只能用于转账。支票上未印有“现金”或“转账”字样的为普通支票，普通支票可以用于支取现金，也可以用于转账。在普通支票左上角划两条平行线的，为划线支票，划线支票只能用于转账，不得支取现金。单位和个人在同一票据交换区域的各种款项结算均可使用支票。采用支票结算方式应注意以下几个问题：第一，支票一律记名，即在支票上写明收款单位名称或个人姓名。无记名支票不得背书转让和提示付款。第二，签发支票的金额不得超过付款时付款人实有的存款金额，禁止签发空头支票。第三，支票的提示付款期限为自出票日起 10 日，超过期限的银行不予受理。

银行汇票是出票银行签发的，由其在见票时按照实际结算金额无条件支付给收款人或者持票人的票据。银行汇票的出票银行为银行汇票的付款人。单位和个人各种款项结算，均可使用银行汇票。申请人使用银行汇票，应向出票银行填写“银行汇票申请书”，银行汇票可以用于转账，填明“现金”字样的银行汇票也可以用于支取现金。银行汇票的提示付款期限为出票日起 1 个月，持票人超过付款期限提示付款的，代理付款人不予受理。银行汇票的实际结算金额不得更改，更改实际结算金额的银行汇票无效。收款人可以将银行汇票背书转让给被背书人。银行汇票的背书转让以不超过出票金额的实际结算金额为准。未填写实际结算金额或实际结算金额超过出票金额的银行汇票不得背书转让。银行汇票丧失，失票人可以凭人民法院出具的其享有票据权利的证明，向出票银行请求付款或退款。

商业汇票是出票人签发的，委托付款人在指定日期无条件支付确定的金额给收款人或者持票人的票据。在银行开立存款账户的法人以及其他组织之间，必须具有真实的交易关系或债权债务关系，才能使用商业汇票。出票人不得签发无对价的商业汇票用以骗取银行或者其他票据当事人的资金。商业承兑汇票的出票人，为在银行开立存款账户的法人以及其他组织，与付款人具有真实的委托付款关系，具有支付汇票金额的可靠资金来源。商业承兑汇票可以由付款人签发并承兑，也可以由收款人签发交由付款人承兑。商业汇票的付款人为承兑人。按照承兑人的不同，商业汇票分为商业承兑汇票和银行承兑汇票。商业承兑汇票由银行以外的付款人承兑。银行承兑汇票应由在承兑银行开立存款账户的存款人签发。银行承兑汇票的承兑银行，应按票面金额向出票人收取万分之五的手续费。付款人承兑商业汇票，不得附有条件；承兑附有条件的，视为拒绝承兑。商业汇票的付款期限，最长不得超过6个月。商业汇票的提示付款期限为汇票到期日起10日。商业汇票具有信用性强、简单易行、方便灵活等特点，适用于同城和异地之间的结算。

银行本票是银行签发的，承诺自己在见票时无条件支付确定的金额给收款人或者持票人的票据。单位和个人在同一票据交换区域需要支付各种款项，均可以使用银行本票；银行本票的出票人，为经中国人民银行当地分支行批准办理银行本票业务的银行机构；申请人使用银行本票，应向银行填写“银行本票申请书”；银行本票可以用于转账，注明“现金”字样的银行本票可以用于支取现金；银行本票分为不定额本票和定额本票两种，定额银行本票面额为1 000元、5 000元、10 000元和50 000元；银行本票的提示付款期限自出票日起最长不得超过两个月，持票人超过付款期限提示付款的，代理付款人不予受理；收款人可以将银行本票背书转让给被背书人。

2. 信用卡支付结算。信用卡是指商业银行向个人和单位发行的，凭以向特约单位购物、消费和向银行存取现金，且具有消费信用的特制载体卡片。信用卡按使用对象分为单位卡和个人卡，按信誉等级分为金卡和普通卡；凡在中国境内金融机构开立基本存款账户的单位可申领单位卡，单位卡可申领若干张，持卡人资格由申领单位法定代表人或其委托的代理人书面指定和注销，单位卡一律不得支取现金，单位卡账户的资金一律从其基本存款账户转账存入，不得交存现金，不得将销货收入的款项存入其账户。凡具有完全民事行为能力的公民可申领个人卡，个人卡的主卡持卡人可为其配偶及年满18周岁的亲属申领附属卡，申领的附属卡最多不得超过两张，也有权要求注销其附属卡；个人卡账户的资金以其持有的现金存入或以其工资性款项及属于个人的劳务报酬收入转账存入。严禁将单位的款项存入个人卡账户。单位或个人申领信用卡，应按规定填制申请表；信用卡仅限于合法持卡人本人使用，持卡人不得出租或转借信用卡。持卡人可持信用卡在特约单位购物、消费。单位卡不得用于10万元以上的商品交易、劳务供应款项的结算。信用卡透支期限最长为60天；信用卡丧失，持卡人应立即持本人身份证件或其他有效证明，并按规定提供有关情况，向发卡银行或代办银行申请挂失。

3. 汇兑、托收承付和委托收款结算方式。汇兑结算方式是汇款人委托银行将款项汇给外地收款人的结算方式。它适用于异地单位之间、个体经济户和个人的各种款项的结算。汇兑结算方式的特点是：收付双方不一定要事先订立经济合同，也不局限于商品交易款项汇划。汇款人汇出的款项不受金额起点的限制。汇兑结算按银行传递凭证方法的不同，分为信汇和电汇两种方式。信汇是通过银行邮寄凭证划转款项；电汇是通过银行拍发电报划转款项。企业办理信汇、电汇，可由汇款人根据对汇款快慢的要求选择使用。

托收承付是根据购销合同由收款人发货后委托银行向异地付款人收取款项，由付款人向银行承诺付款的结算方式。办理托收承付结算的款项，必须是商品交易，以及因商品交易而产生的劳务供应的款项。收付双方使用托收承付方式结算必须签有符合合同法的购销合同，并在合同上注明使用托收承付结算方式。收付双方办理托收承付结算，必须重合同、守信用。收款人对同一付款人发货托收累计三次收不回货款的，收款人开户银行应暂停收款人向该付款人办理托收；付款人累计三次提出无理拒付的，付款人开户银行应暂停其向外办理托收。收款人办理托收，必须具有商品确已发运的证明文件（包括铁路、航运、公路等运输部门签发的运单、运单副本和邮局包裹回执）。托收承付结算每笔的金额起点为10 000元。收款人按照签订的购销合同发货后，委托银行办理托收。付款人开户银行收到托收凭证及其附件后，应当及时通知付款人。承付货款分为验单付款和验货付款两种，由收付双方商量选用，并在合同中明确规定。验单付款的承付期为3天，从付款人开户银行发出承付通知的次日算起（承付期内遇法定休假日顺延）。付款人在承付期内，未向银行表示拒绝付款，银行即视作承付，并在承付期满的次日（法定休假日顺延）将款项主动从付款人的账户内付出，按照收款人指定的划款方式，划给收款人。验货付款的承付期为10天，从运输部门向付款人发出提货通知的次日算起。对收付双方在合同中明确规定，并在托收凭证上注明验货付款期限的，银行从其规定。付款人不得在承付货款中，扣抵其他款项或以前托收的货款。

如果付款单位在承付期内验单或验货中发现收款凭证及单据内容或所收货物与合同规定不符，可填写拒付理由书，向其开户银行提出全部或部分拒付。开户银行严格审核证明文件后，如符合拒付条件，则通知收款单位开户银行转告收款单位另行处理。若付款单位在到期时无足够款项支付，银行将作逾期付款处理，并处以一定比例的滞纳金，随同逾期所付款项一并划给收款单位。银行对使用托收承付结算方式的单位有一定的要求，对业务审核也较严格。在结算过程中银行对收付双方进行监督。因此，托收承付结算方式能够促使收付款单位严格按合同规定发货和付款，维护购销双方的正当权益。

委托收款是收款人委托银行向付款人收取款项的结算方式。单位和个人凭已承兑商业汇票、债券、存单等付款人债务证明办理款项的结算，均可以使用委托收款结算方式。委托收款在同城、异地均可以使用。它使用范围广，能适应多种经济活动的需要。不受是否签订合同或协议和是否发货的限制；不规定金额起点；银行不承担审查拒付理由和代收款单位分次扣收款项的责任，只规定有一定的付款期和退证期，是一种比较灵活、简便但具有一定风险的结算方式。

（二）银行存款的核算

为了反映企业存入银行和其他金融机构的各种存款，企业应设置“银行存款”账户，总括反映银行存款的收支和结存情况，它是资产类账户，银行存款增加记借方，减少记贷方，期末余额在借方，反映期末银行存款的结余金额。对发生的每笔银行存款收入、支出业务，都必须根据审核无误的原始凭证编制记账凭证，然后据以记账。

【例4-17】 2×21年3月5日兴达公司开出转账支票120 000元，偿付前欠某供货单位货款。

借：应付账款	120 000	
贷：银行存款		120 000

【例4-18】 2×21年3月12日兴达公司由于季节性储备材料需要，临时向银行借款500 000元，借款期限为两个月。

借：银行存款	500 000	
贷：短期借款		500 000

【例4-19】 2×20年3月26日兴达公司收到银行收款通知，企业委托银行向某公司收取的货款150 000元已收妥入账。

借：银行存款	150 000	

贷：应收账款　　150 000

为加强对银行存款的管理，企业还应设置“银行存款日记账”对银行存款进行序时核算，由出纳人员根据收付款凭证，按照业务发生的先后顺序逐日逐笔进行登记。每日终了，应计算出当日的发生额，以便及时掌握银行存款收支动态和结存情况。

“银行存款日记账”的格式有“三栏式”和“多栏式”两种。三栏式“银行存款日记账”格式如表4-3所示。

表4-3　银行存款日记账

2×21年		凭证		摘要	支票		借方	贷方	余额
月	日	种类	号数		种类	号数			
3	1			期初余额					
				……					
				……					
3	31			本月发生额及期末余额					

（三）银行存款的清查

为了保证银行存款核算的正确性，掌握银行存款的实际数额，及时发现差错，企业应定期对银行存款进行清查核对，其主要方法是将银行对账单与企业银行存款日记账逐笔进行核对。通过核对，若双方账目不一致。其主要原因，一是双方账目可能发生错账、漏账；二是存在“未达账项”，即企业与银行一方已经入账，而另一方由于凭证传递时间的影响尚未入账的款项。

未达账项主要有下列四种情况：（1）企业已经收款入账，而银行尚未入账的事项。如企业存入的款项，已作企业银行存款增加入账，但银行尚未入账。（2）企业已经付款入账，而银行尚未入账的事项。如企业开出支票或其他付款凭证，已作企业银行存款减少入账，但对方单位尚未将有关单据送交银行，故银行尚未记录企业存款的减少。（3）银行已经收款入账，而企业尚未入账的事项。如企业委托银行代收的款项，银行已经收款入账，而企业尚未收到通知因此没有账。（4）银行已经付款入账，而企业尚未入账的事项。如由银行直接代付的款项，银行已从企业存款中拨付给收款方，但企业因尚未收到有关单证还没有入账。以上任何一种情况的发生，都会使双方账面存款余额不相一致。

为了消除未达账项的影响，企业应根据核对后发现的未达账项，编制“银行存款余额调节表”，据以调节双方账面余额。

银行存款余额调节表的编制方法是：将企业和银行双方的账面余额，各自加上对方已经收款入账，而本单位尚未收款入账的款项，减去对方已经付款入账，而本单位尚未付款的款项。如果调整后双方的余额核对相符，表明企业和银行账目没有差错；如果调整后双方的余额还不相符，说明记账有错误，应进一步查明原因，予以更正。经过调节后的余额，是企业银行存款的实有数。

【例4-20】2×21年6月30日兴达公司收到开户行转来银行存款对账单，其账面余额为97 640元；企业银行存款日记账账面余额为89 800元。经逐笔核对后，发现下列未达账项：

（1）企业委托银行代收某公司货款32 720元，银行已收到并入账，但收款通知未到达企业。

（2）企业开出用于购货的转账支票11 000元，银行尚未兑付。

（3）企业送存某公司归还的转账支票31 600元，银行尚未登记入账。

（4）银行划付本单位借款利息费用4 280元，结算单证尚未送达企业。

根据以上资料编制“银行存款余额调节表”，如表4－4所示。

表4－4　　银行存款余额调节表

2×21年6月30日　　单位：元

项目	金额	项目	金额
企业银行存款记账余额	89 800	银行对账单余额	97 640
加：银行已收、企业未收款项：已收托收款	32 720	加：企业已收、银行未收款项：送存转账支票一张	31 600
减：银行已付、企业未付款项：划付借款利息	4 280	减：企业已付、银行未付款项：未兑付转账支票	11 000
调节后存款余额	118 240	调节后存款余额	118 240

需要注意的是，银行存款余额调节表不是原始凭证，不能作为调整银行存款账面记录的依据，企业应等到收到银行有关结算单证时，再将未达账项入账。

三、其他货币资金

其他货币资金是指除库存现金和银行存款以外的其他各种货币资金，包括外埠存款、银行汇票存款、银行本票存款、信用证存款、信用卡存款、存出投资款等，其存放地点和用途不同于库存现金、银行存款。外埠存款是指企业到外地进行临时或零星采购时，汇往采购地银行开立采购专户的款项；银行汇票存款是企业为取得银行汇票按规定存入银行的款项；银行本票存款指企业为取得银行本票按规定存入银行的款项；信用证存款是指企业为取得信用证按规定存入银行专户的保证金；信用卡存款是指企业为取得信用卡按照规定存入银行信用卡专户的款项；存出投资款是指企业已存入证券公司但尚未进行投资的现金。

为了反映其他货币资金的情况，企业应设置“其他货币资金”账户，总括反映其他货币资金的收支和结存情况，它是资产类账户，其他货币资金增加记借方，减少记贷方，期末余额在借方，反映期末其他货币资金的结余金额。

在核算其他货币资金时，应设置“其他货币资金”账户进行核算。这个账户的使用方法与“库存现金”“银行存款”账户相同。企业需要根据实际情况在总账下设“外埠存款”“银行汇票存款”“银行本票存款”“信用卡存款”“信用证保证金”“存出投资款”等明细账户进行明细核算。

【例4－21】 2×21年5月12日兴达公司委托当地开户银行汇款100 000元给采购地银行开立专户。

借：其他货币资金——外埠存款　　100 000
　　贷：银行存款　　100 000

【例 4 - 22】2 ×21 年 6 月 18 日兴达公司采购员交来购货发票 80 000 元，支付增值税 10 400 元，合计 90 400 元。这笔付款应该从外埠存款中支付。

借：在途材料　　80 000
　　应交税费——应交增值税（进项税额）　　10 400
　　贷：其他货币资金——外埠存款　　90 400

【例 4 - 23】2 ×21 年 6 月 22 日兴达公司采购员将剩余的外埠存款 9 600 元转回当地银行，企业收到银行的收账通知。

借：银行存款　　9 600
　　贷：其他货币资金——外埠存款　　9 600

四、货币资金的内部控制

为了保证货币资金的安全，提高货币资金的使用效益，应加强货币资金关键环节的风险控制，采取相应的控制措施。

（一）职责分工与授权批准

企业应当建立货币资金业务的岗位责任制，明确相关部门和岗位的职责权限，确保办理货币资金业务的不相容岗位相互分离、制约和监督。货币资金业务的不相容岗位至少应当包括：(1) 货币资金支付的审批与执行；(2) 货币资金的保管与盘点清查；(3) 货币资金的会计记录与审计监督。出纳人员不得兼任稽核、会计档案保管和收入、支出、费用、债权债务账目的登记工作。

企业应当配备合格的人员办理货币资金业务，并结合企业实际情况，对办理货币资金业务的人员定期进行岗位轮换。企业关键财会岗位，可以实行强制休假制度，并在最长不超过 5 年的时间内进行岗位轮换。

企业应当建立货币资金授权制度和审核批准制度，并按照规定的权限和程序办理货币资金支付业务。其程序包括：申请—审批—复核—支付。企业有关部门或个人用款时，应当提前向经授权的审批人提交货币资金支付申请，注明款项的用途、金额、预算、限额、支付方式等内容，并附有效经济合同、原始单据或相关证明。审批人根据其职责、权限和相应程序对支付申请进行审批。对不符合规定的货币资金支付申请，审批人应当拒绝批准，性质或金额重大的，还应及时报告有关部门。复核人对批准后的货币资金支付申请进行复核，复核无误后，交由出纳人员等相关负责人员办理支付手续。出纳人员应当根据复核无误的支付申请，按规定办理货币资金支付手续，及时登记现金和银行存款日记账。严禁未经授权的部门或人员办理货币资金业务或直接接触货币资金。

（二）货币资金的日常控制

货币资金的日常控制主要包括：(1) 企业应当加强现金库存限额的管理，超过库存限额的现金应当及时存入开户银行。(2) 根据《现金管理暂行条例》的规定，结合本企业的实际情况，确定本企业的现金开支范围和现金支付限额。不属于现金开支范围或超过现金开支限额的业务应当通过银行办理转账结算。(3) 企业现金收入应当及时存入银行，不得坐支现金，企业借出款项必须执行严格的审核批准程序，严禁擅自挪用、借出货币资金。(4) 企业取得的货币资金收入必须及时入账，不得账外设账，严禁收款不入账。有条件的企业，可以实行收支两条线和集中收付制度，加强对货币资金的集中统一管理。(5) 企业严格按照《支付结算办法》等国家有关规定，加强对银行账户的管理，严格按照规定开立账户，办理存款、取款和结算。银行账户的开立应当符合企业经营管理实际需要，不得随意开立多个账户，禁止企业内设管理部门自行开立银行账户。(6) 企业应当严格遵守银行结算纪律，不得签发没有资金保证的票据或远期支票，套取银行信用；不得签发、取得和转让没有真实交易和债权债务的票据；不得无理拒绝付款，任意占用他人资金；不得违反规定开立和使用银行账户。(7) 企业应当指定专人定期核对银行账户，每月至少核对一次，编制银行存款余额调节表，并指派对账人员以外的其他人员进行审核，确定银行存款账面余额与银行对账单余额是否调节相符，如调节不符，应当查明原因，及时处理。(8) 企业应当加强对银行对账单的稽核和管理，出纳人员不得同时从事银行对账单的获取、银行存款余额调节表的编制等工作；企业应当定期和不定期地进行现金盘点，确保现金账面余额与实际库存相符，发现不符，及时查明原因，作出处理。

(三) 票据及有关印章的管理

企业应当加强与货币资金相关的票据的管理，明确各种票据的购买、保管、领用、背书转让、注销等环节的职责权限和处理程序，并专设登记簿进行记录，防止空白票据的遗失和被盗用；企业因填写、开具失误或者其他原因导致作废的法定票据，应当按规定予以保存，不得随意处置或销毁；对超过法定保管期限、可以销毁的票据，在履行审核批准手续后进行销毁，但应当建立销毁清册并由授权人员监销；企业应当设立专门的账簿对票据的转交进行登记，对收取的重要票据，应留有复印件并妥善保管，不得跳号开具票据，不得随意开具印章齐全的空白支票；企业应当加强银行预留印鉴的管理，财务专用章应当由专人保管，个人名章应当由本人或其授权人员保管，不得由一个人保管支付款项所需的全部印章；按规定需要由有关负责人签字或盖章的经济业务与事项，必须严格履行签字或盖章手续。

五、货币资金周转率的分析

货币资金是流动性最强的资产，随时可以用于支付结算，但同时又是各项资产中盈利能力最低的资产。企业的货币资金持有量不足，会导致支付风险，但过度持有，会导致盈利能力下降。最佳的货币资金的持有量是多少，应根据企业具体情况进行分析。一般情况下，企业可以按照风险和盈利能力达到均衡状态的要求来确定和评价货币资金的持有量和周转速度。

评价货币资金周转速度的指标是货币资金周转率，其计算公式如下：

货币资金周转率 = 营业收入/货币资金平均余额

货币资金平均余额 =(年初货币资金平均余额 + 年末货币资金平均余额)/ 2

例如，一个企业的流动负债总额为 1 000 万元，根据该企业流动负债的结构特征和以往的经验分析，货币资金的持有量应该达到流动负债总额的 30% 才能使企业的风险盈利能力取得最佳平衡，因此，该企业货币资金持有量就应该是 300 万元。如果该企业的年营业收入为 3 600 万元，最佳的货币资金周转率是 12 次（3 600 ÷ 300）。

需要注意的是，评价货币资金周转率应该参照同行业企业的平均水平进行分析。由于不同企业的经营业务不同、周转速度不同，对货币资金的需求也大不相同，这个指标在不同行业之间进行比较没有实际意义。

第三节　短期应收款项的核算与管理

信用是市场经济的产物，同时也是推动经济迅速发展的重要因素。以信用方式开展经济业务是企业获得资产和收入的重要来源，由此产生的短期应收款项是企业的一项重要资产。这些应收款项具有较强的流动性，能增强企业的短期偿债能力。但是，以信用方式开展业务也会面临款项无法收回的风险，从而导致企业资产和利润的减少，最终影响企业的经营活动。这就要求对短期应收款项进行正确的计量和记录，并在财务报告上如实报告应收款项的组成及其金额。

短期应收款项主要包括应收票据、应收账款、合同资产、预付账款和其他应收款等。

一、应收票据

（一）应收票据概述

应收票据是指企业持有的还没有到期、尚未兑现的商业汇票。根据《中华人民共和国票据法》的规定，票据指汇票、本票和支票。汇票分为银行汇票和商业汇票。商业汇票是出票人签发的、委托付款人在指定日期无条件支付确定的金额给收款人或者持票人的票据。按承兑人的不同，商业汇票分为商业承兑汇票和银行承兑汇票。商业汇票可以背书转让，持票人可以在票据有效期内随时用来购买物资，偿还债务。当企业需要资金时，还可以持未到期商业汇票到银行贴现。应收票据在资产负债表上列在各应收款项之首。

《支付结算办法》第 77 条规定："在银行开立存款账户的法人以及其他组织之间，必须具有真实的交易关系或债权债务关系，才能使用商业汇票。""出票人不得签发无对价的商业汇票用以骗取银行或者其他票据当事人的资金。"赊销企业一般在两种情况下收到商业汇票：一是在赊销时要求购货方出具商业汇票；二是在购货方希望延期付款时要求其出具商业汇票。

商业汇票按其票面是否载有利率，分为带息票据和不带息票据，不带息票据也称"光票"。带息票据是指票面标有面值和利率的商业汇票，其到期价值等于面值与应计利息之和。不带息票据是指票面仅标有面值的商业汇票，其到期值即为面值。通常不带息票据的面值中已经包含了应计利息。目前我国大陆范围内使用的商业汇票多为不带息票据。

采用商业汇票结算方式，应注意以下几个问题：第一，商业汇票一律记名，允许背书转让和申请贴现。第二，商业汇票一经承兑，承兑人负有到期无条件支付票款的责任。如承兑人或承兑申请人账户不足支付票款，凡属商业承兑汇票的，银行将汇票退给收款人，由其自行处理，银行不负责付款，同时银行对付款人处以罚款；凡属银行承兑汇票的，银行负有支付票款的责任，同时将对承兑申请人执行扣款，并对尚未收回的金额计收罚息。第三，商业汇票承兑期限由双方商定，最长不能超过6个月。

（二）应收票据的核算

为了反映和监督应收票据的取得、票款收回等经济业务，企业应设置“应收票据”账户，该账户属于资产类账户，借方登记企业收到的商业汇票票面金额，贷方登记票据到期时收回的票面金额或到期前不附追索权向银行贴现应收票据的票面金额，期末余额在借方，反映期末企业持有的尚未到期的商业汇票的票面金额。

当企业收到承兑的商业汇票时，应按票面金额借记“应收票据”账户，贷记“主营业务收入”“应交税费”等账户。若所收票据是用来抵偿应收账款的，应按票据的面额借记“应收票据”账户、贷记“应收账款”账户。应收票据到期收回票面金额时，借记“银行存款”账户，贷记“应收票据”账户；如果是承兑人违约拒付或无力偿还票款时，应按票据到期值转为应收账款进行核算，借记“应收账款”账户，贷记“应收票据”账户。

【例4-24】兴达公司2×21年8月1日向A公司销售产品一批，货已发出，兴达公司开出的增值税专用发票上注明的商品价款为200 000元，增值税销项税款26 000元。当日收到A公司签发的不带息商业承兑汇票一张，该票据为期3个月，该批产品销售符合收入确认条件。编制会计分录如下：

借：应收票据　　226 000
　　贷：主营业务收入　　200 000
　　　　应交税费——应交增值税（销项税额）　　26 000

【例4-25】2×21年11月1日，兴达公司持有的A公司的应收票据到期，收回226 000元存入银行。编制会计分录如下：

借：银行存款　　226 000
　　贷：应收票据　　226 000

如果该票据到期，购货企业无力兑付时，应将到期票据的票面金额转入“应收账款”账户。编制会计分录如下：

借：应收账款　　226 000
　　贷：应收票据　　226 000

（三）应收票据的贴现

应收票据贴现是企业融资的一种方式，是指持有票据的企业为获取所需的货币资金，通过背书向金融机构转让未到期票据的行为。企业在应收票据到期前如急需资金，可以持未到期的商业汇票向银行申请贴现。贴现行为完成之后，贴现银行成为票据持有人，并在票据到期日向出票人或承兑人收取票据的到期金额。而企业将票据贴现后从金融机构取得的货币资金称为贴现值（贴现所得额），它等于票据到期值减去贴现息的差额。贴现息是指金融机构接受贴现票据时索取的利息费用，它是票据到期值乘以贴现率再乘以贴现期（金融机构持有该票据的时间）所得出的金额。其计算公式如下：

$$贴现值 = 票据到期价值 - 贴现息$$
$$贴现息 = 票据到期值 \times 贴现率 \times 贴现期$$

贴现率由金融机构规定；贴现期是金融机构持有该票据的时间。企业将尚未到期的应收票据向银行贴现后的会计处理，要视贴现的商业汇票是否附有追索权分别采用不同的处理方法。不附追索权的应收票据贴现后，贴现企业将票据到期被拒付的风险转移给了贴现银行，如到期票据被拒付，贴现企业在法律上没有连带偿付责任，视为企业出售债权，因此，在贴现时，直接冲销“应收票据”账户；附追索权的票据贴现时，企业负有连带责任，不应结转应收票据，视同企业短期借款，记入“短期借款”账户。

【例4-26】 2×21年6月1日兴达公司收到某企业签发的3个月期不带息商业汇票30 000元，8月1日兴达公司急需使用资金，将某企业的商业汇票背书后向银行按10%的贴现率办理贴现。

$$贴现利息 = 30\,000 \times 10\% \times 1 \div 12 = 250(元)$$
$$贴现净额 = 30\,000 - 250 = 29\,750(元)$$

若该贴现为不附追索权的票据贴现，则视同票据转让。会计处理为：

借：银行存款	29 750	
财务费用	250	
贷：应收票据		30 000

若该贴现为附追索权的票据贴现，则票据贴现视为抵借。会计处理为：

借：银行存款	29 750	
财务费用	250	
贷：短期借款		30 000

二、应收账款

（一）应收账款的确认和计价

应收账款是指企业在经营过程中，由于销售产品、提供劳务等经营活动而产生的应向购货单位或接受劳务单位收取的款项。主要是企业为了扩大市场份额，增加销售业务，采用赊销方式产生的。应收账款是企业一项重要的流动资产，属于短期性债权。包括应收的销售货款和代税务部门收取的增值税及代购货方垫付的各种运杂费、包装费，但不包括其他应收的非销货款项，如应收职工欠款、各种赔款、罚款、应收租金等，也不包括采用商业汇票结算方式销售货物应收的票据款项。

应收账款的计价，即如何确定应收账款的入账金额？应收账款应当按照实际发生额入账，即以交易发生日或销售收入确认时买卖双方成交的实际金额入账。如果采用商业折扣的方式出售商品，应收账款和收入均应按扣除商业折扣后的净额入账；如果企业的销售价格中包括了提供给客户的现金折扣，在计算应收账款的入账金额时，就需要考虑采用总价法还是采用净价法记录现金折扣。现金折扣的具体内容见本章第一节“收入”。

（二）应收账款的核算

为了核算企业应收账款的增减变动及结存情况，需要设置“应收账款”账户。该账户属于资产类账户，借方登记应向购货单位收取的销货款项，贷方登记已收回的销货款项。借方余额表示购货单位尚未归还的账款。为了分别反映不同客户欠款的余额和变动情况，该账户应按往来单位设置明细分类账。

现举例说明应收账款的核算如下：

【例4－27】 2×21年2月10日兴达公司根据购销合同向B公司销售一批产品，开出的增值税专用发票上注明货款20 000元，增值税销项金额2 600元。以银行存款代垫运费400元。以上款项尚未收到。根据销货发票及垫付运费的支票存根等单据，编制会计分录如下：

借：应收账款　　23 000
　　贷：主营业务收入　　20 000
　　　　应交税费——应交增值税（销项税额）　　2 600
　　　　银行存款　　400

【例4－28】 2×21年3月15日兴达公司收到银行通知，收到B公司支付的上述款项23 000元。会计分录如下：

借：银行存款　　23 000
　　贷：应收账款　　23 000

【例4－29】 2×21年3月10日兴达公司向C公司销售一批药品，按价目表标明价格40 000元。为了促销，制药厂给客户10%的商业折扣；公司开出的增值税专用发票上注明价款36 000元，增值税销项税额4 680元，以上款项尚未收到。会计分录如下：

借：应收账款　　40 680
　　贷：主营业务收入　　[40 000×(1－10%)]36 000
　　　　应交税费——应交增值税（销项税额）　　4 680

除“应收账款”账户外，企业还应设置“合同资产”账户。合同资产，是指企业已向客户转让商品而有权收取对价的权利，且该权利取决于时间流逝之外的其他因素。它与应收账款的区别是，应收账款是企业无条件收取合同对价的权利，即仅仅是随着时间的流逝即可收款的权利；而合同资产是除时间流逝之外，还取决于其他条件，如履行合同中的其他履约义务才能收到相应合同对价的权利；应收账款仅承担信用风险，合同资产除信用风险外，还承担其他风险，如履约风险等。从收取款项的确定性来讲，合同资产要弱于应收账款。

三、预付账款

预付账款是指企业因业务需要而按照购货合同的约定，预先支付给销货方的款项。预付账款虽使企业资金暂时被销货方占用，但对保障企业所需商品的供应、避免因市场波动带来的价格风险等都有一定的意义。预付账款与应收账款都属于企业的债权，但两者产生的原因不同，应收账款是企业向购货方收取的款项；预付账款则是企业预先付给供货方的款项，有权要求对方按照购货合同规定发货。两者应分别设置账户。企业为核算预付货款的支出和结算情况，应设置“预付账款”账户，该账户属于资产类账户；借方登记向对方预付的款项，贷方登记收到对方发出的货物时预付账款的减少，期末余额一般在借方，表示已预付但尚未收到货物的款项；为了具体反映预付货款的结算情况，应按照供应单位名称设置明细账。

企业按购货合同规定向销货方预付货款时，借记“预付账款”账户，贷记“银行存款”账户。收到所购商品时，根据发票账单的实际金额，借记“材料采购”“应交税费”账户，贷记“预付账款”账户。如所购物品实际货款总额大于预付货款而应补付货款时，借记“预付账款”账户，贷记“银行存款”账户；如所购物品实际货款总额小于预付货款，对方应退回多付的款项，收到退款时，借记“银行存款”账户，贷记“预付账款”账户。现举例说明如下：

【例4-30】 2×21年7月11日兴达公司向D单位订购货物一批，货款100 000元，按购货合同的约定，向供货方预付30%的货款，余下货款在收货时结清。开出预付货款的转账支票时，作会计分录如下：

借：预付账款——D单位	30 000	
贷：银行存款		30 000

【例4-31】 2×21年9月10日兴达公司收到D单位发出的原材料，并验收入库。对方开出的增值税专用发票注明货款为100 000元，增值税额13 000元。企业开出转账支票补付83 000元。编制会计分录如下：

借：原材料	100 000	
应交税费——应交增值税（进项税额）	13 000	
贷：银行存款		83 000
预付账款——D单位		30 000

如企业预付货款情况不多，也可以不单独设置“预付账款”账户，而将预付的货款直接记入“应付账款”账户的借方。预付货款时，借记“应付账款”账户，贷记“银行存款”账户，收到货物时再从贷方结转。

四、其他应收款

其他应收款是指除应收票据、应收账款、预付账款以外的应收或暂付给其他单位和个人的款项，是企业发生的非购销活动而形成的债权。主要包括拨付给企业内部单位和个人的备用金、应收的各种罚款和赔款、应收的租金、存出保证金、应向职工收取的各种款项等。由于其他应收款不反映企业销售经营活动的货款结算，一般数额较小，作为企业的短期性债权，应将这类项目单独归类，以便与购销业务发生的应收项目相区别。

为了核算和监督企业其他应收款项的结算情况，应设置“其他应收款”账户，该账户属于资产类账户，借方登记企业发生的各项其他应收款项，贷方登记收到和结转的其他应收款项，期末借方余额表示应收未收的其他应收款项。当企业发生各种应收的赔款、租金、支付备用金及其他各种暂付款时借记“其他应收款”账户，贷记有关账户；收回应收、暂付款项或报销预支款项时，借记有关账户，贷记“其他应收款”账户。

举例说明其他应收款核算业务。

【例4-32】 2×21年8月19日兴达公司职工赵明因公出差预借差旅费5 000元，财务部门开出现金支票支付。会计分录如下：

借：其他应收款——赵明　　5 000

　　贷：银行存款　　5 000

【例4－33】2×21年9月25日赵明出差返回报销差旅费4 500元，交回现金500元。会计分录如下：

借：管理费用　　4 500

　　库存现金　　500

　　贷：其他应收款——赵明　　5 000

五、应收款项损失准备的会计处理

商品经济中经营风险的普遍存在和商业信用的广泛采用，不可避免地会发生某些债务人因各种原因不能到期如数偿付所欠债务的现象，如债务人发生重大财务困难、现金流量严重不足、债务单位撤销、破产、资不抵债、发生严重的自然灾害等导致停产而在短时间内无法偿付债务，会使企业的应收款项有一部分不能收回。这些无法收回的应收款项，会计上称为坏账；由于发生坏账而产生的损失，称为信用减值损失。

现行会计准则要求以预期信用损失为基础计提坏账准备（应收账款的损失准备称为坏账准备）。信用损失，即全部现金短缺的现值；预期信用损失，是企业对预计会从某个信用事件中遭受的损失的估计，即使用企业预计可以全额收款但收款时间晚于合同规定的到期期限，也会产生信用损失。按照预期信用损失计提资产减值准备，要采用确定预期信息损失的三阶段模型。应收款项属于短期债权，可采用简化的方法确定预期信用损失的计量。会计实务中，经常使用确定应收款项预期信用损失的简化方法主要有应收款项余额百分比法和账龄分析法。

（一）应收款项余额百分比法

应收款项余额百分比法，是指按照应收款项的期末余额和预期信用损失率计算确定应收款项预期信用损失，据以计提坏账准备的一种方法；预期信用损失率，也称坏账率，是指应收款项的预期信用损失金额占应收款项账面余额的比例。企业以应收款项的历史信用为基础，结合当前营业情况及相关前瞻性信息，合理确定预期信用损失率，企业应当定期对预期信用损失率进行检查，并根据实际情况作必要调整。

资产负债表日，企业应按下列公式计算确定本期应计提的坏账准备并进行会计处理：

本期预期信用损失金额＝本期应收款项期末余额×预期信用损失率

本期应计提的坏账准备金额＝本期预期信用损失金额－“坏账准备”账户原有贷方余额

或

本期应计提的坏账准备金额＝本期预期信用损失金额＋“坏账准备”账户原有借方余额

根据上述公式计算出坏账准备后，应通过“信用减值损失”账户和“坏账准备”账户进行会计处理。

“信用减值损失”是损益类账户中的费用类，计提信用减值损失时记借方，冲减信用减值损失时记贷方，期末差额转入“本年利润”账户，结转后无期末余额；“坏账准备”账户属于资产类，是应收款项的抵减账户，该账户贷方登记计提的坏账准备及已转销又收回的坏账金额，借方登记实际发现坏账准备或冲销多提的坏账准备，期末余额在贷方，表示当期应收款项的预期信用损失。

需要注意的是：对于已经确认为坏账的应收款项，企业仍然具有追索权。一旦重新收回，应当及时入账。

下面以应收账款为例说明应收款项减值损失的核算。

【例4－34】 兴达公司根据应收款项余额百分比法计提坏账准备，应收账款的预期信用损失率（坏账率）为3%。公司第1年末应收账款余额为350 000元；第2年实际冲销坏账8 000元，年末应收账款余额为240 000元；第3年收回前期确认的坏账6 000元，冲销坏账4 000元，年末应收账款余额为190 000元。编制会计分录如下：

（1）第1年末，坏账准备提取额＝350 000×3%＝10 500（元）

借：信用减值损失　　10 500

　　贷：坏账准备　　10 500

（2）第二年，冲销坏账：

借：坏账准备　　8 000

　　贷：应收账款　　8 000

年末提取坏账准备前的坏账准备账户为贷方余额2 500元，所以当年应补提坏账准备4 700元（240 000×3%－2 500）。

借：信用减值损失　　4 700

　　贷：坏账准备　　4 700

（3）第三年，收回已确认的坏账时作冲转分录：

借：应收账款　　6 000

　　贷：坏账准备　　6 000

同时，还应该反映应收账款的收回和银行存款的增加：

借：银行存款　　6 000

　　贷：应收账款　　6 000

冲销坏账：

借：坏账准备　　4 000

　　贷：应收账款　　4 000

年末提取坏账准备前的坏账准备账户为贷方余额9 200元，所以，年末应冲减坏账准备3 500元（190 000×3%－9 200）。

作调整分录如下：

借：坏账准备　　3 500

　　贷：信用减值损失　　3 500

（二）账龄分析法

账龄分析法是将全部应收款项按账龄（顾客欠账时间）的长短进行分组，并分别确定预期信用损失率，据以计算确定预期信用损失金额，计提坏账准备的一种方法。一般情况下，应收款项拖欠的时间越长，发生坏账的可能性就越大，估计的坏账损失率也就越高。账龄分析法下，首先要对应收款项按账龄的长短分组，然后分别确定可以反映相当于整个存续期内预期信用损失的各组应收款项预期信用损失率，据以分别计算各组应收款项的预期信用损失金额，最后各组应收款项的预期信用损失金额进行加总，求得全部应收款项的预期信用损失金额。账龄分析法与应收款项余额百分比法在会计处理的方法上是相同的，但账龄分析法计算确定的预期信用损失金额比应收款项余额百分比法更准确、更合理。

【例4－35】兴达公司根据账龄分析法计提坏账准备。2×21年末应收账款余额为1 800 000元，该公司将应收账款按账龄分为五组。根据有关明细账记录，兴达公司应收账款账龄分析法见表4－5，应收账款预期信用损失金额见表4－6。

表4－5　　应收账款账龄分析法　　单位：元

客户名称	账面金额	未逾期	逾期1～2个月	逾期3～6个月	逾期7～12个月	逾期超过1年
甲	700 000	300 000	400 000			
乙	240 000			100 000	140 000	
丙	60 000					60 000
丁	800 000	500 000	200 000	100 000		
合计	1 800 000	800 000	600 000	200 000	140 000	60 000

表4－6　　应收账款预期信用损失金额

应收账款账龄分组	应收账款余额（元）	预期信用损失率（%）	预期信用损失金额（元）
未过信用期	800 000	5	40 000
逾期1～2个月	600 000	10	60 000
逾期3～6个月	200 000	20	20 000
逾期7～12个月	140 000	50	70 000
逾期超过1年	60 000	80	48 000
合计	1 800 000	—	238 000

六、应收账款分析

应收账款是企业在赊销过程中被客户所占用的资金。这个金额的高低大小，不仅制约企业的资金周转速度和经营效率，也影响企业的财务状况和财务风险。因而需要根据应收账款业务的会计信息，对应收账款周转速度和质量情况进行分析。

（一）应收账款周转率的分析

应收账款周转率是指企业年赊销收入净额与应收账款平均余额之比，其计算公式如下：

$$\text{应收账款周转率}=\frac{\text{年赊销收入净额}}{\text{应收账款平均余额}}$$

$$应收账款平均余额 = \frac{年初应收账款 + 年末应收账款}{2}$$

其中，赊销收入净额是指销售收入中扣除了现销及销货退回、销货折扣与折让后的余额。如果企业基本上采用赊销而很少采用现销，则可用利润表中的营业收入（或主营业务收入，下同）近似替代。如果现销在销售中所占的比重较大，则应将销售收入按该比例扣除，以得出赊销收入净额。

【例4－36】 兴达公司2×22年和2×21年应收账款周转率如表4－7所示。

表4－7　　兴达公司应收账款周转率计算

项目	2×22年	2×21年
营业收入	769 960	742 400
应收账款		
期初应收账款	48 525	44 385
期末应收账款	53 767	48 525
合计	102 292	92 910
应收账款平均余额	51 146	46 455
应收账款周转率（次）	15.05	15.97

应收账款周转率用于反映企业在应收账款上投入资金的年周转次数。该比率主要用于分析企业信用政策和应收账款收账效率。通常应收账款周转率越高，说明应收账款回收速度越快，发生坏账损失的可能性就越小，因而也会增强企业的短期偿债能力。应收账款周转率过低通常表明企业信用政策过松，或应收账款收账缺乏效率。这个指标应该与行业平均指标进行比较和分析。根据国务院　国资委财务监督与考核评价局公布的企业效绩评价标准值，制造业的应收账款周转能力评价标准如表4－8所示。

表4－8　　制造业应收款周转能力评价指标

资产营运状况	优秀值	良好值	平均值	较低值	较差值
应收账款周转率（%）	20.3	9.8	4.5	1.1	0.2

由表4－7、表4－8提供的信息可以看出，兴达公司2×22年应收账款周转率为15.05次，在行业良好值之上，没有达到行业的优秀值。但比2×21年的15.97次减少了0.92次。应收账款速度下降，需要从信用政策和应收账款的收账工作效率两个方面进行分析。相反，若应收账款周转率过高，则通常表明企业信用政策过严，只对少数信誉较好的客户赊销，或者给予客户的赊销期限较短。其结果也可能削弱企业市场的竞争能力，使得销售量下降，利润减少。

不少企业产品的销售具有季节性。在这类企业中，如果将年初应收账款与年末应收账款的平均值作为全年的平均应收账款余额，据此所计算出的应收账款周转率往往不能反映企业的真实情况。如果有条件的话，最好首先按季（甚至按月）计算应收账款平均余额，然后再将全年各季（或各月）的应收账款平均余额进行平均。这样才能更准确地计算出企业应收账款周转率。

人们也经常用应收账款周转天数（也称平均收账期）来描述应收账款的周转速度。平均收账期的计算公式如下：

$$应收账款周转天数=\frac{365}{应收账款周转率}$$

表 4－9 列示了兴达公司 2×22 年和 2×21 年平均应收账款的周转天数。

表 4－9　　兴达公司应收账款周转天数计算

项目	2×22 年	2×21 年
应收账款周转率（次）	15.05	15.97
应收账款周转天数（天）	24.25	22.86

应收账款周转天数表示收回应收账款平均所需要的天数，天数越多，表明应收账款周转速度越慢。而兴达公司 2×22 年的应收账款周转天数比 2×21 年有所增加，需要结合其他原因，并对照行业平均水平进行深入分析。

（二）应收账款的质量分析

应收账款的质量，指应收账款转化为货币资金的可能性。应收账款同时存在转化为货币资金和转化为坏账两种可能性，因此，分析应收账款的质量对于降低坏账损失、提高企业的盈利能力都有积极的意义。

对应收账款的质量分析，主要从以下几个方面进行。

1. 对债权的账龄进行分析。对债权的账龄分析就是对债权的形成时间进行分析，进而对不同账龄的债权分别判断质量。一般而言，拖欠时间越长的欠款出现坏账的可能性越大，反之则小。这种分析有助于估计企业的坏账金额，制定或调整企业的信用政策。

企业可以将账龄分析同时运用于应收账款质量判断和坏账准备的计算。账龄分析计算所使用的表格参见本章表 3－6。

2. 对债务人的构成进行分析。在很多情况下，企业应收账款的质量，不仅与债权的账龄有关，也与债务人的构成有关。在条件具备的情况下，可以通过对债务人的构成分析进一步了解应收账款的质量。

对债务人的构成分析，可以从以下几个方面来进行：

（1）分析债务人的区域构成。不同地区的债权人，由于经济发展水平、法制建设条件以及特定的经济环境等方面的差异，债务人的偿还心态和偿还能力有相当大的差异。经济比较发达、法制建设比较完善以及特定的经济环境较好地区的债务人，一般具有较好的债务清偿心理，因而企业在这些地区的债权可收回性较强；而经济发展水平相对落后、法制建设比较薄弱以及特定的经济环境较差（如发生严重自然灾害）地区的债务人，其还款能力较差。

（2）分析债务人的所有权性质和企业组织形式。不同所有制的企业和不同组织形式的企业，对其自身债务的偿还心态以及偿还能力有比较大的差异。企业可以根据以往的经验，分别按照政府机构、国有企业、民营企业、上市公司、外资企业等不同所有制、不同组织形式的债务人进行分析，根据不同债务人的偿还能力评价应收账款的质量。

（3）分析债权企业与债务人的关联状况。从债权企业与债务人的关联状况看，可以将债务人分为关联方债务人和非关联方债务人。由于关联方债务人彼此之间在债务方面的操纵色彩比较强，对关联方债务人的偿还能力需要给予必要的关注。

3. 对形成债权的内部经手人构成进行分析。企业外部的报表信息使用者，由于受所掌握资料的限制，很难了解企业债权的内部经手人，而企业管理者则有足够的信息开展这方面的分析。

在企业的实际工作中，从事赊销的工作人员的经验、责任心、职业道德水平等都对应收账款质量有直接的影响。因此，对形成债权的内部经手人构成进行分析，既可以为管理者合理调配企业内部的工作安排提供重要的参考信息，也可以引导企业的管理者尽早关注质量较差的应收账款，及时采取有效措施。

第五章

存货与销货成本

案 例

张友和李兴两位同学勤工俭学，在大一新生中推销台灯。他们从不同的渠道购进相同的台灯三个，第一个进货成本 110 元；第二个进货成本 122 元；第三个进货成本 130 元。第三天出售 1 个，售价 150 元。张友很高兴："刚开张就卖出一个，赚了 40 元！"李兴说："不对，咱们只赚了 20 元！"张友认为：卖出的是先到的那一个。而李兴则认为：相同的商品，你怎么知道是先到的那一个呢，应该是后到的那一个。

那如果你是他们的合伙人之一，你认为这次赚了多少钱呢？

第一节 存货概述

一、存货的概念

存货，即存放在企业中的货物。《企业会计准则第 1 号——存货》规定：“存货，是指企业在日常活动中持有以备出售的产成品或商品、处在生产过程中的在产品、在生产过程或提供劳务过程中耗用的材料和物料等。”

哪些货物属于企业的，应该计入企业的资产负债表存货项目呢？存货认定的一个重要标志，就是企业是否拥有某项存货的所有权。一般而言，凡是拥有所有权的货物，无论存放地在何处，都应包括在本企业存货中。在有些交易方式下，存货实物的交付及控制权的转移可能并不同步。此时，存货的确认应当注重交易的经济实质，而不能仅仅依据其所有权的归属。例如，售后回购交易方式下，销货方销售商品的同时，承诺在未来一定期限内以约定的价格购回该批商品，因而购买方并未真正取得该商品的控制权，交易的实质是销货方以该商品为抵押向销货方融通资金，因此应该确认为是销货方的存货。

存货是企业资产的一个重要组成项目。由于在企业生产经营过程中，存货处于不断销售、耗用和重置之中，所以存货属于流动资产。在制造业和商品流通企业中，存货通常是金额最大的流动资产项目，在企业资产总额中占有较大比重。存货积压势必引起资金周转困难，而存货不足又使企业停工待料，危及企业的经营活动，影响收入。企业应避免存货过多而占用资金，但又要有适量库存，以保证生产和销售。因此，加强存货核算，对于存货的有效控制和计划管理具有重要意义。

虽然存货管理方法多种多样，但对所有的企业而言，存货会计本质上是相同的。仓库和商店的货架会保存存货，直至产品被出售；同样，企业的存货账户会持有某项产品的成本，直至这项成本转入利润表中，以扣减（配比）销售收入。购入或自制产品的成本作为资产入账，直到销售出去（或是发生毁损或减值），此时该产品的成本将作为一项费用列示在利润表中。存货购买成本不仅包括支付给供应商的发票价格，还包括购买该产品发生的相关费用，如运输和搬运费用。购买时获得的现金折扣将从成本中扣减。利润表中列示存货费用为“营业成本”项目。

存货核算是企业计量损益的前提。企业在计算确定各个会计期间的利润时，需要将销售收入与销售商品的成本进行配比。所以，存货数量的记录是否准确、计价是否正确，直接影响到销售成本的确定和企业利润的计量，进而影响企业经营成果和财务状况的正确报告。

存货核算的基本目的是：（1）对存货的购入、耗用、销售进行全面、系统的核算，为企业管理提供必要的信息；（2）采用适当方法，确定期末存货的数量，以便计算出列入资产负债表的存货价值；（3）计算确定销货成本，以便和营业收入相配比，从而恰当地确定企业的净利润。

二、存货的种类

在不同行业的企业，存货的内容和分类有所不同，依据企业的性质、经营范围，并结合存货的用途，通常将存货分为三类。

（一）制造业企业存货

制造业企业存货的特点是在出售前需要经过生产加工过程，改变其原有的实物形态或使用功能。具体分类如下：

1. 原材料，指企业通过采购或其他方式取得的用于制造产品并构成产品实体的物品，以及供生产耗用但不构成产品实体的辅助材料、修理用备件、燃料和外购半成品等。

2. 委托加工材料，指企业因技术和经济原因而委托外单位代为加工的各种材料。

3. 包装物和低值易耗品，指为了包装本企业产品而储备的各种包装容器和由于价值低、易损耗而不能作为固定资产的各种劳动资料。

4. 在产品及自制半成品，指已经过一定生产过程，但尚未全部完工，在销售以前还要进一步加工的中间产品或正在加工中的产品。

5. 产成品，指企业已完成全部生产过程，可以对外销售的制成品。

（二）商品流通企业存货

在商品流通企业，存货主要分为商品、材料物资、低值易耗品、包装物等。其中商品存货是商品流通企业存货的主要组成部分，它是指企业为销售而购入的物品。商品在其销售以前，保持其原有实物状态。

（三）其他行业存货

在服务企业，如旅行社、饭店、宾馆、游乐场所、美容美发、健身、中介等机构，既不生产产品，也不经销商品。这些单位一般有各种少量物料用品、办公用品等，这些用品也是提供劳务过程中将消耗的材料或物料，应作为存货处理。

三、存货的盘存制度

存货的会计核算主要计算存货成本（货币计量），其公式为：存货成本 = 数量 × 单价。因此，存货核算必须计算存货的数量，即存货的实物计量。存货实物计量是货币计量的基础。在会计实务中，存在着两种确定存货数量的制度：定期盘存制和永续盘存制。

（一）定期盘存制

定期盘存制又称实地盘存制，是指在盘存中通过现场实物的盘点来确定存货数量，并据以计算销货成本和期末存货成本的一种存货盘存制度。在这种制度下，对企业库存的存货不进行连续记录，平时账簿中只记载存货的增加，日常的销货或存货发出不作会计处理，期末通过实地盘点确定存货数量，分别乘以各自的单价，计算出期末存货成本，记入各有关存货账户，并倒轧出本期已耗用或已销售存货的成本。因此也称为“以存计销”或“盘存计销”。其计算公式如下：

本期存货耗用量 = 期初存货量 + 本期存货收入量 − 期末存货量

（二）永续盘存制

永续盘存制也称账面盘存制，是指对存货按品名、规格设置明细账，逐笔或逐日登记收入、发出数量并可随时计算其结存数的一种存货盘存制度。采用永续盘存制，通过会计账簿资料，可以完整地反映存货的收入、发出和结存情况，因此也称为“以销计存”或“以耗计存”。在没有发生丢失和被盗、损失的情况下，存货账户的余额应与实际库存相符。

期末存货量 = 期初存货量 + 本期存货收入量 − 本期存货耗用量

采用这种盘存制度，并不排除对存货的实物盘点。为了核对存货账面记录，加强对存货的管理，贵重和单价较高的存货应每月或每季度盘点一次，每年至少应对存货进行一次全面盘点，具体盘点次数应视企业内部控制的要求而定，以保证账实相符。

（三）两种盘存制度的比较

由于定期盘存制平时对销售或发出的存货数量不作明细记录，而且存货只需分成大类或根本不分类进行计价，所以大大简化了日常核算工作。但是采用定期盘存制不能随时反映存货收、发、存的状态，不利于日常对存货的计划管理和控制，也掩盖了存货管理中存在的自然消耗和人为损失。而且，采用这种方法只能到期末盘点时结转耗用或销货成本，不能随时结转成本。实地盘存制一般适用于品种规格繁多，且单位价值较低的存货。

与实地盘存制相反，永续盘存制的主要优点是有利于加强对存货的管理，各种存货的明细记录可随时反映每一存货的收入、发出、结存的状态，便于进行数量、金额控制；通过不定期的实地盘点，将实际盘存数与账存数相核对，可以查明存货溢余或短缺的原因：通过账簿记录还可以随时反映出存货是否过多或不足，以便及时组织存货增补或削减，加速资金周转。但是在永续盘存制下，存货明细记录工作量较大，目前大中型企业基本都会使用 ERP 存货管理系统，这一问题能够非常容易地得以解决。

目前，我国除单价小、数量大、对成本影响不大的存货（如建筑业的沙、土、石等）采用定期盘存制外，企业存货一般都按规定采用永续盘存制。

四、存货会计信息的基本流程

在实际工作中，应根据不同行业的经营特点和存货所处的不同阶段，分别开设不同账户，以便根据企业的经营特点和管理中的信息需求进行存货业务的会计核算。

以下以制造业企业为例介绍存货会计核算的基本流程。

制造业企业生产经营活动主要包括采购、仓储、生产和销售等不同环节。为了及时准确了解处于不同阶段的存货所占用资金数量、流向、周转等情况，需要按照不同阶段设置存货类账户。

（一）采购阶段

制造业企业所采购的存货大多为企业生产经营中消耗的材料，包括原材料、主要材料、辅助材料、外购半成品、修理用备件、包装材料、燃料等。因此，在实际工作中，制造业企业需要开设“在途材料”（在途物资、材料采购）账户，用于核算和反映材料采购阶段所占用资金的数量、种类和分布情况。借方登记材料的采购成本，包括材料的买价、运杂费、入库前的挑选整理费用、购入材料负担的税金（如关税等）和其他费用；贷方登记已到货并验收入库的材料采购成本。该账户的期末余额在借方，反映企业已取得商品的控制权，但材料尚未到达、货物尚未验收入库的在途材料实际成本。

（二）仓储阶段

制造业企业的不同存货在生产经营中发挥不同作用，如构成产品实体的原材料；生产过程中的阶段性产品，如在产品和自制半成品等；已完成生产过程，可以直接对外销售的商品，如产成品。因此，制造业企业通常按照自身的经营特点和管理需要，分别开设“原材料”“自制半成品”“库存商品”等不同账户，分别核算各类存货成本和收发结存的数量及余额。

这些账户的借方登记入库存货的实际成本，贷方登记发出存货的实际成本，余额在借方，反映企业期末存货的实际成本。

（三）生产阶段

制造业处于生产过程中的存货就是正在加工过程中的在产品。为了反映这部分存货成本，企业需要设置“生产成本”和“制造费用”账户。

“生产成本”账户借方登记生产产品而发生的各项成本，主要包括原材料、生产人工、制造费用等；贷方登记完工入库的产成品成本；余额在借方，反映尚未完工的在产品成本。

“制造费用”账户借方登记企业为生产产品或提供劳务而发生的各项间接费用，包括工资及福利费、折旧费、修理费、办公费、水电费、机物料消耗、劳动保护费、季节性修理期间的停工损失以及其他不能直接计入产品生产成本的费用，贷方登记分配结转应由各种产品负担的制造费用，月末一般无余额。

（四）制造业企业存货的会计信息基本流程

制造业企业会计信息的基本流程如图5-1所示。

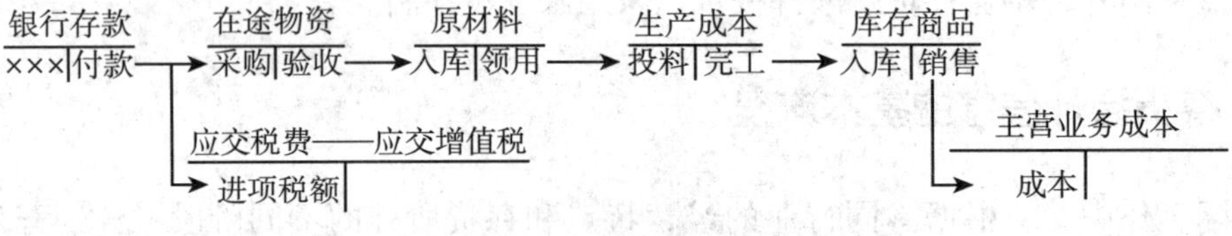

图5-1 制造业企业存货成本信息流程

注：图中仅包括存货整个生产经营过程中的流转信息，没有包括在产品和产成品的其他成本项目（如人工成本、制造费用）的流转信息。

第二节 取得存货的计价

一、外购存货的计价

外购存货的成本主要应考虑购买价款（买价）、进口关税和其他税费、运输费、装卸费、保险费以及其他可归属于存货采购成本的费用（采购费用）。即：

外购存货成本 = 买价 + 采购费用

（一）外购存货的买价

一般而言，购入存货均应按照发票金额作为买价。即：

买价 = 购买数量 × 单价

【例5-1】 2×21年3月兴达股份有限公司购入甲材料一批，增值税专用发票上注明的价款为400 000元，增值税税额为52 000元，款项已用转账支票付讫，材料已验收入库。兴达股份有限公司为增值税一般纳税人，采用实际成本进行材料日常核算，应编制如下会计分录：

借：原材料——甲材料	400 000	
应交税费——应交增值税（进项税额）	52 000	
贷：银行存款		452 000

但在某些情况下，可能会出现发票价格与实际付款不一致的情况。这种情况的出现是因为在信用发达的市场经济中，商品购销大多采用以赊销为主的交易方式进行。赊销时，通常都有一个既定的信用期限，因而产生了购货现金折扣。

如果销货方在销售商品或提供劳务时为了尽快回笼资金给购货方开出现金折扣条件，则采用总价法和净价法两种方法记账。在总价法下，应付账款按实际交易金额入账，如果购货方在现金折扣期限内付款，则取得的现金折扣应当作为购货价格的扣减，调减购货成本；在净价法下，应付账款按实际交易金额扣除现金折扣后的净额入账，如果购货方超过现金折扣期限付款，则丧失的现金折扣视为购货价格的增加，调增购货成本。

【例5-2】 2×21年3月，兴达股份有限公司赊购原材料一批并已验收入库，原材料价款10 000元，增值税进项税额为1 300元。根据购货合同约定，兴达公司应在30天内付款，并附有现金折扣条件（2/10，n/30）：如果兴达公司在10天内付款，可按照原材料价款（不含增值税）的2%享受现金折扣；超过10天，不享受现金折扣。

如果兴达公司采用总价法，其会计处理如下：

（1）3月1日购货时：

借：原材料	10 000	
应交税费——应交增值税（进项税额）	1 300	
贷：应付账款		11 300

（2）若3月8日付清货款：

借：应付账款	11 300	
贷：银行存款		11 100
原材料		200

（3）若3月20日付清货款：

借：应付账款	11 300	
贷：银行存款		11 300

如果兴达公司采用净价法，其会计处理如下：

（1）3月1日购货时：

借：原材料　　9 800

　　应交税费——应交增值税（进项税额）　　1 300

　　贷：应付账款　　11 100

（2）若3月8日付清货款：

借：应付账款　　11 100

　　贷：银行存款　　11 100

（3）若3月20日付清货款：

借：应付账款　　11 100

　　原材料　　200

　　贷：银行存款　　11 300

（二）外购存货的采购费用

外购存货的实际成本，不仅包括买价，还应包括相关税费、运输费、装卸费、保险费以及其他可归属于存货采购成本的费用。以制造业为例，购入材料的采购费用包括：（1）外地运杂费，包括运输费、装卸费、包装费等费用；零星市内运输费一般直接计入管理费用。（2）运输途中的合理损耗。（3）入库前的挑选整理费用。采购人员的差旅费、专设采购机构的经费视金额的重要程度计入存货成本或当期损益企业供应部门和仓库经费（包括入库后的仓储费用）不计入材料的采购成本。

若采购费用是为购买两种或两种以上存货共同发生，还需采用一定标准在购买的存货之间进行分摊，可以按存货采购数量、体积、买价等标准进行分摊，分摊标准一经确定后，不能随意变动。

【例5-3】 2×21年3月，兴达股份有限公司从外地购入甲材料6 000公斤，采购乙材料4 000公斤；该公司以银行存款支付甲、乙两种材料的外地运费5 000元。运杂费用按材料重量比例分摊（不考虑运杂费可抵扣的增值税）。

分摊率 = 5 000/(6 000 + 4 000) = 0.5（元/公斤）

甲材料应分配的运费为：6 000 × 0.5 = 3 000（元）

乙材料应分配的运费为：4 000 × 0.5 = 2 000（元）

这项业务应作如下会计分录：

借：材料采购——甲材料　　3 000

　　　　　　——乙材料　　2 000

　　贷：银行存款　　5 000

对于采购过程中发生的物资损耗、短缺等，合理损耗部分应作为存货采购费用计入存货的采购成本，但其他损耗不得计入存货成本。例如，供货单位或运输单位的责任造成的存货短缺，由责任人补足存货或赔偿货款，不计入存货的采购成本；自然灾害或意外事故等非常原因造成的存货毁损，将扣除保险公司和过失人赔款后的净损失，计入营业外支出等。

（三）外购存货的实际成本

材料验收入库，应编制“材料采购成本计算表”，计算材料的采购成本，并即予验收入库。

【例5-4】上述甲、乙两种材料验收入库，编制材料采购成本计算表，计算甲、乙两种材料的成本，并结转完工产品成本（见表5-1）。

表5-1　　材料采购成本计算　　单位：元

成本项目	甲材料（6 000公斤）		乙材料（4 000公斤）	
	总成本	单位成本	总成本	单位成本
买价	150 000	25	60 000	15
采购费用	3 000	0.5	2 000	0.5
采购成本	153 000	25.5	62 000	15.5

材料验收入库：

借：原材料——甲材料　　153 000

　　　　　——乙材料　　62 000

　贷：在途物资——甲材料　　153 000

　　　　　　——乙材料　　62 000

二、生产存货的计价

生产存货主要包括产成品、半成品和在产品。

（一）产品成本计算程序

生产存货计价必须以产品的生产成本计算为依据。

产品计算的基本程序为：根据生产的不同产品确定成本核算对象，并据以设立“生产成本”总分类账和必要的明细分类账；为了分别核算和管理不同生产过程的成本，也可以将“生产成本”分为“基本生产成本”和“辅助生产成本”两个账户，分别记录和反映不同生产环节的成本信息。

对生产发生的各项费用，按照受益程度，分配计入各成本计算对象。

1. 将服务于基本生产部门的辅助生产部门费用，按受益范围和程度，分配计入受益产品的成本和受益单位的费用。

2. 将生产车间在管理生产过程中发生的制造费用，按照受益程度在本车间各受益产品之间进行分配。

3. 月末，将各种产品的生产成本在完工产品和月末在产品之间进行分配，计算出完工产品的总成本和单位成本。

另外，如果企业产品的生产需要经过相当长时间（通常超过一年）才能达到预定可销售状态，如房地产开发企业建造的用于出售的商品房、机械制造企业生产的用于出售的大型设备等，企业为了保证产品生产过程中的顺利进行和完成，发生了大量借款，借款的利息可以按照有关会计准则的规定，采用一定的方法和比例分配计入产品成本。

（二）费用分配和产品成本计算

1. 材料费用的归集和分配。企业生产经营过程中领用的各种材料，应在月末根据领（退）料凭证，按照材料的用途进行分配，将产品生产用材料计入“基本生产成本”；辅助生产用料计入“辅助生产成本”；生产车间一般耗用计入“制造费用”；销售部门及销售环节用料（如领用的不单独记账的包装物）计入“销售费用”；企业行政管理部门用料计入“管理费用”。

凡是能够确认为某一产品（或生产步骤）所耗用的材料费用，应直接计入该产品成本或该生产步骤成本。凡是两种以上产品共同耗用的，应按产品材料定额比例或材料定额费用的比例进行分配。其计算公式如下：

$$分配率 = \frac{材料费用总额}{各种产品材料定额消耗总量(或定额费用)}$$

【例5-5】兴达股份有限公司生产A、B两种产品，2×21年3月根据领料单显示，两种产品领用某材料4 400公斤，每公斤20元。当月生产A产品200件，B产品250件；A产品的材料单位消耗定额为15公斤，B产品单位消耗定额为10公斤。A、B两种产品共同耗用材料分配率计算如下：

A产品的材料定额消耗量=200×15=3 000（公斤）

B产品的材料定额消耗量=250×10=2 500（公斤）

材料消耗量分配率=4 400÷(3 000+2 500)=0.8

A产品分配负担的材料费用=3 000×0.8×20=48 000（元）

B产品分配负担的材料费用=2 500×0.8×20=40 000（元）

A、B产品材料费用合计=48 000+40 000=88 000（元）

编制材料费用分配表，见表5-2。

表5-2　　材料费用分配　　单位：元

账户	直接计入金额	分配计入（分配率0.8）		材料费用合计
		消耗定额	分配金额	
生产成本——基本生产成本——A	95 000	3 000	48 000	143 000
生产成本——基本生产成本——B	87 000	2 500	40 000	127 000
生产成本——辅助生产成本——机修	15 000			15 000
制造费用	13 000			13 000
合计				298 000

根据以上资料，编制如下会计分录：

借：生产成本——基本生产成本——A　　143 000
　　　　　——基本生产成本——B　　127 000
　　　　　——辅助生产成本——机修　　15 000
　　制造费用　　13 000

贷：原材料 298 000

2. 人工费用的归集和分配。人工费用包括应付职工的工资总额和按工资总额一定比例提取的应付福利费。人工费用按其用途和发生部门进行归集和分配。基本生产车间生产工人的工资及福利费计入生产成本，生产车间管理人员工资计入制造费用；辅助生产车间、部门人员工资及福利费计入辅助生产成本；企业行政管理人员工资及福利费计入管理费用；专设销售部门人员工资及福利费计入销售费用。

基本生产车间工人的人工费用若采用计件工资结算，可直接计入各种产品成本。采用计时工资结算时，若只生产一种产品，可直接计入该产品成本；如果生产多种产品，则需按一定的标准分配计入各种产品成本。分配标准一般是产品的实际生产工时、定额工时或产品产量等，其计算公式如下：

$$人工费用分配率 = \frac{生产工人工资(福利费)}{各种产品实际生产工时总和}$$

$$某种产品应分配的生产人员工资(福利费) = 该产品生产工时 \times 人工费用分配率$$

【例5－6】兴达股份有限公司3月份基本生产车间生产A、B两种产品，共发生生产工人职工薪酬528 900元。其中，生产工人工资232 200元，机修人员工资17 200元，车间管理人员工资167 700元，公司管理人员工资68 800元，销售人员工资43 000元。生产人员工资按生产工时比例分配，A产品的生产工时为5 000小时，B产品的生产工时为4 000小时。计算工资分配率如下：

生产工人薪酬费用分配率＝232 200÷(5 000＋4 000)＝25.8（元/小时）

A产品应分摊工资费用＝5 000×25.8＝129 000（元）

B产品应分摊工资费用＝4 000×25.8＝103 200（元）

根据以上数据，编制人工费用分配表如表5－3所示，并将根据工资总额14%计提的职工福利费用也列入分配表内。

表5－3 **人工费用分配** 单位：元

借方账户	工时	分配率	工资费用
生产成本——基本生产成本——A	5 000	25.8	129 000
生产成本——基本生产成本——B	4 000	25.8	103 200
生产成本——辅助生产成本——机修			17 200
制造费用			167 700
管理费用			68 800
销售费用			43 000
合计			528 900

根据表5－3提供的数据编制如下会计分录：

借：生产成本——基本生产成本——A 129 000

——基本生产成本——B 103 200

——辅助生产成本——机修 17 200

制造费用 167 700

管理费用 68 800

销售费用 43 000

贷：应付职工薪酬 528 900

3. 外购动力的归集与分配。外购动力费是指企业向外单位购买电力、蒸汽、煤气等动力所支付的费用。这些费用有的直接用于产品生产，有的用于照明取暖等。在有仪器计量记录时，可根据耗用数量和单价计算；在没有计量仪器时，要按一定标准在各产品之间进行分配。

【例5-7】兴达股份有限公司3月份发生外购动力费共计28 400元，其中，生产动力用电18 000元，按工时计入A、B产品成本，照明用电按部门电表记录，每度0.50元。据此编制分配表，如表5-4所示。

表5-4　外购动力费用分配　单位：元

应借账户	耗用工时	耗用度数	分配金额
生产成本——基本生产成本——A	5 000		10 000
生产成本——基本生产成本——B	4 000		8 000
生产成本——辅助生产成本——机修		8 900	4 450
制造费用		5 900	2 950
管理费用		6 000	3 000
合计			28 400

根据表5-4提供的数据编制如下会计分录：

借：生产成本——基本生产成本——A 10 000

——基本生产成本——B 8 000

——辅助生产成本——机修 4 450

制造费用 2 950

管理费用 3 000

贷：应付账款 28 400

4. 折旧费的归集和分配。企业可以在国家政策和会计准则许可的范围内选择适合本企业情况的折旧方法和折旧年限。生产车间固定资产折旧费计入制造费用，辅助生产部门折旧费计入辅助生产成本，企业行政管理部门折旧费计入管理费用，专设销售机构折旧费计入销售费用。

【例5-8】兴达股份有限公司3月份生产车间计提折旧28 150元，公司管理部门折旧费5 000元，销售部门折旧费1 200元，机修车间设备折旧10 000元。据此编制会计分录如下：

借：生产成本——辅助生产成本——机修 10 000

制造费用 28 150

管理费用 5 000

销售费用 1 200

贷：累计折旧 44 350

5. 辅助生产费用的归集和分配。辅助生产是为基本生产车间和管理部门提供服务的部门，如供水、供电、供气、运输、机修等部门即为辅助生产部门。辅助生产费用通过“生产成本——辅助生产成本”账户进行归集。费用发生时，计入该账户的借方；分配或结转辅助生产车间完工的产品或劳务成本时，贷记该账户；这个账户余额在借方，表示辅助生产部门的在产品成本。

辅助生产单位提供的产品、劳务种类不同，费用结转、分配程序也不同。辅助生产车间生产的产品，如修理备用件、工具、模具等成本，产品完工时从“生产成本——辅助生产成本”转入“原材料”“低值易耗品”账户；提供的作业服务，如修理、运输、水电所消耗的费用，在各受益单位之间进行分配，转入“制造费用”“管理费用”等账户。分配的方法有若干种，下面以直接分配法加以说明。

直接分配法是将各种辅助生产车间发生的费用直接分配给辅助生产以外的各受益单位，而不是考虑各辅助生产单位之间相互提供服务或产品的情况。如果企业只有一个辅助生产车间，或者虽然有一个以上的辅助生产车间，但是相互之间提供服务不多，不考虑相互服务不会对分配的正确性产生太大影响的情况，最适合采用直接分配法。

【例5－9】兴达股份有限公司机修车间3月份发生各种费用46 650元，根据其记录：为生产车间提供维修劳务600工时，为管理部门提供劳务400工时，并生产工具一批，成本6 650元的工具按实际成本转入材料，修理劳务按实际工时进行分配，每工时应负担辅助生产费用40元［(46 650－6 650)÷(600＋400)］。据此编制会计分录如下：

借：原材料　　6 650

　　制造费用　　24 000

　　管理费用　　16 000

　　贷：生产成本——辅助生产成本——机修　　46 650

6. 制造费用的归集和分配。制造费用是各生产单位（车间、工厂）发生的、间接计入产品成本的各项生产费用。为了归集和分配制造费用，需要设置“制造费用”总分类账户，并按车间设置明细账，明细账内按制造费用项目分设栏目。期末，将制造费用分配转入产品生产成本。如果只生产一种产品，可按归集的费用全部转入该产品成本；如果生产几种产品，就要按适当的方法分配计入产品成本。常用的分配方法有生产工时比例法、生产工人工资比例法、机器工时比例法、计划分配率法等。分配方法一经确定，不得随意变更。以生产工时比例法作为分配标准，举例说明如下：

【例5－10】根据【例5－5】～【例5－9】提供的业务数据进行汇总，兴达股份有限公司3月份共发生制造费用235 800元。依据A和B两种产品耗用工时，编制制造费用分配表，如表5－5所示。

表5－5　　**制造费用分配**　　单位：元

应借账户	耗用工时	分配率	分配金额
生产成本——基本生产成本——A	5 000	26.2	131 000
生产成本——基本生产成本——B	4 000	26.2	104 800
合计			235 800

根据表5－5提供的数据编制如下会计分录：

借：生产成本——基本生产成本——A　　131 000

——基本生产成本——B　　104 800

贷：制造费用　　235 800

7. 生产成本在完工产品和在产品之间的归集和分配。通过上述各项费用的归集和分配，计入产品成本的费用已归集在“生产成本——基本生产成本”账户及其各个明细账户的借方。这些费用加上月初在产品成本，减去月末在产品成本，就是完工产品成本。

正确计算月末在产品成本，是正确计算产品成本的关键因素。因此，需要采用适当的方法，将归集在“生产成本——基本生产成本”账户借方的费用在完工产品和在产品之间进行合理的分配，从而确定和转出完工产品成本。

企业应根据产品生产工艺特点、各月在产品数量的多少及其数量变化的大小、各项费用比重的大小和管理要求，选择既合理又简便的分配方法。适用范围比较广的分配方法是约当产量比例法。采用这种方法时，将月末在产品数量按照完工程度折算为相当于完工产品的数量，即约当产量，然后按照完工产品产量与在产品约当产量的比例分配计算完工产品成本和月末在产品成本。其计算公式如下：

$$在产品约当产量 = 在产品数量 \times 完工程度(完工比率)$$

$$单位产品成本 = \frac{月初在产品成本 + 本月发生生产费用}{产成品数量 + 月末在产品约当产量}$$

现举例说明采用约当产量比例法如下：

【例5－11】 根据【例5－5】～【例5－10】提供的业务数据进行汇总，A和B两种产品3月份发生费用分别为413 000元、343 000元。A产品当月投产1 100件，本月完工900件，月末在产品平均完工程度50%，原材料随着生产进度逐步投入；B产品当月投产1 200件，本月完工800件，月末在产品平均完工程度50%，原材料在生产开始时一次投入。

根据上述资料，编制A、B产品的成本计算单，在完工产品和在产品之间分配生产费用，并计算出完工产品和在产品成本，如表5－6、表5－7所示。

表5－6　　A产品成本计算单　　单位：元

费用来源	产量	原材料	动力	人工费用	制造费用	合计
【例5－5】		143 000				143 000
【例5－6】				129 000		129 000
【例5－7】			10 000			10 000
【例5－10】					131 000	131 000
费用归集合计		143 000	10 000	129 000	131 000	413 000
成本项目分配率		143	10	129	131	
产成品成本	900	128 700	9 000	116 100	117 900	371 700
在产品成本	200	14 300	1 000	12 900	13 100	41 300

注：表中各个成本项目分配率 $= \frac{该项目费用发生额合计}{产成品产量 + 在产品约当产量}$。

表 5－7　　　　　　　　　　B 产品成本计算单　　　　　　　　　　单位：元

费用来源	产量	原材料	动力	人工费用	制造费用	合计
【例 5－5】		127 000				127 000
【例 5－6】				103 200		103 200
【例 5－7】			8 000			8 000
【例 5－10】					104 800	104 800
费用归集合计		127 000	8 000	103 200	104 800	343 000
成本项目分配率		127	8	103.2	104.8	
产成品成本	800	101 600	6 400	82 560	83 840	274 400
在产品成本	400	25 400	1 600	20 640	20 960	68 600

注：表中材料项目分配率 $= \dfrac{材料费用}{产成品产量 + 在产品实际产量}$。

根据上述资料，可以将完工的 A 产品和 B 产品成本转入产成品账户。其会计分录如下：

借：库存商品——产成品——A　　　　371 700

　　　　　　　　　　——B　　　　274 400

　贷：生产成本——基本生产成本——A　　　　371 700

　　　　　　　　　　　　　　——B　　　　274 400

第三节　发出存货的计价与销货成本

在企业生产经营过程中，存货始终处于流动状态，原有的存货不断发出，新的存货又不断取得，随着时间的推移，规格相同，但是取得时间不同的存货，其购入价格或单位生产成本可能会有差异。那么，在发出存货时按照什么时间的购买价格或生产成本计价就会成为会计上必须解决的一个问题。在能够具体辨认实际货物流动的情况下，成本流动与货物流动相一致，存货成本可按购入价格或生产成本计价。在大多数情况下，成本流动与货物流动往往不一致，我们只能将存货的成本流动建立在一定的假设基础上，据以计算发出存货与库存商品成本。

我国会计准则规定适用的发出存货计价方法主要有个别计价法、先进先出法、月末一次加权平均法、移动加权平均法等。

一、个别计价法

个别计价法亦称个别认定法、具体辨认法、分批实际法，其特征是注重所发出存货具体项目的实物流转与成本流转之间的联系，逐一辨认各批发出存货和期末存货所属的购进批次或生产批次，分别按其购入或生产时所确定的单位成本计算各批发出存货和期末存货的成本。其具体计算公式如下：

每批商品销售成本=商品销售数量×单位成本

采用个别计价法，每批购进商品应分别存放，并分户登记库存商品明细账，销售的商品应在专用发票上注明购进或生产批次，以便于核算其进货实际成本。

采用个别计价法计算商品销售成本，可以逐日结转商品销售成本。这种方法计算的商品销售成本最为准确，但核算工作量繁重，适用于能分清货物件别或批次的库存商品、直运商品、委托代销商品和分别收取发出商品等。

【例5-12】兴达公司2×21年3月×产品进货情况，如表5-8所示。

表5-8　×产品进货情况

日期	期初数量和采购数量（件）	单价（元）
3月1日（期初）	200	60
5日购进	500	65
7日发出	400	
15日购进	600	70
18日发出	800	
27日购进	500	68
28日发出	300	

若通过辨认确定各批销售商品的购进批别为：3月7日出售的400件商品系100件期初结存的商品和300件3月5日购进的商品；3月18日出售的800件商品系100件期初结存的商品、100件3月5日购进的商品和600件3月15日购进的商品；3月28日出售的300件商品均属于3月27日购进的商品。兴达公司采用个别计价法计算的本月发出和月末结存成本如下：

3月7日发出商品成本=60×100+65×300=25 500（元）

3月18日发出商品成本=60×100+65×100+70×600=54 500（元）

3月28日发出商品成本=68×300=20 400（元）

本月商品销售成本=25 500+54 500+20 400=100 400（元）

月末结存商品成本=65×100+68×200=20 100（元）

结转商品销售成本的会计分录如下：

借：主营业务成本　　100 400

　　贷：库存商品　　100 400

个别计价法适用于单位成本高、数量少、容易辨认的存货计价。对于那些不能替代使用的存货、为特定项目专门购入或制造的存货以及提供的劳务，通常采用个别计价法确定发出存货的成本。采用这种方法，成本的流动与商品实物的流动相一致，符合费用与收入相配比原则。但存货品种多、数量大、单位低且收发频繁的企业，则不适合采用个别定价法。在采用该方法时，管理部门基于某种目的，为使某期会计报告中出现较高或较低的净收益，有可能任意选用较高或较低的单位成本计价，从而人为地操纵净收益。

二、先进先出法

先进先出法是假定先购进的商品先销售，因而将先购入的商品的成本先转为销售成本的一种计算方法。但是在实际工作中，企业购进商品储存在仓库形成存货，销售时从仓库中提出。堆放在一起的商品并不一定是最早购进就最早销售，由此导致商品实物流动和成本流动不完全吻合。所以，先进先出只是假定的成本流转顺序。当然，实际业务活动中确实有一些商品必须是先进先出的，如有保质期的食品和医药等，在这种情况下采用先进先出法，商品实物流动和成本流动是一致的。

【例5－13】依【例5－12】所给条件，用先进先出法进行存货计价。

在定期盘存制下采用先进先出法计算存货成本如下：

3月7日发出商品成本＝60×200＋65×200＝25 000（元）

3月18日发出商品成本＝65×300＋70×500＝54 500（元）

3月28日发出商品成本＝70×100＋68×200＝20 600（元）

本月商品销售成本＝25 000＋54 500＋20 600＝100 100（元）

月末结存商品成本＝68×300＝20 400（元）

结转商品销售成本的会计分录如下：

借：主营业务成本　　100 100

　　贷：库存商品　　100 100

在先进先出法下，采用定期盘存制或永续盘存制，只要两者确定的期末存货数量相同，其计算的期末存货成本也是相同的。

先进先出法的优点是：

1. 存货成本流动比较接近实际的货物流动，这一点近似于个别计价法。同时，采用该方法，企业不能任意选择与收入相配比的销售成本，从而避免收益被任意操纵的现象。

2. 期末存货按最近的购价计价，使期末存货价值接近于当前价格，资产负债表所列示的期末存货价值能够反映目前的价格水平。

先进先出法的缺点是：与当期销售收入相配比的是早期购货成本，在物价上涨期间，会高估当期利润和存货价值；反之，会低估当期利润和存货价值。而且在计算每批发出存货的过程中，有时需按多个单位成本计算，计价工作较为烦琐。

三、月末一次加权平均法

月末一次加权平均法是指在一个计算期（一般为一个月），综合计算每种商品的加权平均单价。其计算公式如下：

$$加权平均单位成本=\frac{期初库存余额+本期购入成本}{期初库存数量+本期购入数量}$$

$$月末结存存货成本=期末库存数量\times加权平均单位成本$$

$$本月商品销售成本=本月销售数量\times加权平均单位成本$$

采用月末一次加权平均法计算出的商品销售成本较为均衡。一般适用于定期结转商品销售成本的企业。

【例5-14】 依【例5-12】，兴达公司采用月末一次加权平均法计算商品销售成本如下：

加权平均单位成本=(12 000+108 500)/(200+1 600)=66.94（元/件）

月末结存商品成本=66.94×300=20 082（元）

本月商品销售成本=（12 000+108 500)-20 082=100 418（元）

结转商品销售成本的会计分录如下：

借：主营业务成本　　100 418

　　贷：库存商品　　100 418

一次加权平均法所确定的存货成本，优点是考虑了各批进货数量的影响，加权平均单位成本比较客观，其缺点是发出存货成本计算不及时。在这种计价方法下，平时只登记数量，不登记单价和金额；只有在月末结账时（当期商品采购业务全部结束）才能综合计算每种商品的加权平均单价，也只有在月末才能计算出本期发出存货成本和期末结存成本。

四、移动加权平均法

采用移动加权平均法，当每次入库存货单价与结存单价不同时，就需要重新计算一次加权平均价，并据此计算下次入库前的发出存货成本和结存存货成本。采用移动加权平均法，可以随时结转销售成本，随时提供存货明细账上的结存数量和金额，有利于对存货进行数量、金额的日常控制。但这种方法，由于每次进货后都要计算一次加权平均价，势必会增加会计核算工作量。移动加权平均单价的计算公式为：

$$\text{移动加权平均单价}=\frac{\text{本次入库前结存成本}+\text{本次入库存货成本}}{\text{本次入库前结存数量}+\text{本次入库存货数量}}$$

【例5-15】 依【例5-12】，兴达公司采用移动加权平均法计算商品销售成本如下：

(1) 3月5日购进后：

移动加权平均单位成本=(12 000+32 500)/(200+500)=63.57（元/件）

3月7日结存商品成本=63.57×300=19 071（元）

3月7日发出商品成本=44 500-19 071=25 429（元）

(2) 3月15日购进后：

移动加权平均单位成本=(19 071+42 000)/(300+600)=67.86（元/件）

3月18日结存商品成本=67.86×100=6 786（元）

3月18日发出商品成本=61 071-6 786=54 285（元）

(3) 3月27日购进后：

移动加权平均单位成本=(6 786+34 000)/(100+500)=67.98（元/件）

3月28日结存商品成本=67.98×300=20 394（元）

3月28日发出商品成本=40 786-20 394=20 392（元）

本月商品销售成本=25 429+54 285+20 394=100 108（元）

月末结存商品成本 = 300 × 67.98 = 20 394（元）

结转商品销售成本的会计分录如下：

借：主营业务成本　　100 108

　　贷：库存商品　　100 108

第四节　期末存货的计价和存货清查

一、成本与可变现净值孰低原则

为了在资产负债表中更合理地反映期末存货的价值，企业基于谨慎性原则，对期末存货进行计价，根据我国会计准则规定，资产负债表日的存货应按照成本和可变现净值孰低原则进行计量。

成本与可变现净值孰低法，是指期末存货按照成本与可变现净值两者之中较低者计价的方法。当期末存货的成本低于可变现净值时，期末存货按成本计价；当期末存货的可变现净值低于成本时，期末存货按可变现净值计价。其中，成本指存货的历史成本，按照先进先出法、加权平均法等方法确定发出存货计价后，期末存货的账面成本。可变现净值是指在日常生产经营过程中，以预计售价减去预计完工成本和销售所必需的预计税金、费用后的金额，是存货预计未来净现金流入量。如果存货直接销售，会取得销售收入并发生相关销售费用和税金，可变现净值为预计售价减去销售费用及相关税金后的金额。如果存货未达到销售状态还需进一步发生加工成本，此时可变现净值为预计售价减去加工成本、销售费用和相关税金。计算公式如下：

可变现净值 = 预计售价 - 至完工预计将发生的成本 - 预计销售费用 - 相关税金

采取成本和可变现净值孰低原则，主要基于资产的定义出发，资产是企业拥有或者控制的能够带来未来经济利益的资源。当存货的可变现净值下跌至成本以下时，由此形成的损失已不符合资产的定义，不能为企业带来未来的经济利益。因此，应将这部分损失从资产价值中扣除，列入当期损益，否则会出现虚增资产的现象，这对企业的生产经营来说是不稳健的。

二、存货跌价准备的计提原理

企业应当在中期期末或年度终了时，对存货进行全面检查，如由于存货遭受毁损、全部或部分陈旧过时或销售价格低于成本等原因，使存货的可变现净值低于原成本，应按存货项目的成本高于其可变现净值的差额提取存货跌价准备，并计入资产减值损失。以前减记存货价值的影响因素已经消失的，减记的金额应当予以恢复，并在原已计提的存货跌价准备金额内转回，转回的金额计入当期损益。

（一）存货减值判断依据

企业对存货进行定期检查时，如果存在下列情况之一，表明存货可变现净值低于成本：

1. 该存货市价持续下跌，并且在可预见的未来无回升的希望。

2. 企业使用该项原材料生产的产品的成本大于产品的销售价格。

3. 企业因产品更新换代，原有库存原材料已不适应新产品的需要，而该原材料的市价又低于其账面成本。

4. 因企业所提供的商品或劳务过时或消费者偏好改变而使市场的需求发生变化，导致市价逐渐下跌。

5. 其他足以证明该项存货实质上已经发生减值的情形。

（二）存货跌价准备的计提及转回

存货跌价准备的计提。资产负债表日，当有迹象表明存货发生减值时，企业应于期末计算存货的可变现净值，并与存货账面成本进行比较，确定是否需要计提存货跌价准备。首先，确定当期存货的减值金额，即本期可变现净值低于成本的差额。其次，确定当期应计提的存货跌价准备金额，等于可变现净值低于成本的差额减去“存货跌价准备”已有贷方余额，若结果大于零，当期补提存货跌价准备；若结果小于零，应在已计提的存货跌价准备范围内转回多余的存货跌价准备。

当计提存货跌价准备时，应设置“存货跌价准备”账户核算，跌价损失记入“资产减值损失”账户。

“存货跌价准备”账户用于核算企业提取的存货跌价准备，属资产类账户。存货跌价准备是指在中期期末或年度终了，如由于存货遭受毁损、全部或部分陈旧过时或销售价格低于成本等原因，使存货成本不可以收回的部分，应按单个存货项目的成本高于其可变现净值的差额提取，并计入存货跌价损失。

“资产减值损失”账户用于核算企业根据资产减值等准则计提各项资产减值准备所形成的损失，属损益类账户。企业根据资产减值等准则确定资产发生的减值的，按应减记的金额，借记本账户，贷记“坏账准备”“存货跌价准备”“长期股权投资减值准备”等账户；企业计提坏账准备、存货跌价准备等后，相关资产的价值又得以恢复，应在原已计提的减值准备金额内，按恢复增加的金额，借记“坏账准备”“存货跌价准备”等账户，贷记本账户。期末，应将本账户余额转入“本年利润”账户，结转后本账户无余额。

当存货成本高于其可变现净值时，企业应当按照存货可变现净值低于成本的差额，借记“资产减值损失——计提的存货跌价准备”账户，贷记“存货跌价准备”账户。当以前减记存货价值的影响因素已经消失，减记的金额应当予以恢复，并在原已计提的存货跌价准备金额内转回，转回已计提的存货跌价准备金额时，按恢复增加的金额，借记“存货跌价准备”账户，贷记“资产减值损失——计提的存货跌价准备”账户。如果其中有部分存货已经销售，则企业在结转销售成本时，应同时结转对其已计提的存货跌价准备，借记“存货跌价准备”账户，贷记“主营业务成本”“其他业务成本”等账户。

【例5-16】 兴达股份有限公司2×21年12月31日A商品的账面成本为110 000元，由于2×20年以来A存货的市场价格持续下跌，根据资产负债表日状况确定的A商品的可变现净值为90 000元，“存货跌价准备”期初余额为零，应计提的存货跌价准备为20 000元(110 000-90 000)。相关账务处理如下：

借：资产减值损失——A商品　　　　20 000

贷：存货跌价准备——A 商品　　20 000

本年计提存货跌价准备后，"存货跌价准备"账户贷方余额为 20 000 元，在 2×21 年末的资产负债表中，A 商品应按可变现净值 90 000 元列示其价值。

但是 2×22 年以来 A 商品价值有所回升，市场前景好转，至 2×22 年 6 月末，根据当时状态确定的 A 商品的可变现净值为 96 000 元。

由于 A 商品市场价格上涨，2×22 年 6 月末 A 商品的可变现净值（96 000 元）高于其账面成本（90 000 元），可以判断以前造成减记存货价值的影响因素（价格下跌）已经部分消失。A 商品减记的金额应当在原已计提的存货跌价准备金额 20 000 元内恢复 6 000 元。相关账务处理如下：

借：存货跌价准备——A 商品　　6 000

　　贷：资产减值损失——A 商品　　6 000

本年计提存货跌价准备后，"存货跌价准备"账户贷方余额为 14 000 元（20 000 - 6 000），在 2×22 年 6 月末的资产负债表中，A 商品应按成本 96 000 元列示。

三、存货清查

企业存货品种繁多，收发频繁，在收发、计量过程中容易发生差错，有些存货还会出现自然损耗，保管不善，被偷盗、挪用等现象，这些情况都会造成账实不符。因此，有必要对企业存货进行定期或不定期的清查。存货清查对于保护存货资产的安全完整，充分挖掘企业内部潜力，改进企业存货管理，提高资产利用效率和企业经济效益，都有重要的意义。

存货清查通常采取实地盘存法，对于账实不符的存货，核算盘盈、盘亏和毁损的数量，应在期末内查明原因，并据以编制"存货盘点报告表"，根据企业的管理权限，股东大会或董事会、经理办公会等机构批准，在期末结账前处理完毕。

存货清查发生盘盈和盘亏，通过"待处理财产损溢"账户下设的"待处理流动资产损溢"明细账户进行核算。该账户属于资产类账户，借方登记清查时的盘亏数、毁损数及报经批准后盘盈的转销数，贷方登记清查时的盘盈数及报经批准后盘亏的转销数，期末处理后该账户无余额。核算时分两步：第一步，将盘盈、盘亏或毁损的存货，先记入"待处理财产损溢"账户，同时按盘盈、盘亏或毁损的实际成本调整存货账面价值，使账实相符；第二步，批准后结转处理，盘盈的存货冲减当期"管理费用"，盘亏的存货，减去过失人或保险公司等赔偿残值收入后，记入当期"管理费用"账户，属于非正常损失的，记入"营业外支出"账户。

处理后的"待处理财产损溢"账户应无余额。如在期末结账前尚未经批准，应在对外提供财务会计报告时先按上述规定进行处理，并在会计报表附注中作出说明；如果其后批准处理的金额与已处理的金额不一致时，应按其差额调整会计报表相关项目的年初数。

现举例说明财产清查结果的账务处理方法。

（一）财产盘盈的财务处理

【例 5-17】兴达股份有限公司 2×21 年 6 月在财产清查中，发现 A 材料盘盈 420 千克，价值8 000元。

1. 财产清查中发现材料盘盈，在报经批准前应先调整账面记录，做到账实相符，根据“实存账存对比表”，相关账务处理如下：

借：原材料——A材料　　8 000
　　贷：待处理财产损溢——待处理流动资产损溢　　8 000

2. 经查明上述A材料盘盈是由于计量不准造成的，经董事会批准后予以转销。相关账务处理如下：

借：待处理财产损溢——待处理流动资产损溢　　8 000
　　贷：管理费用　　8 000

（二）财产盘亏的账务处理

【例5-18】兴达股份有限公司2×21年6月在财产清查中，发现B材料短缺和毁损价值为12 000元。

1. 财产清查中发现材料盘亏，在报经批准前应先调整账面记录，做到账实相符，根据“实存账存对比表”，相关账务处理如下：

借：待处理财产损溢——待处理流动资产损溢　　12 000
　　贷：原材料——B材料　　12 000

2. 上述盘亏材料报经董事会批准予以转销，其中由于材料保管员的过失造成的2 800元损失由其个人赔偿；非常灾害造成的材料毁损为7 000元，根据保险合同约定，应由保险公司赔偿5 000元，其中2 000元（7 000－5 000）记入“营业外支出”账户，由于管理不善而造成的损失2 200元，记入“管理费用”账户。相关账务处理如下：

借：其他应收款——保管员　　2 800
　　　　　　　——保险赔款　　5 000
　　营业外支出　　2 000
　　管理费用　　2 200
　　贷：待处理财产损溢——待处理流动资产损溢　　12 000

第五节　存货与销货成本分析

一、可供分配的商品成本

企业在会计期间内的可供销售商品成本是由期初存货成本加上本期购货成本组成。在会计期间内，这些商品或是被出售，或是继续留在企业构成期末存货。企业已销商品的成本构成了企业的费用，留下来的存货是期末的存货资产，即期初存货成本＋本期购货成本＝本期销货成本＋期末存货成本。由此可见，可供销售的商品成本或者转化为费用或者形成资产。那么可供销售的商品成本如何在期末存货成本和销货成本中分配呢？这需要结合盘存制度以及存货计价方式来决定（见图5-2）。

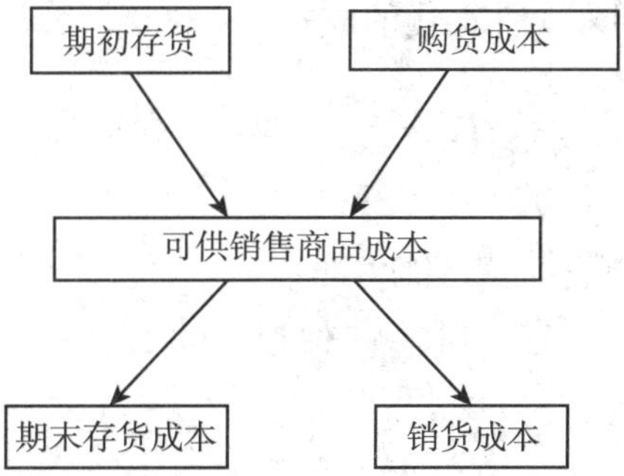

图 5-2　商品销售成本的计算过程以及该过程的图解说明

二、不同盘存制度下存货和销货成本分析

在实地盘存制下，不保持存货或销售成本到目前为止的记录，期初和期末存货通过每年末进行一次全面的实地盘点来确定，期末存货和销售成本在公司年末的结账过程中进行记录。各项销售业务的成本不作分录。销售成本由年末计算确定，如期初存货为 30 000 元，本期购货为 180 000 元，那么期末可供销售的商品成本为 210 000 元，通过实地盘点数量结合企业采取的存货计价方式确定的存货单位成本确定期末存货为 40 000 元，最终推算出销售成本为 170 000 元。存货金额和销售成本在年末结账期记入会计记录。

在永续盘存制下，企业结合特定的存货计价方式（如先进先出法、加权平均法等）对各个存货项目进行连续记录。企业可以直接从存货账面记录确定期末存货成本和销货成本，不需要盘点存货数量。如期初商品为 30 000 元，本期购货为 180 000 元，那么期末可供销售的商品成本为 210 000 元，采用特定的存货计价方式记录本期发出商品成本 170 000 元，即销货成本为 170 000 元，最终确定期末存货为 40 000 元。

三、不同存货计价方式下存货和销货成本分析

物价变动时企业选择不同的计价方法，会对商品销售成本及库存商品余额产生不同的影响，最终影响资产负债表和利润表项目。先进先出法下，企业必须保持对购入的每项存货成本的记录，用于计算期末的存货单位成本可能会与计算销货成本的单位成本不同，先流入存货的成本最先转入销货成本。期末存货是按最近购入的存货成本确定的。当处于物价上升期时，在先进先出法下，由于期末存货以最近的成本，即最高的价格计价，所以期末存货金额最高，而销售商品成本以之前较低的成本计算，所以销售商品成本较低，从而导致销售利润的虚增。而在物价下降时期正好相反，会导致较低的库存商品成本以较高的商品销售成本计算，最终导致销售利润虚减。

加权平均法是建立在当期存货的加权平均成本基础上的，以当期平均单位成本来衡量各项目成本，计算期末存货和销货成本时，用加权平均单位成本乘以销售数量即可。在加权平均法下，无论存货单位成本上升或下降，期末的存货都以平均价格计价，不会高估或低估期末存货成本和销售成本。如果用于销售商品的总成本为 100 000 元，数量为 20 件，其加权

平均单位成本为5 000元，期末5件存货的成本为25 000元，销售商品成本为75 000元。

四、存货相关的财务分析指标

存货周转分析指标是反映企业营运能力的指标，可用来评价企业的存货管理水平，还可用来衡量企业存货的变现能力。它不仅影响企业的短期偿债能力，也是整个企业管理的重要内容。

（一）存货周转率

存货周转率是销售成本与期初、期末平均存货余额的比率，用来说明存货平均进出的次数，进而测试出企业产品的适销程度与经营业绩的高低，也可以从中观察存货中有无滞销品的存在。一般来说，存货周转速度越快，存货的占用水平越低，流动性越强，存货转换为现金或应收账款的速度越快。存货周转率基本公式如下：

$$存货周转率=\frac{销货成本}{(期初存货+期末存货)\div 2}$$

在计算年度存货周转率时，可将年初、年末存货余额代入上式，如存货在年内剧烈起伏变动，则以全年各月的月初月末余额之和除以24计算。

（二）存货周转天数

存货周转率也可用天数表示，指一个会计年度内，存货从入账到销账周转一次的平均天数。存货周转天数越短越好，说明公司存货周转速度快，反映销售状况良好。该比率需要和公司历史上的数据及同行业其他公司对比后才能得出优劣的判断。如果存货适销对路，变现能力强，则周转次数多，周转天数少；反之，如果存货积压，变现能力差，则周转次数少，周转天数长。提高存货周转率，缩短营业周期，可以提高企业的变现能力。存货周转天数基本公式如下：

$$存货周转天数=\frac{计算期天数}{存货周转率(次数)}$$

$$=\frac{(期初存货+期末存货)\div 2}{销货成本}\times 计算期天数$$

（三）存货资产比率

存货是流动资产中流动性较差、变现能力较弱的资产，在一般企业资产中占有相当比重。存货资产在流动资产中比重的大小，也直接关系着企业流动资产的周转速度，进而影响企业的短期偿债能力。存货比重过大，会导致资金的大量闲置和沉淀，影响资产的使用效率。存货资产比率是指存货在流动资产中所占的比重。通过对存货数量最佳水平的计算，并与企业存货实际占用水平进行比较，分析企业存货结构合理性。分析时还应同市场条件、企业经营策略和应收账款比率分析相结合。存货资产比率的计算公式如下：

$$存货资产比率=\frac{存货}{流动资产合计}$$

（四）销售成本率

与存货相关的还有销售成本率，该指标与毛利率相对应，用以反映企业每1元销售收入所耗费的成本支出。对于制造业来说，销售成本是指已销售产品的生产成本。该指标数值越大，说明企业消耗成本越高，经济效益越低。销售成本率的异常偏高，也预示着企业销售方法不正确或企业处于不利的市场竞争地位。销售成本率基本公式如下：

$$销售成本率=\frac{销售成本}{销售收入}$$

第六章 对内投资

案 例

兴达股份有限公司8年前公司在更新改造时购置了一条当时先进的生产线，并使用直线法计提折旧。由于新生产线的上马提高了生产效率，购置后的第二年兴达股份有限公司的盈利开始增加。2×21年6月，这条生产线报废不能再使用，需要进行重新购置，但同样功能的设备市价变为了当年的2倍，公司发现自己没有足够的现金流购买。为此公司专门召开会议商讨生产线购置款的问题，最后决定从银行借款购置该生产线。同时，会议认为该事件的发生财务经理应该负有不可推卸的责任，并让其采取措施避免类似的事件再次发生。财务经理提出对生产线采取按购入价格的两倍计提折旧。

请思考：

(1) 财务经理应该负有重要责任的理由有道理吗?

(2) 财务经理提出的措施可行吗? 对于避免公司重蹈覆辙有帮助吗?

第一节　固定资产初始确认与计量

一、固定资产的特征与范围

（一）固定资产的特征

《企业会计准则第 4 号——固定资产》规定：固定资产是指同时具有以下特征的有形资产：为生产商品、提供劳务、出租或经营管理而持有的；使用寿命超过一个会计年度。

从上述固定资产的定义可以看出，作为固定资产应具备以下特征：

1. 固定资产是有形资产。固定资产是有形资产，具有实物形态，这一特征将固定资产和无形资产区别开来。无形资产可能同时符合固定资产的其他两个特征，但是由于其没有实物形态，所以不属于固定资产。

2. 固定资产的持有目的是生产商品、提供劳务、出租或经营管理。即企业持有固定资产的目的是作为企业的劳动工具或手段，而不是用于出售产品。其中“出租”的固定资产，是指企业以经营租赁方式出租的机器设备等固定资产，但不包括以经营租赁方式出租的建筑物，后者属于企业的投资性房地产，不属于固定资产。

3. 固定资产的使用寿命超过一个会计年度。使用寿命，是指企业使用固定资产的预计期间，或者该固定资产所能生产产品或提供劳务的数量。固定资产的使用寿命超过一个会计年度这一特征，决定了固定资产属于非流动资产。固定资产由于不断使用和磨损，其服务潜力也随之降低或消耗，最终被处置。企业应将其资本性支出在其有效使用年限内，按各会计期间受益程度，通过计提折旧的方式，计入其服务的各会计期间，作为各会计期间成本、费用的组成部分。

（二）固定资产的确认条件

固定资产同时满足下列条件的，才能予以确认：

1. 该固定资产有关的经济利益很可能流入企业；

2. 该固定资产的成本能够可靠地计量。

在实务中，判断与固定资产有关的经济利益是否很可能流入企业，主要判断与该固定资产所有权相关的风险和报酬是否转移到了企业。

对于工业企业所持的工具、用具、备品备件、维修设备等资产，通常确认为存货。比如民用航空运输企业的高价周转件和铁路运输企业的高价互换配件等，应当确认为固定资产。企业应当根据实际情况分别管理和核算。

这些方法一经确定不得随意变更。如需变更，应当按照有关程序，经批准后报送有关各方备案，并在会计报表附注中予以说明。

（三）固定资产的分类

企业的固定资产数量众多，为了便于固定资产的实物管理和价值的核算，需要对固定资产进行科学、合理的分类。一般可按如下标准对固定资产进行分类：

1. 按经济用途分类。固定资产按经济用途分为生产经营用和非生产经营用两类。

生产经营用固定资产，是指直接服务于生产经营全过程的固定资产，如厂房、机器设备、仓库、销售场所、运输设备、工具器具等。

非生产经营用固定资产，是指不直接服务于生产经营，而是为了满足职工物质文化、生活福利需要的固定资产，如职工宿舍、公共福利设施、卫生保健、文化娱乐以及科研等其他方面使用的房屋、设备等固定资产。

2. 按使用情况分类。固定资产按使用情况分为使用中、未使用、不需用固定资产三类。

使用中固定资产，是指企业正在使用的经营用固定资产和非经营用固定资产，企业的房屋及建筑物无论是否在实际使用，都应视为使用中的固定资产。

未使用固定资产，是指已经购建完成但尚未投入使用的新增固定资产和进行改建、扩建等暂时脱离经营过程的固定资产。

不需用固定资产是指企业多余或不适用、准备处置的固定资产。

3. 按其所有权不同分类。固定资产按其所有权不同分为自有固定资产和租入固定资产。

自有固定资产，是指企业拥有的可供企业自由地支配使用的固定资产。

租入固定资产，是指企业采用租赁的方式从其他单位租入的固定资产。租入固定资产可分为经营性租入固定资产和融资性租入固定资产。

4. 固定资产按其经济用途和使用情况综合分为七大类。

（1）生产经营用固定资产。

（2）非生产经营用固定资产。

（3）租出固定资产。

（4）不需用固定资产。

（5）未使用固定资产。

（6）土地，指过去已经估价单独入账的土地。企业取得的土地使用权不能作为固定资产管理，应该作为无形资产管理。

（7）融资租入固定资产。

企业应当根据固定资产的性质，结合本企业的具体情况，制定适合本企业的固定资产目录、分类方法，以及每类或每项固定资产的折旧年限、折旧方法，为进行固定资产的实物管理和价值核算提供依据。

二、固定资产初始计量的主要标准

《企业会计准则第 4 号——固定资产》第七条规定，固定资产应当按照成本进行初始计量。这里的成本指历史成本，亦称原始价值。固定资产初始计量主要采用历史成本、重置成本和账面价值。

固定资产的历史成本也称原始价值、原值或原价，是指企业购建某项固定资产达到预定可使用状态前所发生的一切合理、必要的支出。这是固定资产的基本计价标准，由于这种计价方法的客观性和可验证性，在我国会计实务中，固定资产的计价一般均采用历史成本计价。

固定资产的重置成本通常称为重置现行价值（重置成本有时也指重置完全成本），是指按照现行的市场价值重新购置某项具有同样生产经营能力固定资产所要支付的货币价值。这种计价的形式能够比较客观地反映固定资产的现行成本。

固定资产净值亦称折余价值，是指固定资产的原始价值或重置完全价值减去已提折旧后的净额。固定资产账面价值通俗地讲就是固定资产反映在财务报表上的价值，它等于原始价值减去已经计提的累计折旧额，再扣除可能存在的固定资产减值准备①后的净额。它反映企业实际占用在固定资产上的资金数额和固定资产的新旧程度，有利于有计划地安排固定资产更新；还可用于企业固定资产盘盈或盘亏、毁损等方面的核算。

现实中，由于企业所要核算的固定资产来源不同，那么其价值的构成也会有所差别。如果某项固定资产是购置的，那么为该项固定资产所发生的买价、搬运费、安装调试费、保险费、包装费等一切从购买交易开始到达到资产使用状态为止的合理费用，都计入固定资产的原始价值；如果某项资产是自建的，那么其原值应该包括建造过程中所发生的全部工程支出，同时如果企业是贷款建造的固定资产，那么所发生贷款利息，要按照借款费用准则处理，符合借款费用资本化的贷款利息也应该计入固定资产的原值。另外，企业在财产清查中发现的盘盈的账外固定资产，以及接受捐赠的固定资产，由于缺乏该项固定资产的原始价值资料，只能以固定资产的重置成本②替代原价入账。

三、外购固定资产的会计处理

外部购入是企业取得固定资产的主要方式之一，而购入的固定资产可以分为不需要安装和需要安装两种状态。前者比如汽车，后者如办公楼中的升降电梯。针对不同情况会计初始取得时的核算要分别处理。

（一）购入不需要安装的固定资产

购置的不需要经过建造或者安装过程就可使用的固定资产，按照实际的买价、包装费、运输费、安装成本、缴纳的有关税费等作为入账的初始价值。自2019年4月1日起我国增值税进一步改革之后，企业购建的生产经营用动产（如机器设备等）和不动产（如房屋建筑物等）所发生的增值税进项税额都可以进行抵扣，也就是说发生的增值税进项税额是价外税，不再计入固定资产的入账价值，单独作为进项税额列示。

企业应该设置“固定资产”账户，该账户反映企业固定资产的原始价值（或重置价值）的增减变动情况，为资产类账户，核算固定资产的原始价值。借方登记增加的固定资产的原始价值；贷方登记减少的固定资产的原始价值；期末借方余额，反映企业期末固定资产的账面原始价值。

【例6-1】兴达股份有限公司2×21年3月2日购入不需安装的设备一台，发票价格为50 000元，增值税额为6 500元，发生的运费2 500元，款项均已支付。编制分录如下：

---

① 固定资产减值准备，是对固定资产进行减值测试后发现该资产已经不能够带来账面上认为的价值了，即没有那么值钱了，出于谨慎性和可靠性考虑，必须把认为损失的价值部分从账面上扣除。

② 《企业会计准则——基本准则》第九章第四十二条规定：“在重置成本计量下，资产按照现在购买相同或者相似资产所需支付的现金或现金等价物的金额计量。负债按照现在偿付该项债务所需支付的现金或现金等价物的金额计量。”

借：固定资产　　52 500
　　应交税费——应交增值税（进项税额）　　6 500
　　贷：银行存款　　59 000

在现实中出于节约成本等目的，企业还经常会发生一揽子交易，即在一次购买中添置不同类型的多项固定资产。这些固定资产由于各自的类型不同，使用的方式也不同，那它们发挥作用的部门和各自使用寿命也常不相同。也就是说会计上为了反映它们的使用情况必须把它们确认为不同的固定资产，通常企业以一笔款项购入多项没有单独标价的固定资产，应当按照各项固定资产公允价值比例对总成本进行分配，分别确定各项固定资产的成本。

【例 6－2】兴达股份有限公司 2×21 年 3 月 12 日用银行存款一揽子购置了一座研究所，包括实验室、实验仪器和其他相关设备，增值税专用发票上注明总价款为 3 800 000 元，增值税额 494 000 元。假定经评估，上述三项资产的公允价值分别为 1 800 000 元、1 600 000 元和 600 000 元。按照购买价款占公允价值的比率进行分配。分配的结果如表 6－1 所示。

分配率＝3 800 000÷(1 800 000＋1 600 000＋600 000)×100%＝95（%）

表 6－1　　一揽子购置固定资产价值分配

项目	公允价值（元）	分配率（%）	分配成本（元）
实验室	1 800 000	95	1 710 000
实验仪器	1 600 000	95	1 520 000
其他设备	600 000	95	570 000
合计	4 000 000	95	3 800 000

根据表 6－1 分配的结果，编制如下会计分录：

借：固定资产——实验室　　1 710 000
　　　　　　——实验设备　　1 520 000
　　　　　　——其他设备　　570 000
　　应交税费——应交增值税（进项税额）　　494 000
　　贷：银行存款　　4 294 000

（二）购入需要安装的固定资产

企业购买的固定资产有些是需要经过建造、安装调试阶段才能达到预定可使用状态的，这类固定资产在建造、安装调试过程之中就必然会发生一定支出。按照固定资产准则规定，这部分的成本也应当包含在达到预定可使用状态的固定资产入账价值中。为了反映这类固定资产从购入到建造、安装调试完毕，直至达到预定可使用状态之前成本归集的过程，企业需要设置“在建工程”账户。该账户为资产类账户，核算企业进行基建工程、安装工程、技术改造工程、大修理工程等发生的实际支出，以及改建扩建工程等转入的固定资产净值。借方登记在建工程发生的各项实际支出；贷方登记在建工程完工后转出的工程成本；期末借方余额，反映企业尚未完工的在建工程已经发生的各项实际支出。

“在建工程”账户应按照项目类别分别设置“建筑工程、安装工程、在安装设备、技术改造工程、大修理工程、其他支出”等明细账户进行核算。

【例6－3】兴达股份有限公司2×21年3月初用银行存款购入一条需要安装的大型设备生产线，买价1 000 000元，增值税税率13%，另用支票支付运杂费5 000元，安装调试过程中消耗的各种材料25 000元，支付工人工资50 000元，月底完工达到预定可使用状态，并交付使用。编制分录如下：

（1）购入设备时：

借：在建工程　　1 000 000

　　应交税费——应交增值税（进项税额）　　130 000

　　贷：银行存款　　1 130 000

（2）支付运杂费：

借：在建工程　　5 000

　　贷：银行存款　　5 000

（3）安装过程中发生材料、应付工资：

借：在建工程　　75 000

　　贷：原材料　　25 000

　　　　应付职工薪酬　　50 000

（4）安装调试结束后，结转固定资产成本＝1 000 000＋5 000＋75 000

＝1 080 000（元）

借：固定资产　　1 080 000

　　贷：在建工程　　1 080 000

四、自行建造固定资产的初始计量

企业自行建造固定资产，是指企业为了新建、改建、扩建固定资产或者对固定资产进行技术改造、设备更新而由企业自行建造的固定资产。按建造该项资产达到预定可使用状态前所发生的全部支出作为入账的初始价值，包括耗用的材料、人工、符合要求的借款利息等其他费用和相关应该计入成本的税费①。自行建造固定资产包括自营建造和出包建造两种方式，无论采取哪一种方式进行建造，都必须按照工程实际发生的支出确认其成本并单独核算。

自营建造，就是企业自行组织采购工程物资、组织人员从事施工，其成本包括直接材料、直接人工、直接机械施工费等。这里的直接材料是指在建造期间领用的专门购进的建造物资（称为工程物资）、原材料或库存商品。此外建造过程中还会产生参与建造人员的工资费用，使用辅助生产部门提供的水、电、修理及运输等劳务，使用机械发生折旧，以及为建造资金贷款的利息费用等，这些都应该计入自营建造工程的成本。

企业自营工程主要通过设置“工程物资”和“在建工程”账户进行核算。

“工程物资”账户为资产类账户，核算用于在建工程的各种物资的实际成本，包括为工

① 对于构建过程中涉及的增值税，要区分所构建的是否属于生产经营用的动产或不动产，如果属于则对于领用材料或者自产产品不作任何特殊处理，不需要进项税额转出也不需要视同销售；如果用于福利设施方面，则需要作进项税额转出或需要按视同销售处理；增值税计入在建工程成本。

程准备的材料、尚未交付安装的需要安装设备的实际成本，以及预付大型设备款和基本建设期间根据项目概算购置为生产准备的工具及器具等的实际成本。借方登记购入或支出的准备用于在建工程的各种物资的实际成本等，贷方登记发出（领用）的用于在建工程的各种物资的实际成本等，期末借方余额登记尚未领用于在建工程的各种库存物资的实际成本等。“工程物资”账户应分别设置“专用材料、专用设备、预付大型设备款、为生产准备的工具器具”等明细账户进行核算。期末，企业在编制资产负债表时，“工程物资”账户的借方余额减去“工程物资减值准备”账户的贷方余额后并入“在建工程”报表项目内。

由于自营的方式会占用人力和物力资源，且企业未必都有相关的建造能力，特别是大型项目，因此这种方式在实务中很少有企业采用，多数会采取出包的方式进行建造。出包建造，就是企业把工程的主要建造以发包的形式让其他施工单位来完成，其成本包括支付给对方的款项、安装费用以及为使得固定资产达到预定可使用状态前发生的摊入费用，如建造资金贷款的利息费用、对工程的管理费等。

出包方式下，出包方支付的出包费用通过“预付账款”账户核算，期末按照规定的结算方式和工程进度定期与建造承包方办理工程价款结算，确认的金额从“预付账款”账户转入“在建工程”账户，计入在建工程成本。当建造完成时再把累计的金额从“在建工程”账户贷方转出记入“固定资产”账户的借方。

【例6－4】兴达股份有限公司2×21年3月开始以自营的方式建造一项固定资产，用已借入的3年期限、分年付息、到期还本的银行借款购买工程物资150万元，增值税额19.5万元。购入的工程物资全部被建造工程领用，另外累计发生应付给施工人员的工资45万元，工程于2×21年6月底达到预定可使用状态。期间，共发生借款利息5万元，假定借款利息符合借款费用资本化条件。

（1）购入工程物资时：

借：工程物资	1 500 000	
应交税费——应交增值税（进项税额）	195 000	
贷：银行存款		1 695 000

（2）归集自营工程的建造成本：

借：在建工程	2 000 000	
贷：工程物资		1 500 000
应付职工薪酬		450 000
应付利息		50 000

（3）工程完工：

借：固定资产	2 000 000	
贷：在建工程		2 000 000

该项固定资产的原价＝150＋45＋5＝200（万元）

如果企业对已有的固定资产进行改扩建，那么完工后应视为一项新的固定资产，它的价值等于原来固定资产的账面价值加上从改扩建开始到新资产达到预定可使用状态前发生的支出，同时还要扣除改扩建过程中原已有固定资产可能出现的变价收入。

【例6－5】兴达股份有限公司2×21年3月1日，将原来的生产车间进行改扩建，完工后扩大生产能力，该车间改造时的账面价值为1 000万元，改造过程中发生的各项费用为

300 万元，以银行存款支付。同时改造过程中原车间的残料回收价值为 5 万元。改扩建工程于 5 月底完工。

借：在建工程 10 000 000
　　贷：固定资产 10 000 000
借：在建工程 3 000 000
　　贷：银行存款 3 000 000
借：原材料 50 000
　　贷：在建工程 50 000

该生产车间改扩建后的入账价值 = 1 000 + 300 − 5 = 1 295（万元）

借：固定资产 12 950 000
　　贷：在建工程 12 950 000

五、接受投资的固定资产初始计量

企业接受投资人投入的新房屋、设备等财产时，一方面增加固定资产，另一方面要反映投资人权益的增加，即增加实收资本或资本溢价。在会计处理中，对固定资产应按投资各方合同或者协议确认的价值（价值不公允的除外，即用公允价值）入账；另外，应按投资各方合同或者协议确认的价值作为实收资本及资本公积的入账价值。

【例 6 − 6】兴达股份有限公司 2 × 21 年 3 月 10 日收到甲投资者投入的一台设备，经资产评估机构认定，该设备价值 30 万元，增值税 3.9 万元。兴达股份有限公司以银行存款支付设备运费、保险费、装卸费等 3.5 万元。兴达股份有限公司注册资本为 3 000 万元，甲投资者投入的设备占该公司注册资本的 1%。

该设备的入账价值 = 300 000 + 35 000 = 335 000（元）

实收资本 = 30 000 000 × 1% = 300 000（元）

资本公积 = 335 000 + 39 000 − 300 000 − 35 000 = 39 000（元）

借：固定资产 335 000
　　应交税费——应交增值税（进项税额） 39 000
　　贷：实收资本 300 000
　　　　资本公积 39 000
　　　　银行存款 35 000

此外，固定资产的取得方式还有接受捐赠方式取得的、以非货币性资产交换方式取得的、债务重组方式取得的以及企业合并方式取得的等。这些相对特殊方式取得的固定资产，本教材略。

第二节 固定资产的后续计量

固定资产的后续计量是指固定资产取得并入账确认后到最终报废或处置之前的持续计量，包括计提固定资产折旧和计提固定资产减值准备。

一、折旧概述

企业的固定资产可以长期参加生产经营而仍保持其原有的实物形态，但其价值将随着固定资产的使用而逐渐损耗转移到生产的产品成本中，或构成了企业的一部分费用。在固定资产价值中这部分随着固定资产磨损或消耗而逐渐转移的价值称为固定资产的折旧。

（一）折旧的实质

企业取得固定资产是由于固定资产能够在未来给企业带来一定的经济利益。但是，固定资产的使用寿命是有限的，随着固定资产在经营过程中不断使用，最终都会报废毁损。企业为了其成本符合均衡负担原则和相关收入费用配比，就必须按照一定的方法，将其损耗价值，计入企业的当期费用中，以正确确定企业的当期损益。企业通过采用一定的方法来尽可能客观反映这种已磨损的价值，称为固定资产的折旧。并且这种方法一经确定，不得随意变更，具有连续性和规律性，会计上称为“合理而系统的”方法。因此，固定资产的折旧是对价值的一种分摊①，分摊的目的是将固定资产成本按照规则和合理的方式在资产的预计使用期内进行摊销，以便与各个期间的营业收入相配比。

折旧的计算应尽可能地考虑固定资产发生的损耗程度和使用固定资产而实现收益的情况，从而实现期间收入及费用的正确配比，准确核算损益。固定资产损耗通常包括使用过程中的实物形态的磨损和价值形态的贬值，即有形损耗和无形损耗。

（二）影响折旧计算的主要因素

1. 固定资产的原价。固定资产的原价是指为取得固定资产而发生的实际原始成本，即固定资产的账面原价。就计算折旧而言，在不考虑净残值的情况下，也称为折旧基数。以原始价值作为计算折旧的基数，不容易受会计人员主观因素的影响。在固定资产使用寿命一定的情况下，固定资产原始价值越高，则一定会计期间或单位工作量的折旧额就越多；反之，就越少。固定资产原始价值减去累计折旧称为固定资产折余价值，将其与原始价值相比，就可以大致掌握固定资产的新旧程度。如一固定资产原始价值 100 000 元，累计折旧 30 000 元，可以说该固定资产七成新，有利于企业及时合理地制订固定资产的更新计划。

2. 固定资产的预计净残值。固定资产的预计净残值是指固定资产预计使用寿命已满并处于使用寿命终了时的预期状态，是企业目前根据资料估计能从该项资产处置中获得的预计处置收入扣除预计处置费用后的金额。由于净残值在固定资产开始使用时就需考虑，因此需要会计人员进行会计估计。在实务中，一般通过固定资产在报废清理时预计残值收入扣除预计清理费用后的净额来确定，其中，预计残值收入是指固定资产在报废清理时预计可收回的器材、零件、材料等残值的价值收入；预计清理费用是指固定资产报废清理时预计发生的拆卸、整理、搬运等费用。固定资产预计净残值越高，每一会计期间或每一单位工作量的折旧额就越少。固定资产原价减去预计净残值后的数额为固定资产应计提的折旧总额。

---

① 《企业会计准则第 4 号——固定资产》第四章第十四条规定：“折旧是指在固定资产使用寿命内，按照确定的方法对应计折旧总额进行系统分摊。”

3. 固定资产减值准备。固定资产减值准备是指固定资产已经计提的固定资产减值准备累计金额。固定资产计提减值准备后，应当在剩余使用寿命内根据调整后的固定资产账面价值（固定资产账面余额扣减累计折旧和累计减值准备后的金额）和预计净残值重新计算确定折旧率和折旧额。

4. 固定资产的预计使用年限。预计使用年限也称折旧年限。折旧年限根据不同固定资产的耐用年限来确定。固定资产的耐用年限通常有两个标准：一个是它的物理耐用年限（一般是设计使用年限），即固定资产经受有形损耗所能连续使用的年限；另一个是固定资产经济耐用年限，它是同时考虑固定资产的有形和无形损耗因素，而使固定资产的使用能够获得最大经济效益的使用年限，同时要注意考虑有关资产使用的相关法律规定或法律限制因素。随着社会经济的发展，技术更新速度的加快，无形损耗的影响会越来越大，所以按照经济耐用年限作为折旧年限较为合理。企业应根据国家的有关规定，结合本企业的具体情况合理地确定固定资产的折旧年限。

二、折旧计算方法

企业应当根据固定资产的性质和损耗方式，合理地确定固定资产的预计使用年限和预计净残值，并根据与固定资产有关的经济利益的预期实现方式，合理地选择固定资产折旧方法，并且按照管理权限，经股东大会或董事会，或经理（厂长）会议或类似机构批准，作为计提折旧的依据。同时，按照法律、行政法规的规定报送有关各方备案。

固定资产折旧的计算方法基本包括两类：一类是平均折旧法，另一类是加速折旧法。

（一）平均折旧法

平均折旧法是按照某种标准均衡提取折旧的方法。具体又分为两种：直线法和工作量法。

1. 直线法。在固定资产的预计有效使用年限内，根据原始价值和预计净残值，每年平均计提折旧的方法。这种方法，不考虑使用频率和生产量因素，按这种方法计算的累计折旧，在时间—价值的平面直角坐标系中表现为一条直线，因此称为直线法，也叫作年限平均法。这种方法计算简便，易于理解，所以在企业实际工作中被广泛采用，是一种适用于大多数固定资产的折旧方法。

在直线法下，固定资产每年应计提的折旧额的计算公式如下：

$$\text{固定资产年折旧额}=\frac{\text{固定资产原价}-\text{预计净残值}}{\text{预计使用年限}}$$

$$\text{固定资产月折旧额}=\frac{\text{固定资产年折旧额}}{12}$$

在实际工作中，为了反映固定资产在单位时间内的损耗程度和便于计算折旧，每个期间应计提折旧额按固定资产原价乘以折旧比率来计算。固定资产折旧率，是指一定期间内固定资产折旧额与固定资产原价的比率。计算公式如下：

$$\begin{aligned}\text{固定资产年折旧率}&=\frac{\text{固定资产年折旧额}}{\text{固定资产原值}}\times 100\%\\&=\frac{(1-\text{预计净残值率})}{\text{预计使用年限}}\times 100\%\end{aligned}$$

$$固定资产月折旧率=\frac{固定资产年折旧率}{12}\times 100\%$$

$$固定资产月折旧额=固定资产原值\times 月折旧率$$

【例6-7】兴达股份有限公司2×21年6月10日取得一台机器设备，原价1 205 000元，预计有效使用年限10年，预计残值收入10 000元，预计清理费用5 000元。采用直线法计算折旧过程如下：

固定资产年折旧额=［1 205 000-（10 000-5 000）］/10=120 000（元）

固定资产月折旧额=120 000/12=10 000（元）

2. 工作量法。工作量法就是按照一定时期固定资产所完成的工作量计算应计折旧的方法。采用这种方法计算的各期折旧就是随着固定资产使用程度而成正比增减变动的费用。

工作量法具体可以用工作时数或产品产量等为基数计算。

如工作时数法，即以固定资产的预计工作时数为基础计算折旧的方法。其计算公式如下：

$$固定资产小时折旧额=\frac{固定资产原价-预计净残值}{预计工作总时}$$

$$固定资产年(月)折旧额=固定资产本年(月)工作时数\times 小时折旧额$$

【例6-8】接【例6-7】资料，假定兴达股份有限公司对该设备采用工作量法计提折旧。该设备预计的设计使用时间为100 000小时，预计报废时的净残值为5 000元。7月份工作20天，每天工作5小时。

每小时应提折旧额=（1 205 000-5 000）/100 000=12（元）

该设备7月份应提折旧额=20×5×12=1 200（元）

（二）加速折旧法

加速折旧法又称递减折旧法，指固定资产在使用前期多提折旧，在使用后期少提折旧，从而相对加快折旧的速度，使固定资产的成本在有效使用年限中加快分配速度的折旧计算方法。

采用加速折旧法的主要依据是：（1）固定资产使用前期的工作效率比后期高，前期比后期提供更多的经济效用。也就是说，固定资产在前期为实现企业收入所提供的服务贡献多于后期提供的服务，根据配比原则，前期应该计提较多的折旧费，后期计提较少的折旧费。（2）固定资产在使用年限的后期需要更多地维修支出，而维修在一定程度上可抵消有形磨损。因此，后期应计提较少的折旧费。而且由于可以用递减的折旧费抵补递增的修理和维护费用，就使得各期使用固定资产的成本大体上相当，使得各期实现的利润额不会出现因为固定资产使用成本逐步提高而不断降低的情况。

1. 年数总和法。年数总和法又称年数比例法，是指以固定资产使用期内各年的年数比例为折旧率计算折旧的方法。其计算公式如下：

$$\begin{aligned}固定资产年折旧率&=\frac{折旧年限-已折旧年限}{各年尚可使用年数之和}\\&=\frac{折旧年限-已折旧年限}{折旧年限\times(折旧年限+1)\div 2}\end{aligned}$$

【例6-9】兴达股份有限公司2×21年6月15日购进一项不需要安装的生产线，入账价值为202 000元，预计使用年限为4年，预计处置时的净残值2 000元。表6－2列示了年限总和法下折旧的计算过程。

表6－2　年数总和法下各年折旧的计算分配　单位：元

年数	应计折旧总额	年数总和	尚可使用年限	折旧率	折旧额	累计折旧	期末账面价值
第1年	200 000	10	4	4/10	80 000	80 000	122 000
第2年	200 000	10	3	3/10	60 000	140 000	62 000
第3年	200 000	10	2	2/10	40 000	180 000	22 000
第4年	200 000	10	1	1/10	20 000	200 000	2 000
合计	200 000	10			200 000	200 000	2 000

2. 双倍余额递减法。双倍余额递减法是在不考虑固定资产残值的情况下，直接以直线法折旧率的2倍作为折旧率与固定资产逐年递减的账面价值相乘计算各年固定资产折旧的方法。其计算公式如下：

$$某年折旧额=该年初固定资产账面价值\times双倍直线折旧率$$

$$双倍直线折旧率=\frac{2}{固定资产预计使用年限}\times100\%$$

在应用双倍余额递减法时，必须注意不能把固定资产的账面价值降低到它的预计净残值以下，同时为了保证应计提折旧额在固定资产的有效使用期间摊销完毕，应在固定资产有效使用期间的到期前两年改用直线法。

【例6－10】接【例6－9】资料，兴达股份有限公司6月15日购进的这条生产线，在其他条件都不变的情况下，采用双倍余额递减法计提折旧，折旧的计算过程如表6－3所示。

表6－3　双倍余额递减法下各年折旧的计算分配　单位：元

年数	期初账面价值	折旧率	折旧额	累计折旧	期末账面价值
第1年	202 000	2/4	101 000	101 000	101 000
第2年	101 000	2/4	50 500	151 500	50 500
第3年	50 500	—	24 250	175 750	26 250
第4年	26 250	—	24 250	200 000	2 000
合计			200 000	200 000	

从表6－3可以看出，双倍余额递减法下，除了最后两年外，年折旧额也逐年递减；在最后两年由于改为直线法，年折旧额是相等的，但从金额上看也小于前几年的年折旧额，所以和年数总和法一样，这种方法前期计提折旧多，后期计提折旧少。

（三）平均折旧法和加速折旧法的比较分析

从以上可以看出，加速折旧不改变应计提折旧的固定资产的预计有效使用年限，也不是把固定资产提前报废或者多提折旧。所以无论采取何种方法计提折旧，从固定资产的全部使用期间看，每项固定资产的应计提折旧总额是相等的，预计使用年限也是相同的，只是由于采用的折旧方法不同，而使得固定资产在预计使用年限内的各年折旧额有所不同。所以，从整个固定资产的有效使用期间看，使用加速折旧并不会改变利润总额，也不会减少企业应纳所得税额。但是，从具体的年份来看，由于采取加速折旧法，把应计提折旧总额在使用固定资产的早期多提、在后期少提，必然使得企业早期的利润相对减少而后期的利润相对增加。这对于增加企业后劲、推动企业技术进步具有积极的意义。

三、固定资产折旧的范围和管理

一般情况下，企业根据核定的月折旧率和本月在用固定资产账面原值及净残值等信息，在月末计提当月应该负担的折旧费用。

实际工作中，企业在会计期间开始第一天就购进固定资产的可能性不大，很多固定资产是在某一会计期间当中购进的，购进达到预定可使用状态以后就要开始计提折旧。但是，由于折旧的计算涉及诸如使用年限、预计净残值等估计因素，即使是及时地计算折旧额，其结果本身往往也不精确。因此，在实际工作中，为了简化核算，企业一般根据月初在用固定资产的账面原价和月折旧率等因素计算折旧额。其所遵循的原则是：当月增加的固定资产，当月不计提折旧，从下月开始计提折旧；当月减少的固定资产，当月仍然计提折旧，从下月开始不计提折旧。

应计提折旧的固定资产的范围，根据准则规定，企业应对所有固定资产计提折旧，但以下情况除外：

（1）已经提足折旧但仍然继续使用的固定资产；

（2）按照规定已单独估价作为固定资产入账的土地。

另外还规定，提前报废的固定资产不再补提折旧；已经达到了预计可使用状态但尚未办理竣工结算（即无法确定确切成本）的固定资产，应按照估计价值确定其成本，并据此计提折旧，待进行竣工决算之后再按实际成本调整原来的暂估价值，但不需要调整原来已经计提的折旧额。已经计提固定资产减值准备的固定资产，应扣除已计提的固定资产减值准备累计金额后再重新确定折旧率，计提折旧。

企业应根据固定资产的性质和损耗方式，合理地确定固定资产的预计使用年限和预计净残值，并综合考虑科技发展、环境变化等其他因素，选择确定采用直线法、工作量法、年数总和法、双倍余额递减法等计算折旧的方法。折旧方法的选择和变更，都必须按照管理权限，经股东大会或董事会批准，并应在会计报表附注中说明。

根据计算对象所包括范围不同，固定资产折旧率可以分三种：个别折旧率、分类折旧率和综合折旧率。

个别折旧率是为每个单项固定资产分别计算的折旧率，前面介绍的各种折旧方法下计算的折旧率都是个别折旧率。

分类折旧率是按照各类性质或相近的固定资产，分别计算平均折旧率。分类折旧率的计算要以个别折旧率和个别折旧额为依据。

$$\text{某类固定资产年(月)折旧率}=\frac{\text{某类各项固定资产年(月)折旧额之和}}{\text{某类各项固定资产原价之和}}\times 100\%$$

综合折旧率是按企业全部固定资产计算的平均折旧率。采用综合折旧率计提折旧，计算工作简便，但计算结果不太准确。

在实际工作中，出于简化核算工作的目的，多数企业采用分类折旧率。

四、折旧的会计处理

实际工作中，各个会计期间的折旧费用计算是通过编制折旧计算表确定的。由于无论采取哪一种折旧方法，年度会计期间内各个月的折旧率都是相同的，同时注意当月增加的固定资产当月不提折旧，当月减少的固定资产当月仍提折旧，所以，每个月的折旧计算表中每个类别固定资产本月应计提的折旧额是按照下列公式得到的：

本月应计提折旧额 = 上月计提折旧额 + 上月增加固定资产应计折旧额 − 上月减少固定资产应计折旧额

【例 6 -11】 兴达股份有限公司 2 ×21 年 12 月生产车间编制的固定资产折旧计算表，见表 6 -4。

表 6 -4　　生产车间固定资产折旧计算

固定资产类别	月分类折旧率（%）	上月折旧额（元）	上月增加固定资产		上月减少固定资产		本月折旧额（元）
			原价（元）	折旧额（元）	原价（元）	折旧额（元）	
厂房及建筑物	0. 375	5 625					5 625
机器	0. 75	18 750					18 750
电子设备	1. 5	18 000	36 000	540	24 000	360	18 180
运输工具	1. 5	7 875	68 000	1 020			8 895
其他	0. 75	3 125					3 125
合计		53 375		1 560		360	54 575

会计部门根据各个固定资产使用部门编制的固定资产折旧计算表，汇总编制企业的固定资产折旧计算总表，如表 6 -5 所示。

表 6 -5　　固定资产折旧总表　　单位：元

使用单位	固定资产类别					合计
	厂房及建筑物	机器	电子设备	运输工具	其他	
生产车间	5 625	18 750	18 180	8 895	3 125	54 575
营销部			（略）			21 537
管理部门						25 698
合计						101 810

为了进行折旧的核算，企业应该设置“累计折旧”账户，该账户为资产类账户，是“固定资产”账户的资产备抵调整账户，用来核算固定资产的损耗价值（累计折旧）。该账户贷方登记按月计提的固定资产的折旧额；借方登记减少的固定资产的折旧额。该账户的期末贷方余额，反映企业已提取的固定资产折旧的累计数额。

折旧计算表是确认和计量折旧费用的原始凭证。根据表 6-5 编制月提取折旧的会计分录如下：

借：制造费用	54 575	
销售费用	21 537	
管理费用	25 698	
贷：累计折旧		101 810

五、固定资产减值

固定资产发生损坏、技术陈旧或经济原因，导致其可收回金额低于其账面净值，称为固定资产价值减值。

1. 影响减值的主要因素。判断固定资产是否发生减值企业主要应考虑以下几个因素：

（1）固定资产市价大幅度下跌，其跌幅大大高于因时间推移或正常使用而预计的下跌，并预计在近期不可能恢复；

（2）企业所处的经营环境，如技术、市场、经济或法律环境，或者产品营销市场在当期或近期发生重大变化，并对企业产生负面影响；

（3）同期市场利率大幅提高，进而很可能影响企业计算固定资产可收回金额的折现率，并导致可收回金额大幅度降低；

（4）固定资产陈旧过时或发生实体损坏；

（5）固定资产预计使用方式发生重大不利变化，如企业计划终止或重组该资产所述的经济业务、提前处置资产等情形，从而对企业产生负面影响；

（6）其他有可能表明资产已发生减值的情况，如资产经济绩效或创造的净现金流量低于预期。

2. 资产减值的会计处理。

根据相关准则的规定，企业应在会计期末对固定资产进行核查，判断资产是否有迹象表明可能发生了减值，并根据谨慎性原则，合理预计各项资产可能发生的损失，计提资产减值准备。对存在下列情况之一的固定资产应全额计提减值准备：

（1）长期闲置不用，在可预见的未来不会再使用，且无转让价值的固定资产；

（2）由于技术进步等原因，已不可使用的固定资产；

（3）虽然固定资产尚可使用，但使用后产生大量不合格产品的固定资产；

（4）已遭损毁，以至于不再具有使用价值和转让价值的固定资产；

（5）其他实质上已经不能带来经济利益的固定资产。

资产减值损失确认后，减值资产的折旧或者摊销费用应在未来期间作相应的调整，以使该资产在剩余的使用期间能够系统地分摊调整后的固定资产剩余的应计折旧总额。已经全额提取资产减值准备的固定资产，不再提取折旧。值得注意的是，固定资产的减值损失一旦确认，以后期间不得转回。

企业发生固定资产减值时，一方面借记“资产减值损失”，另一方面贷记“固定资产减值准备”。

【例 6－12】兴达股份有限公司在 2×21 年 12 月份的资产清查中发现，一台专用设备原价 105 000 元，预计使用 5 年，现已使用 3 年，当时预计净残值为 5 000 元，采用直线法计提折旧，2×21 年的可收回金额为 35 000 元。假定其以前未计提过减值准备。按照企业固定资产准则规定，年末应提取固定资产减值准备 10 000 元。编制会计分录如下：

借：资产减值损失　　10 000

　　贷：固定资产减值准备　　10 000

在计提过固定资产减值准备后，应该对发生减值固定资产的预计净残值、折旧方法、折旧年限等进行合理估计并作相应调整，重新计算以后使用年度的折旧额。

第三节　固定资产的处置

固定资产的处置必然会导致固定资产的减少。导致处置固定资产的原因包括：投资转出、报废清理、盘亏等。固定资产无论是因为哪一种情况被处置，折旧都应计提到发生处置的当月，并将所有与该固定资产有关的账户都予以转销。凡是计提过减值准备的固定资产在处置时，应将相应的减值准备一并冲销。

由于客观环境的变化，固定资产处置时的账面价值（原价－累计折旧－减值准备）通常与处置时实际价格有所差异。因此，会出现固定资产处置的收益或损失。

一、固定资产的清理

固定资产因出售、对外捐赠、毁损报废等原因转入清理，通常需要经过一定时期的清理阶段并支付一定数量的清理费用，清理结束后还会收回一些残值。因此，固定资产清理的核算由两步骤组成：（1）注销该项固定资产原价和已提取的累计折旧及减值准备；（2）确认清理过程中的收益或损失。为此，企业需要专门设立“固定资产清理”账户，该账户核算企业因出售、报废、毁损等原因转入清理状态的固定资产的账面价值和在清理过程中所发生的清理费用和清理收入。借方反映处置固定资产的账面价值和发生的清理费用，贷方反映清理过程中所发生的各种收入。清理完毕，则将借方合计数和贷方合计数的差额，分别不同情况结转。

1. 如果以出售、转让、持有待售方式处置的固定资产的净损益，计入“资产处置损益”账户；

2. 如果因固定资产报废、毁损方式处置的固定资产的净损益，分别作为营业外收入和营业外支出处理，表示清理损益。

【例 6－13】2×21 年 6 月 8 日兴达股份有限公司一车间的厂房发生火灾致使一台设备提前报废。该设备原值为 136 000 元，报废时已提折旧 58 000 元。报废处置时，将残料出售，获得残料收入 8 600 元，另有部分残料作价 1 400 元入库，清理过程中发生清理费用 1 000 元。保险公司理赔款为 40 000 元，事故责任人员丁一赔款为 2 000 元。该设备已清理完毕。

分析如下：

报废时固定资产的账面价值 = 136 000 − 58 000 = 78 000（元）

（1）注销该固定资产的原价和累计折旧：

借：固定资产清理	78 000	
累计折旧	58 000	
贷：固定资产		136 000

（2）发生清理费用：

借：固定资产清理	1 000	
贷：银行存款		1 000

（3）出售部分残料收入及部分残料作价入库：

借：银行存款	8 600	
原材料	1 400	
贷：固定资产清理		10 000

（4）向保险公司和责任人索赔：

借：其他应收款——保险公司	40 000	
——丁一	2 000	
贷：固定资产清理		42 000

（5）确定固定资产清理净损失：

借：营业外支出——处理非流动资产损失	27 000	
贷：固定资产清理		27 000

【例 6 − 14】 兴达股份有限公司 2 × 21 年 11 月将 2 × 18 年购入的某项固定资产出售，原值为 500 000 元，累计折旧为 300 000 元，清理过程中用现金支付清理费用 1 500 元，取得出售收入 280 000 元，增值税税率 13%，款项存入银行。

（1）固定资产转入清理：

借：固定资产清理	200 000	
累计折旧	300 000	
贷：固定资产		500 000

（2）支付清理费用：

借：固定资产清理	1 500	
贷：库存现金		1 500

（3）收取价款：

借：银行存款	280 000	
贷：固定资产清理		280 000

（4）计算应交增值税：

借：固定资产清理	36 400	
贷：应交税费——应交增值税（销项税额）		36 400

（5）结转固定资产清理净损益：

固定资产清理净收益＝280 000－200 000－1 500－36 400＝42 100（元）

借：固定资产清理　　42 100

　　贷：资产处置损益　　42 100

二、固定资产盘亏

固定资产应定期盘点，每年至少盘点一次。盘点的情况如果与账面不符，应查明原因，及时处理，一般在年终结账前处理完毕。对于盘盈的固定资产，在按管理权限报经批准处理前应先通过“以前年度损益调整”账户核算。对于盘亏的固定资产，应编制固定资产盘亏报告表，报经管理部门批准处理。

【例6－15】兴达股份有限公司2×21年6月末进行固定资产定期盘点时发现，一台生产车间的仪器丢失，账面原价58 000元，已计提折旧30 000元。

根据固定资产盘亏报告，编制会计分录如下：

借：待处理财产损溢——待处理非流动资产损溢　　28 000

　　累计折旧　　30 000

　　贷：固定资产　　58 000

根据管理部门的批复予以注销，编制分录如下：

借：营业外支出　　28 000

　　贷：待处理财产损溢——待处理非流动资产损溢　　28 000

固定资产盘盈属于以前年度损益调整，不通过“待处理财产损溢”账户核算。

第四节　无形资产会计

一、无形资产的定义和特征

无形资产，是指企业拥有或控制的没有实物形态的可辨认非货币性资产。无形资产具有以下四个特征：

（一）由企业拥有或者控制并能为其带来未来经济利益的资源

预计能为企业带来未来经济利益是作为一项资产的本质特征，无形资产也不例外。通常情况下，企业拥有或者控制的无形资产应当拥有其所有权并且能够为企业带来未来经济利益。但在某些情况下并不需要企业拥有其所有权，如果企业有权获得某项无形资产产生的经济利益，同时又能约束其他人获得这些经济利益，则说明企业控制了该无形资产，或者说控制了该无形资产产生的经济利益，具体表现为企业拥有该无形资产的法定所有权或者使用权，并受法律的保护。

（二）不具有实物形态

无形资产是没有实物形态的可辨认非货币性资产，它以某种特有技术知识和权利形式存在。虽然无形资产不具有实物形态，但它通常依附于一定的实体。如某种专有技术必须通过一定配方、某种专用的软件必须要有硬件的储存载体等。

（三）无形资产具有可辨认性

无形资产可以从企业资产中分离出来单独用于出售、转让或者投资。例如，企业的专利权、经营特许权；或者虽然无法从企业资产中分离出来，但有合同约定或受到法律保护，如企业自用建筑房屋所占土地的使用权，在建筑物不转让的情况下，土地使用权不可能单独转让，但该土地使用权得到国家土地管理部门核准，受法律保护，属于企业的无形资产。由于商誉不具备可辨认性，所以，2007 年以后，商誉不再作为无形资产核算。

（四）无形资产属于非货币性资产

货币性资产，是指企业持有的货币资金和将以固定的或可确定的金额货币收取的资产。而无形资产所能带来的未来经济利益的流入具有很大的不确定性。如企业自己研发的各种专利在账本上记录的成本可能很小，但如果管理有效，它能够给企业带来超过成本价值数十倍的收益。但一旦科学技术有了新的突破，原有专利技术的优势就会不复存在，其实际价值将一钱不值。正是出于这种收益的不确定性，我们把无形资产列为非货币性资产。

二、无形资产的主要内容

无形资产主要包括专利权、非专利技术、商标权、著作权、特许权、土地使用权等。

（一）专利权

专利权是指政府对发明人在产品的工艺、构造、款式、配方等方面的发明创造给予的制造、使用和出售方面的专门权利，包括发明专利权、实用新型专利权和外观设计专利权。

（二）非专利技术

非专利技术，也称专有技术，是指企业在生产经营活动中采用的未公开的也未申请过专利技术的先进技术、资料、技能、知识等，它不受法律保护，只有经济上的有效期限。非专利技术并不是专利法的保护对象，是用自我保密的方式来维持其独占性，具有经济性、机密性和动态性等特点。

（三）商标权

商标是用来辨认特定商品或劳务的标记，是重要的购物向导，名牌商标能为企业带来超额的经济效益，甚至经济价值可能超过企业的有形资产。商标权是商标所有者将商标依法注册登记而取得的专用权，商标权的内容包括独占使用权和禁止使用权。我国《商标法》规定，商标权的有效期限为 10 年，期满可以继续申请延长使用期。

（四）著作权

著作权又称版权，指作者对其创作的文学、科学和艺术作品依法享有的某些特殊权利。

著作权包括作品署名权、发表权、修改权和保护作品完整权，还包括复制权、发行权、出租权、展览权、表演权、放映权、广播权等应由著作权人享有的其他权利。著作权人包括作者和其他依法享有著作权的公民、法人或者其他组织。

（五）特许权

特许权，又称经营特许权、专营权。它是指企业在某一地区经营或销售某种特定商品的权利或是一家企业接受另一家企业使用其商标、商号、技术秘密等的权利。通常有两种形式，一种是由政府机构授予，准许企业使用或在一定地区享有经营某种业务的特权，如水、电、邮电通信等专营权、烟草专卖权等；另一种指企业间依照签订的合同，有期限或无期限使用另一家企业的某些权利，如连锁分店使用总店的名称等。

（六）土地使用权

土地使用权，是指土地使用者按照法律的规定，对其所使用土地享有的开发、利用、经营的权利。根据我国土地管理法的规定，我国实行土地公有制，任何单位和个人不得侵占、买卖或以其他形式非法转让土地。企业可以向政府机关支付土地使用权利出让金和使用金，从政府处取得土地使用权，也可以向拥有土地使用权的企业支付转让金从其他企业处取得土地使用权。企业为取得土地使用权而支付的出让金或转让金，以及发生的拆迁补偿费、土地丈量费、土地平整费、法律手续费等，应一并计入土地使用权成本。土地使用金是土地使用人因使用土地按年向政府缴纳的费用，应于发生当期作为费用处理。

值得注意的是，不是所有的土地使用权都记为无形资产，现行的企业准则规定，房地产开发企业依法取得的土地使用权用于建造对外出售的房屋建筑物，相关的土地使用权价值计入所建造的房屋建筑物的成本视为存货，而不再属于无形资产。

三、无形资产的确认和计量

无形资产的确认和计量主要包括无形资产取得成本的确认、初始计量和后续计量等内容。

（一）无形资产的确认

无形资产同时满足下列条件时才予以确认：

1. 与该无形资产有关的经济利益很可能流入企业，如企业的基础性研究项目，是否能够成功和用于生产均不确定，是否能够为企业带来未来经济利益也不确定，研究过程中发生支出就不应该确认为无形资产，而应当费用化计入当期的管理费用。

2. 该无形资产的成本能够可靠计量。

（二）无形资产的初始计量

无形资产应按照取得时的实际成本进行成本计量。由于无形资产的来源不同，其初始成本的具体构成也有所不同。

1. 外购无形资产。企业从外单位购入的无形资产，按购入该项无形资产达到预定可使用状态前所发生的一切合理的、必要的实际支付价款入账，一般包括买价，法律费用及一些必要的附加支出。

【例 6－16】 兴达股份有限公司从甲公司购入一项专利权，按照协议约定以现金支付，实际支付的价款为 300 万元，并支付相关税费 2 万元和有关专业服务费用 6 万元，应交增值税进项税额 18 万元款项已通过银行转账支付。

无形资产初始计量的成本 =300 +2 +6 =308（万元）

借：无形资产——专利权　　3 080 000

　　应交税费——应交增值税（进项税额）　　180 000

　　贷：银行存款　　3 260 000

2. 投资者投入无形资产。投资者投入的无形资产的成本，应当按照投资合同或协议约定的价值，确定无形资产的取得成本，但合同或协议约定价值不公允的除外。

【例 6－17】 兴达股份有限公司接受乙公司以其拥有的商标权投资。双方协议价格为 880 000 元，该协议价格与公允价值一致。兴达股份有限公司另支付相关税费 8 000 元，款项已通过银行存款支付。兴达股份有限公司编制会计分录如下：

借：无形资产　　888 000

　　贷：股本　　880 000

　　　　银行存款　　8 000

3. 自行研究开发的无形资产。企业研究和开发无形资产，其在研究阶段的支出全部费用化，计入当期损益（管理费用）；开发阶段的支出符合资本化条件的应当予以资本化，不符合资本化条件的计入当期损益。确实无法区分研究阶段支出和开发阶段支出的，企业应将其所发生的研发支出全部费用化，计入当期损益。

在开发阶段，判断可以将有关支出资本化确认为无形资产，必须同时满足下列条件：(1) 完成该无形资产以使其能够使用或出售在技术上具有可行性；(2) 具有完成该无形资产并使用或出售的意图；(3) 无形资产产生经济利益的方式，包括能够证明运用该无形资产生产的产品；(4) 有足够的技术、财务资源和其他资源支持，以完成该无形资产的开发，并有能力使用或出售该无形资产；(5) 归属于该无形资产开发阶段的支出能够可靠计量。内部开发活动形成的无形资产，其成本由可直接归属于该资产的创造、生产并使该资产能够以管理层预定的方式运作的所有必要支出组成。可直接归属于该资产的成本为开发该无形资产时耗费的材料、劳务成本、注册费、在开发该无形资产过程中使用的其他专利权和特许权的摊销，按照《企业会计准则第 17 号——借款费用》的规定，资本化的利息支出，以及为使该无形资产达到预定用途前所发生的其他费用，均可直接归属于该资产的成本。

在开发无形资产过程中发生的除上述可直接归属于无形资产开发活动的其他销售费用、管理费用等间接费用、无形资产达到预定用途前发生的可辨认的无效和初始运作损失、为运行该无形资产发生的培训支出等不构成无形资产的开发成本。值得强调的是，内部开发无形资产的成本仅包括在满足资本化条件的时点至无形资产达到预定用途前发生的支出总和，对于同一项无形资产在开发过程中达到资本化条件之前已经费用化计入损益的支出不再进行调整。

对于自行研究开发的无形资产，企业应当设置"研发支出"账户，核算企业进行研究与开发无形资产的过程中发生的各项支出，其借方登记企业自行研发无形资产过程中所发生的研发支出，贷方登记研究开发项目达到预定用途形成的无形资产的金额，以及转出的本账户归集的费用化支出金额。期末借方余额，反映企业正在进行无形资产研究开发项目满足资本化条件的支出。该账户按研究开发项目，分别设置“费用化支出”“资本化支出”明细账户进行明细核算。

企业自行开发无形资产发生的研发支出，不满足资本化条件的，借记“研发支出——费用化支出”账户，满足资本化条件的，借记“研发支出——资本化支出”账户，贷记“原材料”“银行存款”“应付职工薪酬”等账户。研究开发项目达到预定用途形成无形资产的，按“研发支出——资本化支出”账户的余额，借记“无形资产”账户，贷记“研发支出——资本化支出”账户，期末，将“研发支出——费用化支出”归集的金额转入“管理费用”账户。

【例6－18】 2×21年6月2日，兴达股份有限公司经董事会批准研发某项新产品专利技术，如果使用了该专利技术，兴达股份有限公司预计生产能力将比原先提高20%。在研发过程中，发生材料费500 000元、人工工资400 000元，其他费用300 000元，其中符合资本化条件的支出为650 000元。2×21年12月1日，该专利技术已达到预定用途。编制会计分录如下：

（1）发生研发支出：

借：研发支出——费用化支出　　550 000

　　　　　　——资本化支出　　650 000

　　贷：原材料　　500 000

　　　　应付职工薪酬　　400 000

　　　　银行存款　　300 000

（2）2×21年12月1日，该专利技术达到预定用途：

借：管理费用　　550 000

　　无形资产　　650 000

　　贷：研发支出——费用化支出　　550 000

　　　　　　　　——资本化支出　　650 000

（三）无形资产的后续计量

无形资产虽然没有实物形态，但是，由于技术的更新或者环境、政策的变化还是会有预计使用寿命。因此，需要把无形资产的账面价值按照类似于固定资产折旧的方法转销，并计入相关的成本或费用，以便在无形资产处置时使其价值基本得以补偿。为了和固定资产的折旧有所区别，我们把无形资产的这种分期转销称为“摊销”。当然，也有一些无形资产是没有使用寿命的，或者说在使用的有效期过后可以用很小的代价获得继续使用的权利，比如有些药物的配方，只要药物是有效的，无形资产的寿命就不会终结；或者有些商标权利在使用有效期过后可以用很少的手续费用获得继续使用的权利。

对于需要进行摊销会计处理的无形资产，应结合无形资产为企业创造经济利益的方式，选择用直线法或者工作量法确定摊销的金额，通过设置“累计摊销”账户核算，计提摊销的金额，贷记“累计摊销”账户，借记“管理费用”等相关账户。值得注意的是，无形资产的摊销起始时间和固定资产计提折旧的起始时间有所不同：对于当月增加的无形资产，当月开始摊销；当月减少的无形资产，当月不再进行摊销。

如果无形资产将来为企业创造的经济价值不足以弥补无形资产的账面价值，说明无形资产发生了减值。为了掌握这方面的情况，企业应至少在每个年末对无形资产的账面价值进行清查。如果发现某项无形资产（如专利权）已经被其他新技术所替代，使其为企业创造经济利益的能力受到重大的影响，或者该无形资产（如商标权）的市价在当前大幅下降，并在剩余的摊销年限内不可能会恢复，就应对无形资产的可回收金额进行估计，并将该无形资产的可回收金额低于账面价值的差额确认为资产减值损失，并提取无形资产减值准备。但和固定资产减值准备相似，一旦提取了减值准备在以后的期间就不允许再转回。同样地，企业至少应在每个年度末对所有的无形资产进行减值测试，检测是否有发生减值的现象。

【例6-19】兴达股份有限公司2×21年1月1日从外单位购入一项非专利技术，支付价款5 000万元，款项以银行存款支付，估计该项非专利技术的使用寿命为10年，该项非专利技术用于产品生产；同时，购入一项商标权，支付价款3 000万元，款项也以银行存款支付，估计该商标权的使用寿命为15年。假定这两项无形资产的净残值均为零，并按直线法摊销。

兴达股份有限公司的账务处理如下：

（1）取得无形资产时：

借：无形资产——非专利技术	50 000 000	
——商标权	30 000 000	
贷：银行存款		80 000 000

（2）按年摊销时：

借：制造费用——非专利技术	5 000 000	
管理费用——商标权	2 000 000	
贷：累计摊销		7 000 000

（四）无形资产的处置

无形资产的处置，主要是指无形资产出售、对外出租、对外捐赠，或者是无法为企业带来未来经济利益时，应予终止确认并转销。

1. 无形资产出售。企业出售某项无形资产，表明企业放弃无形资产的所有权，应将所取得的价款与该无形资产账面价值的差额作为资产处置当期损益。

出售无形资产时，应按实际收到的金额，借记“银行存款”等账户，按已计提的累计摊销，借记“累计摊销”账户，原已计提减值准备的，借记“无形资产减值准备”账户，按应支付的相关税费，贷记“应交税费”等账户，按其账面余额，贷记“无形资产”账户，按其差额，贷记或借记“资产处置损益”账户。

【例6-20】兴达股份有限公司拥有的某项专利技术成本为600 000元，已摊销金额为220 000元，已提减值准备80 000元。2×21年3月，兴达股份有限公司将其转让给A公司，取得转让价款480 000元，应交增值税28 800元。

编制会计分录如下：

借：银行存款	480 000	
累计摊销	220 000	
无形资产减值准备	80 000	
贷：无形资产		600 000
应交税费——应交增值税（销项税额）		28 800
资产处置损益		151 200

2. 无形资产出租。企业将所拥有的无形资产的使用权让渡给他人并收取租金，属于与企业日常活动相关的其他经营活动取得的收入，在满足收入确认条件的情况下，应确认相关的收入及成本，并通过其他业务收支账户进行核算。让渡无形资产使用权而取得的租金收入，借记“银行存款”等账户，贷记“其他业务收入”等账户；摊销出租无形资产的成本并发生与转让有关的各种费用支出时，借记“其他业务成本”账户，贷记“累计摊销”等账户。

【例6-21】 2×21 年 3 月 5 日，兴达股份有限公司将一项专利技术出租给甲公司，该专利技术账面余额为 600 000 元，摊销期限为 10 年，出租合同规定，承租方每年支付使用费 100 000 元，收到租金时，应交增值税 6 000 元。兴达股份有限公司编制会计分录如下：

取得该项专利技术使用费时：

（1）借：银行存款　　106 000

　　贷：其他业务收入　　100 000

　　　　应交税费——应交增值税（销项税额）　　6 000

（2）按年对该专利技术进行摊销：

借：其他业务成本　　60 000

　贷：累计摊销　　60 000

3. 无形资产报废。如果无形资产预期不能为企业带来未来经济利益，例如，该无形资产已被其他新技术所替代或超过法律保护期，不能再为企业带来经济利益的，则不再符合无形资产的定义，应将其报废并予以转销，其账面价值转作当期损益。转销时，应按已计提的累计摊销，借记“累计摊销”账户；按其账面余额，贷记“无形资产”账户；按其差额，借记“营业外支出”账户。已计提减值准备的，还应同时结转减值准备。

【例6-22】 兴达股份有限公司经过市场调查，判断其某项专利技术生产的产品已没有市场，决定将其转销。转销时，该专利技术的账面余额为 660 000 元，摊销期限为 10 年，已摊销了 5 年，采用直线法进行摊销，累计计提减值准备 80 000 元。假定该项专利技术的残值为零，不考虑其他相关因素。编制会计分录如下：

借：累计摊销　　330 000

　　无形资产减值准备　　80 000

　　营业外支出——处置无形资产损失　　250 000

　贷：无形资产　　660 000

第五节　投资性房地产会计

一、投资性房地产概述

（一）投资性房地产的概念

投资性房地产，是指为赚取租金或资本增值，或两者兼有的房地产。投资性房地产业务是一种经营性活动，其主要的形式是出租建筑物、出租土地使用权，这实质上属于一种让渡资产使用权行为，但必须对其能够单独计量和出售。由此可见，投资性房地产具有以下特征：

1. 投资性房地产从其持有目的来看是为了赚取租金或为了获得资本升值，而不是为了自己的日常生产使用或日常经营耗用；

2. 企业持有该项资产应具有可出租、可转让及能够单独计量；

3. 投资性房地产属于企业的非流动资产。

（二）属于投资性房地产的范围

1. 已出租的土地使用权。已出租的土地使用权，是指企业通过出让或转让方式取得，并以经营租赁方式出租的土地使用权。但对于以经营租赁方式租入土地使用权再转租给其他单位的，不能确认为投资性房地产。

2. 持有并准备增值后转让的土地使用权。持有并准备增值后转让的土地使用权，是指企业通过出让或转让方式取得并准备增值后转让的土地使用权。但是，按照国家有关规定认定的闲置土地，由于其可转让性受阻，所以不属于投资性房地产。在我国的会计实务中，持有并准备增值后转让的土地使用权这种情况较少。

3. 已出租的建筑物。已出租的建筑物，是指企业拥有产权并以经营租赁方式出租的房屋等建筑物，包括自行建造或开发活动完成用于出租的建筑物。

企业将建筑物出租，按租赁协议还向承租人提供相关的诸如保安、维修等辅助服务，但这些辅助服务在整个协议中不重大，企业应当将建筑物确认为投资性房地产。

（三）不属于投资性房地产的项目

1. 自用房地产，即为生产商品、提供劳务或者经营管理而持有的房地产，包括自用建筑物（固定资产）和自用土地使用权（无形资产）。

2. 作为存货的房地产，通常指房地产开发企业在正常经营过程中销售的或为销售而正在开发的商品房和土地。

需要说明的是，投资性房地产应当能够单独计量和出售。若某项房地产，部分用于赚取租金或资本增值，部分自用（即用于生产商品、提供劳务或经营管理），能够单独计量和出售的、用于赚取租金或资本增值的部分，应当确认为投资性房地产；否则仍应当确认为自用房地产（固定资产或无形资产）。

二、投资性房地产的确认和计量

（一）投资性房地产的确认

企业将某个项目确认为投资性房地产，只有在符合投资性房地产定义的前提下，同时满足下列条件的，才能确认为投资性房地产。

一是与该投资性房地产相关的经济利益很可能流入企业；

二是该项投资性房地产的成本能够可靠地计量。对其具体内容而言，对于出租的土地使用权、已出租的建筑物，其作为投资性房地产的确认时点为租赁期开始日；对于持有并准备增值后转让的土地使用权，其作为投资性房地产的确认时点应为企业对其停止自用的日期。

（二）投资性房地产的计量

投资性房地产应当按照成本进行初始确认和计量。在后续计量时，由于企业所选择的计量模式不同，在会计处理上也有所差异。通常企业应当采用成本模式，在满足特定条件下也可以采用公允价值模式。但是，同一企业只能采用一种模式对所有投资性房地产进行后续计量，不得同时采用两种计量模式。

1. 采用成本模式计量的投资性房地产。采用成本模式计量的投资性房地产，其会计处理与自用房地产基本相同。但需单独设置“投资性房地产”账户反映其成本，并设置相关的备抵账户“投资性房地产累计折旧（或摊销）”和“投资性房地产减值准备”账户来反映其折旧（或摊销）及计提的减值准备。

（1）外购或自行建造的投资性房地产的初始计量。外购采用成本模式计量的土地使用权和建筑物，应当按照取得时的实际成本进行初始计量，其成本包括购买价款、相关税费和可直接归属于该资产的其他支出。自行建造的采用成本模式计量的投资性房地产，其成本由建造该项资产达到预定可使用状态前发生的必要支出构成，包括土地开发费、建安成本、应予资本化的借款费用、支付的其他费用和分摊的间接费用等。

【例6-23】 兴达股份有限公司于2×21年1月1日计划购入一栋写字楼用于对外出租。同年2月10日与乙公司签订了经营租赁合同，约定自写字楼购买之日起将其出租给乙公司，为期5年。同年3月20日甲公司支付了2 000万元价款和50万元相关税费购入了写字楼，当日出租给乙公司。假设不考虑其他因素，甲公司采用成本法计量模式。

2×21年3月20日甲公司编制会计分录：

借：投资性房地产——写字楼	20 500 000	
贷：银行存款		20 500 000

【例6-24】 2×21年1月，兴达股份有限公司自其他单位购入一块土地使用权，并在该土地上开始建造两栋厂房。2×21年6月，甲公司预计厂房即将完工，并与乙公司签订了经营租赁合同，将其中一栋厂房租赁给乙公司使用。租赁合同约定，该厂房于完工达到预定可使用状态时开始起租。2×21年8月31日，两栋厂房同时完工达到预定可使用状态。甲公司购入该土地使用权的成本为600万元；两栋厂房的造价均为1 800万元，能够单独出售。

兴达股份有限公司在2×21年8月31日，编制会计分录（仅对投资性房地产）：

借：投资性房地产——建筑物	18 000 000	
贷：在建工程		18 000 000
借：投资性房地产——土地使用权	3 000 000	
贷：无形资产——土地使用权		3 000 000

（2）非投资性房地产转为投资性房地产的初始计量。非投资性房地产转为投资性房地产，包括房地产开发企业将其持有的开发产品以经营租赁方式出租转为投资性房地产；企业原本自用的建筑物和土地使用权改用于经营方式出租。其实质上是因企业持有资产的目的发生了改变而对资产所进行的重分类，该部分内容的会计处理将在投资性房地产的转换中予以说明，此处略去。

（3）采用成本模式对投资性房地产的后续计量。采用成本模式进行后续计量的投资性房地产，出租建筑物仍应当按照固定资产计提折旧的有关规定，出租土地使用权仍应当按照无形资产摊销的有关规定，计提折旧（或摊销），借记“其他业务成本”账户，贷记“投资性房地产累计折旧（摊销）”账户。取得的租金收入作为其他业务收入。资产负债表日，若投资性房地产存在减值迹象的，经测试确定发生减值的，也应当计提投资性房地产减值准备，将确认的减值损失计入当期损益，在以后会计期间不得转回。

【例6-25】兴达股份有限公司将一栋办公楼出租给B公司使用，并已确认为投资性房地产，采用成本模式对其进行后续计量。假设该办公楼的成本为3 000万元，按平均年限法计提折旧，预计使用寿命为30年，预计净残值率为5%。假设在2×21年末资产负债表日，该项办公楼的账面价值为2 050万元，经测试预计可收回金额为1 850万元。每年从B公司收取租金为120万元（假设不考虑其他相关税费）。兴达股份有限公司编制会计分录：

①对该项投资性房地产计提折旧（假设按年折旧额）：

借：其他业务成本　　950 000

　　贷：投资性房地产累计折旧　　950 000

②收取确认租金收入：

借：银行存款（或其他应收款）　　1 200 000

　　贷：其他业务收入　　1 200 000

③资产负债表日计提减值准备，确认减值损失：

借：资产减值损失　　2 000 000

　　贷：投资性房地产减值准备　　2 000 000

2. 采用公允价值模式计量的投资性房地产。企业对于投资性房地产若采用公允价值计量模式其首要的前提是：企业有确凿证据表明在未来投资性房地产的公允价值能够持续可靠取得；且应当同时满足下列两个条件：

一是投资性房地产所在地有活跃的房地产交易市场（这里的所在地通常是指投资性房地产所在的城市或大中城市投资性房地产所在的城区）；

二是企业能够从活跃的房地产交易市场上取得同类或类似房地产的市场价格及其他相关信息，从而对投资性房地产的公允价值作出合理的估计（同类或类似的房地产，对建筑物而言，是指所处地理位置和地理环境相同、性质相同、结构类型相同或相近、新旧程度相同或相近、可使用状况相同或相近的建筑物；对土地使用权而言，是指同一城区、同一位置区域、所处地理环境相同或相近、可使用状况相同或相近的土地）。

采用公允价值模式计量的投资性房地产，应在“投资性房地产”账户下分设“投资性房地产——成本”和“投资性房地产——公允价值变动”明细账户，分别反映其成本和公允价值变动。“投资性房地产——公允价值变动”账户实质上是属于“投资性房地产——成本”账户的备抵附加账户。由于该计量模式是以公允价值反映投资性房地产，所以无需对投资性房地产计提折旧（摊销），应当以资产负债表日投资性房地产的公允价值为基础调整其账面价值，公允价值与原账面价值之间的差额计入当期损益。为此，企业还应设置“公允价值变动损益”账户反映投资性房地产由于公允价值变动对当期损益所带来的影响。收取的租金收入作为其他业务收入。

（1）外购或自行建造的投资性房地产的初始计量。采用公允价值外购或自行建造的投资性房地产的初始计量与采用成本模式基本相同，所不同的只是表现在初始计量确认的成本应记入“投资性房地产——成本”明细账户。

（2）非投资性房地产转为投资性房地产的初始计量。非投资性房地产转为投资性房地产，并采用公允价值模式计量，与成本计量模式同理，该部分内容的会计处理将在投资性房地产的转换中予以说明，此处略去。

（3）采用公允价值模式对投资性房地产的后续计量。投资性房地产采用公允价值模式进行后续计量，不计提折旧或摊销，应当以资产负债表日的公允价值计量。资产负债表日，投资性房地产的公允价值高于其账面价值的差额，借记"投资性房地产——公允价值变动"账户，贷记"公允价值变动损益"账户。公允价值低于其账面余额的差额编制相反的会计分录。

【例 6-26】兴达股份有限公司采用出包方式建造高档商用楼，拟建成后用于出租，2×19年初工程开工，并于2×21年1月初工程达到预定可使用状态，工程总造价2 000万元（与公允价值相同）。同时兴达股份有限公司与乙公司签订了经营租赁合同，将该商用楼出租给乙公司，并以工程达到预定可使用状态日为租赁期开始日。由于该栋商用楼地处商业繁华区，所在城区有活跃的房地产交易市场，而且能够从房地产交易市场上取得同类房地产的市场报价，甲公司决定采用公允价值模式对该项出租的房地产进行后续计量。

兴达股份有限公司于租赁期开始日，编制会计分录：

借：投资性房地产 ——成本（商用楼）	20 000 000	
贷：在建工程——出包工程		20 000 000

假设该商用楼在2×21年末的公允价值为2 150万元：

借：投资性房地产——公允价值变动	1 500 000	
贷：公允价值变动损益		1 500 000

假设2×21年末公允价值低至1 900万元，按其差额编制相反的会计分录。

借：公允价值变动损益	1 000 000	
贷：投资性房地产——公允价值变动		1 000 000

（三）投资性房地产后续计量模式的变更

企业对投资性房地产的计量模式一经确定，一般不得随意变更。

1. 以成本模式转换为公允价值模式。企业原以成本模式对投资性房地产计量，随后由于存在确凿证据表明投资性房地产的公允价值能够可靠取得，并同时满足采用公允价值模式计量的条件时，才允许企业对投资性房地产从成本模式计量变更为按公允价值模式计量。

成本模式转为公允价值模式的，应作为会计政策变更处理，将计量模式变更时公允价值与账面价值的差额，调整期初留存收益。

2. 已采用公允价值模式计量的投资性房地产，不得从公允价值模式转为成本模式。

三、投资性房地产的转换和处置

（一）投资性房地产的转换

1. 房地产的转换形式及转换日的确定。房地产的转换，实质上是因房地产用途发生改变而对房地产进行的重新分类。企业有确凿证据表明房地产用途发生改变，且满足下列条件之一的应当将投资性房地产转换为其他资产，或者其他资产转换为投资性房地产。

（1）作为存货的房地产改为出租。通常指房地产开发企业将其持有的开发产品以经营租赁的方式出租，存货相应地转换为投资性房地产。在此种情况下，转换日为房地产的租赁期开始日。租赁期开始日，是指承租人有权行使其使用租赁资产权利的日期。

（2）自用建筑物或土地使用权停止自用改为出租。即企业将原本用于生产商品、提供劳务或者经营管理的房地产改用于出租，固定资产或土地使用权相应地转换为投资性房地产。在此种情况下，转换日为租赁期开始日。

（3）自用土地使用权停止自用改用于资本增值。即企业将原本用于生产商品、提供劳务或者经营管理的土地使用权改用于资本增值，将土地使用权相应地转换为投资性房地产。在此种情况下，转换日为自用土地使用权停止自用后，确定用于资本增值的日期。

（4）投资性房地产开始自用。即将投资性房地产转为自用房地产。在此种情况下，转换日为房地产达到自用状态，企业开始将其用于生产商品、提供劳务或者经营管理的日期。

2. 房地产转换的会计处理。

（1）成本模式下的转换。

①作为存货的房地产转换为采用成本模式计量的投资性房地产。房地产开发企业将作为存货的房地产转换为采用成本模式计量的投资性房地产时，应当按该项存货在转换日的账面价值，借记"投资性房地产"账户；原已计提跌价准备的，借记"存货跌价准备"账户，按其账面余额，贷记"开发产品"等账户。

②将自用土地使用权或建筑物转换为以成本模式计量的投资性房地产。企业将自用土地使用权或建筑物转换为以成本模式计量的投资性房地产时，应当按该项土地使用权或建筑物在转换日的账面价值，对应分别转入"投资性房地产""投资性房地产累计折旧（摊销）""投资性房地产减值准备"账户，不会产生转换损益。

③采用成本模式计量的投资性房地产转为自用房地产。企业将采用成本模式计量的投资性房地产转为自用房地产时，应当按该项投资性房地产在转换日的账面价值，对应分别转入"固定资产（无形资产）""累计折旧（摊销）""固定资产（无形资产）减值准备"等账户。

（2）公允价值模式下的转换。

①作为存货的房地产转换为采用公允价值模式计量的投资性房地产。房地产开发企业将作为存货的房地产转换为采用公允价值模式计量的投资性房地产时，应当按该项房地产在转换日的公允价值，借记"投资性房地产（成本）"账户；原计提跌价准备的，借记"存货跌价准备"账户；按其账面余额，贷记"开发产品"等账户。同时，转换日的公允价值小于账面价值的，按其差额，借记"公允价值变动损益"账户；转换日的公允价值大于账面价值的，按其差额，贷记"其他综合收益"账户。待该项投资性房地产处置时，因转换计入其他综合收益的部分应转入当期的其他业务成本，借记"其他综合收益"账户，贷记"其他业务成本"账户。

②自用土地使用权或建筑物转换为采用公允价值模式计量的投资性房地产。企业将自用土地使用权或建筑物转换为采用公允价值模式计量的投资性房地产时，应将该项土地使用权或建筑物在转换日的公允价值，借记"投资性房地产（成本）"账户。按其账面余额，贷记"固定资产"或"无形资产"账户；按已计提的累计摊销或累计折旧，借记"累计摊销"或"累计折旧"账户；原已计提减值准备的借记"无形资产减值准备""固定资产减值准备"账户。同时，转换日的公允价值小于账面价值的，按其差额，借记"公允价值变动损益"账户；转换日的公允价值大于账面价值的，按其差额，贷记"其他综合收益"账户。日后待该项投资性房地产处置时，因转换计入其他综合收益的部分应转入当期的其他业务成本，借记"其他综合收益"账户，贷记"其他业务成本"账户。

③采用公允价值模式计量的投资性房地产转为自用房地产。企业将采用公允价值模式计量的投资性房地产转换为自用房地产时，应当以其转换当日的公允价值作为自用房地产的账

面价值，公允价值与原账面价值的差额计入当期损益。转换日，按该项投资性房地产的公允价值，借记“固定资产”或“无形资产”账户；按该投资性房地产的成本，贷记“投资性房地产（成本）”账户，按该项投资性房地产的累计公允价值变动，贷记或借记“投资性房地产（公允价值变动）账户”，按其差额，贷记或借记“公允价值变动损益”账户。

（二）投资性房地产的处置

当投资性房地产被处置，或者永久退出使用且预计不能从其处置中取得经济利益时，应当终止确认该项投资性房地产。

企业出售、转让、报废投资性房地产或者发生投资性房地产毁损，应当将处置收入扣除其账面价值和相关税费后的金额计入当期损益。

1. 成本模式计量的投资性房地产处置。处置采用成本模式的投资性房地产时，应当按实际收到的金额，借记“银行存款”等账户，贷记“其他业务收入”账户；按该项投资性房地产的累计折旧（摊销），借记“投资性房地产累计折旧（摊销）”账户；按该项投资性房地产的账面余额，贷记“投资性房地产”账户，按其差额，借记“其他业务成本”账户。已计提减值准备的，还应同时结转减值准备。

【例 6－27】 兴达股份有限公司将其出租的一栋大型仓库确认为投资性房地产，采用成本模式计量。租赁期届满时，兴达股份有限公司将该仓库出售给乙公司。出售并确认收入日，该仓库的成本为 8 000 万元，累计已计提折旧 3 500 万元，假设已计提减值准备 400 万元。根据出售合同约定取得价款 5 000 万元已收妥入账（假设不考虑其他相关税费）。

（1）兴达股份有限公司确认处置收入：

借：银行存款	50 000 000	
贷：其他业务收入		50 000 000

（2）兴达股份有限公司确认处置成本：

借：其他业务成本	41 000 000	
投资性房地产累计折旧	35 000 000	
投资性房地产减值准备	4 000 000	
贷：投资性房地产——出租仓库		80 000 000

2. 公允价值模式计量的投资性房地产处置。处置采用公允价值模式计量的投资性房地产时，应按实际收到的金额，借记“银行存款”等账户，贷记“其他业务收入”账户。按该项投资性房地产的账面余额，借记“其他业务成本”账户，贷记“投资性房地产（成本）”账户，贷记或借记“投资性房地产（公允价值变动）”账户；同时，按该项投资性房地产的公允价值变动，借记或贷记“公允价值变动损益”账户，贷记或借记“其他业务收入”账户。该项投资性房地产在转换日计入其他综合收益的金额，借记“其他综合收益”账户，贷记“其他业务收入”账户。

【例 6－28】 兴达股份有限公司将其出租的一栋大型停车场确认为投资性房地产，该停车场原采用公允价值模式计量。租赁期届满后，兴达股份有限公司遂将该停车场出售给乙公司。出售日该投资性房地产的账面价值为 7 600 万元，其中成本为 8 000 万元，公允价值变动借方余额为 400 万元。合同价款为 7 200 万元，乙公司已用银行存款付清款项（假设不考虑其他相关税费）。

兴达股份有限公司编制会计分录：

（1）兴达股份有限公司确认处置收入：

借：银行存款　　72 000 000

　　贷：其他业务收入　　72 000 000

（2）兴达股份有限公司确认处置成本：

借：其他业务成本　　76 000 000

　　投资性房地产——公允价值变动　　4 000 000

　　贷：投资性房地产——成本　　80 000 000

（3）同时，将投资性房地产累计公允价值变动损益冲减当期其他业务成本：

借：其他业务成本　　4 000 000

　　贷：公允价值变动损益　　4 000 000

【例6-29】 沿用【例6-28】资料，若兴达股份有限公司该项投资性房地产在出售日的账面价值为8 400万元，其中成本8 000万元，公允价值变动为借方余额400万元，另该投资性房地产在原自用转换为投资性房地产时，由于公允价值大于账面价值产生了计入“其他综合收益”的金额为100万元。出售给乙公司时，出售合同约定售价为8 800万元且收妥入账。

兴达股份有限公司编制会计分录：

（1）确认出售收入：

借：银行存款　　88 000 000

　　贷：其他业务收入　　88 000 000

（2）结转出售成本：

借：其他业务成本　　84 000 000

　　贷：投资性房地产——成本　　80 000 000

　　　　　　　　　　——公允价值变动　　4 000 000

（3）将公允价值变动损益确认为当期其他业务成本：

借：公允价值变动损益　　4 000 000

　　贷：其他业务成本　　4 000 000

（4）将原计入其他综合收益的金额确认为当期成本：

借：其他综合收益　　1 000 000

　　贷：其他业务成本　　1 000 000

第六节　对内投资分析

一、固定资产分析

（一）固定资产成新率的分析

为了了解固定资产的新旧程度，可以计算固定资产的成新率，计算公式如下：

$$固定资产成新率=\frac{固定资产折余价值}{固定资产原价}$$

$$固定资产折余价值 = 固定资产原值 - 累计折旧$$

企业取得固定资产，无论新旧均按取得时预计可使用年限或可提供服务量确定折旧年限和折旧率。累计折旧多、折余价值小的固定资产，必然是使用年限多的固定资产。而固定资产成新率越低，说明固定资产越陈旧。在将这个指标与其他企业进行对比时，需要特别注意各个行业的企业所采取的折旧方法的差异。在固定资产使用前期，采用加速折旧法的企业与采用直线法的企业相比，前者的固定资产成新率会明显低于后者，但这并不说明前者的固定资产比后者更陈旧。

（二）固定资产贬值率分析

现行的会计准则规定，企业应定期对固定资产进行检查。在各年的检查中，如果发现固定资产的可回收价值明显低于固定资产账面价值，需要提取固定资产减值准备。扣除减值准备以后的固定资产账面价值，反映了固定资产的现行价值。

由于折旧是固定资产成本分配过程，扣除累计折旧以后的折余价值只代表未分配的成本。折余价值与提取资产减值准备后的账面价值间的差异，代表了固定资产的贬值额。固定资产的贬值率的计算公式如下：

$$固定资产贬值率 = \frac{固定资产减值准备}{固定资产折余价值}$$

如果企业的固定资产贬值率较高，说明固定资产中的不良资产比较多，企业资产质量需要改善。

同样将这个指标与其他企业进行比较时也需要注意各个企业所采用的折旧方法的差异。在固定资产使用前期采用加速折旧法的企业与采用直线折旧法的企业相比，前者的固定资产折余价值会明显低于后者。在这种情况下，需要进一步分析两者提取的减值准备后的账面价值是否相同，才能合理确定不同公司的固定资产贬值率幅度。

（三）在建工程贬值率分析

在建工程贬值率的计算方法和思路与固定资产贬值率相同。所不同的是在建工程是尚未完工的固定资产，不存在折旧的问题，只需要用在建工程减值准备和其账面成本相比即可。

对于这个比率，应结合在建工程的账面成本、施工时期、施工效率等进行综合分析。如果在建工程贬值率很高，说明该项工程前景很不乐观。在这种情况下，就需要对该项目继续施工的必要性进行分析，以避免或减少不良资产大量发生。

二、无形资产分析

（一）无形资产贬值率

按照现行的会计准则规定，如果无形资产将来为企业创造的经济利益流入还不足以补偿无形资产的账面价值，就需要提取无形资产减值准备。在这种情况下，可以根据减值准备的金额计算无形资产贬值率。其公式类似于固定资产贬值率。

需要注意的问题是：由于不同无形资产对企业经营所产生的作用不同，收益年限不同，在确定无形资产减值准备时应分别进行分析，在计算无形资产贬值率时也应分别进行计算和分析其产生的原因。例如，专利权和专有技术贬值的原因是由于出现了效率更高的替代技术；商标权的贬值通常是企业的商标形象的维护、市场营销方面存在问题所导致。企业应根据导致无形资产贬值的不同原因采取不同的管理对策。

（二）未入账无形资产的信息

在自创无形资产时并不是所有的支出都能够最终计入无形资产的账面价值。企业开发成功的无形资产，其在进入实际的开发阶段前进行的与研究相关的支出全部计入当期的费用，并不计入无形资产的成本。由此导致企业账面上反映的无形资产成本，绝大部分是外购的无形资产成本，企业自创的无形资产付出的代价只占报表中无形资产价值的一小部分。因此在考虑无形资产对企业的贡献以及为获得无形资产所付出的代价时不要遗漏这一会计信息。

三、投资性房地产分析

投资性房地产两种计量模式的转换可以明确改善当期利润。

（一）对利润表上利润率指标的影响

成本模式下，投资性房地产的核算与固定资产、无形资产类似，每年计提折旧或摊销，因此利润表中会体现折旧或摊销费用。公允价值模式下，折旧或摊销费用没有了，取而代之的是在期末会确认投资性房地产公允价值变动损益。因此，大多数情况下，企业利润表上的盈利能力都会得到提升（假定公允价值上升），从而增加当期净利润，使得利润表上的盈利能力更强。

（二）对总资产（净资产）收益率的影响

结合总资产（净资产）的结构和规模分析，不同情况可能导致不同的不确定结果。当净利润提升的同时，总资产（净资产）规模也在扩大，如果投资性房地产公允价值持续急速上升，就会出现由于投资性房地产公允价值与历史账面价值之间差额极大，导致分母急剧增加，从而导致总资产（净资产）收益率反而降低的情况发生。

企业会计准则要求企业对发生投资性房地产计量模式转换的事项要按照会计政策变更的准则规定采用追溯调整法来处理，即需要追溯调整以前期间的报表。在转换当年，投资性房地产绝大多数情况下确认的是公允价值变动收益，从而对净资产收益率产生影响，影响大小要看公允价值增值幅度与经营性资产盈利能力孰高孰低，如果前者高，那么净资产收益率会得到提升，如果后者高，则公允价值计量将拉低净资产收益率。

第七章 对外投资

案例

2016年，青岛海尔集团在不断推进国际化战略的大背景下，斥资56亿美元成功收购美国制造业巨头通用电气的家电业务板块，成为当年中国资本市场最引人瞩目的海外并购案例之一。本次交易中，海尔集团采用的支付方式是现金，为此海尔集团在收购前做了充分准备，取得了两家银行的融资承诺函，保证了竞购流程对资金和交易完成时间的限制。不过相对于通用集团33亿美元的底价，此次收购的溢价率也高达70%。问题：

1. 海尔集团此次收购通用，会计上该如何处理？是否需要确认商誉？如果有，商誉价值几何？

2. 如果海尔集团采用股份支付的方式收购通用，那么会计上该如何处理？不同的支付方式对企业报表的影响是什么？你认为哪种方式对海尔集团更有利？

第一节　对外投资概述

一、对外投资的概念

对外投资是指企业以购买股票、债券和基金等有价证券方式进行的投资，或以现金、实物资产、无形资产等方式向企业或企业以外的其他经济实体进行的投资，以实现获取投资收益、分散经营风险、加强企业间联合、控制或影响其他企业的目的。

一般来说，企业对外投资的目的主要有以下几个方面：

1. 提高闲散资金收益率，增强企业的偿债能力。在企业经营过程中，可能由于周期性、季节性等原因或在新项目尚未开始之际，暂时拥有一定数额的闲置资金，企业将这笔资金用于短期投资，既可以获得相对较高的回报，又可以保持资产的流动性，以应对到期债务的支付。

2. 优化资源配置，提高资产利用效率。不断扩大版图和规模是很多成长型企业的必经之路，企业通过同类业务的并购投资可以快速实现规模的扩张，享受规模效益带来的成本降低，提高企业资产利用效率。同时，将原本需要市场磋商解决的问题内部化，降低谈判成本等交易费用，实现资源的优化配置。

3. 优化投资组合，降低经营风险。单一的业务虽然可以让企业集中资源提供最专业和最优质的服务，但同时也存在着巨大的潜在风险。一旦发生行业调整、消费者偏好改变，技术革新或者国家政策改变，企业将会面临灭顶之灾。因此很多企业为了分散经营风险，通常会尝试进行多元化投资，在不同领域占据一席之地，通过投资组合的优化来实现企业集团整体利益的提高。比如家电业的行业龙头海尔集团，从 20 世纪 90 年代开始多元化战略，从单一的冰箱产品逐渐拓展到空调、冷柜、洗衣机、彩电等多门类产品，奠定了海尔在家电行业的霸主地位。1998 年开始，海尔集团开始进行国际化战略，并进一步拓展多元化的维度，进军生物制药、金融业以及信息产业等，均取得了不俗的业绩，海尔集团也因此成为享誉全球的公司。

另外，某些特殊产品如农副产品、金属产品、能源产品等，它们的价格极易受气候、国际政治关系、宏观经济环境，以及供求关系的影响而发生剧烈波动，给企业的经营状况和财务状况带来巨大的风险。企业为了规避价格波动风险，通常会为这些特殊产品（通常作为企业重要的原材料或燃料动力）购买期权、期货等金融衍生工具，以实现套期保值，减少损失，这也是优化企业投资组合、降低经营风险的重要方式。

4. 获取客户关系网络，扩大市场占有率。由于各个地区或国家之间文化传统、生活习惯、制度背景等各方面存在较大差异，因此一个企业要进入一个新市场最好的办法就是与当地企业进行投资合作，依靠被投资企业的销售渠道和客户关系网络打开局面，提升自己品牌或产品的市场占有率。

二、对外投资的方式

（一）按投资形成的产权关系分类

1. 股权投资。股权投资是指投资企业以购买股票、兼并、联营等方式向被投资企业进行的投资。投资企业拥有被投资企业的股权，股权投资形成被投资企业的资本金。企业对外投资的目的或出于短期获利，或出于实现公司集团战略目标而对被投资企业实施控制或施加重大影响。股权投资根据出资方式不同分为股票投资和项目投资。股票投资是指企业以购买公司股票的方式对其他企业进行的投资；项目投资是指企业以现金、实物资产、无形资产等方式对其他企业进行的投资。

2. 债权投资。债权投资是投资企业以购买债券和租赁投资等方式向被投资企业进行的投资。投资形成被投资单位的负债，投资企业是被投资单位的债权人。债权投资根据投资方式的不同分为债券投资和租赁投资。租赁投资是指企业以实物资产租赁或无形资产租赁等方式对其他企业进行的投资；债券投资是指企业以购买其他企业债券的方式进行的投资，包括政府债券、金融债券和企业债券。政府债券是政府根据信用原则，以发行债券的形式举借的各种债务，包括公债、国库券等。金融债券是银行或其他金融机构为筹措中长期资金而向投资者发行的债权凭证。企业债券，也称公司债券，是企业为了筹措资金而向投资者出具的债务凭证。

与股权投资相比，企业债券投资人承担的风险要小一些，当发行企业破产时，债权人的求偿权优先于所有者。企业投资债券不是为了获得其他企业的剩余资产，而是为了获得高于银行存款利率的利息，并保证按期收回本息。

3. 混合投资。混合投资是指兼具股权性和债权性双重特征的投资，通常表现为混合性证券投资，如优先股股票、可转换公司债券等。优先股是相对于普通股而言的，优先股股东在被投资企业的股利分派及财产清算顺序上，比普通股股东具有优先权，但是优先股股息通常是事先规定的，而且优先股股东没有选举及被选举权，无法参与企业经营。可转换公司债券是一种特殊债券，其特点是债券的持有人可以按照债券发行条款所约定的时间及转换价格，将所有债券转化为股票，转换之前是债权投资，转换之后成为股权投资。

（二）按照投资时间长短分类

1. 短期投资。短期投资是企业购入各种能随时变现，持有时间不超过一年的有价证券，以及不超过一年的其他投资。短期投资的主要目的在于对企业暂时闲置资金的有效利用。由于短期投资所用资金是暂时性闲置资金，因此，投资对象往往是能够公开交易的股票、债券、基金等，以便企业在需要资金时可以随时变现。

2. 长期投资。长期投资是指持有时间在一年以上的有价证券，以及超过一年的其他形式的投资。企业取得长期投资的目的包括：扩大企业规模和影响力、获得稳定的原材料供应商或销售渠道、分散风险、实现集团业务多元化或者积累整笔资金，以供特定用途之需等。整体上来说企业的长期投资大多关乎企业未来的长远发展，是一种长期的战略布局。因此在判断企业投资究竟是长期投资还是短期投资时，时间的长短并不是唯一的标准，还要看管理层持有投资的目的。如果是企业出于短期持有的目的而购买的投资，即使持有时间超过一年，我们仍然以短期投资的标准进行确认、计量、记录和报告。相反，如果是企业出于长期投资的目的持有投资，即使实际持有时间短于一年，在会计处理上我们也仍然以长期投资入账。除非管理层改变持有目的，才需要将长期投资变更为短期投资。

（三）按投资方式分类

1. 直接投资。直接投资，是指企业以现金、实物资产、无形资产等投入其他企业进行的投资。在非金融性企业中，直接投资所占比重很大，它将直接形成生产经营活动的能力或者为从事某种生产经营活动创造必要条件。直接投资包括联营投资、兼并投资等多种方式，它具有与生产经营联系紧密、投资回收期较长、投资变现速度慢、流动性差等特点。

2. 间接投资。间接投资，是指以购买有价证券（如股票、债券等）的方式对其他企业进行的投资。投资并不直接形成生产经营活动的能力，被投资企业在取得资金并以一定方式投入后，才能形成生产经营的能力。

（四）《企业会计准则》对对外投资的分类

根据《企业会计准则第22号——金融工具确认和计量》《企业会计准则第23号——金融资产转移》《企业会计准则第24号——套期会计》《企业会计准则第37号——金融工具列报》以及《企业会计准则第2号——长期股权投资》的相关规定，企业应结合管理金融资产的业务模式和金融资产的合同现金流量特征，将对外投资的金融资产分别归类为：

1. 交易性金融资产（以公允价值计量且其变动计入当期损益的金融资产）。企业分类为以摊余成本计量的金融资产和以公允价值计量且其变动计入其他综合收益的金融资产之外的金融资产，应当将其分类为以公允价值计量且其变动计入当期损益的金融资产，主要包括交易性金融资产和指定为以公允价值计量且其变动计入当期损益的金融资产。

2. 债权投资（以摊余成本计量的金融资产）。金融资产同时符合下列条件的，应当分类为以摊余成本计量的金融资产：第一，企业管理该金融资产的业务模式是以收取合同现金流量为目标；第二，该金融资产的合同条款规定，在特定日期产生的现金流量，仅为对本金和以未偿付本金金额为基础的利息的支付。此类金融资产通常表现为债权投资，并在资产负债表中以“债权投资”项目进行列报。

3. 其他债权投资和其他权益工具投资（以公允价值计量且其变动计入其他综合收益的金融资产）。金融资产同时符合下列条件的，应当分类为以公允价值计量且其变动计入其他综合收益的金融资产：（1）企业管理该金融资产的业务模式既以收取合同现金流量为目标又以出售该金融资产为目标。（2）该金融资产的合同条款规定，在特定日期产生的现金流量，仅为对本金和以未偿付本金金额为基础的利息的支付。此类金融资产根据其持有的标的物不同，分为其他债权投资和其他权益工具投资，并在资本负债表中以“其他债权投资”和“其他权益工具投资”项目进行列报。

4. 长期股权投资。当投资企业对被投资单位可以实施控制、重大影响时，其所持有的权益性投资，以及对合营企业的权益性投资被分类为长期股权投资。

三、金融资产及分类标志概述

（一）金融资产相关概念界定

根据《企业会计准则第22号——金融工具确认和计量》的规定，金融资产，是指企业持有的现金、其他方的权益工具以及符合下列条件之一的资产：（1）合约规定的从另一企业收到现金或其他金融资产的权利；（2）合约规定的在潜在有利条件下与其他方交换金融资产或金融负债的合同权利；（3）将来须用或可用企业自身权益工具进行结算的非衍生工具合同，且企业根据该合同将收到可变数量的自身权益工具；（4）将来须用或可用企业自身权益工具进行结算的衍生工具合同，但以固定数量的自身权益工具交换固定金额的现金或其他金融资产的衍生工具合同除外。

与金融资产密切相关的一个概念是金融工具，金融工具是指形成一个企业的金融资产，并形成其他单位的金融负债或权益工具的合同，可分为基础金融工具和衍生工具。基础金融工具包括企业持有的现金、存放于金融机构的款项、普通股，以及代表在未来期间收取或支付金融资产的合同权利或义务等，如应收账款、应付账款、其他应收款、其他应付款、存出保证金、存入保证金、客户贷款、客户存款、债券投资、应付债券等。衍生工具是指金融工具确认和计量准则涉及的具有下列特征的金融工具或其他合同：第一，其价值随着特定利率、金融价格、商品价格、汇率、价格指数、费率指数、信用等级、信用指数或其他类似变量的变动而变动，变量为非金融变量的，该变量与合同的任一方不存在特定关系。第二，不要求初始净投资，或与对市场情况变动有类似反应的其他类型合同相比，要求很少的初始净投资。第三，在未来某一日期结算。比如远期合同、互换合同、期货合同和期权合同等。

（二）企业管理金融资产的业务模式与金融资产的合同现金流量特征

1. 关于企业管理金融资产的业务模式。所谓企业管理金融资产的业务模式，是指企业如何管理其金融资产以产生现金流量。业务模式决定企业所管理金融资产现金流量的来源是收取合同现金流量、出售金融资产还是两者兼有。企业管理金融资产的业务模式，应当以企业关键管理人员决定的对金融资产进行管理的特定业务目标为基础确定。企业确定管理金融资产的业务模式，应当以客观事实为依据，不得以按照合理预期不会发生的情形为基础确定。企业确定其管理金融资产的业务模式时，应当注意以下方面：一是企业应当在金融资产组合的层次上确定管理金融资产的业务模式，而不必按照单个金融资产逐项确定业务模式。二是企业应当以关键管理人员决定的对金融资产进行管理的特定业务目标为基础，确定管理金融资产的业务模式。三是企业的业务模式并非企业自愿指定，而是一种客观事实，通常可以从企业为实现其目标而开展的特定活动中得以反映。

（1）以收取合同现金流量为目标的业务模式。在以收取合同现金流量为目标的业务模式下，企业管理金融资产旨在通过在金融资产存续期内收取合同付款来实现现金流量，而不是通过持有并出售金融资产产生整体回报。以收取合同现金流量为目标的业务模式包括贷款、应收账款、债权投资等，准则将此类投资分类为以摊余成本计量的金融资产。

（2）以收取合同现金流量和出售金融资产为目标的业务模式。在以收取合同现金流量和出售金融资产为目标的业务模式下，企业的关键管理人员认为收取合同现金流量和出售金融资产对于实现其管理目标而言都是不可或缺的。例如，企业的目标是管理日常流动性需求同时维持特定的收益率，或将金融资产的存续期与相关负债的存续期进行匹配。以收取合同现金流量和出售金融资产为目标的业务模式，包括债务工具投资等其他债权投资，准则将此类投资分类为以公允价值计量且其变动计入其他综合收益的金融资产。

（3）其他业务模式。如果企业管理金融资产的业务模式，不是以收取合同现金流量为目标，也不是以出售金融资产为目标，则该企业管理金融资产的业务模式是其他业务模式。准则将该类金融资产分类为以公允价值计量且其变动计入当期损益的金融资产。

2. 金融资产的合同现金流量特征。所谓金融资产的合同现金流量特征，是指金融工具合同约定的、反映相关金融资产经济特征的现金流量属性。企业分类为摊余成本计量的金融资产和以公允价值计量且其变动计入其他综合收益的金融资产，其合同现金流量特征，应当与基本借贷安排相一致，即相关金融资产在特定日期产生的合同现金流量仅为对本金和以未偿付本金金额为基础的利息的支付。其中，本金是指金融资产在初始确认时的公允价值，本金金额可能因提前还款等原因在金融资产的存续期内发生变动；利息包括对货币时间价值、与特定时期未偿付本金金额相关的信用风险，以及其他基本借贷风险、成本和利润的对价。

第二节 交易性金融资产

一、交易性金融资产初始确认与计量

（一）交易性金融资产概述

按照前文所述分类为以摊余成本计量的金融资产和以公允价值计量且其变动计入其他综合收益的金融资产之外的金融资产，企业应当将其分类为以公允价值计量且其变动计入当期损益的金融资产。主要包括交易性金融资产和指定为以公允价值计量且其变动计入当期损益的金融资产。

企业持有该金融资产目的是交易性的，将被分类为以公允价值计量且其变动计入当期损益的金融资产。一般来说，金融资产满足下列条件之一的，表明企业持有该金融资产的目的是交易性的：第一，取得相关金融资产或承担相关金融负债的目的，主要是为了近期出售；第二，相关金融资产在初始确认时属于集中管理的可辨认金融工具组合的一部分，且有客观证据表明近期实际存在短期获利模式；第三，相关金融资产属于衍生工具。衍生金融工具形成的资产通常划分为交易性金融资产，但符合财务担保合同定义的衍生工具以及被指定为有效套期工具的衍生工具除外。

指定为以公允价值计量且其变动计入当期损益的金融资产。在初始确认时，如果能够消除或者显著减少会计错配，企业可以将金融资产指定为以公允价值计量且其变动计入当期损益的金融资产，该指定一经做出，不可撤销。只有在满足以下条件之一时，企业才能将某项金融资产直接指定为以公允价值计量且其变动计入当期损益的金融资产（直接指定的原因）：第一，该指定可以消除或明显减少由于该金融资产的计量基础不同所导致的相关利得或损失在确认或计量方面不一致的情况。第二，企业管理上的需要。企业风险管理或投资策略的正式书面文件已载明，该金融资产组合等以公允价值为基础进行管理、评价并向关键管理人员报告。

（二）交易性金融核算设置的主要账户

为了核算以公允价值计量且其变动计入损益的金融资产，企业应设置“交易性金融资产”“公允价值变动损益”“投资收益”等账户进行核算。

“交易性金融资产”账户核算企业为交易目的所持有的债券投资、股票投资、基金投资等交易性金融资产的公允价值和企业持有的直接指定为以公允价值计量且其变动计入当期损益的金融资产。该账户的借方登记交易性金融资产的取得成本、资产负债表日其公允价值高于账面余额的差额等；贷方登记资产负债表日其公允价值低于账面余额的差额，以及企业出

售交易性金融资产时结转的成本；该账户期末借方余额，反映企业持有的交易性金融资产的公允价值。该账户应当按照交易性金融资产的类别和品种，分别按“成本”“公允价值变动”等进行明细核算。

“公允价值变动损益”账户核算企业交易性金融资产、交易性金融负债，以及采用公允价值模式计量的投资性房地产、衍生工具、套期保值业务等由于公允价值变动形成的应计入当期损益的利得或损失。该账户贷方登记资产负债表日企业持有的交易性金融资产等的公允价值高于账面余额的差额；借方登记资产负债表日企业持有的交易性金融资产等的公允价值低于账面余额的差额。期末，应将该账户余额转入“本年利润”账户，结转后该账户无余额。该账户可按交易性金融资产、交易性金融负债、投资性房地产等进行明细核算。

“投资收益”账户核算企业持有交易性金融资产等期间取得的投资收益以及处置交易性金融资产等实现的投资收益或发生的损失。该账户贷方登记出售交易性金融资产等取得的投资收益；借方登记企业取得交易性金融资产时支付的投资费用和出售交易性金融资产时发生的投资损失；期末余额，既可能在贷方，也可能在借方，表示投资收益或损失的净额。期末结转“本年利润”账户后应无余额。该账户应按投资收益种类设置明细账，进行明细核算。

（三）交易性金融资产取得时的会计处理

以公允价值计量且其变动计入当期损益的金融资产（股票、债券、基金）在初始确认时，应当按照取得时的公允价值作为初始确认金额，相关的交易费用在发生时计入当期损益。其中，交易费用是指可直接归属于购买、发行或处置金融工具新增的外部费用，包括支付给代理机构、咨询公司、券商等的手续费和佣金及其他必要支出。另外，支付的价款中包含已宣告但尚未领取的现金股利或已到付息期但尚未领取的债券利息，应当单独确认为应收项目。企业在持有期间取得的利息或现金股利，应当确认为投资收益。

企业取得交易性金融资产时，应当按照该金融资产取得时的公允价值作为其初始确认金额（不含所支付价款中包含的已到付息期但尚未领取的利息，或已宣告但尚未领取的现金股利），借记“交易性金融资产——成本”账户；按发生的交易费用，借记“投资收益”账户；按已到付息期但尚未领取的利息或已宣告但尚未领取的现金股利，借记“应收利息”或“应收股利”账户，按实际支付的金额，贷记“银行存款”等账户。

【例7-1】兴达股份有限公司2×21年1月12日斥资5 732 000元购入新长江公司普通股股票100 000股，其中包含已宣告但尚未发放的现金股利每股0.32元，兴达股份有限公司将其指定为交易性金融资产，另支付交易费用8 000元。

兴达股份有限公司相关会计处理如下：

借：交易性金融资产——成本（新长江公司股票）	5 700 000	
应收股利	32 000	
投资收益	8 000	
贷：银行存款		5 740 000

【例7-2】兴达股份有限公司2×21年6月1日购入恒丰公司当年1月1日发行的债券，并将其指定为交易性金融资产，该批债券面值为800 000元，两年期，年利率为5%，每年末付息，到期一次归还本金。兴达股份有限公司以银行存款实际支付购买价款815 300

元，另支付相关费用700元。兴达股份有限公司相关会计处理如下：

借：交易性金融资产——成本（恒丰公司债券） 815 300
  投资收益 700
  贷：银行存款 816 000

二、交易性金融资产后续计量与处置

（一）交易性金融资产持有期间取得的现金股利和利息

交易性金融资产取得时，实际支付的价款中包含的已宣告但尚未领取的现金股利，或已到付息期但尚未领取的利息，属于在购买时暂付的资金，实际收到利息或者股利时应冲减原已记录的应收股利或应收利息，而不确认为投资收益。企业持有期间被投资单位宣告分派现金股利或在资产负债表日按债券投资的票面利率计算的利息收入，属于投资期间形成的收益，应确认为“投资收益”。

【例7-3】沿用【例7-1】，假定兴达股份有限公司2×21年2月10日收到新长江公司现金股利32 000元。

兴达股份有限公司会计分录为：

借：银行存款 32 000
  贷：应收股利 32 000

【例7-4】沿用【例7-1】假定新长江公司于2×21年3月17日宣告发放2020年度现金股利，每股发放现金股利0.6元，并于2×21年4月10日实际发放。

兴达股份有限公司的相关会计处理如下：

（1）2×21年3月17日：

借：应收股利 60 000
  贷：投资收益 60 000

（2）2×21年4月10日：

借：银行存款 60 000
  贷：应收股利 60 000

【例7-5】沿用【例7-2】，2×21年12月31日，兴达股份有限公司对持有的恒丰公司面值为800 000元，两年期，年利率为5%，每年末付息，到期一次归还本金的债券计提利息。

兴达股份有限公司会计处理如下：

借：应收利息 40 000
  贷：投资收益 40 000

（二）交易性金融资产的期末计量

在每个资产负债表日，交易性金融资产应当按资产负债表日的公允价值进行后续计量。其公允价值与账面余额之间的差额计入当期损益。按照交易性金融资产的公允价值高于其账面余额的差额，借记“交易性金融资产——公允价值变动”账户，贷记“公允价值变动损益”账户；如果公允价值低于其账面余额，则按其差额做相反的会计分录。

【例7-6】 沿用【例7-1】【例7-2】和【例7-3】，假定2×21年12月31日，兴达股份有限公司对持有的交易性金融资产按公允价值进行后续计量，确认公允价值变动损益。兴达股份有限公司对持有的交易性金融资产账面余额和12月31日公允价值资料见表7-1。

表7-1 **交易性金融资产账面余额和公允价值**

2×21年12月31日 单位：元

项目	调整前余额	期末公允价值	公允价值变动损益
新长江公司股票	5 700 000	6 300 000	600 000
恒丰公司债券	815 300	755 000	-60 300

兴达股份有限公司会计处理如下：

借：交易性金融资产——公允价值变动（新长江公司股票） 600 000

　　贷：公允价值变动损益 600 000

借：公允价值变动损益 60 300

　　贷：交易性金融资产——公允价值变动（恒丰公司债券） 60 300

（三）交易性金融资产的处置

出售交易性金融资产时，应当将该交易性金融资产出售时的公允价值与其账面余额之间的差额确认为投资收益。

企业应按实际收到的金额，借记“银行存款”等账户，按该项金融资产的账面余额，贷记“交易性金融资产”，按其差额，贷记或借记“投资收益”账户。

【例7-7】 沿用【例7-1】【例7-3】和【例7-6】，假定2×22年4月15日，兴达股份有限公司出售全部所持有的新长江公司股票，实际收到7 000 000元存入银行。兴达股份有限公司应作如下会计处理：

借：银行存款 7 000 000

　　贷：交易性金融资产——成本（新长江公司股票） 5 700 000

　　　　　　　　　　——公允价值变动（新长江公司股票） 600 000

　　　　投资收益 700 000

【例7-8】 沿用【例7-2】【例7-5】和【例7-6】资料，2×22年1月9日，兴达股份有限公司将所持有的恒丰公司债券全部出售，实际收到出售价款750 000元。债券出售日，恒丰公司债券账面余额为755 000元，其中，成本815 300元，公允价值变动（贷方）60 300元；2×21年末已计提但尚未收到的利息为40 000元。

借：银行存款 750 000

　　交易性金融资产——公允价值变动（恒丰公司债券） 60 300

　　投资收益 45 000

　　贷：交易性金融资产——成本（恒丰公司债券） 815 300

　　　　应收利息 40 000

第三节　债权投资

一、债权投资的初始确认与计量

（一）债权投资的概述

金融资产同时符合下列条件的，应当分类为以摊余成本计量的金融资产：第一，企业管理该金融资产的业务模式是以收取合同现金流量为目标；第二，该金融资产的合同条款规定，在特定日期产生的现金流量，仅为对本金和以未偿付本金金额为基础的利息的支付。此类金融资产通常表现为贷款、应收款项、债权投资，即企业以购买债券等方式投放资本，分期或到期一次向债务人收取利息并收回本金的一种投资方式。

（二）债权投资核算设置的主要账户

企业一般应当设置“银行存款”“贷款”“应收账款”“债权投资”等账户核算分类为以摊余成本计量的金融资产。本节着重介绍债权投资账户的核算方法。

“债权投资”账户应该按照债权投资的类别和品种，分别按“成本”“利息调整”“应计利息”进行明细核算。其中“成本”明细账户反映债权投资的面值；“利息调整”明细账户反映债权投资的初始入账金额与面值之间的差额，以及按照实际利率法分期摊销后该差额的摊余金额；“应计利息”明细账户反映企业计提的到期一次还本付息债权投资的应计未付利息。

（三）债权投资取得时的会计处理

债权投资应当按照取得时的公允价值与相关费用之和作为初始入账价值，如果实际支付的价款中包含了已到付息期但尚未领取的利息，应单独确认为应收项目，不构成债权投资的初始入账金额。

企业取得债权投资时，按照投资的面值，借方登记“债权投资——成本 ”账户，按照支付的价款中包含的已到付息期但尚未领取的利息，借记“应收利息”账户，按照实际支付的金额，贷记“银行存款”等账户，按其差额，借记或者贷记“债权投资——利息调整”账户。当企业实际收到支付的价款中包含的已到付息期但尚未领取的利息时，借记“银行存款”账户，贷记“应收利息”账户。

【例7－9】兴达股份有限公司2×21年1月1日购入恒丰公司同日发行的两年期债券一批，该债券面值为250 000元，票面利率为4%，到期一次还本付息。兴达股份有限公司按260 000元的价格购入，并准备持有至到期（假定实际利率为2%）。假定不考虑购入过程中的相关税费，则兴达股份有限公司购入债券时应作如下会计处理：

借：债权投资——恒丰公司债券（成本）	250 000	
——恒丰公司债券（利息调整）	10 000	
贷：银行存款		260 000

二、债权投资后续确认与计量

（一）确认利息收入的方法

在后续持有期间，债权投资应当以摊余成本进行后续计量。在资产负债表日，债权投资按照摊余成本和实际利率计算确认利息收入，计入投资收益。实际利率应当在取得债权投资时确定，在该债权投资预期存续期间或适用的更短期间内保持不变。实际利率与票面利率差别较小的，也可按票面利率计算利息收入，计入投资收益。

1. 摊余成本和实际利率法的基本概念。金融资产的摊余成本，是指该金融资产的初始确认金额经下列调整后的结果：扣除已偿还的本金；加上或减去采用实际利率法将该初始确认金额与到期日金额之间的差额进行摊销形成的累计摊销额；扣除累计计提的损失准备。在会计处理上，以摊余成本计量的债权投资计提的损失准备是通过专门设置的“债权投资减值准备”账户核算的，从会计账户之间的关系来看，摊余成本也可以用下列公示表示：

摊余成本 =“债权投资”科目的账面余额 –“债权投资减值准备”账户的账面余额

因此，如果债权投资没有计提损失准备，其摊余成本等于账面余额。

实际利率法是指以实际利率为基础计算确定金融资产的账面余额（或摊余成本）以及将利息收入分摊计入各会计期间的方法。实际利率是指将金融资产在预期存续期的估计未来现金流量折现为该金融资产账面余额所使用的利率。对于没有发生信用减值的债权投资，采用实际利率法确认利息收入并确定账面余额的公式如下：

每期计入“应收利息”账户的金额 = 面值 × 票面利率

每期计入“投资收益”账户的金额 = 债券期初摊余成本 × 实际利率

每期记入“债权投资——利息调整”账户的金额，为“应收利息”和“投资收益”二者之间的差额。

最终债权投资的期末余额等于债权投资的期初余额加上（初始入账金额低于面值时）或者减去（初始入账金额高于面值时）当期利息调整的摊销额作为期末余额。

2. 不同付息方式债权投资的利息计算与确认。

（1）债权投资为分期付息、到期还本的债券投资。资产负债表日，债权投资为分期付息、到期还本债券投资的，应按票面利率计算确定的应收未收利息，借记“应收利息”账户，按债权投资摊余成本和实际利率计算确定的利息收入，贷记“投资收益”账户，按其差额，借记或贷记“债权投资——利息调整”账户。

（2）债权投资为一次还本付息的债券投资。债权投资为到期一次还本付息债券投资的，应于资产负债表日按票面利率计算确定的应收未收利息，借记“债权投资——应计利息”账户，按债权投资摊余成本和实际利率计算确定的利息收入，贷记“投资收益”账户，按其差额，借记或贷记“债权投资——利息调整”账户。

【例 7 – 10】沿用【例 7 – 9】兴达股份有限公司于 2 × 21 年 12 月 31 日计提恒丰公司债券利息时：（假定实际利率为 2%）

借：债权投资——应计利息　　　　（250 000 × 4%）10 000

贷：投资收益　　（260 000 × 2%）5 200

　　债权投资——利息调整　　4 800

（二）债权投资的期末计量

在资产负债表日，企业应对其持有的金融工具按照“预期信用损失法”计提减值准备。该方法以未来可能的违约事件造成损失的期望值来计量当前（资产负债表日）应当确认的减值准备。

以摊余成本计量的金融资产发生减值时，应当将该金融资产的账面价值减记至预计未来现金流量现值，减记的金额确认为信用减值损失，计入当期损益。

资产负债表日，企业根据金融工具确认和计量准则确定债权投资发生减值的，按应减记的金额，借记“信用减值损失”账户，贷记“债权投资减值准备”账户。

已计提减值准备的债权投资价值以后又得以恢复的，应在原已计提的减值准备金额内，按恢复增加的金额，借记“债权投资减值准备”，贷记“信用减值损失”账户。

（三）债权投资处置

处置债权投资时，应将所取得对价的公允价值与该投资账面价值之间的差额确认为投资收益。处置债权投资时，应同时结转已计提的减值准备。部分处置某项债权投资时，应按该项投资的总平均成本确定其处置部分的成本，并按相应比例结转已计提的减值准备。

出售债权投资时，应按实际收到的金额，借记“银行存款”等账户；已计提减值准备的，借记“债权投资减值准备”账户；按其账面余额，贷记“债权投资——成本、应计利息”账户；如果“债权投资——利息调整”账户有余额，根据其余额方向进行反向登记；最后，按其差额，贷记或借记“投资收益”账户。

【例 7 – 11】 兴达股份有限公司 2 × 18 年 7 月 1 日购入亚泰公司当日发行的 3 年期债券一批，票面利率 2%，债券面值 218 000 元，按 200 000 元的价格购入，并准备持有至到期。假定债券发行时的市场利率为 5%，该债券每半年支付一次应计利息，到期还本（不考虑购入过程中的相关税费）。则兴达股份有限公司应作如下会计处理：

（1）2 × 18 年 7 月 1 日购入债券时：

借：债权投资——亚泰公司债券（成本）　　218 000

　　贷：债权投资——亚泰公司债券（利息调整）　　18 000

　　　　银行存款　　200 000

（2）2 × 18 年 12 月 31 日：

计算每期（半年）应收利息和利息调整：

每期应收利息 = 218 000 × 2% ÷ 2 = 2 180（元）

第一期实际利息收入 = 200 000 × 5% ÷ 2 = 5 000（元）

第一期利息调整 = 5 000 – 2 180 = 2 820（元）

借：应收利息　　2 180

　　债权投资——利息调整　　2 820

　　贷：投资收益　　5 000

实际收到利息时：

借：银行存款　　2 180

　　贷：应收利息　　2 180

(3) 2×19年6月30日：

第二期实际利息收入（200 000+2 820）×5%÷2=5 070.5（元）

第二期利息调整=5 070.5－2 180=2 890.5（元）

借：应收利息　　2 180

　　债权投资——利息调整　　2 890.5

　　贷：投资收益　　5 070.5

实际收到利息时：

借：银行存款　　2 180

　　贷：应收利息　　2 180

以后各期结账计算应收利息时，方法同上，分录类似（到期时“债权投资——利息调整”账户余额为零），略。

(4) 2×21年7月1日收到本金时：

借：银行存款　　218 000

　　贷：债权投资——成本　　218 000

第四节　其他债权投资与其他权益工具投资

一、其他债权投资与其他权益工具投资的初始确认与计量

（一）其他债权投资与其他权益工具投资概述

金融资产同时符合下列条件的，应当分类为以公允价值计量且其变动计入其他综合收益的金融资产：(1) 企业管理该金融资产的业务模式既以收取合同现金流量为目标又以出售该金融资产为目标。(2) 该金融资产的合同条款规定，在特定日期产生的现金流量，仅为对本金和以未偿付本金金额为基础的利息的支付。

分类为以公允价值计量且其变动计入其他综合收益的金融资产所产生的所有利得或损失，除减值损失或利得和汇兑损益之外，均应当计入其他综合收益，直至该金融资产终止确认或被重分类。

指定为以公允价值计量且其变动计入其他综合收益的非交易性权益工具投资，除了获得的股利（明确代表投资成本部分收回的股利除外）计入当期损益外，其他相关的利得和损失（包括汇兑损益）均应当计入其他综合收益，且后续不得转入当期损益。当其终止确认时，之前计入其他综合收益的累计利得或损失应当从其他综合收益中转出，计入留存收益。

（二）其他债权投资和其他权益工具投资设置的主要账户设置

企业应当设置“其他债权投资”“其他权益工具投资”以及“其他综合收益”等账户核算分类为以公允价值计量且其变动计入其他综合收益的金融资产。

1. 债务工具。取得的金融资产为债权投资时，企业应该设置“其他债权投资”账户，并按照其他债权投资的类别和品种，分别设置“成本”“利息调整”“应计利息”“公允价值变动”等进行明细核算。其中，“成本”明细账户反映其他债权投资的面值，“利息调整”明细账户反映其他债权投资的初始入账金额与其面值的差额，以及按照实际利率分期摊销后该差额的摊余金额；“应计利息”明细账户反映企业计提的到期一次还本付息的其他债权投资应计未付的利息；“公允价值变动”明细账户反映其他债权投资的公允价值变动金额。

2. 权益工具。取得的金融资产为非交易性权益工具投资时，企业应该设置“其他权益工具投资”账户，并按照权益投资的类别和品种，分别设置“成本”“公允价值变动”等进行明细核算。其中，“成本”明细账户反映其他权益工具投资的初始入账价值，“公允价值变动”明细账户反映其他权益工具投资的公允价值变动金额。

3. 金融资产的公允价值变动金额。企业应当设置“其他综合收益”以反映符合条件的金融资产在后续持有期间的公允价值变动。“其他综合收益”账户属于所有者权益类，核算未在损益中确认的各项利得和损失扣除所得税影响后的净额。贷方登记未在损益中确认的各项利得扣除所得税影响后的净额，借方登记未在损益中确认的各项损失扣除所得税影响后的净额；期末余额可能在借方或贷方。

（三）取得时的会计处理

1. 取得其他债权投资时的会计处理。其他债权投资应当按照取得该金融资产的公允价值和相关交易费用之和作为初始入账金额。如果支付的价款中包含已到付息期但尚未领取的利息，应单独确认为应收项目，不构成其他债权投资的初始入账金额。

企业取得其他债权投资时，应按其面值，借记“其他债权投资——成本”账户，按支付的价款中包含的已到付息期但尚未领取的利息，借记“应收利息”账户，按实际支付的金额，贷记“银行存款”“应交税费”等账户，按差额，借记或贷记“其他债权投资——利息调整”账户。

其他债权投资在持有期间确认利息收入的方法与按摊余成本计量的债权投资相同，即采用实际利率法确认当期利息收入，计入投资收益。需要注意的是，在采用实际利率法确认其他债权投资的利息收入时，应当以不包括“公允价值变动”明细账户余额的其他债权投资账面余额和实际利率计算确定利息收入。

【例7－12】2×21年1月1日，兴达股份有限公司购入万盛公司当日发行的面值700 000元、期限3年、票面利率8%、每年12月31日付息、到期还本的债券，并分类为以公允价值计量且其变动计入其他综合收益的金融资产，实际支付购买价款（包括交易费用）734 905元。

借：其他债权投资——万盛公司（成本）	700 000	
——万盛公司（利息调整）	34 905	
贷：银行存款		734 905

【例7－13】沿用【例7－12】，兴达股份有限公司经过测算，万盛公司债券的实际利率为6.13%，按照实际利率法计算各年利息收入与利息调整摊销过程，如表7－2所示。

表 7-2　　实际利率法下利息收入与账面余额计算

日期	应收利息（元）	实际利率（%）	利息收入（元）	利息调整摊销（元）	账面余额（元）
2×21.1.1					734 905
2×21.12.31	56 000	6.13	45 050	10 950	723 955
2×22.12.31	56 000	6.13	44 378	11 622	712 333
2×23.12.31	56 000	6.13	43 667	12 333	700 000
合计	168 000		133 095	34 905	

注：由于在计算过程中四舍五入的影响，很可能出现最终债券利息调整摊余金额不为 0 的情况，为了避免这种现象，最后一期“利息调整摊销”采用倒挤法计算，即 34 905 - 10 950 - 11 622 = 12 333（元），同样，当期的利息收入也采用倒挤法，即 56 000 - 12 333 = 43 667（元），这样计算之后，债券的摊余金额恰好为面值 700 000 元。

编制各年确认利息收入并摊销利息调整的会计分录如下：

（1）2×21 年 12 月 31 日：

借：应收利息　　56 000
　贷：投资收益　　45 050
　　其他债权投资——万盛公司（利息调整）　　10 950

（2）2×22 年 12 月 31 日：

借：应收利息　　56 000
　贷：投资收益　　44 378
　　其他债权投资——万盛公司（利息调整）　　11 622

（3）2×23 年 12 月 31 日：

借：应收利息　　56 000
　贷：投资收益　　43 667
　　其他债权投资——万盛公司（利息调整）　　12 333

2. 取得其他权益工具投资时的会计处理。其他债权投资应当按照取得该金融资产的公允价值和相关交易费用之和作为初始入账金额。如果支付的价款中包含已宣告但尚未领取的现金股利，应单独确认为应收项目，不构成其他债权投资的初始入账金额。

企业取得其他权益工具投资时，应按其公允价值与交易费用之和，借记“其他权益工具投资——成本”账户，按支付的价款中包含的已宣告但尚未发放的现金股利，借记“应收股利”账户，按实际支付的金额，贷记“银行存款”“应交税费”等账户。

其他权益工具投资在持有期间，只有在同时满足股利收入的确认条件时，才能确认为股利收入并计入当期投资收益。

持有其他权益工具投资期间，被投资方宣告发放的现金股利同时满足股利收入的确认条件时，投资方按应享有的份额，借记“应收股利”账户，贷记“投资收益”账户；收到发放的现金股利时，借记“银行存款”账户，贷记“应收股利”账户。

【例 7-14】兴达股份公司 2×21 年 3 月 10 日从公开市场购买宏运公司的普通股 100 000 股，每股市价 4 元，手续费 12 000 元；初始确认时，该股票投资划分为可供出售金融资产。兴达股份有限公司取得股票时应作如下会计处理：

借；其他权益工具投资——成本　　412 000

　　贷：银行存款　　412 000

【例 7－15】沿用【例 7－14】，兴达股份公司持有宏运公司普通股股票 100 000 股。2×22 年 3 月 12 日，宏运公司宣告每股分派现金股利 0.2 元（该现金股利已同时满足股利收入的确认条件），并于 2×22 年 4 月 15 日发放。万盛公司作如下会计处理：

（1）2×22 年 3 月 12 日：

应收现金股利＝0.2×100 000＝20 000（元）

借：应收股利　　20 000

　　贷：投资收益　　20 000

（2）2×22 年 4 月 15 日，实际收到股利：

借：银行存款　　20 000

　　贷：应收股利　　20 000

二、后续计量与处置

（一）其他债权投资与其他权益工具的期末计量

其他债权投资和其他权益工具的价值应按资产负债表日的公允价值反映，公允价值的变动计入其他综合收益。

资产负债表日，其他债权投资的公允价值高于其账面余额时，应按二者之间的差额，调增其他债权投资的账面余额，同时将公允价值变动计入其他综合收益，借记“其他债权投资——公允价值变动”账户，贷记“其他综合收益——其他债权投资公允价值变动”账户；其他债权投资的公允价值低于其账面余额时，应按二者之间的差额，调减其他债权投资的账面余额，同时按公允价值变动金额减记其他综合收益，借记“其他综合收益——其他债权投资公允价值变动”账户，贷记“其他债权投资——公允价值变动”账户。

资产负债表日，其他权益工具投资的公允价值高于其账面余额时，应按二者之间的差额，调增其他权益工具投资的账面余额，同时将公允价值变动计入其他综合收益，借记“其他权益工具投资——公允价值变动”账户，贷记“其他综合收益——其他权益工具投资公允价值变动”账户；其他权益工具投资的公允价值低于其账面余额时，应按二者之间的差额，调减其他权益工具投资的账面余额，同时按公允价值变动金额减记其他综合收益，借记“其他综合收益——其他权益工具投资公允价值变动”账户，贷记“其他权益工具投资——公允价值变动”账户。

【例 7－16】沿用【例 7－12】和【例 7－13】，兴达股份有限公司持有的面值 700 000 元、期限 3 年、票面利率 8%、每年 12 月 31 日付息的万盛公司债券，2×21 年 12 月 31 日的市价（不包括应计利息）为 730 000 元。

2×21 年 12 月 31 日，确认公允价值变动：

公允价值变动＝730 000－723 955＝6 045（元）

借：其他债权投资——万盛公司债券（公允价值变动）　　6 045

　　贷：其他综合收益——其他债权投资公允价值变动　　6 045

【例 7－17】沿用【例 7－14】和【例 7－15】，万盛公司持有 100 000 股宏运公司普通股股票。2×21 年 12 月 31 日的每股市价为 5.12 元，宏运公司股票按公允价值调整前的账面余额（即初始入账金额）为 412 000 元。

2×21 年 12 月 31 日，调整其他权益工具投资账面余额。

公允价值变动 = 5.12×100 000 − 412 000 = 100 000（元）

借：其他权益工具投资——宏运公司股票（公允价值变动）　　100 000
　　贷：其他综合收益——其他权益工具投资公允价值变动　　100 000

（二）其他债权投资与其他权益工具投资的处置

处置其他债权投资时，应将取得的处置价款与其他债权投资账面余额之间的差额，计入投资收益；同时，该金融资产原计入其他综合收益的累计利得或损失对应处置部分的金额应当从其他综合收益中转出，计入投资收益。其中，其他债权投资的账面余额，是指出售前最后一个计量日其他债权投资的公允价值。如果在处置其他债权投资时，已计入应收项目的债券利息尚未收回，还应从处置价款中扣除该部分债券利息之后，确认处置损益。

处置其他权益工具投资时，应将取得的处置价款与该金融资产账面余额之间的差额，计入留存收益；同时，该金融资产原计入其他综合收益的累计利得或损失对应处置部分的金额应当从其他综合收益中转出，计入留存收益。其中，其他权益工具投资的账面余额，是指其他权益工具投资的初始入账金额加上或减去累计公允价值变动后的金额，即出售前最后一个计量日其他权益工具投资的公允价值。

【例 7−18】 沿用【例 7−12】和【例 7−16】，2×22 年 2 月 18 日，兴达股份有限公司持有的面值 700 000 元、期限 3 年、票面利率 8%、每年 12 月 31 日付息、到期还本的万盛公司债券售出，实际收到出售价款 735 000 元。出售日，万盛公司债券账面余额（即 2×21 年 12 月 31 日的公允价值）为 730 000 元。其中，成本 700 000 元，利息调整（借方）23 955 元，公允价值变动（借方）6 045 元。

借：银行存款　　735 000
　　贷：其他债权投资——万盛公司债券（成本）　　700 000
　　　　　　　　　　——万盛公司债券（利息调整）　　23 955
　　　　　　　　　　——万盛公司债券（公允价值变动）　　6 045
　　　　投资收益　　5 000

借：其他综合收益——其他债权投资公允价值变动　　6 045
　　贷：投资收益　　6 045

【例 7−19】 沿用【例 7−14】和【例 7−17】，2×22 年 3 月 22 日，万盛公司将持有的 100 000 股宏运公司股票售出，实际收到价款 600 000 元。出售日，宏运公司股票账面余额为 512 000 元（412 000 + 100 000）。其中，成本 412 000 元，公允价值变动（借方）100 000 元。万盛公司按 10% 提取法定盈余公积。

借：银行存款　　600 000
　　贷：其他权益工具投资——宏运公司股票（成本）　　412 000
　　　　　　　　　　　　——宏运公司股票（公允价值变动）　　100 000
　　　　盈余公积　　8 800
　　　　利润分配——未分配利润　　79 200

借：其他综合收益——其他权益工具投资公允价值变动　　100 000
　　贷：盈余公积　　10 000
　　　　利润分配——未分配利润　　90 000

第五节　长期股权投资

一、长期股权投资的概述

（一）长期股权投资的核算范围

我国《企业会计准则第2号——长期股权投资》（2014）所称长期股权投资，是指投资方对被投资单位实施控制、重大影响的权益性投资，以及对其合营企业的权益性投资。

1. 对子公司的投资（对被投资单位实施控制）。投资企业投资后能对被投资单位实施控制的，投资企业称为被投资企业的母公司，被投资单位为其子公司。控制，是指投资方拥有对被投资方的权力，通过参与被投资方的相关活动而享有可变回报，并且有能力运用对被投资方的权力影响其回报金额。拥有对被投资方的权力，是指投资方能够主导被投资方的相关活动。被投资方的相关活动，是对被投资方的回报产生（最）重大影响的活动，通常包括：商品或劳务的销售和购买、金融资产的管理、资产的购买和处置、研究与开发活动、确定资本结构和获取融资等。可变回报，是指不固定的并可能随被投资方业绩而变动的回报，可变回报的形式包括：第一，股利、利息、投资方对被投资方的投资的价值变动；第二，因向被投资方的资产或负债提供服务而得到的报酬、因提供信用支持或流动性支持收取的费用或承担的损失、被投资方清算时在其剩余净资产中所享有的权益、税务利益，以及因涉入被投资方而获得的未来流动性；第三，其他利益持有者无法得到的回报，如投资方将自身资产与被投资方的资产整合以实现规模经济，达到节约成本的目的。

投资方在判断其是否能够控制被投资方时，应当综合考虑所有相关事实和情况，只有同时具备上述三个要素时，才能控制被投资方。一旦相关事实和情况发生了变化，导致上述三个要素中的一个或多个发生变化的，投资方应当重新评估其是否能够控制被投资方。

2. 对联营企业投资（对被投资单位具有重大影响）。重大影响，是指投资方对被投资单位的财务和经营政策有参与决策的权力，但并不能够控制或者与其他方一起共同控制这些政策的制定。重大影响一般体现为在被投资单位的董事会或类似权力机构中派有代表，通过在被投资单位生产经营决策制定过程中的发言权实施重大影响；投资企业直接或通过子公司间接拥有被投资单位20%以上但低于50%的表决权股权时，一般认为对被投资单位具有重大影响，除非有明确的证据表明投资企业在该种情况下不能参与被投资单位的生产决策，不形成重大影响。

在确定能否对被投资单位施加重大影响时，应当考虑投资方和其他方持有的被投资单位当期可转换公司债券、当期可执行认股权证等潜在表决权因素。投资方能够对被投资单位施加重大影响的，被投资单位为其联营企业。

3. 对合营企业投资（对被投资单位具有共同控制）。合营安排，是指一项由两个或两个以上的参与方共同控制的安排。共同控制，是指按照相关约定对某项安排所共有的控制，并且该安排的相关活动必须经过分享控制权的参与方一致同意后才能决策。合营安排具有下列特征：一是各参与方均受到该安排的约束；二是两个或两个以上的参与方对该安排实施共同控制。任何一个参与方都不能够单独控制该安排，对该安排具有共同控制的任何一个参与方均能够阻止其他参与方或参与方组合单独控制该安排。按照在合营安排中享有的权利和承担的义务不同，合营安排分为共同经营和合营企业。共同经营：是指合营方享有该安排相关资产且承担该安排相关负债的合营安排；合营企业，是指合营方仅对该安排的净资产享有权利的合营安排。长期股权投资仅核算对合营企业的投资。共同经营的核算按照其他相关企业会计准则的规定进行会计处理。

（二）长期股权投资核算设置的主要账户

为了核算长期股权投资，企业应设置"长期股权投资"账户进行核算。长期股权投资采用权益法核算的，还应当分别按"成本""损益调整""其他权益变动"进行明细核算。

"长期股权投资"账户借方登记长期股权投资的增加额；贷方登记长期股权投资的减少额；该账户余额在借方，反映企业持有的长期股权投资的价值。该科目可按被投资单位进行明细核算。"长期股权投资——成本"账户，核算企业以支付现金、非现金资产等方式取得的长期股权投资的初始投资成本，以及采用权益法核算长期股权投资的初始投资成本小于投资时应享有被投资单位可辨认净资产公允价值份额的差额而调增的投资成本；"长期股权投资——损益调整"账户，核算采用权益法核算的长期股权投资在资产负债表日根据被投资单位实现的净利润（亏损）或经调整的净利润计算应享有（分担）的份额，以及权益法下向投资者分配的现金股利；"长期股权投资——其他权益变动"账户，在持股比例不变的情况下，核算被投资单位除净损益以外所有者权益的其他变动，企业按持股比例计算应享有的份额；该账户期末余额在借方，反映企业长期股权投资的账面价值。

长期股权投资核算还应设置"投资收益"账户，该账户在长期股权投资成本法和权益法下核算的内容不尽相同。

二、长期股权投资的初始确认与计量

《企业会计准则第 20 号——企业合并》中规定，企业合并，是指将两个或两个以上单独的企业合并形成一个报告主体的交易或事项。企业合并的实质是控制。实务中，对于交易或事项发生前后是否形成控制权的转移，应当遵循实质重于形式原则，综合可获得的各方面情况进行判断。

按照合并方式，企业合并可分为吸收合并、新设合并和控股合并。

吸收合并也称兼并或存续合并，是一个或几个企业并入一个企业的交易行为。后者取得被合并企业的全部资产并承担其债务，合并后被合并企业立即宣布解散，而存续的企业仍保留其名称及继续经营。如甲企业合并乙企业，合并后乙企业不再存在，在合并中存续的甲企业需申请变更登记，被合并的乙企业应申请解散登记。

新设合并是指两个或两个以上的企业合并成立一个新企业的交易行为。参与合并的各方在企业合并后均被注销，重新注册成立一家新的企业，由新注册成立的企业持有参与合并各企业的资产、负债，并在新的基础上经营。如甲企业和乙企业联合，成立丙企业，合并后，甲企业和乙企业都不存在。

控股合并是指合并方（或购买方，下同）通过企业合并交易或事项取得对被合并方（或被购买方，下同）的控制权，能够主导被合并方的生产经营决策，从而将被合并方纳入其合并财务报表范围形成一个报告主体的交易行为。被合并方在企业合并后仍维持其独立法人资格继续经营。取得控制权的企业称为母公司或控股公司，被合并方称为子公司。

企业合并形成的长期股权投资在取得时，应按初始投资成本入账。根据合并前合并双方的关系分为两种类型：同一控制下的企业合并与非同一控制下的企业合并。

1. 同一控制下的企业合并。同一控制下的企业合并，是指参与合并的企业在合并前后均受一方或相同多方最终控制且该控制并非暂时性的。同一控制下的企业合并根据支付方式不同，分别确定其成本：

第一，合并方以支付现金、转让非现金资产或承担债务方式作为合并对价的，应当在合并日按照取得的被合并方所有者权益在最终控制方合并财务报表中的账面价值的份额作为长期股权投资的初始投资成本。初始投资成本大于支付的合并对价账面价值的差额，应计入资本公积（资本溢价或股本溢价）；初始投资成本小于支付的合并对价账面价值的差额，应冲减资本公积（仅限于资本溢价或股本溢价），资本公积的余额不足冲减的，应依次冲减盈余公积、未分配利润。

第二，合并方以发行权益性证券作为合并对价的，应当在合并日按照取得的被合并方所有者权益在最终控制方合并财务报表中的账面价值的份额作为长期股权投资的初始投资成本，按照发行的权益性证券面值总额作为股本。初始投资成本大于发行的权益性证券面值总额的差额，应当计入资本公积（股本溢价）；初始投资成本小于发行的权益性证券面值总额的差额，应当冲减资本公积（仅限于股本溢价），资本公积的余额不足冲减的，应依次冲减盈余公积、未分配利润。

【例7-20】兴达股份有限公司和远大公司是同为甲公司所控制的两个子公司。2×21年2月20日，兴达股份有限公司和远大公司达成合并协议，约定兴达股份有限公司以1 600万元的银行存款作为合并对价，取得远大公司80%的股份。2×21年3月15日，兴达股份有限公司实际取得对远大公司的控制权，购买日，远大公司所有者权益在最终控制方合并财务报表中的账面价值总额为2 500万元。

在上例中，兴达股份有限公司和远大公司在合并前后均受甲公司控制，通过合并，兴达股份有限公司取得了对远大公司的控制权。因此，该合并为同一控制下的控股合并，兴达股份有限公司为合并方，远大公司为被合并方，甲公司为能够对参与合并各方在合并前及合并后均实施最终控制的一方，合并日为2×21年3月15日。兴达股份有限公司在合并日的会计处理如下：

初始投资成本＝2 500×80%＝2 000（万元）

借：长期股权投资——远大公司	20 000 000	
贷：银行存款		16 000 000
资本公积——股本溢价		4 000 000

【例7-21】沿用【例7-20】的基本信息，假设兴达股份有限公司支付的合并对价为2 100万元，“资本公积——股本溢价”科目余额为50万元。兴达股份有限公司在合并日的会计处理如下：

借：长期股权投资——远大公司　　20 000 000

　　资本公积——股本溢价　　500 000

　　盈余公积　　500 000

　　贷：银行存款　　21 000 000

【例7-22】兴达股份有限公司和万通公司是同为甲公司所控制的两个子公司。根据兴达股份有限公司和万通公司达成的合并协议，2×21年5月12日，兴达股份有限公司以增发的权益性证券作为合并对价，取得万通公司90%的股份。兴达股份有限公司增发的权益性证券为每股面值1元的普通股股票，共增发5 000万股，支付手续费及佣金等发行费用80万元。2×21年7月1日，兴达股份有限公司实际取得对万通公司的控制权，当日万通公司所有者权益在最终控制方合并财务报表中的账面价值总额为8 000万元。

初始投资成本=8 000×90%=7 200（万元）

借：长期股权投资——万通公司　　72 000 000

　　贷：股本　　50 000 000

　　　　资本公积——股本溢价　　22 000 000

借：资本公积——股本溢价　　800 000

　　贷：银行存款　　800 000

2. 非同一控制下的企业合并。非同一控制下的企业合并，是指参与合并方在合并前后不受同一方或者相同的多方最终控制的合并交易，即同一控制下企业合并以外的其他企业合并。非同一控制下的企业合并根据支付方式不同，分别确定其成本：

第一，购买方以支付现金、转让非现金资产或承担债务方式作为合并对价的，合并成本为购买方在购买日为取得对被购买方的控制权而付出的资产、发生或承担的负债的公允价值。购买方作为合并对价付出的资产，应当以公允价值处置该资产进行会计处理。

第二，购买方以发行权益性证券作为合并对价的，合并成本为购买方在购买日为取得对被购买方的控制权而发行的权益性证券的公允价值。购买方为发行权益性证券而支付的手续费、佣金等费用，应当抵减权益性证券的溢价发行收入，溢价发行收入不足冲减的，冲减留存收益，不构成初始投资成本。

【例7-23】兴达股份有限公司和汇丰公司为两个独立的法人企业，合并之前不存在任何关联方关系。2×21年10月18日，兴达股份有限公司和汇丰公司达成合并协议，约定兴达股份有限公司以库存商品和银行存款作为合并对价，取得汇丰公司70%的股份。兴达股份有限公司付出库存商品的账面价值为3 000万元，购买日公允价值为4 000万元，增值税税额为640万元，另支付银行存款3 000万元。2×21年12月1日，兴达股份有限公司实际取得对汇丰公司的控制权。在与汇丰公司的合并中，兴达股份有限公司以银行存款支付审计费用、评估费用、法律服务费用等共计180万元。

在上例中，兴达股份有限公司和汇丰公司为两个独立的法人企业，在合并之前不存在任何关联方关系，通过合并，兴达股份有限公司取得了对汇丰公司的控制权。因此，该合并为非同一控制下的控股合并，兴达股份有限公司为购买方，汇丰公司为被购买方，购买日为2×21年12月1日。兴达股份有限公司在购买日的会计处理如下：

合并成本=4 000+640+3 000=7 640（万元）

借：长期股权投资——汇丰公司　　76 400 000

贷：主营业务收入　　40 000 000
　　应交税费——应交增值税（销项税额）　　6 400 000
　　银行存款　　30 000 000

借：主营业务成本　　30 000 000
　　贷：库存商品　　30 000 000

借：管理费用　　1 800 000
　　贷：银行存款　　1 800 000

三、其他方式取得的长期股权投资

除企业合并形成的长期股权投资以外，以其他方式取得的长期股权投资，主要是指以支付现金取得的长期股权投资、以发行权益性证券取得的长期股权投资、接受投资者投入的长期股权投资、通过债务重组方式取得的长期股权投资、通过非货币性资产交换取得的长期股权投资等。取得途径不同，其成本构成内容也有一定差异。此处重点介绍支付现金取得的长期股权投资的成本构成。

除企业合并形成的长期股权投资以外，以支付现金取得的长期股权投资，应当按照实际支付的购买价款作为初始投资成本。企业所发生的与取得长期股权投资直接相关的费用、税金及其他必要支出应计入长期股权投资的初始投资成本。

此外企业取得长期股权投资，实际支付的价款或对价中包含的已宣告但尚未发放的现金股利或利润，作为应收项目处理，不构成长期股权投资的成本。

【例 7-24】 兴达股份有限公司 2×21 年 3 月 11 日自公开市场购入万通公司 55% 的股份，能够对该公司实施控制。实际支付价款 2 750 000 元，其中包括万通公司已宣告但尚未发放的现金股利 760 000 元，在购买过程中另支付相关费用 10 000 元。相关会计处理如下：

借：长期股权投资——万通公司　　2 000 000
　　应收股利　　760 000
　　贷：银行存款　　2 760 000

四、长期股权投资的后续确认与计量

（一）长期股权投资的成本法

成本法是指企业取得长期股权投资按确定的投资成本入账后，除追加投资或收回投资外，一般不对长期股权投资的账面价值进行调整的一种会计处理方法。投资方能够对被投资单位实施控制的长期股权投资应当采用成本法核算。

1. 采用成本法核算的长期股权投资应当按照初始投资成本计价。追加或收回投资应当调整长期股权投资的成本。

2. 被投资单位宣告分派的现金股利或利润，应当确认为当期投资收益。

3. 处置长期股权投资时，按实际取得的价款与长期股权投资账面价值的差额确认为投资损益，并应同时结转已计提的长期股权投资减值准备。

【例 7-25】 假定兴达股份有限公司 2×21 年至 2×23 年发生下列与长期股权投资相关

的业务：

（1）2×21年2月17日，购入汇丰公司有表决权的股票1 000 000股，占汇丰公司股份的51%，能够对该公司实施控制。该股票买入价每股为8元，其中含已宣告分派但尚未领取的现金股利每股0.1元；另外，兴达股份有限公司在购买股票时还支付相关税费30 000元，款项均由银行存款支付。

（2）2×21年2月25日，收到汇丰公司宣告分派的现金股利。

（3）2×21年度，汇丰公司实现净利润5 000 000元。

（4）2×22年3月1日，汇丰公司宣告分派2×21年度股利，每股分派现金股利0.2元。

（5）2×22年3月22日，兴达股份有限公司收到汇丰公司分派的2×21年度的现金股利。

（6）2×22年度，汇丰公司发生亏损100 000元。

（7）2×23年1月4日，兴达股份有限公司出售所持有的汇丰公司的股票400 000股，每股售价为9元，发生相关税费30 000元。

兴达股份有限公司与该项长期股权投资相关分录如下：

（1）2×21年2月17日：

借：长期股权投资——汇丰公司　　7 930 000
　　应收股利　　100 000
　　贷：银行存款　　8 030 000

（2）2×21年2月25日，收到汇丰公司宣告分派的现金股利：

借：银行存款　　100 000
　　贷：应收股利　　100 000

（3）2×21年度，汇丰公司实现净利润5 000 000元，兴达股份有限公司不作会计处理。

（4）2×22年3月1日，汇丰公司宣告分派2×21年度股利，每股分派现金股利0.2元。兴达股份有限公司会计分录为：

借：应收股利　　200 000
　　贷：投资收益　　200 000

（5）2×22年3月22日，兴达股份有限公司收到汇丰公司分派的2×21年度的现金股利：

借：银行存款　　200 000
　　贷：应收股利　　200 000

（6）2×22年度，汇丰公司发生亏损100 000元，兴达股份有限公司不作会计处理。

（7）2×23年1月4日，兴达股份有限公司出售所持有的汇丰公司的股票400 000股，每股售价为9元，发生相关税费30 000元。兴达股份有限公司会计分录为：

借：银行存款　　3 570 000
　　贷：长期股权投资——汇丰公司　　（7 930 000×40%）3 172 000
　　　　投资收益　　398 000

（二）长期股权投资的权益法

权益法是指企业取得的长期股权投资按确定的投资成本入账后，在持有期间依据被投资单位所有者权益的变动，按投资比例调整股权投资账面价值的方法。

投资方取得长期股权投资后，按照应享有或应分担的被投资单位实现的净损益和其他综合收益的份额，分别确认投资收益和其他综合收益，同时调整长期股权投资的账面价值；投资方按照被投资单位宣告分派的利润或现金股利计算应享有的部分，相应减少长期股权投资的账面价值；投资方对于被投资单位除净损益、其他综合收益和利润分配以外所有者权益的其他变动，应当调整长期股权投资的账面价值并计入所有者权益。权益法适用于企业对合营企业和联营企业的投资，即具有共同控制和重大影响的情况。

1. 初始确认。企业取得长期股权投资时，初始投资成本的确定方法与成本法一致，按确定的初始投资成本入账。在权益法下长期股权投资的初始投资成本大于投资时应享有被投资单位可辨认净资产公允价值份额的，不调整已确认的初始投资成本。

长期股权投资的初始投资成本小于投资时应享有被投资单位可辨认净资产公允价值份额的，二者之间的差额应作为营业外收入，同时调增长期股权投资的价值。

【例 7-26】 兴达股份有限公司 2×21 年 1 月 1 日在公开市场上以 360 万元购入华厦公司 30% 的股份，从而能够对华厦公司产生重大影响。兴达股份有限公司对该项投资采用权益法核算，交易当天华厦公司的可辨认净资产的公允价值为 1 000 万元。

由于初始投资成本 360 万元大于交易当日兴达股份有限公司取得投资时应享有华厦公司可辨认净资产公允价值份额（1 000×30%）300 万元，因此，兴达股份有限公司以初始投资成本确认长期股权投资（这与在成本法下确认长期股权投资一样）。相关会计处理如下：

借：长期股权投资——华厦公司（成本）	3 600 000	
贷：银行存款		3 600 000

【例 7-27】 沿用【例 7-26】，假如兴达股份有限公司以 280 万元购入上述投资，其他条件不变。

由于初始投资成本 280 万元小于交易当日兴达股份有限公司取得投资时应享有华厦公司可辨认净资产公允价值份额（1 000×30%）300 万元，因此，兴达股份有限公司应以享有华厦公司可辨认净资产公允价值的份额来确认长期股权投资，并将其与初始投资成本之间的差额视作华厦公司的赠与，记入"营业外收入"账户。相关会计处理如下：

借：长期股权投资	3 000 000	
贷：银行存款		2 800 000
营业外收入		200 000

2. 持有长期股权投资期间被投资企业实现净利润或发生净亏损时。持有长期股权投资期间被投资企业实现净利润或发生净亏损时，投资企业按照应享有或应分担的份额，确认投资损益并调整长期股权投资的账面价值。投资企业取得长期股权投资后，应当按照应享有或应分担的被投资企业实现的净损益的份额，确认投资损益并调整长期股权投资的账面价值。被投资企业实现净损益，会导致其所有者权益变动。因此，投资企业应同步调整长期股权投资的账面价值，同时确认投资损益。但投资方作为确认投资损益的依据，是在被投资方账面净损益的基础上，考虑以下因素进行调整后的净损益：（1）被投资方采用的会计政策及会计期间与投资方不一致的，应当按照投资方的会计政策及会计期间对被投资方的财务报表进行调整；（2）以取得投资时被投资方各项可辨认资产等的公允价值为基础，对被投资方的净损益进行调整；（3）投资方与联营企业及合营企业之间进行商品交易形成的未实现内部

交易损益按照持股比例计算的归属于投资方的部分，应当予以抵销，在此基础上确认投资损益。

调整后被投资企业实现净利润，则按应享有的份额：

借：长期股权投资——损益调整

贷：投资收益

调整后被投资企业发生净亏损，投资企业确认应分担的损失：

借：投资收益

贷：长期股权投资——损益调整

3. 被投资单位宣告分派的利润或现金股利时。被投资单位宣告分派的利润或现金股利时，投资企业按照被投资单位宣告分派的利润或现金股利计算应分得的部分，相应减少长期股权投资的账面价值。被投资方分派股票股利时，投资方不进行账务处理，但应于除权日在备查簿中登记增加的股份。

借：应收股利

贷：长期股权投资——损益调整

【例 7-28】 假定兴达股份有限公司 2×21～2×22 年发生下列与长期股权投资相关的业务：

（1）2×21 年 1 月 1 日，购入汇丰公司有表决权的股票 1 000 000 股，占汇丰公司股份的 30%。该股票每股买入价为 8 元，其中每股含已宣告分派但尚未领取的现金股利 0.1 元；另外，兴达股份有限公司在购买股票时还应支付相关税费 30 000 元，款项均由银行存款支付（假定 2×21 年 1 月 1 日，汇丰公司的所有者权益总额为 25 000 000 元，汇丰公司可辨认净资产的公允价值等于其账面价值；汇丰公司的会计政策与会计期间与兴达股份有限公司相同，并与兴达股份有限公司没有内部交易）。

（2）2×21 年 2 月 25 日，收到汇丰公司宣告分派的现金股利。

（3）2×21 年度，汇丰公司实现净利润 5 000 000 元。

（4）2×22 年 3 月 1 日，汇丰公司宣告分派 2×20 年度股利，每股分派现金股利 0.2 元。

（5）2×22 年 3 月 22 日，兴达股份有限公司收到汇丰公司分派的 2×20 年度的现金股利。

（6）2×22 年度，汇丰公司发生亏损 100 000 元。

兴达股份有限公司与该项长期股权投资相关分录如下：

（1）2×21 年 1 月 1 日：

借：长期股权投资——汇丰公司	7 930 000	
应收股利	100 000	
贷：银行存款		8 030 000

由于 7 930 000 元大于 7 500 000 元（25 000 000×30%），故成本维持不变。

（2）2×21 年 2 月 25 日，收到汇丰公司宣告分派的现金股利：

借：银行存款	100 000	
贷：应收股利		100 000

（3）2×21 年度，汇丰公司实现净利润 5 000 000 元：

借：长期股权投资——损益调整　（5 000 000×30%）	1 500 000	
贷：投资收益		1 500 000

（4）2×22年3月1日，汇丰公司宣告分派2×21年度股利，每股分派现金股利0.2元。兴达股份有限公司会计分录为：

借：应收股利　200 000

　　贷：长期股权投资——损益调整　200 000

（5）2×22年3月22日，兴达股份有限公司收到汇丰公司分派的2×21年度的现金股利：

借：银行存款　200 000

　　贷：应收股利　200 000

（6）2×22年度，汇丰公司发生亏损100 000元：

借：投资收益　30 000

　　贷：长期股权投资——损益调整　（100 000×30%）30 000

被投资方发生亏损，投资方按持股比例确认应分担的亏损份额时，应当以长期股权投资的账面价值以及其他实质上构成对被投资方净投资的长期权益减记至零为限，投资方负有承担额外损失义务的除外。其中，实质上构成对被投资方净投资的长期权益，通常是指长期性的应收项目，例如，投资方对被投资方的某项长期债权，如果没有明确的清收计划，且在可预见的未来期间不准备收回，则实质上构成对被投资方的净投资。但该类长期权益不包括投资方与被投资方之间因销售商品、提供劳务等日常活动所产生的长期债权。

投资方在确认应分担被投资方发生的亏损份额时，应当按照以下顺序进行处理：

首先，冲减长期股权投资的账面价值，借记“投资收益”账户，贷记“长期股权投资”账户。

其次，在长期股权投资的账面价值冲减为零的情况下，如果账面上存在实质上构成对被投资方净投资的长期权益项目，则应当以其他实质上构成对被投资方净投资的长期权益账面价值为限继续确认投资损失，并冲减长期应收项目的账面价值，借记“投资收益”账户，贷记“长期应收款”等账户。

最后，在长期股权投资和其他实质上构成对被投资方净投资的长期权益账面价值均冲减为零的情况下，按照投资合同或者协议约定投资方仍须承担额外损失弥补等义务的，对于符合预计负债确认条件的义务，应按预计承担的金额确认预计负债，计入当期投资损失，借记“投资收益”账户，贷记“预计负债”等账户。

经过上列顺序确认应分担的亏损份额后，如果仍有未确认的亏损分担额，投资方应在账外作备查登记，待被投资方以后年度实现盈利时，再按应享有的收益份额，首先扣减账外备查登记的未确认亏损分担额，然后再按上述相反的顺序进行处理，减记已确认的预计负债账面价值、恢复其他实质上构成对被投资方净投资的长期权益账面价值、恢复长期股权投资的账面价值，同时确认投资收益。

4. 被投资单位除净损益以外所有者权益的其他变动。对于被投资企业除净损益以外所有者权益的其他变动，在持股比例不变的情况下，投资企业按照持股比例计算应享有或承担的部分，调整长期股权投资的账面价值，同时增加或减少其他综合收益。即投资企业按其持股比例计算应享有或承担的份额，借记或贷记“长期股权投资——其他权益变动”账户，贷记或借记“其他综合收益”账户。

【例7-29】沿【例7-28】，假定2×22年度汇丰公司其他权益工具投资的公允价值增加了100 000元。兴达股份有限公司按照持股比例确认相应的其他综合收益30 000元。兴达股份有限公司应作如下会计处理：

借：长期股权投资——其他权益变动　　30 000

　　贷：其他综合收益　　30 000

5. 权益法下的长期股权投资的处置。权益法下处置长期股权投资时，按实际取得的价款与长期股权投资账面价值的差额确认为投资损益，并应同时结转已计提的长期股权投资减值准备。

其会计处理是：企业处置长期股权投资时，应按实际收到的金额，借记“银行存款”等账户，按原已计提减值准备，借记“长期股权投资减值准备”账户，按该长期股权投资的账面余额，贷记“长期股权投资”账户，按尚未领取的现金股利或利润，贷记“应收股利”账户，按其差额，贷记或借记“投资收益”账户。

同时，还应结转原记入其他综合收益的相关金额，借记或贷记“其他综合收益”账户，贷记或借记“投资收益”账户。

【例7-30】沿【例7-28】和【例7-29】，假定2×23年1月8日兴达股份有限公司出售所持汇丰公司的全部股权，实际入账金额为9 300 000元。兴达股份有限公司应编制如下会计分录：

借：银行存款　　9 300 000

　　贷：长期股权投资——成本　　7 930 000

　　　　　　　　　——损益调整　　1 250 000

　　　　　　　　　——其他权益变动　　30 000

　　　　投资收益　　90 000

同时，

借：其他综合收益　　30 000

　　贷：投资收益　　30 000

五、长期股权投资核算方法的转换

长期股权投资核算方法的转换，是指因追加投资或处置投资导致持股比例发生变动而将长期股权投资的核算方法在成本法与权益法之间转换，包括处置投资导致的成本法转换为权益法和追加投资导致的权益法转换为成本法。

投资方原持有的对被投资方具有控制的长期股权投资，因处置投资导致持股比例下降，不再对被投资方具有控制但仍能够施加重大影响或与其他投资方一起实施共同控制形成合营企业的，长期股权投资的核算方法应由成本法转换为权益法。对于处置的长期股权投资，应当按照处置投资的比例转销应终止确认的长期股权投资账面价值，并与处置价款相比较，确认处置损益；对于剩余的长期股权投资，应当将其原采用成本法核算的账面价值按照权益法的核算要求进行追溯调整。

投资方因追加投资等原因使原持有的对联营企业或合营企业的投资转变为对子公司的投资，长期股权投资的核算方法应当由权益法转换为成本法。转换核算方法时，应当根据追加投资所形成的企业合并类型，确定按照成本法核算的初始投资成本：（1）追加投资形成同一控制下企业合并的，应当按照取得的被合并方所有者权益账面价值的份额，作为改按成本法核算的初始投资成本；（2）追加投资形成非同一控制下企业合并的，应当按照原持有权投资账面价值与新增投资成本之和，作为改按成本法核算的初始投资成本。原采用权益法核算时确认的其他综合收益，不能转换为本期投资收益，而应待将来处置该项长期股权投资时，转为处置当期投资收益。

六、有关长期股权投资减值的问题

长期股权投资在按照规定进行核算确定其账面价值的基础上，如果存在减值迹象的，应当按照相关准则的规定计提减值准备。

企业计提长期股权投资减值准备，应当设置“长期股权投资减值准备”账户核算。企业按应减记的金额，借记“信用减值损失——计提的长期股权投资减值准备”账户，贷记“长期股权投资减值准备”账户。

长期股权投资减值损失一经确认，在以后会计期间不得转回。

第六节 对外投资会计分析

一、每股收益

每股收益又称每股利润或每股盈余，反映股份有限公司普通股股东持有每一股份所能享有的企业利润和承担的企业亏损，是衡量上市公司获利能力时最常用的财务分析指标。每股收益包括基本每股收益和稀释每股收益。本节主要介绍基本每股收益。

基本每股收益计算公式如下：

$$\text{基本每股收益}=\frac{\text{归属于普通股股东的当期净利润}}{\text{当期发行在外普通股的加权平均数}}$$

$$\text{归属于普通股股东的当期净利润}=\text{当期净利润}-\text{优先股股利}$$

$$\text{当期发行在外普通股的加权平均数}=(\text{期初发行在外普通股股数}\times\text{报告期时间}+\text{当期新发行普通股股数}\times\text{已发行时间}-\text{当期回购普通股股数}\times\text{已回购时间})\div\text{报告期时间}$$

已发行时间、报告期时间和已回购时间一般按天数计算，在不影响计算结果的前提下，也可按月份简化计算，并且发行在外月份数遵守“发行当月不计入、回购当月计入”的原则。

在其他因素不变的情况下，每股收益越高，公司的盈利能力越强。

二、市盈率

市盈率又称价格盈余比率，是普通股每股市价与普通股每股收益的比率，反映投资者对上市公司每元净利润愿意支付的价格，可以用来估计股票的投资报酬和风险。

市盈率计算公式如下：

$$市盈率=\frac{普通股每股市价}{普通股每股收益}$$

该指标是反映上市公司盈利能力的一个重要指标，是投资者作出投资决策的重要参考因素之一。一般来说，市盈率较高，说明投资者对该公司的发展前景看好，愿意出较高的价格购买该公司股票，所以一些成长性较好的上市公司股票的市盈率通常要高一些。但是也应注意，如果某一种股票的市盈率较高，则也意味着这种股票具有较高的投资风险。

三、股利支付率

股利支付率是指净收益中股利所占的比重。它反映公司的股利分配政策和股利支付能力。

股利支付率计算公式如下：

$$股利支付率=\frac{每股股利}{每股净收益}\times 100\%$$

股利支付率用于衡量每股收益中有多大比率用于支付股利。

第八章

负　债

案　例

小李大学毕业后在R商业银行信贷部工作，他入职后的第一项业务是A公司的贷款申请。A公司注册资本12 000 000元，项目计划总投资29 800 000元。目前实收资本5 542 900元。企业主要从事宠物食品、宠物用品、各类玩具的生产及销售，产品大部分出口。根据企业2×21年末财务报表反映，该企业资产71 590 000元、负债58 280 000元，销售18 010 000元（比同期增长1 250 000元），利润-7 980 000元，对外全部融资24 300 000元。公司融资抵押物为自有土地使用权及厂房，抵押物估价为49 140 000元。

小李是否同意对A公司的贷款，他应该从哪几个方面来进行分析呢？

第一节 负债概述

一、负债的特点

筹集资金是企业进行一系列经营活动的先决条件。不能筹集到一定数量的资金，也就无法从事正常的生产经营活动。企业的筹资渠道主要有两条：一是向投资人筹集，它导致资产增加同时形成企业的所有者权益；二是向债权人筹集，导致资产增加同时形成企业的负债。《企业会计准则——基本准则》对负债的定义是："负债是指企业过去的交易或者事项形成的、预期会导致经济利益流出企业的现时义务。"

负债主要具有以下特点。

1. 负债应当是由企业过去的交易或者事项形成的、现已承担的义务。只有当企业实际已承担了相应的义务时，才能在会计处理中确认这项负债。如公司本月向某银行借入 6 个月、年利率 6% 的周转借款 300 000 元。对于在未来将要发生的交易或事项所形成的义务，不属于现时义务，不应当作为负债加以确认，如企业董事会决议下半年发行公司债券，它不属于现时义务，因而不属于企业的负债。

2. 该义务的履行很可能会导致经济利益流出企业。企业在履行义务时会导致经济利益流出企业的，符合负债的定义；如果履行义务时不会导致企业经济利益流出，就不符合负债的定义；如果履行义务所需流出的经济利益带有不确定性，有时需要依赖于大量的估计（如与产品质量相关的未决诉讼），负债的确认应当与经济利益流出的不确定性程度的判断结合起来，如果有确凿证据表明，与现时义务有关的经济利益很可能流出企业，就应当将其作为负债予以确认；反之，如果企业承担了现时义务，但是导致经济利益流出企业的可能性若已不复存在，就不符合负债的确认条件，不应将其作为负债予以确认。在履行现时义务清偿负债时，导致经济利益流出企业的形式多种多样，例如，用现金偿还或以实物资产形式偿还；以提供劳务形式偿还；以部分转移资产、部分提供劳务形式偿还负债等。

3. 未来流出的经济利益的金额能够可靠地计量。负债的确认在考虑经济利益流出企业的同时，对于未来流出的经济利益的金额应当能够可靠计量。对于与法定义务有关的经济利益流出金额，通常可以根据合同或者法律规定的金额予以确定，考虑到经济利益流出的金额通常在未来期间，有时未来期间较长，有关金额的计量需要考虑货币时间价值等因素的影响。对于需要依赖于大量估计的经济利益流出金额，企业应当根据履行相关义务所需支出的最佳估计数进行估计。

二、负债的分类

负债按照偿还期限的长短，分为流动负债和非流动负债两类。

流动负债是指将在一年（含一年）或者超过一年的一个营业周期内偿还的债务。《企业会计准则第 30 号——财务报表列报》第三章第十九条规定，负债满足下列条件之一的，应当归类为流动负债：（1）预计在一个正常营业周期中清偿。（2）主要为交易目的而持有。

(3) 自资产负债表日起一年内到期应予以清偿。(4) 企业无权自主地将清偿推迟至资产负债表日后一年以上。负债在其对手方选择的情况下可通过发行权益性证券进行清偿的条款与负债的流动性划分无关。应注意的是，有些流动负债，如应付账款、应付职工薪酬等，属于企业正常营业周期中使用的营运资金的一部分。尽管这些经营性项目有时超过一年才到期清偿，但是它们仍应划分为流动负债。流动负债主要包括短期借款、应付票据、应付账款、应付利息、预收账款、应付职工薪酬、应交税费、应付股利、其他暂收应付款项和一年内到期的长期负债等。

非流动负债，流动负债以外的负债应当归类为非流动负债，并应当按其性质分类列示。非流动负债是指偿还期限在一年以上或者超过一年的一个营业周期以上的债务。主要包括长期借款、应付债券、长期应付款、预计负债等。非流动负债除了具有负债的一般特征外，与流动负债相比，还具有债务金额大、偿还期较长及可以采用分期偿还的方式等特点。

第二节　流动负债的确认与计量

流动负债的最大特点是偿还期限短，在债务到期前，企业需及时筹集足额的现金，以保证其偿债能力。在实际工作中，为了便于管理，一般将流动负债按照债权人的不同进行分类，通常可分为对贷款人、供应商、客户、职工、税务征管部门及所有者的负债等。

一、对贷款人的负债

对贷款人的流动负债主要指短期借款。短期借款是指企业为了满足正常生产经营的需要，向银行或其他金融机构等借入的期限在一年以下（含一年）的各种借款。无论借入款项的来源如何，企业均需要向债权人按期偿还借款的本金及利息。在会计实务中，要及时如实地反映款项的借入、利息的发生和本金及利息的偿还情况。

企业应设置“短期借款”账户，核算短期借款的借入及偿还情况；该账户贷方登记取得借款的本金数额，借方登记偿还借款的本金数额，期末余额在贷方，表示尚未偿还的借款本金数额；该账户应按债权人设置明细账，并按借款种类进行明细核算。

短期借款利息属于筹资费用，应记入“财务费用”账户。在实际工作中，银行一般于每季度末收取短期借款利息。根据权责发生制原则，企业的短期借款利息一般采用月末预提的方式进行核算。预提的借款利息记入“应付利息”账户。“应付利息”账户属于负债类账户，核算企业按照合同或协议约定应分期支付的利息；该账户贷方登记预提应付利息，借方登记实际支付的利息费用，余额在贷方，表示已预提但尚未支付的利息；该账户应按照债权人设置明细账进行明细核算。

企业从银行或其他金融机构取得短期借款时，借记“银行存款”账户，贷记“短期借款”账户；预提短期借款利息时，借记“财务费用”账户，贷记“应付利息”账户；支付利息时，根据已预提利息，借记“应付利息”账户，根据应计利息，借记“财务费用”账户，根据应付利息总额，贷记“银行存款”账户；借款到期偿还本金时，借记“短期借款”账户，贷记“银行存款”账户。

【例8-1】兴达股份有限公司于2×21年3月1日向银行借入100 000元，期限为4个月，年利率6%。该借款本金到期后一次归还，利息分月预提，按季支付。

（1）3月1日借入短期借款时：

借：银行存款 100 000

　　贷：短期借款 100 000

（2）3月末，支付3月应付利息＝100 000×6%÷12＝500（元）

借：财务费用 500

　　贷：银行存款 500

（3）4月末预提本月利息：

借：财务费用 500

　　贷：应付利息 500

（4）5月末应计利息的处理与4月相同。

（5）6月末支付本季度银行短期借款利息：

借：财务费用 500

　　应付利息 1 000

　　贷：银行存款 1 500

（6）7月1日偿还银行借款本金：

借：短期借款 100 000

　　贷：银行存款 100 000

二、对供应商的负债

（一）应付票据

1. 应付票据的内容。应付票据是指企业采用商业汇票支付方式购买材料、商品或接受劳务供应等而签发、承兑的商业汇票，包括商业承兑汇票和银行承兑汇票。商业汇票的最长期限不得超过6个月，因此应归入流动负债核算。具备真实的交易关系或债权债务关系，均可使用商业汇票。签发票据的原因可能是卖方对买方的信用程度不太了解，或者买方的信用度较低，或者双方交易金额较大等。

企业签发、承兑商业汇票形成的负债，应设置“应付票据”账户进行核算，该账户贷方登记开出、承兑汇票的金额，借方登记支付票据的金额，余额在贷方，表示尚未支付票据的面值和应计未付的利息。

因为商业汇票的偿付时间较短，在会计实务中，一般均按照签发、承兑的应付票据的面值入账，只在期末（通常是年末）才计算应计未付的利息。商业票据按照是否带息，分为带息票据和不带息票据。不带息票据，其面值就是企业到期时应支付的金额；带息票据的到期值包括票面金额和应计未付的利息。

2. 应付票据的会计处理。企业签发、承兑商业汇票或以承兑商业汇票抵付应付账款时，应借记“材料采购”“库存商品”“应交税费——应交增值税（进项税额）”或“应付账款”等账户，贷记“应付票据”账户。支付银行承兑汇票的手续费时，应当作为财务费用处理，借记“财务费用”账户，贷记“银行存款”账户。应付票据到期，全额偿付票款时，借记

“应付票据”账户，贷记“银行存款”账户。对于到期企业无力支付的应付商业承兑汇票，应将应付票据的账面余额转入“应付账款”账户。

如果是带息票据，按期计算利息时，借记“财务费用”账户，贷记“应付票据”账户。带息商业汇票到期时，企业以银行存款全额支付，借记“应付票据”账户，贷记“银行存款”账户。如果开出的带息商业汇票到期，企业无力支付票款，应将应付票据的账面余额转入“应付账款”账户，借记“应付票据”账户，贷记“应付账款”账户。

【例 8-2】 2×21 年 3 月 5 日，兴达股份有限公司从乙公司购买一批原材料，发票列明价款为 30 000 元，增值税进项税额为 3 900 元。兴达股份有限公司开出一张面值为 33 900 元的银行承兑汇票，期限为 3 个月。材料已经验收入库。兴达股份有限公司支付给银行承兑手续费 50 元。

（1）2×21 年 3 月 5 日，兴达股份有限公司开出银行承兑汇票时编制会计分录：

借：原材料　　30 000

　　应交税费——应交增值税（进项税额）　　3 900

　　贷：应付票据　　33 900

（2）兴达股份有限公司支付银行承兑手续费：

借：财务费用　　50

　　贷：银行存款　　50

（3）2×21 年 6 月 5 日，票据到期时，兴达股份有限公司支付票款：

借：应付票据　　33 900

　　贷：银行存款　　33 900

（4）若 2×21 年 6 月 5 日，票据到期时，兴达股份有限公司无力付款：

借：应付票据　　33 900

　　贷：短期借款　　33 900

（5）假设该票据为商业承兑汇票，2×21 年 6 月 5 日，票据到期时，兴达股份有限公司无力付款：

借：应付票据　　33 900

　　贷：应付账款　　33 900

（二）应付账款

1. 应付账款的内容。应付账款是指企业因购买材料、商品或接受劳务等应支付给货物提供者或劳务提供者的款项。应付账款，一般应在与所购买物资所有权相关的主要风险和报酬已经转移，或者所购买的劳务已经接受时确认。

企业为了核算应付账款的发生及其偿还情况，应设置“应付账款”账户，贷方登记企业购买材料、商品和接受劳务等而发生的应付账款；借方登记已偿还的应付账款或开出商业汇票抵付应付账款的款项，或已冲销的无法支付的应付账款。“应付账款”账户余额一般在贷方，表示尚未偿还的应付账款。“应付账款”账户一般按照债权人设置明细账户。

企业应付的各种赔款、应付租金、应付存入保证金等应在“其他应付款”等账户核算，不在“应付账款”账户核算。

在购买物资或劳务时，如果形成的应付账款附有现金折扣，应付账款应按照发票上记载的扣除折扣前的应付款总额入账。因在折扣期间内付款而获得的现金折扣，冲减财务费用。

2. 应付账款的会计处理。企业发生应付账款时，借记有关账户，贷记“应付账款”账户；偿还应付账款，或开出商业汇票抵付应付账款，或冲销无法支付的应付账款时，借记“应付账款”账户，贷记“银行存款”“应付票据”“营业外收入”等账户。

【例8-3】根据供电部门通知，兴达股份有限公司本月应支付电费55 000元。其中，生产车间电费38 000元，企业行政管理部门电费17 000元，款项尚未支付。

借：制造费用　　38 000
　　管理费用　　17 000
　　贷：应付账款——××供电公司　　55 000

3. 应付账款核销的处理。如果由于债权单位撤销或其他原因无法支付的应付款项，经批准后转入“营业外收入”账户。

【例8-4】2×21年3月30日，兴达股份有限公司确定一笔应付账款8 800元为无法支付的款项，应予核销。

借：应付账款　　8 800
　　贷：营业外收入　　8 800

三、对客户的负债

企业在经营过程中可能会因为两个原因发生对客户的负债，一是合同负债，二是预收账款。

合同负债是指企业已收或应收客户对价而应向客户转让商品的义务。企业在向客户转让商品之前，如果客户已经支付了合同对价或企业已经取得了无条件收取合同对价的权利，则企业应当在客户实际支付款项与到期应支付款项孰早时点，将该已收或应收的款项列示为合同负债。

预收账款是指企业按照规定，向客户预先实际收取的款项，但收取的款项不构成交付商品或提供劳务的履约义务，如收到的俱乐部的入会费和酒店预收的订金等。

对客户的负债，应设置“合同负债”和“预收账款”账户核算。“合同负债”账户核算企业已收或者应收客户对价而应向客户转让商品的义务，应该按合同进行明细核算。企业在向客户转让商品之前，客户已提前支付了合同对价，企业按收到价款，借记“银行存款”，贷记“合同负债”；企业向客户转让相关商品时，借记“合同负债”，贷记“主营业务收入”或者“其他业务收入”“应交税费”等账户。具体核算见本教材第四章【例4-8】和【例4-9】。

“预收账款”属于负债类账户，贷方登记实际收到的预收账款的金额和对方补付账款的金额；借方登记企业冲销的预收账款金额和退回客户多付账款的金额；余额一般在贷方，表示已预收的金额。

企业收到预收账款和客户补付的款项时，借记“银行存款”账户，贷记“预收账款”账户；企业冲销的预收账款金额和退回客户多付账款的金额，借记“预收账款”账户，贷记“银行存款”账户。对预收账款业务不多的企业，可以不设置“预收账款”账户，所发生的预收账款业务，将其并入“应收账款”账户核算。企业也可单独设置“预收账款”账户进行核算。

【例8－5】 兴达股份有限公司（增值税一般纳税人）经营一家会员制健身俱乐部。除年费之外，兴达股份有限公司还向每位客户收取了100元的入会费，用于补偿俱乐部为客户进行注册登记、准备会籍资料以及制作会员卡等初始活动所花费的成本。兴达股份有限公司收取入会的年费和入会费均无须返还。

（1）2×21年3月收到一批客户交来入会费1 000元时：

借：银行存款（库存现金） 1 000

　　贷：预收账款——×× 1 000

（2）退回李×多付的入会费100元：

借：预收账款——李× 100

　　贷：库存现金 100

四、对职工的负债

对职工的负债主要指应支付的职工薪酬。职工薪酬，是指企业为获得职工提供的服务或终止劳动合同关系而给予各种形式的报酬，是企业在职工在职期间和离职后提供给职工的全部货币性薪酬和非货币性福利。企业提供给职工配偶、子女、受赡养人、已故员工遗属及其他受益人等的福利，也属于职工薪酬。职工薪酬主要包括：

1. 短期薪酬包括职工工资、奖金、津贴和补贴；职工福利费；医疗保险费、工伤保险费和生育保险费等社会保险费；住房公积金；工会经费和职工教育经费；短期带薪缺勤；短期利润分享计划；非货币性福利和其他短期薪酬等。

2. 离职后福利，是指企业为获得职工提供的服务而在职工退休或与职工解除劳动关系后，提供的各种形式的报酬和福利，属于短期薪酬和辞退福利的除外。

3. 辞退福利，是指企业在职工劳动合同到期之前解除与职工的劳动合同关系，或者为鼓励职工自愿接受裁减而给予职工的补偿。

辞退福利主要包括两个方面内容：第一，在职工劳动合同尚未到期前，无论职工本人是否愿意，企业决定解除与职工的劳动关系而给予的补偿。第二，在职工劳动合同尚未到期前，为鼓励职工自愿接受裁减而给予的补偿，职工有权利选择继续在职或接受补偿离职。

4. 其他长期职工福利，是指除短期薪酬、离职后福利、辞退福利之外所有的职工薪酬，包括长期带薪缺勤、长期残疾福利、长期利润分享计划等。

（一）应付工资性薪酬的核算

工资性薪酬是企业应付给职工的工资总额。工资总额的组成内容，应按照国家统计局《关于职工工资总额组成的规定》确定。企业应根据人力资源部门提供的职工人数、工资标准和等级等，按月计算出每位职工的工资总额和当月实际发放的工资总额，于规定的日期支付给职工。发生的工资支出，应根据其用途，分配记入有关成本费用项目。企业在期末应付未付的职工工资，构成了企业对于职工的负债。企业的应付工资核算业务主要包括处理职工代扣款项、发放工资、分配工资等内容。

企业应设置“应付职工薪酬——职工工资”账户。该账户的贷方登记已分配记入有关成本费用项目的工资费用的数额，借方登记实际发放工资的数额。该账户期末一般无余额。如有期末贷方余额反映应付未付的工资，期末借方余额反映预付的工资。凡是工资总额的构成内容，无论当月是否实际支付，都应通过该账户核算。

1. 结算应付工资。企业根据“工资结算汇总表”中实发工资金额向银行提取现金时，借记“库存现金”账户，贷记“银行存款”账户。实际支付工资时，借记“应付职工薪酬——职工工资”账户，贷记“库存现金”账户。从应付工资中扣还各种款项（如代垫的房租、家属药费、个人所得税等）时，借记“应付职工薪酬——职工工资”账户，贷记“其他应收款”“应交税费——应交个人所得税”等账户。

【例8-6】 兴达股份有限公司根据“工资结算汇总表”结算2×21年3月应付工资总额5 000 000元，其中应由公司代缴的个人所得税为250 000元，应由职工个人负担由公司代扣代缴的各种社会保险费和住房公积金1 000 000元，实发工资部分3 750 000元已经通过银行转账支付。

（1）发放工资，通过银行转账支付：

借：应付职工薪酬——职工工资	3 750 000	
贷：银行存款		3 750 000

（2）代扣代缴款项：

借：应付职工薪酬——职工工资	1 250 000	
贷：其他应付款		1 000 000
应交税费——应交个人所得税		250 000

2. 工资分配。企业当月应发放的工资，月度终了应进行分配并计入有关的成本费用。其中，生产、管理部门人员工资，借记“生产成本”“制造费用”“管理费用”等账户；应由采购、销售费用开支的人员工资，借记“销售费用”账户；应由在建工程、无形资产开发成本负担的人员工资，借记“在建工程”或者“研发支出”等账户；应由职工福利费开支的人员工资，借记“应付职工薪酬——职工福利”账户；等等。

【例8-7】 接【例8-6】，兴达股份有限公司2×21年3月应付工资总额5 000 000元，工资费用分配汇总表中列示的生产产品工人工资为2 300 000元，车间管理人员工资为580 000元，企业行政管理人员工资为1 420 000元，专设销售机构人员工资700 000元。会计处理如下：

借：生产成本	2 300 000	
制造费用	580 000	
管理费用	1 420 000	
销售费用	700 000	
贷：应付职工薪酬——职工工资		5 000 000

（二）应付职工福利费的核算

企业应设置“应付职工薪酬——职工福利”账户，贷方核算按照职工工资总额的一定比例计提的福利费，借方核算福利费的使用情况，福利费的使用按照相关规定执行。按照企业会计准则规定，该账户期末无余额。

【例8-8】 接【例8-7】，2×21年3月末，兴达股份有限公司按照职工工资总额的

10%的比例计提职工福利费。会计处理如下：

借：生产成本　　230 000
　　制造费用　　58 000
　　管理费用　　142 000
　　销售费用　　70 000
　贷：应付职工薪酬——职工福利　　500 000

五、对税务部门的负债

企业必须根据税法规定向国家缴纳各种税金。在发生纳税义务时，企业应按权责发生制将有关税款计入当期费用。这些税金在尚未缴纳之前形成对税务征管部门的负债。企业应当缴纳的各种税费如增值税、消费税、城市维护建设税、资源税、印花税、所得税和教育费附加等。除印花税等少数税种不需要预计应交税费外，其他税金一般均需通过"应交税费"账户核算。

为了核算应交税费的形成及其交纳情况，企业应设置"应交税费"账户，该账户贷方登记应交纳的各种税费等，借方登记实际交纳的税费。余额在贷方，表示企业尚未交纳的税费；余额在借方，表示多交或尚未抵扣的税费。本账户应按照应交税费的税种或者费用类别设置明细账户。

企业应根据税法的有关要求，正确计算应交税费，对于延迟交纳税费的，税务机关将按有关规定加收滞纳金。

（一）应交增值税的核算

增值税是指对我国境内销售货物、进口货物或提供加工、修理修配劳务、销售服务、无形资产或者不动产的增值额征收的一种流转税。按照纳税人的经营规模及会计核算的健全程度，增值税纳税人分为一般纳税人和小规模纳税人。增值税有两种计税方法，分别是一般计税方法和简易计税方法。一般计税方法是按照销项税额减去进项税额的差额计算应纳税额，适用于增值税一般纳税人。简易计税方法是按照销售额与征收率的乘积计算应纳税额，一般适用于小规模纳税人。一般纳税人销售货物、无形资产或者不动产的情况，符合规定的，也可以适用简易计税方法。

1. 一般纳税企业的会计处理。一般纳税人发生应税行为适用一般计税方法计税。一般计税方法的应纳税额，是指当期销项税额抵扣当期进项税额后的余额。应纳税额计算公式：

$$应纳增值税额=当期销项税额-当期进项税额$$

销项税额，是指纳税人发生应税行为按照销售额和增值税税率计算并收取的增值税额。销项税额计算公式：

$$销项税额=销售额\times税率$$

进项税额，是指纳税人购进货物、加工修理修配劳务、服务、无形资产或者不动产，支付或者负担的增值税额。当期销项税额小于当期进项税额不足抵扣时，其不足部分可以结转下期继续抵扣。

一般纳税人发生财政部和国家税务总局规定的特定应税行为，可以选择适用简易计税方法计税，但一经选择，36 个月内不得变更。

按照《中华人民共和国增值税暂行条例》等的规定，下列进项税额准予从销项税额中抵扣：（1）从销售方取得的增值税专用发票（含税控机动车销售统一发票）上注明的增值税额。（2）从海关取得的海关进口增值税专用缴款书上注明的增值税额。（3）购进农产品，除取得增值税专用发票或者海关进口增值税专用缴款书外，按照农产品收购发票或者销售发票上注明的农产品买价和9%或10%的扣除率计算的进项税额。（4）从境外单位或者个人购进货物、无形资产或者不动产，自税务机关或者扣缴义务人取得的解缴税款的完税凭证上注明的增值税额。

下列项目的进项税额不得从销项税额中抵扣：（1）用于简易计税方法计税项目、免征增值税项目、集体福利或者个人消费的购进货物、加工修理修配劳务、服务、无形资产和不动产。其中涉及的固定资产、无形资产、不动产，仅指专用于上述项目的固定资产、无形资产（不包括其他权益性无形资产）、不动产。纳税人的交际应酬消费属于个人消费。（2）非正常损失的购进货物，以及相关的加工修理修配劳务和交通运输服务。（3）非正常损失的在产品、产成品所耗用的购进货物（不包括固定资产）、加工修理修配劳务和交通运输服务。（4）非正常损失的不动产，以及该不动产所耗用的购进货物、设计服务和建筑服务。（5）非正常损失的不动产在建工程所耗用的购进货物、设计服务和建筑服务。纳税人新建、改建、扩建、修缮、装饰不动产，均属于不动产在建工程。（6）财政部和国家税务总局规定的其他情形。

为了核算企业应交增值税的发生、抵扣、交纳、退税及转出等情况，应在“应交税费”账户下设置“应交增值税”和“未交增值税”两个明细账户。在“应交增值税”明细账内，应设置“进项税额”“已交税金”“转出未交增值税”“减免税款”“销项税额”“出口退税”“进项税额转出”“出口抵减内销产品应纳税额”“转出多交增值税”等专栏。月份终了，企业应将“应交增值税”明细账户的余额转入“未交增值税”明细账户。

（1）购进货物或者接受应税劳务。企业从国内采购物资时，根据增值税专用发票上记载的应计入采购成本的金额，借记“材料采购”“原材料”等账户，根据专用发票上注明的增值税额，借记“应交税费——应交增值税（进项税额）”账户，按照应付或实际支付的总额，贷记“应付账款”“应付票据”“银行存款”等账户。购入货物发生退货，作相反会计分录。

【例 8-9】兴达股份有限公司 2×21 年 3 月购入原材料一批，增值税专用发票上注明货款为 60 000 元，增值税额为 7 800 元，材料已验收入库，货款和进项税款已用银行存款支付。

借：原材料	60 000	
应交税费——应交增值税（进项税额）	7 800	
贷：银行存款		67 800

按照增值税暂行条例规定，企业购入免征增值税货物的进项税，一般不能够抵扣增值税销项税额。

购入的农产品，除取得增值税专用发票或者海关进口增值税专用缴款书外，按照农产品收购发票或者销售发票上注明的农产品买价和9%或者10%的扣除率计算的进项税额，准予从企业的销项税额中抵扣。买价，是指纳税人购进农产品在农产品收购发票或者销售发票上注明的价款和按照规定缴纳的增值税。计算公式为：

进项税额 = 买价 × 扣除率

借记“应交税费——应交增值税（进项税额）”账户，按买价扣除按规定计算的进项税额后的差额，借记“材料采购”“原材料”“库存商品”等账户，按照应付或实际支付的价款，贷记“应付账款”“银行存款”等账户。

按照增值税暂行条例规定，企业购进固定资产所支付的增值税额，使用期限超过 12 个月的机器、机械、运输工具以及其他与生产经营有关的设备、工具、器具等动产的进项税额可以抵扣。2016 年 5 月 1 日后取得并在会计制度上按固定资产核算的不动产或者 2016 年 5 月 1 日后取得的不动产在建工程，其进项税额应自取得之日起分两年从销项税额中抵扣，第一年抵扣比例为 60%，第二年抵扣比例为 40%。经国务院批准，2019 年 4 月 1 日起，企业取得的不动产或不动产在建工程涉及的增值税进项税额按照一年抵扣，不再分两年抵扣。

2019 年 4 月 1 日起，在全国范围内执行降低后的税率。增值税一般纳税人发生增值税应税销售行为或者进口货物，原适用 16% 税率的，税率调整为 13%；原适用 10% 税率的，税率调整为 9%。纳税人购进农产品，原适用 10% 扣除率的，扣除率调整为 9%。纳税人购进用于生产或者委托加工 13% 税率货物的农产品，按照 10% 的扣除率计算进项税额。

【例 8－10】 兴达股份有限公司 2×21 年 3 月购入农产品一批，价款 100 000 元，规定的扣除率为 10%，货物已经验收入库，货款用银行存款支付。

借：原材料	90 000	
应交税费——应交增值税（进项税额）	10 000	
贷：银行存款		100 000

【例 8－11】 兴达股份有限公司 2×21 年 3 月购入一台不需要安装的生产用设备，发票上注明设备价款 200 000 元，增值税 26 000 元，设备已经投入使用，款项用银行存款支付。

借：固定资产	200 000	
应交税费——应交增值税（进项税额）	26 000	
贷：银行存款		226 000

提供应税劳务，企业应按照专用发票上记载的金额借记“生产成本”等有关账户，应按照专用发票上记载的增值税额借记“应交税费——应交增值税（进项税额）”账户，按价税合计金额贷记“银行存款”等账户。

（2）销售货物或者提供应税劳务。企业销售货物或者提供应税劳务（包括将自产、委托加工或购买的货物分配给股东），按照实际已收或应收的金额，借记“应收账款”“应收票据”“银行存款”“应付股利”等账户，按照实现的营业收入，贷记“主营业务收入”等账户，按专用发票上注明的增值税额，贷记“应交税费——应交增值税（销项税额）”账户。发生的销售退回，作相反的会计分录。

【例 8－12】 兴达股份有限公司 2×21 年 3 月销售产品一批，价款 800 000 元，按规定应收取增值税额 104 000 元，提货单和增值税专用发票已交给买方，款项尚未收到。

借：应收账款	904 000	
贷：主营业务收入		800 000
应交税费——应交增值税（销项税额）		104 000

【例 8－13】 某交通运输企业为增值税一般纳税人，2×21 年 10 月取得交通运输收入

1 090 000万元（含税）全部存入银行。当月外购汽油100 000元（不含税金额，取得增值税专用发票上注明的增值税额为13 000元），购入运输车辆200 000元（不含税金额，取得机动车销售统一发票上注明的增值税额为26 000元），发生的联运支出500 000元（不含税金额，取得增值税专用发票上注明的增值税额为45 000元）。

不含税收入＝1 090 000÷（1＋9%）＝1 000 000（元）

借：银行存款　　1 090 000

　　贷：主营业务收入　　1 000 000

　　　　应交税费——应交增值税（销项税额）　　90 000

该纳税人2×21年10月的应纳税额＝90 000－13 000－26 000－45 000

＝6 000（元）

（3）进项税额转出。企业购进的货物、库存商品等，发生非正常损失或改变用途，其进项税额应转入有关账户，借记“待处理财产损溢”等账户，贷记“应交税费——应交增值税（进项税额转出）”账户。

【例8－14】 兴达股份有限公司2×21年3月有一批库存材料因管理不善发生霉变毁损，有关增值税专用发票确认的成本为100 000元，增值税额13 000元。

借：待处理财产损溢——待处理流动资产损溢　　113 000

　　贷：原材料　　100 000

　　　　应交税费——应交增值税（进项税额转出）　　13 000

【例8－15】 兴达股份有限公司2×21年3月建造房屋用于职工集体福利，领用原材料50 000元，原材料购入时支付的增值税为6 500元。

借：在建工程　　56 500

　　贷：原材料　　50 000

　　　　应交税费——应交增值税（进项税额转出）　　6 500

（4）视同销售行为。企业将自产或委托加工的货物用于非应税项目，从会计角度看，不属于销售行为，不能确认销售收入，但是按照税法规定，应视同对外销售处理、计算应交增值税，借记“在建工程”等账户，贷记“应交税费——应交增值税（销项税额）”账户等。

【例8－16】 兴达股份有限公司2×21年3月将自己生产的产品用于建造职工活动场馆。该批产品的成本为300 000元，计税价格为450 000元，增值税税率为13%。

企业在建工程领用自己生产的产品的销项税额＝450 000×13%＝58 500（元）

借：在建工程　　358 500

　　贷：库存商品　　300 000

　　　　应交税费——应交增值税（销项税额）　　58 500

（5）交纳增值税。“应交税费——应交增值税”账户的贷方余额，表示企业应交纳的增值税。本月上交本月的应交增值税时，借记“应交税费——应交增值税（已交税金）”账户，贷记“银行存款”账户。本月上交上期应交未交增值税时，借记“应交税费——未交增值税”账户，贷记“银行存款”账户。

【例8－17】 兴达股份有限公司以银行存款交纳2×21年3月增值税130 000元。

借：应交税费——应交增值税（已交税金）　　130 000

贷：银行存款　　130 000

（6）结转应交未交或多交增值税。月份终了，企业应将本月应交未交增值税自“应交增值税”明细账户转入“未交增值税”明细账户，借记“应交税费——应交增值税（转出未交增值税）”，贷记“应交税费——未交增值税”；将本月多交的增值税自“应交增值税”明细账户转入“未交增值税”明细账户，借记“应交税费——未交增值税”，贷记“应交税费——应交增值税（转出多交增值税）”账户。

【例8－18】兴达股份有限公司2×21年3月发生销项税额合计520 000元，进项税额转出65 000元，进项税额130 000元，已交增值税300 000元，本月应交未交增值税155 000元（520 000＋65 000－130 000－300 000），转入“未交增值税”明细账户。

借：应交税费——应交增值税（转出未交增值税）　　155 000

　　贷：应交税费——未交增值税　　155 000

下月以银行存款实际交纳上月所欠增值税155 000元。

借：应交税费——未交增值税　　155 000

　　贷：银行存款　　155 000

2. 小规模纳税企业的会计处理。小规模纳税企业作为小规模纳税人发生应税行为适用简易计税方法计税。简易计税方法的应纳税额，是指按照销售额和增值税征收率计算的增值税额，不得抵扣进项税额。应纳税额计算公式：

$$应纳税额＝销售额\times 征收率$$

销售额为不含税销售额。其购进货物和接受应税劳务时支付的增值税，直接计入有关货物和劳务的成本。销售货物和提供应税劳务时只能使用普通发票，不得使用增值税专用发票，因此，小规模纳税企业只需在“应交税费”账户下设置“应交增值税”明细账户，不需要在“应交增值税”明细账户中设置专栏。“应交税费——应交增值税”账户贷方登记应交纳的增值税，借方登记已交纳的增值税，期末贷方余额为尚未交纳的增值税，借方余额为多交纳的增值税。

【例8－19】甲公司为小规模纳税企业，2×21年3月购入材料一批，取得的专用发票中注明货款50 000元，增值税6 500元，款项以银行存款支付，材料已验收入库（该企业按实际成本计价核算）。

借：原材料　　56 500

　　贷：银行存款　　56 500

【例8－20】接【例8－19】，甲公司销售产品一批，所开出的普通发票中注明的货款（含税）为82 400元，增值税征收率为3%，款项已存入银行。

不含税销售额＝含税销售额÷（1＋征收率）＝82 400÷（1＋3%）＝80 000（元）

应交纳增值税＝不含税销售额×征收率＝80 000×3%＝2 400（元）

借：银行存款　　82 400

　　贷：主营业务收入　　80 000

　　　　应交税费——应交增值税　　2 400

【例8－21】承【例8－20】，甲公司月末以银行存款上交增值税2 400元。

借：应交税费——应交增值税　　2 400

贷：银行存款　　2 400

（二）应交消费税的核算

消费税是指在我国境内生产、委托加工和进口应税消费品的单位和个人，按其流转额交纳的一种税。消费税有从价定率和从量定额两种征收方法。采取从价定率方法征收的消费税，以不含增值税的销售额为税基，按照税法规定的税率计算。企业的销售收入包含增值税的，应将其换算为不含增值税的销售额。采取从量定额计征的消费税，根据按税法确定的企业应税消费品的数量和单位应税消费品应缴纳的消费税计算确定。

企业应在“应交税费”账户下设置“应交消费税”明细账户核算企业应交纳的消费税。该账户贷方登记应交纳的消费税，借方登记已交纳的消费税，期末贷方余额为尚未交纳的消费税，借方余额为多交纳的消费税。

1. 销售应税消费品。企业销售需要交纳消费税的物资应交的消费税，应借记“税金及附加”账户，贷记“应交税费——应交消费税”账户。

【例8－22】 兴达股份有限公司2×21年3月销售所生产的化妆品，价款300 000元（不含增值税），适用的消费税税率为30%。

应纳消费税额＝300 000×30%＝90 000（元）

借：税金及附加　　90 000

　　贷：应交税费——应交消费税　　90 000

2. 自产自用应税消费品。企业将生产的应税消费品用于在建工程或职工福利等非生产部门时，按规定应交纳的消费税，借记“在建工程”“应付职工薪酬——职工福利”等账户，贷记“应交税费——应交消费税”账户。

【例8－23】 兴达股份有限公司在建工程领用自产产品50 000元，计税价格60 000元，应纳消费税6 000元。

借：在建工程　　56 000

　　贷：库存商品　　50 000

　　　　应交税费——应交消费税　　6 000

3. 委托加工应税消费品。企业如有应交消费税的委托加工物资，一般应由受托方代收代交税款。受托方按照应交税款金额，借记“应收账款”“银行存款”等账户，贷记“应交税费——应交消费税”账户。企业的委托加工物资收回后，直接用于销售的，将已由受托方代收代交的消费税计入委托加工物资成本，借记“委托加工物资”等账户，贷记“应付账款”“银行存款”等账户；委托加工物资收回后用于连续生产应税消费品，按照规定准予抵扣的，将已由受托方代收代交的消费税，借记“应交税费——应交消费税”账户，贷记“应付账款”“银行存款”账户。

4. 进口应税消费品。需要交纳消费税的进口物资，进口环节交纳的消费税计入该项物资的成本，借记“材料采购”“固定资产”等账户，贷记“银行存款”账户。

（三）其他应交税费的核算

其他应交税费是指除上述应交税费以外的应交税费，包括应交城市维护建设税、应交土地增值税、应交资源税、应交所得税等。以下简要介绍应交城市维护建设税、应交土地增值税和应交资源税的核算（应交所得税的核算将在其他章节中详述）。

1. 应交城市维护建设税。城市维护建设税是以增值税、消费税为计税依据征收的一种税。其纳税人为交纳增值税、消费税的单位和个人，税率因纳税人所在地不同从1% ~7%不等，公式为：

应纳税额 =（应交增值税 + 应交消费税）× 适用税率

为了核算城市维护建设税的应交及实交情况，企业应设置“应交税费——应交城市维护建设税”账户，贷方登记应交纳的城市维护建设税，借方登记已交纳的城市维护建设税，期末贷方余额表示尚未交纳的城市维护建设税。企业计算出应交城市维护建设税，借记“税金及附加”等账户，贷记“应交税费——应交城市维护建设税”账户；实际交纳时，借记“应交税费——应交城市维护建设税”账户，贷记“银行存款”账户。

【例8-24】 兴达股份有限公司2×21年3月应交增值税390 000元，应交消费税190 000元。该企业适用的城市维护建设税税率为5%。

计算应交的城市维护建设税：[（390 000 + 190 000）×5%] = 29 000（元）

借：税金及附加　　29 000

　　贷：应交税费——应交城市维护建设税　　29 000

2. 应交土地增值税。土地增值税是指在我国境内有偿转让土地使用权及地上建筑物和其他附着物产权的单位和个人，就其土地增值额征收的一种税。土地增值额是指转让收入减去规定扣除项目金额后的余额。

为了核算土地增值税的应交及实交情况，企业应设置“应交税费——应交土地增值税”账户，贷方登记应交纳的土地增值税，借方登记已交纳的土地增值税，期末贷方余额表示尚未交纳的土地增值税。

企业计算出应交土地增值税，借记“固定资产清理”“在建工程”等账户，贷记“应交税费——应交土地增值税”账户；实际交纳时，借记“应交税费——应交土地增值税”账户，贷记“银行存款”账户。

3. 应交资源税。资源税是对在我国境内开采矿产品或者生产盐的单位和个人征收的税。资源税按照应税产品的课税数量和规定的单位税额计算。开采或生产应税产品对外销售的，以销售数量为课税数量；开采或生产应税产品自用的，以自用数量为课税数量。

企业应设置“应交税费——应交资源税”账户核算资源税的发生和交纳情况。该账户的贷方登记应交纳的资源税，借方登记已交纳的资源税，期末贷方余额反映尚未交纳的资源税。

企业计算出对外销售应税产品而应交纳的资源税，借记“税金及附加”账户，贷记“应交税费——应交资源税”账户；企业计算出自产自用应税产品而应交纳的资源税，借记“生产成本”“制造费用”等账户，贷记“应交税费——应交资源税”账户。交纳的资源税，借记“应交税费——应交资源税”，贷记“银行存款”等账户。

六、对所有者的负债

所有者向企业投入资本后，享有收益分配权。根据公司法的规定，公司股东大会的职权之一，是审议批准公司的利润分配方案。非股份制公司利润，按投资比例进行分配，股份有限公司的利润，按股东的持股比例进行分配（股利分配）。利润（现金股利）分配方案批准后，在实际支付给投资者之前，形成对所有者的负债。应付股利（应付利润）是指企业经过董事会或股东大会，或类似机构决议确定分配给投资者的现金股利或利润。企业应设置"应付股利（应付利润）"账户核算应付股利的分配情况。该账户贷方登记应支付的现金股利或利润，借方登记实际支付的现金股利或利润，期末贷方余额反映企业尚未支付的现金股利或利润。企业根据通过的股利或利润分配方案确认应付给投资者的股利或利润时，借记"利润分配——应付股利"账户，贷记"应付股利"账户；向投资者支付股利或利润时，借记"应付股利"账户，贷记"银行存款""库存现金"等账户。

如果董事会或股东会议确定发放的是股票股利，那么股票股利的宣布并不构成企业的负债，因为它只是从未分配利润转增股本，是企业所有者权益内部的一种变化，不会引起任何含有经济利益的资源外流，在正式办理增资手续前，不需作正式的账务处理，只在备查簿登记。而取得股票股利方也不能作为收益加以确认。

【例 8-25】兴达股份有限公司 2×21 年度实现净利润 8 800 000 元，经过董事会批准，决定 2×21 年度分配股利 1 800 000 元。股利已经用银行存款支付。

借：利润分配——应付股利　　1 800 000
　　贷：应付股利　　1 800 000
借：应付股利　　1 800 000
　　贷：银行存款　　1 800 000

七、其他流动负债

（一）其他应付款

其他应付款是指除应付账款、应付票据以外的其他应付、暂收款项，如应付租入包装物租金、存入保证金等。

企业应设置"其他应付款"账户，贷方登记发生的各种应付、暂收款项，借方登记偿还或转销的各种应付、暂收款项，余额在贷方，表示应付未付的其他款项。本账户应按应付、暂收款项的类别和单位或个人设置明细账户。企业发生各种应付、暂收款项时，借记"银行存款""管理费用"等账户，贷记"其他应付款"账户；支付或退回有关款项时，借记"其他应付款"账户，贷记"银行存款"等账户。

【例 8-26】兴达股份有限公司从 2×21 年 1 月 1 日起，以经营租赁方式租入管理用办公设备一批，每月租金 6 850 元，季末支付。

（1）2×21 年 1 月底计提应付经营租入固定资产租赁费：

借：管理费用　　6 850
　　贷：其他应付款　　6 850

2 月底计提应付经营租入固定资产租金的会计分录同上。

（2）3 月 31 日，甲公司以银行存款支付应付固定资产租金：

借：其他应付款　　13 700
　　管理费用　　6 850
　　贷：银行存款　　20 550

（二）将于一年内到期的长期负债

流动负债通常包括长期债务中将于一年内到期清偿的部分，如分期偿还债券的到期部分等，在期末编制资产负债表时应列为流动负债予以反映，以有利于对企业偿债能力的财务指标进行分析。

第三节　长期负债的确认与计量

长期负债是指偿还期在一年或者超过一年的一个营业周期以上的债务，包括长期借款、应付债券、长期应付款等。企业的长期资金来源除了所有者权益之外，全部为长期负债，因此长期负债在企业的经营活动中发挥着重要作用。

长期负债除了具有负债的一般特征外，与流动负债相比，还具有债务金额大，偿还期较长及可以采用分期偿还的方式等特点。

企业为了扩大生产经营规模，增加各种供较长时期使用的固定资产，如大型高价设备、厂房等，都需要大笔的增资。这些资金仅靠本身的营运资金往往不能满足需要，依靠企业内部的资本积累，也往往会因等待而丧失最佳的投资时机。企业要筹集这种长期资本，其途径不外乎两方面：一是通过增发股票，由股东投入新的资本；二是利用举借形式，借入长期负债。两种筹资途径，各有利弊。

对于企业的所有者来说，企业举借长期负债有以下好处：

第一，举借长期负债不影响企业原有的股东结构，从而保证了企业所有者控制企业的权力不受影响。

第二，举借长期负债，债权人除具有按期取得偿还的本金和固定的收益外，不享有任何其他的权利，不参与企业剩余利益的分配。当企业的投资利润率高于长期债务的固定利率时，剩余利益将全部归股东所有，增加股东所得的盈余。

第三，长期负债的利息按规定能够作为企业的收益性支出计入费用，冲减当期损益，并可作为税前项目抵扣时，使企业减少应纳所得税。

当然，举借长期负债也有不利的方面。一是利息是企业必须定期支付的固定费用，如果举债经营的投资报酬率低于长期负债的资金成本率将会带来减少股东利益的风险，同时若经营不善，这笔固定的利息费用将会成为企业财务的沉重负担。二是长期负债到期前，企业必须提前准备清偿所需的货币资金，为企业的经营带来一定的影响，影响财务的灵活性。三是债权人对企业财产享有优先要求权，如果企业因资金周转困难而无法定期支付利息或按期偿还本金，债权人的要求权可能迫使企业进行破产清算，给企业带来较大的财务风险。

考虑到举借长期负债的优点与不足，企业应进行合理决策，适度举债，在举借时，应对举借形式、规模、约束条件等问题慎重考虑，仔细规划，既要保证举债经营的投资利润率高于长期负债的利率，又要使举债的程度与企业的资本结构和偿债能力相适应。

一、长期借款

长期借款是指企业向银行等金融机构借入的偿还期在一年以上的各种款项，一般用于固定资产的购建、改扩建工程、大修理工程、对外投资以及保持长期经营能力等方面。

为了总括地反映和监督企业长期借款的借入、应计利息和归还本息的情况，应设置“长期借款”账户。该账户的贷方登记长期借款本息的增加额，借方登记本息的减少额，期末贷方余额表示企业尚未偿还的长期借款的本息。该账户应当设置“本金”“利息调整”和“应计利息”明细账，进行明细分类核算。

（一）取得长期借款

企业借入长期借款并将取得的款项存入银行时，应借记“银行存款”账户，贷记“长期借款”账户；如果已经直接将借款购置了固定资产或用于在建工程项目，则应借记“固定资产”或“在建工程”账户，贷记“长期借款”账户。

【例8－27】兴达股份有限公司于2×21年1月1日从工商银行借入资金5 000 000元，借款期限为3年，年利率为9%（到期一次还本付息，不计复利）。所借款项已存入银行。兴达股份有限公司用该借款于当日购买相关设备，建造一条生产线，设备价款4 900 000元，另支付运杂费及保险费等费用100 000元，生产线于当年6月30日建成投入使用。

（1）取得借款时：

借：银行存款	5 000 000	
贷：长期借款——本金		5 000 000

（2）支付设备款和运杂费、保险费时：

借：在建工程	5 000 000	
贷：银行存款		5 000 000

（二）长期借款利息的处理

长期借款所发生的利息支出，应当按权责发生制的原则按期预提并计入有关账户；属于筹建期间的，借记“长期待摊费用”账户，贷记“长期借款”账户；属于生产经营期间的，借记“财务费用”账户，贷记“长期借款”账户。如果长期借款用于购建、改扩固定资产的，在固定资产尚未达到预定可使用状态前，应计算所发生的应当予以资本化的利息支出数，计入所购建或改扩建固定资产的价值，借记“在建工程”账户，贷记“长期借款”账户；固定资产达到预定可使用状态后发生的利息支出，以及按规定不能予以资本化的利息支出，应借记“财务费用”账户，贷记“长期借款”账户。如果是分期付息的，通过“应付利息”账户核算。

长期借款利息的处理可能涉及借款费用准则。借款费用是指因借款而发生的借款利息、借款折价或溢价的摊销和辅助费用（如借款发生的手续费等），以及因外币借款而发生的汇兑差额。

借款费用的列支渠道有两种：一是如果符合资本化条件的就资本化——计入相关资产的成本。二是如果不符合资本化条件的就费用化——计入当期损益。

借款费用资本化必须同时满足下列条件：第一，资产支出已经发生。第二，借款费用已经发生。第三，为使资产达到预定可使用或者可销售状态所必要的构建或者生产活动已经开始。

【例8－28】接【例8－27】，兴达股份有限公司于各期末计算长期借款利息。

（1）2×21 年 6 月末计算借款利息 225 000 元：

借：在建工程　　225 000

　　贷：长期借款——应计利息　　225 000

（2）2×21 年 12 月末预提借款利息 225 000 元：

借：财务费用　　225 000

　　贷：长期借款——应计利息　　225 000

（3）2×22 年预提借款利息 450 000 元：

借：财务费用　　450 000

　　贷：长期借款——应计利息　　450 000

2×23 年预提借款利息 450 000 元，会计分录同 2×22 年。

（三）归还长期借款

归还长期借款的本金和利息时，借记“长期借款”等账户，贷记“银行存款”账户。

【例 8－29】 接【例 8－28】，兴达股份有限公司 2×24 年 1 月 1 日，偿还该笔银行借款本息。

借：长期借款——本金　　5 000 000

　　　　　　——应计利息　　1 350 000

　　贷：银行存款　　6 350 000

按照会计准则的要求，利息的合同利率和实际利率差别较大的，会计处理要用实际利率法，实际利率与合同利率差异较小的，也可以采用合同利率来计算确定利息费用。【例 8－28】就是假设实际利率与合同利率差异较小。

二、应付债券

（一）应付债券核算的内容

债券是企业为筹集长期使用资金而发行的一种书面凭证。企业通过发行债券取得资金是以将来履行归还购买债券的本金和利息的义务作为保证的。企业发行的期限在一年以上（不含一年）的长期债券构成了企业的一项长期负债。

为了全面地反映和监督企业应付债券的发行、计息、溢（折）价摊销及还本付息的情况，企业应设置“应付债券”账户。该账户的贷方登记应付债券的本金和利息，借方登记偿还的债券本金和利息，期末贷方余额表示企业尚未偿还的债券本金和利息。在“应付债券”账户下应设置“面值”“利息调整”“应计利息”三个明细账户，并按债券的种类进行明细核算。此外，企业还应设置备查簿登记债券的票面金额、债券票面利率、还款期限与方式、发行总额、发行日期和编号、委托代售部门等情况。

应付债券的核算主要包括债券发行的核算、债券利息的核算、债券折价与溢价摊销的核算、债券还本付息的核算等内容。

（二）应付债券的发行价格

企业债券发行价格的高低一般取决于债券票面金额、债券票面利率、发行当时的市场利率以及债券期限的长短等因素。债券发行有面值发行、溢价发行和折价发行三种方式。

企业债券按其面值出售的，称为面值发行。此外，债券还可以按低于或高于其面值的价格出售，即折价发行和溢价发行。折价发行是指债券以低于其面值的价格发行；而溢价发行则是指债券按高于其面值的价格发行。

（三）债券发行的核算

企业发行债券时，应按实际收到的金额，借记“银行存款”“库存现金”账户，应按债券面值，贷记“应付债券——面值”账户；按实际收到的金额与债券面值的差额，贷记“应付债券——利息调整”（债券溢价发行）或借记“应付债券——利息调整”（债券折价发行）。

1. 债券按面值发行。

【例 8－30】 兴达股份有限公司于 2×21 年 12 月 31 日对外发行 5 年期的企业债券。该债券面值 10 000 000 元，票面利率为 6%。该债券采用每年末计息并付息，到期还本的方式（假设不考虑发行费用）。

借：银行存款　10 000 000

　　贷：应付债券——面值　10 000 000

2. 债券按溢价发行。

【例 8－31】 兴达股份有限公司于 2×21 年 12 月 31 日对外发行 5 年期的企业债券。该债券面值 10 000 000 元，实际利率 5%，票面利率为 6%。该债券采用每年末计息并付息，到期还本的方式（假设不考虑发行费用）。

（P/F，5%，5）＝0.7835，（P/A，5%，5）＝4.3295

债券的发行价格＝10 000 000 ×0.7835＋600 000×4.3295＝10 432 700（元）

该债券按溢价发行，取得的总价款为 10 432 700 元，已存入银行。

借：银行存款　10 432 700

　　贷：应付债券——面值　10 000 000

　　　　　　　　——利息调整　432 700

3. 债券按折价发行。

【例 8－32】 兴达股份有限公司于 2×21 年 12 月 31 日对外发行 5 年期的企业债券。该债券面值 10 000 000 元，实际利率 5%，票面利率为 4%。该债券采用每年末计息并付息，到期还本的方式。

债券的发行价格＝10 000 000 ×0.7835＋400 000×4.3295＝9 566 800（元）

债券按折价发行，取得的总价款为 9 566 800 元，已存入银行。

借：银行存款　9 566 800

　　应付债券——利息调整　433 200

　　贷：应付债券——面值　10 000 000

（四）债券应计利息与债券溢价或债券折价摊销的核算

发行债券的企业，应按期计提利息。每期计提利息时，借记“在建工程”“财务费用”等账户，贷记“应付债券——应计利息”账户。

企业溢价或折价发行债券所取得的溢折价应在债券的存续期间内分期摊销。摊销的方法有直线法和实际利率法。现行企业会计准则要求按实际利率法摊销。

通常，企业应在计提债券应付利息的同时，摊销债券溢折价，即按本期应摊销的金额，借记或贷记“应付债券——利息调整”账户，按本期应计提的票面利息金额，贷记“应付债券——应计利息”或“应付利息”账户，按两者的差额借记“财务费用”或“在建工程”账户。

（五）债券还本付息的核算

债券到期，企业支付债券本息时，借记“应付债券——面值”和“应付债券——应计利息”账户，贷记“银行存款”等账户。

【例 8－33】 承【例 8－32】，2×27 年 1 月 1 日，兴达股份有限公司偿还债券本金 10 000 000 元。

借：应付债券——面值	10 000 000	
贷：银行存款		10 000 000

三、长期应付款

长期应付款，是指企业除长期借款和应付债券以外的其他各种长期应付款项，包括应付租入固定资产的租赁费、以分期付款方式购入固定资产和无形资产或存货等发生的应付款项等。

（一）应付租入固定资产租赁费

企业采用租赁方式租入的固定资产的租赁费符合长期负债的规定，应在租赁期开始日，将租赁开始日租赁资产原公允价值与最低租赁付款额的现值两者中较低者，加上初始直接费用，作为租入资产的入账价值，借记“使用权资产”账户，按最低租赁付款额作为长期应付款的入账价值，贷记“长期应付款——应付租赁款”账户，按发生的初始直接费用，贷记“银行存款”等账户，按其差额，作为未确认融资费用，借记“未确认融资费用”账户。

未确认融资费用应当在租赁期内各个期间进行分摊。企业应当采用实际利率法计算确认当期的融资费用。

（二）具有融资性质的延期付款购买资产

企业购买资产有可能延期支付有关价款。如果延期支付的购买价款超过正常信用条件，实质上具有融资性质的，所购资产的成本应当以延期支付的购买价款的现值为基础确定。实际支付的价款与购买价款的现值之间的差额，应当在信用期间内采用实际利率法进行摊销，计入相关资产成本或当期损益。购入时，按购买价款的现值，借记“在建工程”“固定资产”等账户，按支付的价款总额，贷记“长期应付款”账户，按其差额，借记“未确认融资费用”账户。

第四节 或有事项引起的负债与债务重组

一、或有事项

（一）或有事项概述

企业在日常生产经营的过程中，会受到众多不确定性因素的影响，特别是在市场经济环境中，这些不确定性因素会更多，从而产生了不同的“或有事项”。

或有事项，是指过去的交易或者事项形成的，其结果须由某些未来事项的发生或不发生才能决定的不确定事项。

如果或有事项可能会给企业带来利得（有利事项），称为或有利得，从而可能形成“或有资产”；反之，如果或有事项可能会给企业带来损失（不利事项），称为“或有损失”。根据谨慎性原则，即企业对交易或者事项进行会计确认、计量和报告应当保持应有的谨慎，不应高估资产或者收益、低估负债或者费用。因此，或有损失比或有利得更应引起企业管理人员的重视。或有事项包括：或有资产和或有负债。

或有资产，是指过去的交易或事项形成的潜在资产，其存在须通过未来不确定事项的发生或不发生予以证实。

或有负债，是指过去的交易或者事项形成的潜在义务，其存在须通过未来不确定事项的发生或不发生予以证实；或过去的交易或事项形成的现时义务，履行该义务不是很可能导致经济利益流出企业或该义务的金额不能可靠计量。

企业不应当确认或有负债和或有资产。或有负债需要在会计报表附注中披露相关信息。企业应采用一定方法确认、计量预计负债。

（二）预计负债

或有事项准则规定，企业如果对因或有事项形成的相关义务同时满足下列三个条件的，应当确认为预计负债，并通过“预计负债”账户单独进行核算。

预计负债的确认条件（同时满足）：

第一，或有事项产生的义务是企业的现时义务；

第二，履行该义务很可能导致经济利益流出企业；

第三，该义务的金额能够可靠地计量。

如果不能同时符合以上三个条件，则不应将其确认为一项负债，而只能作为或有负债处理。也就是说，或有负债不应确认为负债。

企业对于确认预计负债的标准，要注意把握以下几点：

第一，该项负债的确认是由于企业过去的交易或事项形成的不确定的状况而承担的现时义务，而非潜在义务；

第二，该义务的履行导致经济利益流出的可能性在50%以上（不含50%）。

《企业会计准则——或有事项》给出了各种可能性及其对应的概率标准（见表8－1）。

表 8-1　确认预计负债的可能性及对应概率

结果的可能性	对应的概率区间
基本确定	大于 95% 但小于 100%
很可能	大于 50% 但小于或等于 95%
可能	大于 5% 但小于或等于 50%
极小可能	大于 0 但小于或等于 5%

第三，该义务的金额能够可靠地计量，也是在每一或有事项的特定情况及其各种影响因素的分析中及合理估计的基础上，确定的一个最佳估计数。

1. 如果所需支出存在一个金额范围，则最佳估计数应按该范围的上下限金额的平均数确定。

2. 如果所需支出不存在一个金额范围，或有事项只涉及单个项目，则最佳估计数按最可能发生的金额确定；如涉及多个项目，最佳估计数按各种可能发生额及其发生概率计算确定。

企业如果因或有事项而确认的负债（即预计负债）所需支出金额全部或部分预期由第三方或其他方补偿，则补偿金额只能在基本确定能收到时，作为资产单独确认，且确认的补偿金额不应超过所确认负债的账面价值。

常见的或有事项主要包括：未决诉讼或仲裁、债务担保、产品质量保证（含产品安全保证）、辞退福利、承诺、亏损合同、重组义务和环境污染整治等。

（三）或有负债

在我国，或有负债主要有：

1. 应收票据贴现。票据贴现是企业以转让票据的办法从银行或金融机构获得借款的一种方式。企业将收到的应收票据背书后向银行贴现，在我国，这种贴现一般是附追索权方式，即当票据到期而付款方不能偿付时，背书人要承担连带偿付责任。因此，当企业将应收票据贴现后，便形成了一项或有负债。这项或有负债是否发生，取决于付款方在票据到期时的偿付情况，而不是取决于收款方。

2. 应收账款抵押借款。应收账款抵借是指应收账款的持有人（承借人）以应收账款为抵押，向银行或其他金融机构（出借人）借入资金。出借人对作为抵押的应收账款通常享有追索权，即当承借人到期无法偿付所借款项时，出借人有权直接向抵借人收取相应金额的应收款项。这种融资方式形成或有负债。

3. 未决诉讼。当企业涉及有尚未判决的诉讼案件时，也会因此而承担相应的或有负债。如果企业在诉讼中胜诉，会得到赔偿（或有资产），不预计。如果企业在诉讼中败诉，就会承担一定的赔偿金和诉讼费。未决诉讼案件和相应的估计金额应在会计报表附注中注明。

4. 信用担保。当本企业为另一个企业向银行贷款提供担保时，就承担了一项或有负债，本企业将为其担保的贷款承担连带清偿责任。如果贷款企业不能按期偿还贷款，则本企业作为担保企业就必须负责帮助清偿债务。

5. 未确定的欠交款项。对于企业自己申报的各项税款，征税部门要按规定进行审查和核定，如果税务机关和企业在纳税问题上存在分歧，就可能需要企业补交税款，从而形成一项或有负债。

二、债务重组

在激烈的市场竞争情况下，企业经营的好坏受多方面因素的制约和影响。经营好的企业往往能够随着外部各种因素的变化而不断改变自身的经营方式和管理方法，使企业在竞争中立于不败之地。但有一些企业可能由于经营管理不善，或受外部因素的影响，致使企业发生财务困难。具体表现为产品积压、滞销、资金周转不灵等，导致盈利能力下降或出现亏损，出现暂时性的资金紧缺，难以按期偿还债务。在此情况下，作为债权人有两种方法可供选择：一种方法是诉诸法律，通过要求债务人破产，清偿债务；另一种方法是通过与债务人协商，债权人作出某种让步，使债务人减轻负担，渡过难关。债务重组就是债务人不能如期清偿债权人的债务时，债权人选择与债务人之间就如何解决债务纠纷或清偿所发生的一种经济事项。

（一）债务重组的定义和方式

债务重组，是指在不改变交易对手方的情况下，经债权人和债务人协定或法院裁定，就清偿债务的时间、金额或方式等重新达成协议的交易。

债务重组一般包括下列方式，或下列一种以上方式的组合：

1. 债务人以资产清偿债务；

2. 债务人将债务转为权益工具；

3. 除上述第一项和第二项以外，采用调整债务本金、改变债务利息、变更还款期限等方式修改债权和债务的其他条款，形成重组债权和重组债务。

（二）债务重组的会计处理

1. 以资产清偿债务方式进行债务重组。

（1）债权人的会计处理。以资产清偿债务或者将债务转为权益工具方式进行债务重组的，债权人应当在相关资产符合其定义和确认条件时予以确认。

以资产清偿债务方式进行债务重组的，债权人初始确认受让的金融资产以外的资产时，应当按照下列原则以成本计量：

①存货的成本，包括放弃债权的公允价值和使该资产达到当前位置和状态所发生的可直接归属于该资产的税金、运输费、装卸费、保险费等其他成本。

②对联营企业或合营企业投资的成本，包括放弃债权的公允价值和可直接归属于该资产的税金等其他成本。

③投资性房地产的成本，包括放弃债权的公允价值和可直接归属于该资产的税金等其他成本。

④固定资产的成本，包括放弃债权的公允价值和使该资产达到预定可使用状态前所发生的可直接归属于该资产的税金、运输费、装卸费、安装费、专业人员服务费等其他成本。

⑤生物资产的成本，包括放弃债权的公允价值和可直接归属于该资产的税金、运输费、保险费等其他成本。

⑥无形资产的成本，包括放弃债权的公允价值和可直接归属于使该资产达到预定用途所发生的税金等其他成本。

放弃债权的公允价值与账面价值之间的差额，应当计入当期损益。

（2）债务人的会计处理。以资产清偿债务方式进行债务重组的，债务人应当在相关资产和所清偿债务符合终止确认条件时予以终止确认，所清偿债务账面价值与转让资产账面价值之间的差额计入当期损益（营业外收入）。

①债务人以低于账面价值的现金偿还债务的会计处理。债务人应将重组债务的账面价值与支付的现金之间的差额，确认为债务重组利得，计入营业外收入。

债权人应将重组债权的账面余额与收到的现金之间的差额，分别情况进行处理：

债权人未对债权计提减值准备的，应直接将该差额确认为债务重组损失，计入营业外支出。债权人已对债权计提减值准备的，应将该差额先冲减减值准备，减值准备不足以冲减的部分，计入营业外支出。冲减后减值准备尚有余额的，应予以转回并抵减当期资产减值损失。如果债权人对重组债权不是分别提取减值准备，而是采取一揽子提取减值准备的方法，则债权人应先计算出对应重组债务的减值准备，再确定是否确认债务重组损失。

【例 8－34】兴达股份有限公司于 2×21 年 6 月 20 日销售一批材料给 Y 公司，含税价格为 226 000 元，增值税税率为 13%。2×21 年 9 月 20 日，Y 公司财务发生困难，无法按合同规定偿还债务。经双方协商，重新达成协议，兴达股份有限公司同意减免 Y 公司 40 000 元债务，余额立即偿清。假设兴达股份有限公司对该项债权计提了 11 300 元的坏账准备。

账务处理步骤如下：

第一，债权人兴达股份有限公司：

债务重组日，可收回的债权金额（226 000－40 000）＝186 000（元）

借：银行存款	186 000	
营业外支出——债务重组损失	28 700	
坏账准备	11 300	
贷：应收账款——Y 公司		226 000

第二，债务人 Y 公司：

借：应付账款——兴达股份有限公司	226 000	
贷：银行存款		186 000
营业外收入——债务重组利得		40 000

②以非现金资产清偿债务的会计处理。

债权人的会计处理。以非现金资产清偿债务的，债权人应将受让的非现金资产按其公允价值作为入账价值，债权人发生的运杂费、保险费等，也应计入受让资产的价值。对于增值税应税项目，如债权人不向债务人另行支付增值税，则增值税进项税额可以作为冲减重组债权的账面价值处理。否则，不能冲减重组债权的账面价值。

债务人的会计处理。债务人应将重组债务的账面价值与转让的非现金资产的公允价值之间的差额，确认为债务重组利得，计入营业外收入。以非现金资产清偿债务的，应分别情况处理。

【例8－35】兴达股份有限公司于2×21年8月10日销售一批材料给Y公司，同时收到Y公司签发并承兑的一张面值200 000元、年利率7%、期限6个月、到期还本付息的票据。2×22年2月10日，Y公司财务发生困难，无法兑现票据，经双方协商重新达成协议，兴达股份有限公司同意Y公司用一台设备抵偿该应收票据。这台设备历史成本为240 000元，累计折旧为60 000元，评估确认的原价240 000元，评估确认的净值190 000元，Y公司发生评估费2 000元，对此固定资产提取减值准备18 000元。兴达股份有限公司未对债权计提坏账准备。假定不考虑其他税费。

债权人兴达股份有限公司会计处理如下：

借：固定资产	190 000	
营业外支出——债务重组损失	17 000	
贷：应收票据		207 000

债务人Y公司会计处理如下：

借：固定资产清理	162 000	
累计折旧	60 000	
固定资产减值准备	18 000	
贷：固定资产		240 000
借：固定资产清理	2 000	
贷：银行存款		2 000

固定资产清理账户余额＝162 000＋2 000＝164 000（元）

债务重组收益＝应付票据的账面价值（面值＋利息）－转让设备的公允价值

＝207 000－190 000＝17 000（元）

转让设备收益＝设备公允价值－设备账面价值－评估费

＝190 000－(240 000－60 000－18 000)－2 000＝26 000（元）

借：应付票据	207 000	
贷：固定资产清理		164 000
营业外收入——债务重组利得		17 000
资产处置损益——处理固定资产收益		26 000

2. 将债务转为权益工具方式进行债务重组。

（1）债权人的会计处理。将债务转为权益工具方式进行债务重组导致债权人将债权转为对联营企业或合营企业的权益性投资的，债权人应当按照准则（第六条）的规定计量其初始投资成本。放弃债权的公允价值与账面价值之间的差额，应当计入当期损益。

（2）债务人的会计处理。将债务转为权益工具方式进行债务重组的，债务人应当在所清偿债务符合终止确认条件时予以终止确认。债务人初始确认权益工具时应当按照权益工具的公允价值计量，权益工具的公允价值不能可靠计量的，应当按照所清偿债务的公允价值计量。所清偿债务账面价值与权益工具确认金额之间的差额，应当计入当期损益。

例如，经过协商，债权人同意将其持有的债权按照一定比例转化为债务企业的股权投资，债务人应当将债权人放弃债权而享有的股份的面值总额确认为股本（或者实收资本），股份的公允价值总额与股本（或者实收资本）之间的差额确认为资本公积，重组债务的账面价值与股份的公允价值总额之间的差额，计入当期损益；债权人应当将享有股份的公允价值确认为对债务人的投资，重组债权的账面余额与股份的公允价值之间的差额，比照上述规定处理。

【例 8 - 36】 兴达股份有限公司于 2×21 年 9 月 10 日销售一批材料给 Y 公司，同时收到 Y 公司签发并承兑的一张面值 200 000 元、年利率 7%、期限 6 个月、到期还本付息的票据。2×22 年 3 月 10 日，Y 公司财务发生困难，无法兑现票据，经双方协商，重新达成协议，兴达股份有限公司同意 Y 公司用其发行的普通股抵偿该票据。Y 公司用于抵债的普通股为 20 000 股，股票市价为每股 9.6 元，面值为每股 1 元。假定印花税税率为 0.4%。公司未对债权计提坏账准备。假定不考虑其他税费。

债权人兴达股份有限公司的会计处理：

兴达股份有限公司长期股权投资金额 = 股权的公允价值 + 支付的印花税

= 192 000 + 768 = 192 768（元）

债务重组损失 = 债权的账面余额 - 享有股份的公允价值

= 207 000 - 192 000

= 15 000（元）

借：长期股权投资	192 768	
营业外支出——债务重组损失	15 000	
贷：应收票据		207 000
银行存款		768

债务人 Y 公司会计处理：

债务重组日，Y 公司重组债务的账面价值为 207 000 元（200 000 + 7 000），扣除债权人享有股份的公允价值 192 000 元，差额 15 000 元作为债务重组收益。

借：应付票据	207 000	
贷：股本		20 000
资本公积——股本溢价		172 000
营业外收入——债务重组利得		15 000
借：税金及附加——印花税	768	
贷：银行存款		768

（3）除上述第一项和第二项以外，采用调整债务本金、改变债务利息、变更还款期限等方式修改债权和债务的其他条款，形成重组债权和重组债务。

①债权人的会计处理。采用修改其他条款方式进行债务重组的，债权人应当按照《企业会计准则第 22 号——金融工具确认和计量》的规定，确认和计量重组债权。

以多项资产清偿债务或者组合方式进行债务重组的，债权人应当首先按照《企业会计准则第 22 号——金融工具确认和计量》的规定确认和计量受让的金融资产和重组债权，然后按照受让的金融资产以外的各项资产的公允价值比例，对放弃债权的公允价值扣除受让金融资产和重组债权确认金额后的净额进行分配，并以此为基础按照准则的规定分别确定各项资产的成本。放弃债权的公允价值与账面价值之间的差额，应当计入当期损益。

②债务人的会计处理。采用修改其他条款方式进行债务重组的，债务人应当按照《企业会计准则第 22 号——金融工具确认和计量》和《企业会计准则第 37 号——金融工具列报》的规定，确认和计量重组债务。

以多项资产清偿债务或者组合方式进行债务重组的，债务人应当按照准则的规定确认和计量权益工具和重组债务，所清偿债务的账面价值与转让资产的账面价值以及权益工具和重组债务的确认金额之和的差额，应当计入当期损益。

（三）债务重组信息的披露

1. 债权人应当在附注中披露与债务重组有关的下列信息：

（1）根据债务重组方式，分别披露债权账面价值和债务重组相关损益。

（2）债务重组导致的对联营企业或合营企业的权益性投资增加额，以及该投资占联营企业或合营企业股份总额的比例。

2. 债务人应当在附注中披露与债务重组有关的下列信息：

（1）根据债务重组方式，分别披露债务账面价值和债务重组相关损益。

（2）债务重组导致的股本等所有者权益的增加额。

第五节 偿债能力分析

偿债能力分析分为流动负债偿债能力分析和非流动负债偿债能力分析两方面。进行偿债能力分析所依据的资料主要是企业的资产负债表。

一、流动负债偿债能力分析

（一）流动比率

流动比率是指流动资产与流动负债之比，其计算公式如下：

$$流动比率=\frac{流动资产}{流动负债}\times 100\%$$

流动比率用于衡量依靠流动资产转化为现金用于偿还短期债务的能力，表示每1元的流动负债有多少元流动资产作为偿付保证。该比率越高，表明企业所具有的短期偿债能力越强。由于流动资产在转化为现金的过程中所实现的价值有可能低于其账面价值，所以，流动比率如果低于1时，企业将明显缺乏短期偿债能力。

【例8－37】兴达股份有限公司2×21年的资产负债表中列示的有关数据如表8－2所示。

表8－2　　兴达股份有限公司资产负债表（局部）

编制日期：2×21年12月31日　　单位：元

资产	期末数	期初数	负债和股东权益	期末数	期初数
速动资产	320 080 000	7 480 000	流动负债合计	189 960 000	95 260 000
存货	130 180 000	119 730 000	负债合计	196 960 000	189 760 000
流动资产合计	450 260 000	127 210 000	股东权益合计	324 240 000	66 770 000
资产总计	521 200 000	256 530 000	负债和股东权益总计	521 200 000	256 530 000

根据表8－2中的有关数据，计算兴达股份有限公司的流动比率如下：

$$流动比率 = \frac{45\ 026}{18\ 996} \times 100\% = 237\%$$

在不考虑行业差别的前提下，该比率为2较为适宜。如果低于2，企业被认为短期偿债能力较差。一般而言，高的流动比率能保证企业有较强的偿债能力，对短期债权人来说较为有利；但是这也意味着企业流动资产中占用了大量资金。这从另一个角度说明企业在资产使用中可能存在较低效率问题。

由于不同的行业经营业务不同，企业资产结构有很大差异。不同行业的这个指标会有比较大的差异。因此，该指标应结合行业平均值和中值进行具体分析。

（二）速动比率

速动比率是指速动资产与流动负债之比。所谓速动资产是指能按接近账面价值的价格迅速转变为货币的流动资产，包括货币资金、应收款项、短期投资等。存货因为变现速度较慢，而且因保管、计价等原因可能使得其变现价值明显低于其账面价值，因而被称为非速动资产。其计算公式如下：

$$速动比率 = \frac{流动资产 - 存货}{流动负债} \times 100\%$$

速动比率用于衡量在更短的期间内运用变现能力较强的速动资产转换为现金以偿还短期债务的能力。一般认为速动比率为1较为适宜，低于该标准的企业被认为缺乏足够的偿债能力，高于该标准则意味着企业存在某种程度的资金不合理占用问题。

根据表8－2中的相关数据，计算兴达股份有限公司的速动比率如下：

$$速动比率 = \frac{450\ 260\ 000 - 130\ 180\ 000}{189\ 960\ 000} \times 100\% = 168\%$$

这个指标应与行业平均水平进行比较，才能确定和分析企业的流动资产偿债能力。

根据财政部发布的企业绩效评价标准值，大型通用设备制造企业的偿债能力评价标准，如表8－3所示。

表8－3　××制造业偿债能力评价指标

项目	偿债能力状况				
	优秀值	良好值	平均值	较低值	较差值
资产负债率（%）	44.8	56.5	70.3	81.4	90.6
已获利息倍数	7.8	5.6	3.5	1.8	－1.0
速动比率（%）	127.4	103.8	71.1	55.9	36.8
现金流动负债比率（%）	10.3	4.2	－2.5	－15.1	－25.5
带息负债比率（%）	10.5	17.5	30.2	45.9	63.3
或有负债比率（%）	0.4	1.3	6.1	14.7	23.8

综合表 8－2 和表 8－3 提供的信息可以看出，兴达股份有限公司的速动比率为 168%，已超过了所在行业的优秀值 127.4%，说明该公司的短期偿债能力非常好。

（三）现金流动负债率

现金流动负债率是衡量企业利用经营中创造的现金流量偿还流动负债的能力。其计算公式如下：

$$现金流动负债率=\frac{年经营现金净流量}{流动负债}\times 100\%$$

由于大部分流动负债需要用现金偿还，而企业经营过程是创造现金的主要来源，因此，相对于流动比率和速动比率而言，现金流动负债率所反映的偿债能力信息更客观也更有意义。

现金流动负债比率的计算，需要使用现金流量表中的信息。兴达股份有限公司 2×21 年度的现金流量表中有关数据，如表 8－4 所示。

表 8－4　　兴达股份有限公司现金流量表（局部）　　单位：元

项目	2×21 年度
经营活动提供现金	－50 520 000

根据表 8－2 提供的信息，可以计算出兴达股份有限公司的现金流动负债率如下：

$$现金流动负债率=\frac{-50\ 520\ 000}{189\ 960\ 000}\times 100\% = -26.6\%$$

综合表 8－3 和表 8－4 提供的信息可以看出，兴达股份有限公司的现金流动负债率为 －26.6%，比行业最差水平 －25.5% 还低。这可能由于两种原因所导致：首先，处于成长期的企业，规模急剧扩张，应收票据、应收账款、存货等流动资产占压了大量现金，可能出现经营现金入不敷出的现象；其次，处于经营亏损状态的企业，由于经营支出大于经营收入，也会导致现金短缺。

综上分析结果，兴达股份有限公司的速动比率已超过了所在行业的优秀值，而现金流动负债率比行业最差水平还差。这说明兴达股份有限公司偿还流动负债的现金不是来源于经营活动，而是来源于投资或筹资业务。

另外，如果企业的应收账款周转率、存货周转率及流动资产周转率较高，也能够在一定程度上支持企业的短期偿债能力。

二、非流动负债偿债能力分析

（一）资产负债率

资产负债率又称负债率，是指负债总额与资产总额之比。其计算公式如下：

$$资产负债率=\frac{负债总额}{资产总额}\times 100\%$$

该比率反映企业的资产总额中有多少是通过举债而得到的。该比率越低，表明企业的债务负担越轻，因而其长期偿债能力越强，从而对债权人越有利。但是从投资者的立场看，只要全部资金的投资报酬率高于企业非流动负债的利息率，投资者权益资金报酬率就越高。在理财学中把这一现象称之为“财务杠杆作用”。资产负债率的提高，会带来财务风险的增加，但只要财务风险的增加幅度控制在投资者所能承受的范围内，投资者就会因此而受益。

兴达股份有限公司的资产负债率计算如下：

$$资产负债率=\frac{196\ 960\ 000}{521\ 200\ 000}\times 100\%=38\%$$

根据表 8-2 提供的信息可以看出，兴达股份有限公司的资产负债率 38%，比行业的优秀水平 44.8% 还要低。这说明兴达股份有限公司的长期偿债压力不大，也反映了兴达股份有限公司在利用财务杠杆方面还有比较大的余地。

（二）已获利息倍数

已获利息倍数，是指税息前利润与利息费用之比。其计算公式如下：

$$已获利息倍数=\frac{利润总额+利息费用}{利息费用}$$

该比率反映企业用经营收益支付债务利息的能力。由于企业举借长期债务，首先需要偿还的是利息，因而企业支付利息能力高低，是长期偿债能力的重要方面。通常认为，利息保障倍数在 3~4 倍时，企业有可靠的支付债务利息能力。利息费用不能在报表中直接得到，一般情况下可用财务费用来近似替代。

兴达股份有限公司 2×21 年度的利润表中有关数据，如表 8-5 所示。

表 8-5　　兴达股份有限公司利润（局部）　　单位：元

项目	2×21 年度
财务费用	13 450 000
利润总额	59 400 000

$$利息保障倍数=\frac{59\ 400\ 000+13\ 450\ 000}{13\ 450\ 000}=5.42$$

根据表 8-5 提供的信息可知，兴达股份有限公司的已获利息倍数为 5.42，略低于行业良好水平 5.6 倍。综合资产负债率和利息保障倍数提供的信息，可见该公司的长期偿债能力比较强。

（三）带息负债比率

带息负债比率是指需要支付利息的负债与总负债之比。其计算公式如下：

$$带息负债比率=\frac{短期借款+一年内到期的长期负债+长期借款+应付利息}{负债总额}\times 100\%$$

该指标反映了企业使用借入资金的成本。该指标越高，说明负债资金成本越高。

兴达股份有限公司 2×21 年年度资产负债表中有关数字如表 8-6 所示。

表 8-6　兴达股份有限公司资产负债表（局部）　单位：元

项目	金额
短期借款	77 000 000
一年内到期的长期负债	33 500 000
长期借款	31 000 000
应付利息	13 870 000
负债合计	196 960 000

根据表 8-6 的数据，计算兴达股份有限公司的带息负债比率如下：

$$带息负债比率=\frac{77\ 000\ 000+33\ 500\ 000+31\ 000\ 000+13\ 870\ 000}{196\ 960\ 000}\times100\%=78.88\%$$

兴达股份有限公司的带息负债比率 78.88%，比行业较差水平 63.3% 还高，说明该公司利用负债的资金成本比较高，在一定程度上会影响企业盈利能力和再筹资能力。

（四）或有负债比率

或有负债比率，反映因为存在或有事项而导致企业经营中存在的不确定程度，其计算公式如下：

$$或有负债比率=\frac{已贴现承兑汇票+担保余额+贴现与担保外的被投诉事项金额}{所有者权益+少数股东权益}\times100\%$$

假定兴达股份有限公司在 2×21 年末有已贴现承兑汇票 5 590 000 元，对外担保余额 22 300 000 元，没有任何被投诉事项，且该公司没有少数股东权益。根据表 8-1 提供的所有者权益总额数据，计算或有负债比率如下：

$$或有负债比率=\frac{5\ 590\ 000+22\ 300\ 000}{324\ 240\ 000}\times100\%=8.60\%$$

兴达股份有限公司的或有负债比率为 8.60%，高于行业平均水平 6.1%，说明兴达股份有限公司经营中因为存在或有事项而承担的风险大于行业平均水平。

第九章

所有者权益

案例

三个诚实的商人年初各投入资本25万元合开了一家店铺，其中一人管理店铺日常业务。因资金紧张，又向银行借入70万元用于经营。店铺当年盈利（净利润）55万元，年底资产达200万元，但商人们却因为分红而争吵。争吵中，商铺起火了，造成重大财产损失，抢救回来的财产全部出售变现后所得为50万元。你认为三个投资人损失各是多少呢？其实，利益之争不是由于人格问题，而是合伙人开店的制度。不同的企业制度下，投资人的损失是不同的。这里，就提到我们会计学习中一个非常重要的概念，即“所有者权益”。

第一节 所有者权益概述

一、所有者权益的性质

所有者权益是指企业资产扣除负债后由所有者享有的剩余权益，是企业所有者对企业净资产的要求权。所谓净资产，在数量上等于全部资产减去全部负债后的余额，这可以通过对会计等式的变形来表示，即：资产－负债＝所有者权益。对于公司制企业，所有者权益又称为股东权益。从资产负债表上可以直观地看出，债权人和股东对企业的财产都拥有要求权，资产总额扣除债权人的权益之后的余额就是股东权益。从总体上看，企业的所有者权益只是在整体上、在抽象意义上与企业的净资产保持数量关系，它与企业特定的具体资产并无直接对应关系。

企业的所有者和债权人均是企业资金的提供者，因而所有者权益和负债（债权人权益）二者均是对企业资产的要求权，但二者之间又存在着明显的区别。主要的区别有：

第一，性质不同。负债是债权人对企业全部资产的要求权，所有者权益是所有者对剩余资产的要求权。所有者权益作为一种财产权利，包括所有者对投入资本的所有权，从法律角度解释，所有者权益是一种剩余权益。尽管广义的权益包括债权人权益和所有者权益，债权人和所有者对企业资产都有相应的要求权，但在法律上，债权人对企业资产的要求权优先于所有者权益，即当企业进行清算时，变现后的资产首先用于偿还负债，剩余资产才在投资者之间进行分配。

第二，对象不同。负债是企业对债权人承担的经济责任；所有者权益是企业对投资者承担的经济责任。

第三，权利不同。债权人只有获取企业用以清偿债务的资产的要求权，而没有经营决策的参与权和收益分配权；所有者则可以参与企业的经营决策及收益分配。

第四，偿还期限不同。企业的负债通常都有约定的偿还日期。所有者权益是企业的长期性资金来源。任何企业的创立，都需要一定的资本金，所有者投入企业的资金在企业的存续期内供企业长期使用，一般不存在抽回问题，即不存在约定的偿付期，只有在企业解散清算时或在破产清算时才予以偿还。

第五，风险不同。债权人获取的利息，无论企业盈亏都要按期付息，风险较小；所有者获得收益的多少则取决于企业的盈利水平及经营政策，风险较大。

第六，计量不同。负债必须在发生时按照规定的方法单独计量；所有者权益在数量上除了投资者投入资本时能够直接计量外，在企业存续期的任一时点，都不是直接计量的，而是对资产和负债计量以后形成的结果。

所有者权益是一种来自投资行为的权利。没有投资者的投资行为，便没有企业的所有者权益。投资者无论是国家、企业，还是个人，其权益在性质上是相同的。所有者权益是一种剩余索取权，主要表现为对企业利润的索取权。如果企业经营较好，实现盈利，所有者权益即随之增加；反之，如果企业发生亏损，则所有者权益也会减少。可见，企业的所有者承担了企业经营活动的最终风险，因而也享有最终的权益。所有者权益既可反映所有者投入资本的保值增值情况，又体现保护债权人权益的理念。

二、不同企业组织形式与所有者权益的特点

所有者权益的构成与企业组织形式有关。企业组织形式多种多样，不同组织形式的企业，其所有者权益也有所不同。国际通行的做法是按企业资产经营的法律责任，把企业划分为非公司型企业和公司型企业。非公司型企业指独资企业和合伙企业。

（一）独资企业与业主权益

独资企业是指由个人独立出资建立的企业。独资企业具有以下特点：

1. 独资企业不是独立的法律主体。依照许多国家的法律规定，独资企业在法律上不具有独立人格，因而不能单独拥有行为能力。也就是说，独资企业的财产和对外所负的债务在法律上被视为出资人（习惯上称为业主）个人的财产和债务，企业行为实质上就是业主的个人行为。

2. 业主对企业的债务单独负有无限清偿责任。独资企业在清算时，如果企业的财产不足以清偿债务，则业主应以个人的财产予以清偿。

3. 独资企业不是企业所得税的纳税主体。由于独资企业不是法人，业主负有无限责任，企业的行为视为业主个人行为，因而企业的收益被视为业主个人的收益，只按照个人所得税法缴纳个人所得税，而不缴纳企业所得税。

4. 业主对企业的财产和赚取的利润具有完全的支配权。

鉴于以上独资企业的特点，其所有者权益一般称为业主权益，且不必详细划分项目，业主对企业进行投资，以及从企业中提款，可以直接增加或减少业主权益。由于业主对企业承担的是无限责任，法律上不需要将资本和盈利区分开来，企业赚取的利润视为业主的个人所得，可以转为业主权益。在独资企业的会计报表中，设置业主权益表，反映业主权益的增减变动。

（二）合伙企业与合伙人权益

合伙企业是指两人以上按照协议出资、共同经营、共负盈亏的企业。合伙企业与独资企业基本相同，不是法律主体，负有无限责任，取得的收益由出资人（习惯上称为合伙人）按个人所得缴纳个人所得税。合伙企业与独资企业的主要区别在于：为了明确合伙人之间的责、权、利关系，应订立书面形式的合伙契约，以契约形式规定企业收益的分配方法、合伙人出资额的转让方法以及企业的解散与清算的程序等。合伙企业具有以下显著特征：

1. 各合伙人之间互相代理。一般来说，在企业业务范围内，任何一个合伙人所执行的业务，均视为所有合伙人共同执行的业务。

2. 合伙人对企业的债务负无限连带责任。当合伙企业不能以企业资产清偿其债务时，合伙人必须用个人财产偿还企业债务。若某个合伙人的个人资产不足以清偿其债务份额时，其他合伙人必须代为清偿。

3. 财产共有。各合伙人投入企业的财产即为全体合伙人的共有财产。财产如果将来被变卖，变卖的损益也属于合伙人共有的损益。

合伙企业的所有者权益一般称为合伙人权益。鉴于以上合伙企业的特点，其所有者权益与独资企业一样，也不必详细划分项目，但应按合伙人分别予以反映。与独资企业的区别在于，应为每个合伙人分别设立资本账户，各合伙人对企业进行的投资，应分别记入各合伙人资本账户；各合伙人从企业提款，将减少其资本账户数额，并意味着该合伙人在企业合伙人权益中的份额减少；合伙企业的损益，应按照合伙契约中规定的方法进行分配，分别记入各合伙人资本账户；就某个合伙人而言，不论是向企业投入资本，还是从企业提款或是转让出资给他人，都要受到其他合伙人意愿的制约。

（三）公司制企业与股东权益

公司是指依法设立的、有独立的法人财产、以营利为目的的企业法人。公司制企业是现代社会最主要、最典型的企业组织形式。《中华人民共和国公司法》（以下简称《公司法》）所称的“公司”，是指依法在中国境内设立的有限责任公司和股份有限公司。公司具有以下特点：

1. 公司是独立的法律主体。公司一经批准设立，就具有独立于其所有者的法人地位和资格，具有与自然人同样的享有权利和承担义务的能力。公司应以自己的名义而不是股东的名义对外开展业务。公司的财产和对外所负的债务，在法律上不再视为股东个人的财产和债务，股东只具有对公司净资产的要求权。

2. 股东对公司的债务只负有有限责任。公司以其全部资产对公司的债务承担有限责任。有限责任公司的股东以其认缴的出资额为限对公司承担责任；股份有限公司的股东以其认购的股份为限对公司承担责任。公司在清算时，如果公司的全部资产不足以清偿债务，则股东不必以个人的财产予以清偿。

3. 公司是纳税主体。公司作为企业法人，取得的收益应按照企业所得税法计算缴纳企业所得税。

4. 股东持有的公司股份不得抽回但可以转让。公司的所有者可以出售或转让股份，特别是上市公司，股东可以随意转让自己持有的股票。公司的持续经营不因股东的变更而受影响，因而公司具有较长的持续期。

5. 严格的法律管制。各国立法机构对公司的成立、筹资、投资、清算、利润分配、股份回购等业务都制定理论严格的法律和规章，要求公司必须严格区分投入资本和实现利润。

公司制企业所有者权益又称为股东权益，其会计处理受到严格的法律管制，而不仅仅依据会计惯例，由此导致公司所有者权益会计处理的复杂程度远大于个人独资企业和合伙企业。

公司的形式多种多样，其中最主要的是股份有限公司和有限责任公司。本章主要讲述公司制企业的所有者权益。

三、公司制企业所有者权益的构成

所有者权益的会计核算主要围绕所有者对企业的初始投资，以及其后投入资本变动及经营积累的增减变动情况进行反映。所有者权益的来源包括所有者投入的资本、直接计入所有者权益的利得和损失、留存收益等，具体划分为实收资本（或股本）、其他权益工具、资本公积、其他综合收益和留存收益五部分。

对所有者权益进行这种分类能够提供两个方面重要信息：

首先，能够清晰地反映企业内部的资金来源结构。所有者权益中的投入资本和资本公积，构成企业在开展生产经营活动时最基础的启动资金，是企业存在的基本条件。直接计入所有者权益的利得和损失来自企业生产经营过程中的非经营业务。盈余公积和未分配利润等留存收益项目，来自企业生产经营过程中的资本增值，反映了企业的经营成果，为企业扩大生产经营规模提供了条件。同时，不同所有者的投资比例还是决定企业利润分配或风险分担比重的依据。资本增值同投入资本相比，能够反映出企业长期以来的经营成果和发展趋势。

其次，能够反映利润分配政策上的限制因素。从会计上说，界定所有者权益来源构成的目的之一，是让股东和债权人知道，公司付给股东的款项是利润的分配还是投入资本的返还。企业的利润分配有限度，既是法律的约束，也反映了公司持续经营的愿望。企业在制定利润分配政策时，既要考虑对投资者的回报，也要考虑企业持续经营的长远利益。这种分类的另一目的在于让股东用累计利润来判断管理人员的称职程度，将累计利润与投入资本相比较即可评价管理者经营管理的成绩。

第二节　实收资本（或股本）与其他权益工具

一、实收资本（或股本）

（一）实收资本（或股本）与注册资本

企业要进行经营，必须有一定的“本钱”。我国民法典中明确规定，设立企业法人必需的条件之一是“有必要的财产或者经费”。

实收资本（或股本）是指所有者在企业注册资本的范围内实际投入的资本。实收资本（或股本）代表着一个企业的实力，是创办企业的“本钱”，也是一个企业维持正常的经营活动、以本求利、以本负亏最基本的条件和保障。它反映了企业的不同所有者通过投资而投入企业的外部资金来源，有了这部分资金的投入，才有了企业的存在和发展。

所谓注册资本是指企业在设立时向工商行政管理机构登记的资本总额，也就是全部出资者设定的出资额之和。注册资本是企业的法定资本，是企业承担民事责任的财力保证。企业对资本的筹集，应该按照法律、法规、合同和章程的规定及时进行。如果一次筹集的，实收资本应等于注册资本；如果是分期筹集的，在所有者最后一次缴入资本以后，实收资本应等于注册资本。

为保证企业持续经营，根据资本保全原则，一般情况下，投资者不允许提前收回投资。所有者投入的资本，在一般情况下无须偿还，可供企业长期周转使用。实收资本（或股本）的构成比例，通常是确定所有者在企业所有者权益中所占的份额和参与企业财务经营决策的基础，也是企业进行利润分配的依据，同时还是企业清算时确定所有者对净资产要求权的依据。

在不同类型的企业中，实收资本（或股本）的表现形式有所不同。在股份有限公司，实收资本表现为实际发行股票的面值，也称为股本。在其他企业，实收资本表现为所有者在注册资本范围内的实际出资额。

实收资本（或股本）按其出资形式不同，可分为货币投资、实物投资和无形资产投资等；按投资主体的不同，又可分为国家投入资本、法人投入资本、个人投入资本和外商投入资本等。

（二）有限责任公司的实收资本

有限责任公司是指由一定数量的股东共同出资设立，股东以其认缴的出资额为限对公司的债务承担有限责任，公司以其全部资产对其债务承担责任的企业法人。有限责任公司对公司的资本不划分为等额股份，不对外公开募集股份，不能发行股票。股东以其出资额承担有限责任，并享有相应的权益。公司股份的转让有严格的限制，如需转让，应在其他股东同意的条件下方可进行。按照我国《公司法》的规定，可以设立一人有限责任公司、国有独资公司。

股东可以用货币出资，也可以用实物、知识产权、土地使用权等可以用货币估价并可以依法转让的非货币财产作价出资；但是，法律、行政法规规定不得作为出资的财产除外。对作为出资的非货币财产应当评估作价，核实财产，不得高估或者低估作价。法律、行政法规对评估作价有规定的，从其规定。①

有限责任公司的注册资本为在公司登记机关登记的全体股东认缴的出资额。法律、行政法规以及国务院决定对有限责任公司注册资本实缴、注册资本最低限额另有规定的，从其规定。

在会计核算上，有限责任公司应设置"实收资本"账户，核算各股东实缴注册资本的数额。该账户属于所有者权益类账户，其贷方登记所有者投入企业资本金的增加，借方登记所有者投入企业资本金的减少，期末余额在贷方，表示所有者投入企业资本金的结余额。企业应按投资者的不同设置明细账，进行明细分类核算。

企业的投资者以货币出资的，应以实际收到的货币资金数额入账，如果企业收到投资者投入的外币，应采用交易发生日的即期汇率进行折算；投资者以房屋建筑物、机器设备等固定资产和原材料、库存商品等存货以及专利权、商标权、土地使用权等无形资产出资的，应当按照投资各方确认的价值入账。

1. 投资者以货币资金投入的资本，应当以实际收到的金额作为实收资本入账，借记"银行存款"等账户，贷记"实收资本"等账户。

【例9-1】甲有限责任公司由A、B两位投资人出资设立，实际收到A出资人投入货币资金3 500 000元，已接到银行收款通知。其账务处理如下：

借：银行存款　　3 500 000

　　贷：实收资本——A　　3 500 000

2. 投资者以非现金资产投入的资本，应当按照投资各方确认的价值确定非现金资产的入账金额，借记"固定资产""原材料""库存商品""无形资产"等账户，贷记"实收资本"等账户。

【例9-2】接【例9-1】，甲有限责任公司收到B投资人投入原材料一批。双方确认的

① 《中华人民共和国公司法》第二十七条。

原材料价值为 1 000 000 元，可抵扣增值税进项税额为 130 000 元。其账务处理如下：

借：原材料　　1 000 000
　　应交税费——应交增值税（进项税额）　　130 000
　　贷：实收资本——B　　1 130 000

（三）股份有限公司的股本

1. 股份有限公司的特点。股份有限公司是指全部资本由等额股份构成并通过发行股票筹集资本，股东以其所持股份对公司承担有限责任，公司以其全部资产对公司债务承担责任的企业法人。股份有限公司的主要特征是：（1）资本划分为等额股份。股份有限公司将资本总额划分为若干等额的股份，每股面值金额与股份数的乘积即是资本总额。公司的股份采取股票的形式。股票是公司签发的证明股东所持股份的凭证。（2）可以通过公开向社会发行股票的方式来筹集资本。（3）股票可以自由转让，无须经过其他股东的同意。（4）生产经营以及财务公开。由于股份有限公司股东人数多，流动频繁，因此各国法律都要求股份公司应将其生产经营以及财务向社会公开。

2. 股份有限公司的设立。股份有限公司的设立，可以采取发起设立或者募集设立的方式。发起设立，是指由发起人认购公司应发行的全部股份而设立公司。募集设立，是指由发起人认购公司应发行股份的一部分，其余股份向社会公开募集或者向特定对象募集而设立公司。股份有限公司采取发起设立方式设立的，注册资本为在公司登记机关登记的全体发起人认购的股本总额。在发起人认购的股份缴足前，不得向他人募集股份。股份有限公司采取募集方式设立的，注册资本为在公司登记机关登记的实收股本总额。法律、行政法规以及国务院决定对股份有限公司注册资本实缴、注册资本最低限额另有规定的，从其规定。

以发起设立方式设立股份有限公司的，发起人应当书面认足公司章程规定其认购的股份，并按照公司章程规定缴纳出资。以非货币财产出资的，应当依法办理其财产权的转移手续。

以募集设立方式设立股份有限公司的，发起人认购的股份不得少于公司股份总数的 35%；但是，法律、行政法规另有规定的，从其规定。

发起人向社会公开募集股份，应当由依法设立的证券公司承销，签订承销协议。

股份有限公司由全体股东组成股东大会，股东大会是股份有限公司的权力机构，股东出席股东大会会议，所持每一股份（普通股）有一表决权。股东一般不直接参与企业管理，而是先选举董事会，由董事会来维护其合法权益；然后再由董事会任命总经理，由总经理全面负责公司的日常经营管理。股票在证券交易所上市交易的股份有限公司称为上市公司。

3. 公司股票类别。股份有限公司股东持有的股票，按其享有的权利，可以分为普通股和优先股两大类。

（1）普通股。普通股是股份有限公司的基本股份。普通股的权利主要有以下几项：①投票表决权。股份有限公司的重大事项一般应由股东大会投票表决决定。普通股股东有权参加股东大会，每一普通股股份即拥有一份投票权。按照我国《公司法》的规定，股东大会作出决议，必须经出席会议的股东所持表决权过半数通过。但是，股东大会作出修改公司章程、增加或者减少注册资本的决议，以及公司合并、分立、解散或者变更公司形式的决议，必须经出席会议的股东所持表决权的 2/3 以上通过。②优先认股权。当股份有限公司增发股票时，普通股股东有按其持股比例优先认购新股的权利，以保持其在公司股份中的比例。③收益分配权。普通股股东主要以获取公司分配的股利作为投资回报。但普通股股东能够获得多少股利，应以公司董事会的宣告为准，在董事会宣告分派股利之前，对公司的净利润没有直接的要求权。④剩余财产权。当股份有限公司清算时，全部资产变卖以后所得收入，在偿还债务和优先股股东的投资以后如果还有剩余，将按普通股股东的持股比例予以分配。

（2）优先股。优先股股票是一种处于公司债券和普通股股票之间的混合型证券。优先股股票规定有固定的股利率，这方面与公司债券相似；但其又没有固定的偿还日期，这方面又与普通股股票相似。优先股股东与普通股股东相比，一般不具有投票表决权和优先认股权。其之所以“优先”，主要是在收益和剩余财产的分配方面具有优先权。就优先股股利而言，优先股可以分为以下类别：

按公司当年未分配或分配不足的优先股股利以后是否补付分类，可以分为累积优先股和非累积优先股。①累积优先股。累积优先股是指公司当年未分配或分配不足的优先股股利，将累积到以后年度予以补付。公司在以后年度分派股利时，只要有累积优先股股利尚未付清，就不得发放普通股股利。需要说明的是：累积优先股的积欠股利在董事会宣布分派以前并不构成公司的一项负债。但是，由于公司的各类股东对公司积欠的优先股股利的有关信息都极为关心，因此，积欠的优先股股利虽然不作为负债列示，但必须在报表的附注中予以说明，以满足报表使用者的需要。②非累积优先股。非累积优先股是指公司当年未分配或分配不足的优先股股利，以后年度将不再补付。

按在分配优先股股利后是否参与剩余股利的分配，可以分为参与优先股和非参与优先股。①参与优先股。参与优先股是指在按规定的股利率优先分得当期股利以外，还将按一定的方法同普通股一起再次参与剩余股利的分配。②非参与优先股。非参与优先股是指按规定的股利率优先分得当期股利以后不再参与剩余股利的分配。

上述两类优先股往往是结合在一起发行的，如参与累积优先股、参与非累积优先股、非参与累积优先股、非参与非累积优先股等。企业是否发行优先股，发行何种类型的优先股，应根据企业筹资政策而定。一般来说，优先股股东具有较多的“优先权”，风险较小，收益也应较普通股股东的少一些，股份有限公司发行的优先股大多为非参与累积优先股。

此外，公司还可能发行可转换优先股，即可以按一定条件转换为本公司普通股的优先股。

4. 公司普通股股票发行。股票的面值与股份总数的乘积即为公司股本，股本等于股份有限公司的注册资本。为了如实反映公司的股本情况，股份有限公司应设置“股本”账户，该账户贷方登记已发行的普通股面值，借方登记经批准核销的普通股面值，贷方余额反映发行在外的普通股面值。企业可以按股东单位或姓名设置明细账户，进行明细分类核算。

股票的发行价格受发行时资本市场的需求和投资人对公司获利能力的估计的影响，公司发行股票的价格往往与股票的面值不一致。股票发行价格等于面值，称为面值发行；发行价格高于面值，称为溢价发行；发行价格低于面值，称为折价发行。我国《公司法》明确规定，股票的发行价格不得低于票面金额。因此不允许折价发行股票。

公司发行的股票，在收到认股款时借记“银行存款”等账户，按股票面值和核定的股份总额计算的金额贷记“股本”账户，按超过面值的溢价部分贷记“资本公积——股本溢价”账户。股份有限公司为发行权益性证券发生的手续费、佣金等，应自所发行权益性证券的溢价收入中扣减，溢价金额不足以扣减的情况下，应当冲减盈余公积和未分配利润。

(1) 按面值发行股票的会计处理。

【例 9-3】兴达股份有限公司发行普通股 5 000 000 股，每股面值 1 元。假定按面值发行（不考虑发行费用），款项已收到存入银行。其账务处理如下：

借：银行存款　　5 000 000

　　贷：股本　　5 000 000

(2) 溢价发行股票的会计处理。在溢价发行股票时，公司应另行设置“资本公积——股本溢价”账户，反映扣除发行费用后的溢价发行收入。

【例 9-4】承【例 9-3】，假设上述普通股每股按 1.2 元的价格发行。另以银行存款支付给某证券公司发行手续费 60 000 元。其账务处理如下：

公司实收价款 $=1.2\times5\ 000\ 000-60\ 000=5\ 940\ 000$（元）

股本 $=1\times5\ 000\ 000=5\ 000\ 000$（元）

股本溢价 $=5\ 940\ 000-5\ 000\ 000=940\ 000$（元）

借：银行存款　　5 940 000

　　贷：股本　　5 000 000

　　　　资本公积——股本溢价　　940 000

二、其他权益工具

其他权益工具是指企业发行的除普通股以外的归类为权益工具的各种金融工具，如企业发行的归类为权益工具的优先股、永续债、认股权、可转换公司债券等金融工具。

如果公司发行优先股，则需要设置“其他权益工具”账户，该账户属于所有者权益账户，贷方登记发行优先股收到的价款，借方登记可转换优先股转换为普通股的账面价值，贷方余额反映发行在外的优先股账面价值。

【例 9-5】兴达股份有限公司发行归类于权益工具的可转换优先股 900 000 股，实际收到价款 1 260 000 元。其账务处理如下：

借：银行存款　　1 260 000

　　贷：其他权益工具——优先股　　1 260 000

【例 9-6】沿用【例 9-5】资料，可转换优先股全部转换为普通股 180 000 股，每股面值 1 元。其账务处理如下：

借：其他权益工具——优先股　　1 260 000

　　贷：股本　　180 000

　　　　资本公积——股本溢价　　1 080 000

三、库存股

库存股是指公司已经发行但由于各种原因又回到公司手中，为公司所持有的股票。按照有关规定，公司不得收购本公司股份。公司的库存股，主要有经批准减资而回购的股票、为奖励职工而回购的股票以及日后还要出售而回购的股票（我国目前尚不允许此类回购）等。

公司尚未发行的股票，不属于库存股。

为了反映库存股的回购和处置情况，企业应设置“库存股”账户。该账户属于所有者权益类账户，借方登记收购本公司股份实际支付的金额，贷方登记转让或注销库存股的账面余额，期末余额在借方，表示尚未转让或注销的库存股的金额。

股份有限公司以减资为目的回购的库存股，应按实际支付的价款，借记“库存股”账户，贷记“银行存款”等账户。按我国《公司法》规定，公司收回的股票应自收购之日起10日内注销。回购的股票注销时，应冲减股本；库存股实际成本大于股票面值的，首先应冲减资本公积（股本溢价）；资本公积不足冲减的，则应冲减留存收益。如果公司回购股票的实际成本低于面值，其差额应计入资本公积，增加资本公积（股本溢价）。

【例9-7】兴达股份有限公司经批准回购本公司面值为1元的普通股股票1 000 000股，用以减少股本；回购股票实际支付价款1 400 000元。假定该公司的资本公积（股本溢价）账面余额为4 000 000元。其账务处理为：

（1）回购股票：

借：库存股　　1 400 000

　　贷：银行存款　　1 400 000

（2）注销股票：

库存股面值 = 1 × 1 000 000 = 1 000 000（元）

冲减股本溢价 = 1 400 000 - 1 000 000 = 400 000（元）

借：股本　　1 000 000

　　资本公积——股本溢价　　400 000

　　贷：库存股　　1 400 000

在资产负债表中，“库存股”作为股东权益中的备抵项目，列报在“股本”“资本公积”项目下。

第三节　资本公积与其他综合收益

一、资本公积

（一）资本公积概述

资本公积是投资者投入企业、所有权归属于投资者，并且金额上超过法定资本的那部分投资，以及直接计入所有者权益的利得和损失等。资本公积形成的主要原因是由于我国采用注册资本制度，限于法律的规定而无法将资本公积直接以实收资本（或股本）的名义入账。所以，资本公积从其实质上看是一种准资本，是资本的一种储备形式。但是，资本公积与实收资本（或股本）又有一定的区别，实收资本（或股本）是公司所有者为谋求价值增值而对公司的一种原始投入，从法律上讲属于公司的法定资本，它体现了企业所有者对企业的基本产权关系。实收资本（或股本）无论是在来源上还是在金额上，都有着比较严格的限制。而资本公积有其特定来源，某些来源形成的资本公积，并不需要由原投资者投入，也不一定需要谋求投资回报。不同来源形成的资本公积归所有投资者共同享有。资本公积不体现各所有者的占有比例，也不能作为所有者参与企业财务经营决策或进行利润分配的依据。

资本公积主要包括资本（或股本）溢价和其他资本公积等。

资本公积的用途主要是用来转增资本（或股本）。按照我国《公司法》的规定，资本公积金不得用于弥补公司的亏损。

资本公积属于投入资本范畴，不是由企业实现的利润转化而来的，因此不得作为利润进行分配。它与留存收益有根本区别，后者是由企业实现的利润转化而来的，可以用于弥补亏损和利润分配。基于此，在核算资本公积时，要将其与留存收益项目相区分。

（二）资本公积的会计处理

1. 资本溢价。资本溢价是指企业投资者的出资额大于其在企业注册资本中所占份额的差额，属于所有者投入资本的组成部分。有限责任公司的出资者依其出资份额对企业经营决策享有表决权，依其所认缴的出资额对企业承担有限责任。一般来说，在有限责任公司初创时股东按其在企业注册资本中所占的份额出资，不会出现资本溢价。但在有限责任公司经营一段时间后有新的股东加入时，为了维护原股东的权益，新股东的出资额往往会大于其在企业注册资本中所占的份额，其出资额并不一定全部作为实收资本处理。主要原因是：(1) 原股东出资时与新股东出资时的资本利润率不同。在企业正常经营过程中投入的资金即使与企业创立时投入的资金在数量上一致，其获利能力也不一致。企业初创时，要经过筹建、试生产经营、为产品寻找市场、开拓市场等过程，从投入资金到取得投资回报需要较长时间，并且这种投资具有风险性，在这个过程中，资本利润率较低。而企业进入正常生产经营阶段后，资本利润率要高于初创时期，这种高于初创阶段的资本利润率是由初创时必要的垫支资金带来的，企业初创者为此付出了代价。因而新股东加入时，应以高于原股东的出资额占有与原股东等量的股份。(2) 原股东的出资额与其实际占有的资本不同。原股东的原有投资不仅在质量上发生了变化，而且在数量上也可能发生变化，这是因为企业经营过程中所实现的利润的一部分留在企业形成留存收益，留存收益虽未转入实收资本，但归原股东所共有。新加入的股东如与原股东共享这部分留存收益，也应付出高于原股东的出资额而占有与原股东等量的股份。

在会计核算上，企业应设置“资本公积”账户，该账户属于所有者权益类账户，其贷方登记从不同渠道取得的资本公积的增加数，借方登记用资本公积转增资本等资本公积的减少数，期末余额在贷方，表示资本公积的期末结余数。该账户设置“资本（或股本）溢价”“其他资本公积”明细账户进行明细核算。

企业在收到投资者投入的资金时，按实际收到的金额或确定的价值，借记“银行存款”“固定资产”等账户，按其在注册资本中所占的份额，贷记“实收资本”账户，按两者的差额，贷记“资本公积——资本溢价”账户。

【例 9-8】乙有限责任公司原来由三个投资者出资设立，每一位投资者各出资 1 000 000 元，实收资本为 3 000 000 元，股份平均。现有另一投资者欲加入该公司并希望占有 25% 股份，经协商该公司注册资本增加到 4 000 000 元。但该投资者不能仅出资 1 000 000 元就占 25% 股份，假定该投资者出资 1 400 000 元，款已收到存入银行。这种情况下，只能将该投资者出资中的 1 000 000 元作为实收资本入账，超过部分作为资本溢价，计入资本公积。其账务处理如下：

借：银行存款　　　　1 400 000

　　贷：实收资本　　　　1 000 000

　　　　资本公积——资本溢价　　　　400 000

2. 股本溢价。股份有限公司以发行股票的方式筹集股本，企业的股本总额应按股票的面值与股份总数的乘积计算。企业在采用溢价发行股票的情况下，发行股票取得的收入，相当于股票面值的部分记入“股本”账户，超出股票面值的溢价部分记入“资本公积——股本溢价”账户。具体核算前已列示，见【例9－4】。

3. 其他资本公积。其他资本公积，是指除资本溢价（或股本溢价）形成的资本公积以外，因其他来源或原因形成的资本公积，主要包括以权益结算的股份支付及采用权益法核算的长期股权投资涉及的业务等。

其他资本公积中的以权益结算的股份支付，是企业依照《企业会计准则第11号——股份支付》准则所记录的资本公积，其性质类似于前述的股本溢价。为了激励职工更好地为企业服务，企业可以实行股票期权等奖励政策。股份支付就是指企业为获取职工提供的服务而授予股票期权等，或者承担以股票期权为基础确定的负债的交易。股份支付分为以权益结算的股份支付和以现金结算的股份支付。

以权益结算的股份支付指企业为获取服务以期权等作为对价进行结算的交易。企业以权益结算的股份支付换取职工提供服务的，应按照确定的金额，借记“管理费用”等账户，同时贷记“资本公积——其他资本公积”账户。在行权日，应按实际行权的权益工具数量计算确定的金额，借记“资本公积——其他资本公积”账户，按计入股本的金额，贷记“股本”账户，并将其差额记入“资本公积——股本溢价”账户。

企业长期股权投资采用权益法核算的，如果被投资方存在所有者权益的其他变动，则投资方应按其持股比例计算应享有的份额，应当增加或减少长期股权投资的账面价值，同时增加或减少资本公积（其他资本公积）。

【例9－9】兴达股份有限公司持有A公司30%的股份，能够对A公司施加重大影响，采用权益法核算长期股权投资。A公司为上市公司。当期，A公司的母公司向A公司捐赠现金500万元。该捐赠实质上属于资本性投入，A公司将其计入资本公积（或股本溢价）。兴达股份有限公司应享有被投资方其他权益变动份额为150万元（$500 \times 30\%$）。其账务处理如下：

借：长期股权投资——其他权益变动　　　　1 500 000

　　贷：资本公积——其他资本公积　　　　1 500 000

4. 资本公积转增资本。经股东大会或类似机构决议，用资本公积转增资本时，按各个所有者在实收资本（或股本）中所占的投资比例计算的金额，分别转增各所有者的投资金额，借记“资本公积——资本溢价（或股本溢价）”账户，贷记“实收资本（或股本）”账户。

【例9－10】兴达股份有限公司经股东大会决议批准，将资本公积3 000 000元用于转增股本。其账务处理如下：

借：资本公积——股本溢价　　　　3 000 000

　　贷：股本　　　　3 000 000

二、其他综合收益

其他综合收益，是指企业根据其他会计准则规定未在当期损益中确认的各项利得和损失，包括以后会计期间不能重分类进损益的其他综合收益项目和以后会计期间在满足规定条件时将重分类进损益的其他综合收益项目两类。其他综合收益一般是由特定资产的计价变动而形成的，当处置特定资产时，其他综合收益也应一并处置。

企业应设置“其他综合收益”账户进行会计处理，该账户属于所有者权益类账户，贷方登记其他综合收益的增加数（形成的利得），借方登记其他综合收益的减少数（形成的损失）。期末余额若在借方，表示累计净损失；期末余额若在贷方，表示累计净利得。

（一）其他债权投资的公允价值变动

会计期末，其他债权投资的公允价值若高于账面余额，按其差额，应借记“其他债权投资——公允价值变动”账户，贷记“其他综合收益”账户；其他债权投资的公允价值若低于账面余额，按其差额，应借记“其他综合收益”账户，贷记“其他债权投资——公允价值变动”账户；处置该其他债权投资时，将原计入其他综合收益的金额转入当期损益，借记（或贷记）“其他综合收益”账户，贷记（或借记）“投资收益”账户。

（二）其他权益工具投资的公允价值变动

会计期末，其他权益工具投资的公允价值若高于账面余额，按其差额，应借记“其他权益工具投资——公允价值变动”账户，贷记“其他综合收益”账户；其他权益工具投资的公允价值若低于账面余额，按其差额，应借记“其他综合收益”账户，贷记“其他权益工具投资——公允价值变动”账户；处置该其他权益工具投资时，将原计入其他综合收益的金额计入留存收益。

（三）采用权益法核算的长期股权投资

在长期股权投资采用权益法核算的情况下，被投资单位其他综合收益发生变动，投资单位应按持股比例计算应享有或分担的份额，调整长期股权投资的账面价值，同时增加或减少其他综合收益，借记（或贷记）“长期股权投资——其他综合收益”账户，贷记（或借记）“其他综合收益”账户；处置该项长期股权投资时，将原计入其他综合收益的金额转入当期损益，借记（或贷记）“其他综合收益”账户，贷记（或借记）“投资收益”账户。

（四）金融资产重分类

企业将债权投资重分类为其他债权投资时，重分类日该金融资产的公允价值与账面价值之间的差额应计入其他综合收益。

（五）自用房地产或作为存货的房地产转换为投资性房地产

企业将自用或作为存货的房地产转换为采用公允价值模式计量的投资性房地产时，应当按该项房地产在转换日的公允价值，借记“投资性房地产——成本”账户，按已计提的累计折旧，借记“累计折旧”账户，按其账面余额，贷记“固定资产”“开发产品”等账户；同时，转换日的公允价值小于账面价值的，按其差额，借记“公允价值变动损益”账户，转换日的公允价值大于账面价值的，按其差额，贷记“其他综合收益”账户。待处置该项投资性房地产时，因转换计入其他综合收益的部分应转入当期损益。

第四节 留存收益

一、留存收益的性质及构成

（一）留存收益的性质

留存收益是股东权益的一个重要项目，是企业从历年实现的利润中提取或形成的留存于企业的内部积累。留存收益来源于企业在生产经营活动中所实现的净利润。它与实收资本（或股本）和资本公积的区别在于：实收资本（或股本）和资本公积主要是由所有者从外部投入企业的，属于投入资本，构成了公司股东权益的基本部分；留存收益不是由所有者从外部投入的，而是依靠公司经营所得的盈利累积而形成的，来源于企业的资本增值。

投资者投入企业的资金，通过企业的经营活动不仅要保持原有投资的完整，而且要力求超出原投资的价值，即盈利。企业盈利扣除按国家规定上交的所得税后，称为净利润。净利润可以按照公司章程或其他有关规定，在企业所有者之间进行分配，作为企业所有者投资所得；也可以为了某些特殊用途和目的，而将其中一部分留在公司不予分配，这部分留在企业的净利润与企业所有者投入的资金属性一致，均为股东权益，在会计上可称为留存收益或留存利润。

留存收益会因经营获取收益而增加，又因分给投资者而减少。公司经营如果入不敷出，就意味着发生亏损，发生经营亏损将减少留存收益。对留存收益有较大影响的是股利分配，公司将因分派股利或利润而减少留存收益。

（二）留存收益的构成

留存收益由盈余公积和未分配利润构成。

1. 盈余公积。盈余公积是企业按规定从税后利润中提取的已指定用途的留存收益。包括法定盈余公积、任意盈余公积。

法定盈余公积是指企业根据税后利润和法定比例计提的盈余公积。法定，意味着提取时由国家法规强制规定。企业必须提取法定盈余公积，目的是确保企业不断积累资本，固本培元，自我壮大实力。公司制企业的法定盈余公积按税后利润的10%提取（非公司制企业也可按超出10%的比例提取），法定公积金累计额为公司注册资本的50%以上的，可以不再提取。公司的法定公积金不足以弥补以前年度亏损的，在提取法定公积金之前，应先用当年利润弥补亏损。法定公积金转为资本时，所留存的该项公积金不得少于转增前公司注册资本的25%。

任意盈余公积是公司出于实际需要或采用审慎经营策略，经股东会或股东大会决议，从税后利润中提取的一部分留存利润。任意盈余公积的计提比例由企业自行确定。任意盈余公积的提取，减少了可以以股利形式向股东分派的税后利润。

企业提取的盈余公积的用途主要是用于弥补公司的亏损、扩大公司生产经营或者转为增加公司资本。盈余公积的用途，并不是指其实际占用形态，提取盈余公积也并不是单独将这部分资金从企业资金周转中抽出。企业盈余公积的结存数，实际只表现为企业所有者权益的组成部分，表明企业生产经营资金的一个来源而已。其形成的资金可能表现为一定的货币资金，也可能表现为一定的实物资产，如存货和固定资产等，随同企业的其他来源形成的资金进行循环周转，用于企业的生产经营。①

2. 未分配利润。未分配利润是指企业留待以后年度进行分配的结存利润。企业实现的净利润的分配去向大体有两类：一是以股利或利润的形式分配给投资者；二是留在企业。相对于股东权益的其他部分来说，企业对于未分配利润的使用、分配有较大的自主权。从数量上来说，未分配利润是期初未分配利润，加上本期实现的税后利润，减去提取的各种盈余公积和分出利润后的余额。未分配利润有两层含义：一是没有分给企业投资者，留待以后年度处理的利润；二是未指定用途的利润。

二、留存收益的会计处理

（一）盈余公积

1. 提取盈余公积的会计处理。企业应设置“盈余公积”账户核算从税后利润中提取的盈余公积金。该账户属于所有者权益类账户，其贷方登记提取的盈余公积，即盈余公积的增加，借方登记实际使用的盈余公积，即盈余公积的减少，期末余额在贷方，表示结余的盈余公积。“盈余公积”应设置“法定盈余公积”“任意盈余公积”明细账户进行明细核算。

企业提取盈余公积时，借记“利润分配——提取法定盈余公积（或提取任意盈余公积）”账户，贷记“盈余公积——法定盈余公积（或任意盈余公积）”账户。

【例 9-11】兴达股份有限公司本年度计算的税后利润为 3 000 000 元，按税后利润的 10% 提取法定盈余公积。此外，公司股东大会决议提取 200 000 元任意盈余公积。假设该公司以前年度无未弥补的亏损。其账务处理如下：

借：利润分配——提取法定盈余公积　　300 000
　　　　　　——提取任意盈余公积　　200 000
　贷：盈余公积——法定盈余公积　　　　300 000
　　　　　　　——任意盈余公积　　　　200 000

2. 盈余公积减少的会计处理。

（1）盈余公积弥补亏损。按规定，公司发生亏损，可以以盈余公积弥补亏损。当企业以提取的盈余公积弥补亏损时，应由公司董事会提议，并经股东大会批准，按照确定的弥补亏损的数额，借记“盈余公积”账户，贷记“利润分配——盈余公积补亏”账户。

【例 9-12】兴达股份有限公司以前年度累计未弥补亏损 200 000 元，按照规定已超过

① 盈余公积内容中的相关规定参见《中华人民共和国公司法》第八章。

了以税前利润弥补亏损的期间。本年公司董事会决议并经股东大会批准，以盈余公积金弥补以前年度未弥补亏损。其账务处理如下：

借：盈余公积　　200 000

　　贷：利润分配——盈余公积补亏　　200 000

（2）盈余公积转增股本。公司符合增资条件，经股东大会决议批准，可以将盈余公积转为资本。在实际将盈余公积转增资本时，要按股东原有持股比例结转，借记“盈余公积”账户，贷记“实收资本（或股本）”账户。

【例9-13】兴达股份有限公司经批准同意，在本期将法定盈余公积1 000 000元用于转增股本。其账务处理如下：

借：盈余公积——法定盈余公积　　1 000 000

　　贷：股本　　1 000 000

企业提取的盈余公积，无论用于弥补亏损，还是用于转增资本，只不过是在企业所有者权益内部作结构上的调整，比如企业以盈余公积弥补亏损时，实际是减少盈余公积留存的数额，以此抵补未弥补亏损的数额，并不引起企业所有者权益总额的变动；企业以盈余公积转增资本时，也只是减少盈余公积结存的数额，但同时增加企业实收资本（或股本）的数额，也并不引起所有者权益总额的变动。

（二）未分配利润

企业未分配利润的核算是通过“利润分配”账户进行的，具体来说是通过“利润分配”账户下的“未分配利润”明细账户进行核算的。企业在生产经营过程中取得的收入和发生的费用，最终通过“本年利润”账户进行归集，计算出当年盈利或亏损。年度终了，企业将全部实现的净利润，自“本年利润”账户转入“利润分配——未分配利润”账户，如为盈利，应借记“本年利润”账户，贷记“利润分配——未分配利润”账户；如为亏损，作相反分录。同时，将“利润分配”账户下的其他明细账户（如提取法定盈余公积、提取任意盈余公积、应付现金股利或利润、盈余公积补亏等）的余额，转入“未分配利润”明细账户。经过上述结转后，“利润分配——未分配利润”明细账户的余额如果在贷方，即为未分配利润；余额如果在借方，则为未弥补亏损。未弥补亏损为所有者权益的抵减项目。

由于各种原因，一些企业的利润不会在年度终了时全部分配完毕，企业可能留有一部分利润不予分配，上年的未分配利润与第二年实现的净利润一并分配，而第二年实现的净利润也可能又有一部分留下不予分配，一年年地存下来，因此，“利润分配——未分配利润”明细账户的贷方余额，反映的是历年积累的未分配利润。同样道理，上一年度未弥补亏损，留待以后年度弥补，第二年有利润可以弥补，若无利润或又发生了亏损，第一年亏损加上第二年亏损并继续滚存下去，所以，“利润分配——未分配利润”明细账户的借方余额反映的是历年累计的亏损。

（三）弥补亏损

企业在生产经营过程中既可能发生盈利，也有可能出现亏损。企业在当年发生亏损的情况下，与实现利润的情况相同，应当将本年发生的亏损自“本年利润”账户转入“利润分配——未分配利润”账户，借记“利润分配——未分配利润”账户，贷记“本年利润”账户，结转后“利润分配”账户的借方余额，即为未弥补亏损的数额。然后通过“利润分配”账户核算有关亏损的弥补情况。

企业发生的亏损可以以次年实现的税前利润弥补。在以次年实现的税前利润弥补亏损的情况下，企业当年实现的利润自“本年利润”账户借方转入“利润分配——未分配利润”明细账户贷方后，其贷方发生额与“利润分配——未分配利润”明细账户的借方余额自然抵补。因此，以当年实现净利润弥补以前年度结转的未弥补亏损时，不需要进行专门的账务处理。

由于未弥补亏损形成的时间长短不同等原因，以前年度未弥补亏损有的可以以当年实现的税前利润弥补，有的则需用税后利润弥补。按照我国企业所得税法规定，企业年度发生的纳税亏损，在其后5年内可以用应税所得弥补，从其后第6年开始，只能用税后利润弥补。如果税后利润还不够弥补亏损，则可以用发生亏损以前提取的盈余公积来弥补。无论是以税前利润弥补亏损还是以税后利润弥补亏损，其会计处理方法相同，所不同的只是两者计算缴纳所得税时的处理方法不同而已。在以税前利润弥补亏损的情况下，其弥补的数额可以抵减当期企业应纳税所得额，而以税后利润弥补的数额，则不能作为纳税所得的扣除处理。

【例9-14】假定兴达股份有限公司2×20年度发生亏损600 000元。2×21年度实现利润总额为4 000 000元。该公司适用的所得税税率为25%，假设不考虑纳税调整项目以及其他相关因素。

(1) 2×20年度终了，结转本年发生的亏损：

借：利润分配——未分配利润　　600 000

　　贷：本年利润　　600 000

结转后，“利润分配——未分配利润”明细科目年末借方余额为600 000元。

(2) 2×21年度终了，结转本年实现的净利润：

当年应缴纳所得税 =（4 000 000 - 600 000）×25% = 850 000（元）

净利润 = 4 000 000 - 850 000 = 3 150 000（元）

借：本年利润　　3 150 000

　　贷：利润分配——未分配利润　　3 150 000

2×20年度发生的亏损可以以2×21年度实现的税前利润弥补。2×21年度终了，将本年实现的净利润结转到“利润分配——未分配利润”明细账户的贷方后，其贷方发生额3 150 000元与“利润分配——未分配利润”明细账户的借方余额600 000元自然抵补。上述处理的结果，该公司2×21年“利润分配——未分配利润”账户的期末贷方余额为2 550 000元。

【例9-15】兴达股份有限公司2×21年初“利润分配——未分配利润”明细账户借方余额600 000元，系以前年度累计未弥补亏损，按照规定已超过了以税前利润弥补亏损的期间。2×21年度该公司实现利润总额为4 000 000元。该公司适用的所得税税率为25%，假设不考虑纳税调整项目以及其他相关因素。

按现行规定，该公司只能用税后利润弥补亏损。当年应缴纳的所得税为1 000 000元（4 000 000×25%），税后利润为3 000 000元。

借：本年利润　　3 000 000

　　贷：利润分配——未分配利润　　3 000 000

企业以前年度累计的亏损应以2×21年度实现的税后利润弥补。2×21年度终了，将本年实现的净利润结转到“利润分配——未分配利润”明细账户的贷方后，其贷方发生额 3 000 000 元与“利润分配——未分配利润”明细账户的借方余额 600 000 元自然抵补。上述处理的结果，该公司 2×21 年“利润分配——未分配利润”账户的期末贷方余额为 2 400 000 元。

第五节　每股收益

一、每股收益概述

每股收益是指普通股股东每持有一股普通股所能享有的企业净利润或需承担的企业净亏损。每股收益是用于反映企业的经营成果，衡量普通股的获利水平及投资风险，是投资者、债权人等信息使用者据以评价企业盈利能力、预测企业成长潜力，进而作出相关经济决策的一项重要的财务指标。

在进行财务分析时，每股收益指标既可用于不同企业间的业绩比较，以评价某企业的相对盈利能力；也可用于企业不同会计期间的业绩比较，以了解该企业盈利能力的变化趋势。另外，还可用于企业经营实绩与盈利预测的比较，以掌握该企业的管理能力。

每股收益包括基本每股收益和稀释每股收益两类。

二、基本每股收益

基本每股收益只考虑当期实际发行在外的普通股股份，按照归属于普通股股东的当期净利润除以当期实际发行在外普通股的加权平均数计算确定。其计算公式如下：

$$\text{基本每股收益}=\frac{\text{归属于普通股股东的当期净利润}}{\text{发行在外普通股的加权平均数}}$$

公式中的分子为归属于普通股股东的当期净利润，即企业当期实现的可供普通股股东分配的净利润或应由普通股股东分担的净亏损金额。发生亏损的企业，每股收益以负数列示。以合并财务报表为基础计算的每股收益，分子应当是归属于母公司普通股股东的当期合并净利润，即扣减少数股东损益后的余额。

公式中的分母为当期发行在外普通股的算术加权平均数，即期初发行在外普通股股数根据当期新发行或回购的普通股股数与相应时间权数的乘积进行调整后的股数。需要指出的是，公司库存股不属于发行在外的普通股，且无权参与利润分配，应当在计算分母时扣除。具体可按下列公式计算：

$$\begin{aligned}\text{发行在外普通股加权平均数}=&\text{期初发行在外普通股股数}+\text{当期新发行普通股股数}\times\\&\text{已发行时间}\div\text{报告期时间}-\text{当期回购普通股股数}\times\\&\text{已回购时间}\div\text{报告期时间}\end{aligned}$$

其中，作为权数的已发行时间、报告期时间和已回购时间通常按天数计算，在不影响计算结果合理性的前提下，也可以采用简化的计算方法，如按月数计算。新发行普通股股数应当根据发行合同的具体条款，从应收对价之日（一般为股票发行日）起计算确定。

【例9－16】某上市公司2×21年期初发行在外的普通股为30 000万股；5月1日新发行普通股16 200万股；12月1日回购普通股7 200万股，以备将来奖励职工之用。该公司当年实现净利润为16 250万元。假定该公司按月数计算每股收益的时间权重。2×21年度基本每股收益计算如下：

发行在外普通股加权平均数为：

30 000×12÷12＋16 200×8÷12－7 200×1÷12＝40 200（万股）

或者：

30 000×4÷12＋(30 000＋16 200)×7÷12＋(30 000＋16 200－7 200)×1÷12＝40 200（万股）

基本每股收益＝16 250÷40 200＝0.4（元/股）

三、稀释每股收益

（一）基本计算原则

稀释每股收益是以基本每股收益为基础，假设企业所有发行在外的稀释性潜在普通股均已转换为普通股，从而分别调整归属于普通股股东的当期净利润以及发行在外普通股的加权平均数计算而得的每股收益。

1. 稀释性潜在普通股。潜在普通股是指赋予其持有者在报告期或以后期间享有取得普通股权利的一种金融工具或其他合同。目前，我国企业发行的潜在普通股主要有可转换公司债券、认股权证、股份期权等。

稀释性潜在普通股，是指假设当期转换为普通股会减少每股收益的潜在普通股。对于亏损企业而言，稀释性潜在普通股假设当期转换为普通股，将会增加每股亏损的金额。计算稀释每股收益时只考虑稀释性潜在普通股的影响，而不考虑不具有稀释性的潜在普通股。

基本每股收益仅考虑当期实际发行普通股股份，而稀释每股收益的计算和列报主要是为了避免每股收益虚增可能带来的信息误导。例如，一家公司发行可转换公司债券融资，由于转换选择权的存在，这些可转换债券的利率低于正常同等条件下普通债券的利率，从而降低了融资成本，在经营业绩和其他条件不变的情况下，相对提高了基本每股收益金额。要求考虑可转换公司债券的影响计算和列报稀释每股收益，就是为了能够提供一个更可比、更有用的财务指标。

需要特别说明的是，潜在普通股是否具有稀释性的判断标准是看其对持续经营每股收益的影响。也就是说，假定潜在普通股当期转换为普通股，如果会减少持续经营每股收益或增加持续经营每股亏损，表明具有稀释性；否则，具有反稀释性。一般情况下，每股收益是按照企业当期归属于普通股股东的全部净利润计算而得；但如果企业存在终止经营的情况，应当按照扣除终止经营净利润以后的当期归属于普通股股东的持续经营净利润进行计算。

2. 分子的调整。计算稀释每股收益时，应当根据下列事项对归属于普通股股东的当期净利润进行调整：（1）当期已确认为费用的稀释性潜在普通股的利息。（2）稀释性潜在普通股转换时将产生的收益或费用。上述调整应当考虑相关的所得税影响。对于包含负债和权益成分的金融工具，仅需调整属于金融负债部分的相关利息、利得或损失。

3. 分母的调整。计算稀释每股收益时，当期发行在外普通股的加权平均数应当为计算基本每股收益时普通股的加权平均数与假定稀释性潜在普通股转换为已发行普通股而增加的普通股股数的加权平均数之和。

假定稀释性潜在普通股转换为已发行普通股而增加的普通股股数，应当根据潜在普通股的条件确定。当存在不止一种转换基础时，应当假定会采取从潜在普通股持有者角度看最有利的转换率或执行价格。

假定稀释性潜在普通股转换为已发行普通股而增加的普通股股数，应当按照其发行在外时间进行加权平均。以前期间发行的稀释性潜在普通股，应当假设在当期期初转换为普通股；当期发行的稀释性潜在普通股，应当假设在发行日转换普通股；当期被注销或终止的稀释性潜在普通股，应当按照当期发行在外的时间加权平均计入稀释每股收益；当期被转换或行权的稀释性潜在普通股，应当从当期期初至转换日（或行权日）计入稀释每股收益中，从转换日（或行权日）起所转换的普通股则计入基本每股收益中。

（二）可转换公司债券

可转换公司债券是指发行公司依法发行的、在一定期间内依据约定的条件可以转换成股份的公司债券。对于可转换公司债券，可以采用假设转换法判断其稀释性，并计算稀释每股收益。首先，假设这部分可转换公司债券在当期期初（或发行日）即已转换成普通股，从而一方面增加了发行在外的普通股股数；另一方面节约了公司债券的利息费用，增加了归属于普通股股东的当期净利润。然后，用增加的净利润除以增加的普通股股数，得出增量股的每股收益，与原来的每股收益比较。如果增量股的每股收益小于原每股收益，则说明该可转换公司债券具有稀释作用，应当计入稀释每股收益的计算中。

计算稀释每股收益时，以基本每股收益为基础，分子的调整项目为当期已确认为费用的利息等的税后影响额；分母的调整项目为假定可转换公司债券当期期初（或发行日）转换为普通股的股数加权平均数。

【例 9－17】某上市公司 2×21 年归属于普通股股东的净利润为 19 100 万元，期初发行在外普通股股数 10 000 万股，年内普通股股数未发生变化。2×21 年 1 月 1 日，公司按面值发行 30 000 万元的 3 年期可转换公司债券，债券每张面值 100 元，票面固定年利率为 2%，利息自发行之日起每年支付一次，即每年 12 月 31 日为付息日。该批可转换公司债券自发行结束后 12 个月以后即可转换为公司股票，即转股期为发行 12 个月后至债券到期日止的期间。转股价格为每股 10 元，即每 100 元债券可转换为 10 股面值为 1 元的普通股。债券利息不符合资本化条件，直接计入当期损益，所得税税率为 25%。假设不考虑可转换债券在初始确认时负债成分和权益成分的分拆，债券票面利率等于实际利率。

该公司 2×21 年度每股收益计算如下：

基本每股收益 = 19 100 ÷ 10 000 = 1.91（元/股）

假设转换所增加的净利润 = 30 000 × 2% ×（1 − 25%）= 450（万元）

假设转换所增加的普通股股数 = 30 000 ÷ 10 = 3 000（万股）

增量股的每股收益 = 450 ÷ 3 000 = 0.15（元/股）

增量股的每股收益小于基本每股收益，可转换公司债券具有稀释作用。

稀释每股收益 =（19 100 + 450）÷（10 000 + 3 000）= 1.5（元/股）

四、认股权证、股份期权

认股权证是指公司发行的、约定持有人有权在履约期间内或特定到期日按约定价格向本公司购买新股的有价证券。股份期权是指公司授予持有人在未来一定期限内以预先确定的价格和条件购买本公司一定数量股份的权利，股份期权持有人对于其享有的股份期权，可以在规定的期间内以预先确定的价格和条件购买公司一定数量的股份，也可以放弃该种权利。

对于盈利企业，认股权证、股份期权等的行权价格低于当期普通股平均市场价格时，具有稀释性。认股权证、股份期权等的行权价格高于当期普通股平均市场价格时，行权已经毫无意义，也即此时的潜在普通股已具有了反稀释性。

对于亏损企业，认股权证、股份期权的假设行权一般不影响净亏损，但增加普通股股数，从而导致每股亏损金额的减少，实际上产生了反稀释的作用，因此，这种情况下，不应当计算稀释每股收益。

对于稀释性认股权证、股份期权，计算稀释每股收益时，一般无须调整分子净利润金额，只需要按照下列步骤对分母普通股加权平均数进行调整：

1. 假设这些认股权证、股份期权在当期期初（或发行日）已经行权，计算按约定行权价格发行普通股将取得的股款金额。

2. 假设按照当期普通股平均市场价格发行股票，计算需发行多少普通股能够带来上述相同的股款金额。

3. 比较行使股份期权、认股权证将发行的普通股股数与按照平均市场价格发行的普通股股数，差额部分相当于无对价发行的普通股，作为发行在外普通股股数的净增加。也就是说，认股权证、股份期权行权时发行的普通股可以视为两部分：一部分是按照平均市场价格发行的普通股，这部分普通股由于是按照市价发行，导致企业经济资源流入与普通股股数同比例增加，既没有稀释作用也没有反稀释作用，不影响每股收益金额；另一部分是无对价发行的普通股，这部分普通股由于是无对价发行，企业可利用的经济资源没有增加，但发行在外普通股股数增加，因此具有稀释性，应当计入稀释每股收益中。净增加的普通股股数可按下列公式计算：

$$\text{增加的普通股股数}=\text{拟行权时转换的普通股股数}-\text{行权价格}\times\text{拟行权时转换的普通股股数}\div\text{当期普通股平均市场价格}$$

4. 将净增加的普通股股数乘以其假设发行在外的时间权数，据此调整计算稀释每股收益的分母数。

【例9－18】某上市公司2×21年度归属于普通股股东的净利润为2 750万元，发行在外普通股加权平均数为5 000万股，该普通股平均每股市场价格为8元。2×21年1月1日，该公司对外发行1 000万份认股权证，行权日为2×22年3月1日，每份认股权证可以在行权日以7元的价格认购本公司1股新发的股份。该公司2×21年度每股收益计算如下：

基本每股收益＝2 750÷5 000＝0.55（元/股）

调整增加的普通股股数 =1 000 -1 000 ×7 ÷8 =125（万股）

稀释每股收益 =2 750 ÷（5 000 +125）=0.54（元/股）

第六节　所有者权益分析

一、资本获利水平分析

（一）资本利润率

资本利润率又称资本收益率，是指企业净利润与平均资本的比率。其计算公式为：

$$资本利润率 = \frac{净利润}{平均资本} \times 100\%$$

$$平均资本 = \frac{年初资本 + 年末资本}{2}$$

其中，年初、年末资本均应只包括实收资本和资本公积，而不含盈余公积和未分配利润。因为后两项属于留存收益，不属于投入资本的范畴。

资本利润率用以反映企业运用资本获得收益的能力。资本利润率越高，说明企业自有投资的经济效益越好，投资者的风险越少，值得继续投资。对企业经营者来说，如果资本利润率高于债务资金成本率，则适度负债经营对投资者来说是有利的；反之，如果资本利润率低于债务资金成本率，则过高的负债经营就将损害投资者的利益。

【例9-19】 兴达股份有限公司2×21年末资产负债表提供的股东权益有关数据如表9-1所示。

表9-1　　资产负债表（局部）

编制日期：2×21年12月31日　　单位：万元

负债和股东权益		期末数	年初数
股东权益	股本	5 538	2 510
	资本公积	8 538	1 045
	盈余公积	265	12.5
	未分配利润	1 503	71.5
股东权益合计		15 844	3 639

公司2×21年实现净利润1 684万元，根据表9-1提供的数据，计算该公司2×21年平均资本和资本利润率如下：

平均资本 =[（2 510 +1 045）+（5 538 +8 538）]÷2 =8 815.5（万元）

资本利润率 =1 684 ÷8 815.5 ×100% =19.10%

（二）资本保值增值率

资本保值增值率是期末所有者权益总额与期初所有者权益总额的比率。其计算公式为：

$$资本保值增值率 = \frac{扣除客观因素的期末所有者权益总额}{期初所有者权益总额}$$

本指标用于考核企业当期由于经营导致的所有者权益增加，它说明了企业管理者通过利用所有者投入资金进行经营而获得的效益。在评价中，有可能存在一些由于客观因素所导致的所有者权益变化，而非经营者的工作成效。为了客观评价管理者的工作业绩，在计算和评价这个指标时，应注意调整客观因素的影响。需要调整的因素主要包括以下几个方面：

1. 应扣除项目。如果在当期发生了所有者追加投资等非经营原因导致企业资本增加的业务，应当在计算资本保值增值率时扣除这些项目。

2. 应转回项目。如果在年末之前发生了利润分配、公司减资等非经营原因导致的企业资本减少，应当在计算资本保值增值率时回转这些项目。如果不予调整，将导致资本保值增值率低于实际水平。

3. 通货膨胀因素。如果企业处于通货膨胀的经济环境，期末所有者权益总额中可能包含了通货膨胀因素，应根据当期的物价指数进行必要调整。

在计算和评价资本保值增值率之前，应确定一个评价基准。这个评价基准可以是行业平均值、行业优秀值，或企业自己确定的其他标准。在此基础上进行评价，才能确定管理当局的工作是否达到了预定的要求。

一般情况下，资本保值增值率达到1，表明资本得到保全；指标小于1时，表明资本出现减值，受到侵蚀，没有实现资本保全，损害了所有者的权益，也妨碍了企业进一步发展壮大；指标大于1时，表明资本得到增值，指标越大，资本保全状况越好，所有者权益增长越快，债权人的债务越有保障，企业发展后劲越强。

根据表9－1的数据可以看出，公司当期股本增加了3 028万元（5 538－2 510），资本公积增加了7 493万元（8 538－1 045）。这两项资本增加额不属于经营性增值，应在计算资本增值率之前予以扣除。扣除后计算如下：

$资本保值增值率 = (15\ 844 - 3\ 028 - 7\ 493) \div 3\ 639 \times 100\% = 146\%$

（三）资本积累率

资本积累率是指企业本年所有者权益增长额与年初所有者权益的比率，反映投资者投入企业资本的保全性和增长性，是反映企业发展潜力的重要指标。其计算公式如下：

$$资本积累率 = \frac{本年所有者权益增长额}{年初所有者权益} \times 100\%$$

这个指标用于说明企业在一定期间（通常为一年）内，所有者权益增加的幅度，从而说明当年企业资本因经营而实现的增值比例。假定公司当年增加的股本和资本公积是在年末投入，当年内未分配现金股利和股票股利，根据表9－1可以计算公司2×21年度的资本积累率如下：

$资本积累率 = [(265 - 12.5) + (1\ 503 - 71.5)] \div 3\ 639 = 1\ 684 \div 3\ 639 \times 100\% = 46.28\%$

该指标越高，表明企业的资本积累越多，企业资本保全性越强，应付风险、持续发展的能力越大。该指标如果为负值，表明企业的资本受到侵蚀，所有者权益受到损害。如果一家公司的资本保值增值率较高，达到甚至超过了行业优秀水平，但是资本积累率较低，小于行业平均水平甚至小于行业较低水平，说明该公司在被分析的会计期间实现了理想的经营效益，但是由于企业减资、大量分配等原因导致了资本积累率处于较低水平。

为了分析较长时间的资本增长趋势，可以计算三年的资本增长率。三年资本平均增长率表明企业的资本连续三年的积累情况，体现企业的资本发展水平和发展趋势。该指标能够反映企业的资本增长趋势和增长程度，体现企业持续发展能力，避免因少数年份业务波动而对企业发展潜力的错误判断。其计算公式为：

$$三年资本平均增长率 = \sqrt[3]{\frac{年末所有者权益}{三年前年末所有者权益}} - 1$$

该指标越高，表明企业的成长性越强，市场占有的份额越大，持续发展的能力越强。

（四）每股账面价值

每股账面价值也称为每股净资产，是指股份有限公司账面上记录的股东权益总额分摊到每股普通股的份额。其计算公式如下：

$$每股账面价值 = 年末股东权益总额/年末发行在外普通股数量$$

由于各个公司在筹资方式、资本结构、股利政策等方面存在差异，这个指标在公司之间没有可比性。企业和企业的投资者可以运用这个指标分析股票的价值和公司的价值。一般而言，如果股票的市价低于账面价值，通常认为该股票的价格偏低。

应注意的问题是，这个指标建立在历史成本基础上，反映了会计核算的结果，而不能代表股票的现行价值或市价，投资者应综合其他方面的信息分析股票的价位。

二、资本结构质量分析

企业的资本结构是指企业资产负债表右方“负债与所有者权益”的结构，其中既包括企业负债总规模与所有者权益规模的对比关系，也包括企业各类负债（如短期、长期）占总负债的构成比例和所有者权益中各类股东的持股比例，以及所有者权益中各项目的构成比例。任何资本都有成本，不同来源资本的成本不同。

一般认为，资本结构质量是指企业资本结构与企业当前以及未来经营和发展活动相适应的程度。具体地讲，企业资本结构质量分析主要关注以下方面。

（一）企业资本成本的高低与企业资产报酬率的对比关系

一般来说，资本成本是指企业取得和使用资本所付出的代价，主要包括筹措过程中的筹资费用和使用过程中的使用费用。其中，筹资费用是指企业获取资金来源（如发行债券、股票以及其他筹资方式）过程中发生的申请、登记、印刷等费用；使用费用则是指企业在一定时期内因使用资金而支付给资金提供者的报酬，如利息、股利等。

除去筹资费用外，企业从债权人处筹集的资金（负债）与从股东处筹集的资金（资本）

均存在资本成本的问题。企业的资本成本，应该是指企业的负债成本与股东入资成本的加权平均成本。

因此，从成本效益关系的角度看，只有当企业的资产报酬率（即税息前利润与总资产之比）大于企业的加权平均资本成本时，企业才能在向资金提供者支付报酬以后使企业的净资产得到增加，企业的净资产规模得以扩大。反之，如果企业的资产报酬率小于企业的加权平均资本成本时，企业在向资金提供者支付报酬以后，将缩减企业的净资产，企业的净资产规模将逐渐缩小。在这种情况下，企业的资本结构质量比较差。

（二）企业资金来源的期限构成与企业资产结构的适应性

企业资金来源中的所有者权益部分，属于永久性资金来源。企业资金来源中的负债部分，则有流动负债和非流动负债之分。流动负债需要在一年或一个经营周期内偿还，不能长期占用；而长期负债可以在一个比较长的时期内为企业所使用。

按照财务管理理论，企业筹集资金的用途，决定资金来源的类型。一般来讲，企业购置固定资产或需要长期占用资金的流动资产，应当通过长期资金来源（包括所有者权益和非流动负债）来解决。企业由于季节性原因、临时性原因造成的流动资产中的波动部分，则应由短期资金来源来解决。

如果企业的资金来源不能与资金的用途相匹配，在用长期资金来源支持短期波动性流动资产的情形下，由于企业长期资金来源的资本成本相对较高，企业的效益将会下降；在用短期资金来源来支持非流动资产和需要长期占用的流动资产的情形下，由于非流动资产的周转时间相对较长，需要长期占用的流动资产周转虽然快，但是为了维持企业既定的经营规模需要随时补充消耗的资产，也不可能在短时间内收回资金用于还债，企业可能会出现财务危机。

企业资金来源的期限构成与企业资产结构相适应时，企业的资本结构质量较好；反之，企业的资本结构质量较差。

（三）企业的财务杠杆状况与企业财务风险、未来融资需求以及未来发展的适应性

企业的财务杠杆一般表现为负债与资产的对比关系（即资产负债率）、负债与所有者权益的对比关系、非流动负债与所有者权益的对比关系。从投资者的立场看，只要全部资金投资报酬率高于企业长期负债的利息率，所有者就可以获得高于负债利率部分的差额收益。在理财学中，这一现象称为“财务杠杆作用”。只要财务风险的增加幅度控制在投资者所能承受的范围内，投资者就会因此而受益。

企业财务杠杆比率越高，表明企业资源对负债的依赖程度越高。如果企业财务杠杆比率过高，企业在财务上将面临两个主要压力：（1）利息费用高，在资金短缺时不能正常偿还到期的本金和利息，从而加重企业的财务危机。（2）在企业发生亏损的时候，可能会由于所有者权益的比重相对较小而使企业的债权人承受较大的风险。由于受压力的影响，企业举借新负债的难度会有所增加或借款成本有所提高。这就是说，企业在未来进行债务融资以满足未来正常经营与发展的难度会因企业较高的杠杆比率而提高。因此，较高财务杠杆比率的企业，其财务风险相对较高。

第十章 利润的确定和分配

案例

用友网络科技股份有限公司2018年度报告摘要：经安永华明会计师事务所（特殊普通合伙）审计确认，2018年度公司实现净利润680 035 657元。公司以2018年度净利润680 035 657元为基数，提取10%的法定盈余公积金68 003 566元，提取5%任意盈余公积金34 001 783元，加往年累积的未分配利润1 036 369 112元，本次实际可供分配的利润为1 614 399 420元；公司以实施2018年度利润分配时股权登记日可参与分配的股本为基数，拟向全体股东每10股派发现金股利2.5元（含税）。公司以实施2018年度利润分配时股权登记日可参与分配的股本为基数，拟向全体股东每10股转增3股。

用友网络公司2018年度利润分配的依据是什么？股权登记日、除息日和现金股利发放有什么不同？

第一节 期间费用

期间费用是指企业当期发生的，不能直接归属于某个特定产品成本的费用。由于难以判定其所归属的产品，因而不能列入产品制造成本，而在发生的当期直接计入当期损益。期间费用主要包括销售费用、管理费用、财务费用。

一、销售费用

（一）销售费用的内容

销售费用是指企业在销售商品过程中发生的各项费用以及为销售本企业商品而专设的销售机构（含销售网点、售后服务网点等）的经营费用。其具体项目包括：

1. 企业自销费用，包括应由本企业负担的包装费、运输费、装卸费、保险费。
2. 产品促销费用，包括展览费、广告费、经营租赁费、销售服务费。
3. 销售部门的费用，一般是指专设销售机构的职工工资及福利费、类似工资性质的费用、业务费、折旧费等经营费用。
4. 委托代销费用，主要是指企业委托其他单位代销，按代销合同规定支付的委托代销手续费。
5. 商品流通企业的进货费用，是指商品流通企业在进货过程中发生的运输费、装卸费、包装费、保险费等。

销售费用是与企业销售商品活动有关的费用，但不包括销售商品本身的成本，这类成本属于主营业务成本。

（二）销售费用的核算

企业发生的销售费用在“销售费用”账户中核算，并按费用项目设置明细账进行明细核算。该账户属于损益类账户，企业发生的各项销售费用借记该账户，贷记“库存现金”“银行存款”“应付职工薪酬”等账户；月终，将借方归集的销售费用全部由本账户的贷方转入“本年利润”账户的借方，计入当期损益。结转销售费用后，“销售费用”账户期末无余额。

【例10-1】兴达股份有限公司为增值税一般纳税人，2×21年3月1日为宣传新产品发生广告费，取得的增值税专用发票上注明的价款为100 000元，增值税税额为6 000元，用银行存款支付。该公司应编制如下会计分录：

借：销售费用——广告费	100 000	
应交税费——应交增值税（进项税额）	6 000	
贷：银行存款		106 000

【例10-2】兴达股份有限公司为增值税一般纳税人，2×21年3月12日销售一批产品，取得的增税专用发票上注明的运输费为7 000元，增值税税额为630元，取得的增值税普通

发票上注明的装卸费为3 000元，上述款项均用银行存款支付。该公司应编制如下会计分录：

借：销售费用　　10 000
　应交税费——应交增值税（进项税额）　　630
　贷：银行存款　　10 630

【例10－3】兴达股份有限公司为增值税一般纳税人，2×21年3月15日用银行存款支付所销产品保险费合计10 600元，取得的增值税专用发票上注明的保险费为10 000元，增值税税额为600元。该公司应编制如下会计分录：

借：销售费用——保险费　　10 000
　应交税费——应交增值税（进项税额）　　600
　贷：银行存款　　10 600

【例10－4】兴达股份有限公司销售部2×21年3月共发生费用220 000元，其中，销售人员薪酬100 000元，销售部专用办公设备和房屋的折旧费50 000元，业务费70 000元（用银行存款支付）。假设不考虑其他因素，该公司应编制如下会计分录：

借：销售费用　　220 000
　贷：应付职工薪酬　　100 000
　　累计折旧　　50 000
　　银行存款　　70 000

【例10－5】接【例10－1】~【例10－4】，兴达股份有限公司2×21年3月31日将本月发生的销售费用340 000元结转至“本年利润”账户，该公司应编制如下会计分录：

借：本年利润　　340 000
　贷：销售费用　　340 000

二、管理费用

（一）管理费用的内容

管理费用是指企业为组织和管理生产经营活动发生的各种费用，其具体项目包括：

1. 企业管理部门发生的直接管理费用，如公司经费等。公司经费包括总部管理人员工资、职工福利费、差旅费、办公费、折旧费、修理费、物料消耗、低值易耗品摊销及其他公司经费。

2. 用于企业直接管理之外的费用，主要包括董事会费、咨询费、聘请中介机构费、诉讼费等。

3. 提供生产技术条件的费用，主要包括研究费用、无形资产摊销、长期待摊费用摊销。

4. 业务招待费。业务招待费是指企业为业务经营的合理需要而支付的交际应酬费用。

5. 其他费用，是指不包括在以上各项之内又应列入管理费用的费用。

（二）管理费用的核算

企业应设置“管理费用”账户，发生的管理费用在“管理费用”账户中核算，并按费用项目设置明细账进行明细核算。该账户属于损益类账户，企业发生的各项管理费用，借记该账户，贷记“库存现金”“银行存款”“原材料”“应付职工薪酬”“累计折旧”“累计摊销”和“研发支出”等；期末，将本账户借方归集的管理费用全部由本账户的贷方转入“本年利润”账户的借方，计入当期损益。结转管理费用后，“管理费用”账户期末无余额。

【例 10－6】 兴达股份有限公司 2×21 年 3 月 5 日为拓展产品销售市场发生业务招待费 50 000 元，取得的增值税专用发票上注明的增值税税额为 3 000 元，已用银行存款支付价款和税款，该公司应编制如下会计分录：

借：管理费用——业务招待费　　50 000
　　应交税费——应交增值税（进项税额）　　3 000
　　贷：银行存款　　53 000

【例 10－7】 兴达股份有限公司行政部 2×21 年 3 月共发生费用 179 000 元，其中，行政人员薪酬 150 000 元，报销行政人员差旅费 21 000 元（假定报销人员均未预借差旅费），其他办公、水电费 8 000 元（均用银行存款支付）。假设不考虑增值税等因素，该公司应编制如下会计分录：

借：管理费用　　179 000
　　贷：应付职工薪酬　　150 000
　　　　库存现金　　21 000
　　　　银行存款　　8 000

【例 10－8】 2×21 年 3 月 31 日，兴达股份有限公司计提管理部门固定资产折旧 50 000 元，摊销公司管理部门用无形资产成本 80 000 元。该公司应编制如下会计分录：

借：管理费用　　130 000
　　贷：累计折旧　　50 000
　　　　累计摊销　　80 000

【例 10－9】 接【例 10－6】～【例 10－8】，兴达股份有限公司 2×21 年 3 月 31 日将“管理费用”账户余额 359 000 元转入“本年利润”账户。该公司应编制如下会计分录：

借：本年利润　　359 000
　　贷：管理费用　　359 000

三、财务费用

（一）财务费用的内容

财务费用是指企业为筹集生产经营所需资金而发生的各项费用，具体包括的项目有利息净支出（减利息收入后的支出）、汇兑净损失（减汇兑收益后的损失）、金融机构手续费，以及筹集生产经营资金发生的其他费用等。其具体内容包括的项目有：

1. 利息净支出，是指企业短期借款利息、长期借款利息、应付票据利息、票据贴现利息、应付债券利息等利息支出减去银行存款的利息收入后的金额。

2. 汇兑净损失，是企业因向银行结售或购入外汇而产生的银行买入、卖出价与记账所采用的汇率之间的差额，以及月度终了，各种外币账户的外币期末余额，按照期末汇率折合的记账本位币金额与账面记账本位币金额之间的差额等。

3. 金融机构手续费，是指发行债券所需支付的手续费、开出汇票的银行手续费、调剂外汇手续费等。

4. 其他费用，如筹集生产经营资金发生的其他费用等。

（二）财务费用的核算

企业发生的财务费用在“财务费用”账户中核算，并按费用项目设置明细账进行明细核算。该账户属于损益类账户，企业发生的各项财务费用借记该账户，贷记“银行存款”等账户；企业发生利息收入、汇兑收益时，借记“银行存款”等账户，贷记该账户。月终，将借方归集的财务费用全部由该账户的贷方转入“本年利润”账户的借方，计入当期损益。结转当期财务费用后，“财务费用”账户期末无余额。

【例10－10】兴达股份有限公司于2×21年3月1日向银行借入生产经营用短期借款360 000元，期限6个月，年利率5%，该借款本金到期后一次归还，利息分月预提，按季支付。该公司应编制如下会计分录：

每月月末，预提当月应计利息：360 000×5%÷12＝1 500（元）

借：财务费用——利息支出	1 500	
贷：应付利息		1 500

【例10－11】兴达股份有限公司2×21年3月31日用银行存款支付本月应负担的短期借款利息25 440元。该公司应编制如下会计分录：

借：财务费用——利息支出	25 440	
贷：银行存款		25 440

【例10－12】兴达股份有限公司2×21年3月31日接到银行通知，银行转来存款利息4 000元。该公司应编制如下会计分录：

借：银行存款	4 000	
贷：财务费用——利息收入		4 000

【例10－13】接【例10－10】～【例10－12】，兴达股份有限公司2×21年3月31日将“财务费用”账户余额22 940元转入“本年利润”账户。该公司应编制如下会计分录：

借：本年利润	22 940	
贷：财务费用		22 940

第二节　非核心经营损益与营业外收支

一、非核心经营损益

（一）其他收益

“其他收益”账户专门用于核算与企业日常活动相关，但不宜确认收入或冲减成本费用的政府补助。如增值税即征即退、与资产相关的政府补助确认为递延收益后的分期摊销额等。该账户属于损益类账户，其贷方登记企业发生的其他收益，借方登记期末转入“本年利润”账户的数额，期末结转后应无余额。

【例10－14】兴达股份有限公司完成政府下达技能培训任务，收到财政补助资金150 000元，应编制如下会计分录：

借：银行存款　　150 000
　　贷：其他收益　　150 000

（二）投资收益

“投资收益”账户是用来核算企业以各种方式对外投资取得的收益或发生的损失的账户，该账户属于损益类账户，其贷方登记取得的投资收益或期末投资损失的转出数，借方登记投资损失和期末投资收益的转出数，期末结转后，该账户无余额。该账户应按投资收益的种类设置明细账进行明细分类核算。

【例 10－15】兴达股份有限公司收到从被投资单位分得的投资利润 80 000 元，存入银行，应编制如下会计分录：

借：银行存款　　80 000
　　贷：投资收益　　80 000

（三）公允价值变动损益

“公允价值变动损益”账户是指一项资产在取得之后的计量，即后续采用公允价值计量模式时，期末资产账面价值与其公允价值之间的差额。该账户属于损益类账户，其借方核算因公允价值变动而形成的损失金额和贷方发生额的转出额；贷方核算因公允价值变动而形成的收益金额和借方发生额的转出额。期末结转后，该账户无余额。

【例 10－16】2×21 年 6 月 30 日，甲公司购买的 A 公司债券（分类为以公允价值计量且其变动计入当期损益的金融资产）的公允价值为 2 780 000 元（其初始入账金额为 2 500 000 元）；2×21 年 12 月 31 日，甲公司购买的 A 公司债券的公允价值为 2 560 000 元。该公司应编制如下会计分录：

（1）2×21 年 6 月 30 日，确认 A 公司债券的公允价值变动损益时：

借：交易性金融资产——公允价值变动　　280 000
　　贷：公允价值变动损益　　280 000

（2）2×21 年 12 月 31 日，确认 A 公司债券的公允价值变动损益时：

借：公允价值变动损益　　220 000
　　贷：交易性金融资产——公允价值变动　　220 000

（四）信用减值损失

根据《企业会计准则第 22 号——金融工具确认和计量》应用指南，金融资产减值准备所形成的预期信用损失应通过“信用减值损失”账户核算。“信用减值损失”是损益类账户，借方登记损失的增加，贷方登记冲减或结转损失数额，期末结转后无余额。

【例 10－17】2×21 年 12 月 31 日，兴达股份有限公司应收账款余额 1 000 000 元，甲公司根据企业会计准则确定应计提坏账准备的金额为 100 000 元。该公司应编制如下会计分录：

借：信用减值损失——计提的坏账准备　　100 000
　　贷：坏账准备　　100 000

（五）资产减值损失

“资产减值损失”是指企业在资产负债表日经过对资产的测试，判断资产的可收回金额低于其账面价值而计提资产减值损失准备所确认的相应损失。该账户属于损益类账户，借方登记损失的增加，贷方登记冲减或结转损失数额，期末结转后无余额。

【例 10-18】2×21 年 12 月 31 日，兴达股份有限公司 A 商品账面余额（成本）100 000 元，由于市场价格下跌，预计可变现净值为 80 000 元，假设 A 商品以前未计提存货跌价准备，该公司应编制如下会计分录：

借：资产减值损失——计提的存货跌价准备　　20 000
　　贷：存货跌价准备　　20 000

【例 10-19】2×21 年 12 月 31 日，兴达股份有限公司的某生产线存在可能发生减值的迹象，经计算，该机器的可收回金额为 1 230 000 元，账面价值为 1 400 000 元，以前年度未对该生产线计提过减值准备。该公司应编制如下会计分录：

借：资产减值损失——计提的固定资产减值准备　　170 000
　　贷：固定资产减值准备　　170 000

（六）资产处置损益

“资产处置损益”主要用来核算固定资产，无形资产，在建工程等因出售、转让等原因产生的处置利得或损失。该账户属于损益类账户。其借方登记处置固定资产、在建工程及无形资产等非流动资产或资产组业务产生的净损失，贷方登记处置非流动资产或资产组产生的净收益。年末，该账户期末余额转入“本年利润”账户，期末结转后应无余额。

二、营业外收支

（一）营业外收入

1. 营业外收入核算的内容。营业外收入，是指企业取得的与日常活动没有直接关系的各项利得，主要包括非流动资产毁损报废利得、罚没利得、政府补助利得、无法支付的应付款项、捐赠利得、盘盈利得等。

（1）非流动资产毁损报废利得，是指因自然灾害等发生毁损、已丧失使用功能而报废的固定资产等非流动资产所产生的清理净收益。

（2）罚没利得，是指企业收取的滞纳金、违约金以及其他形式的罚款，在弥补了由于对方违约而造成的经济损失后的净收益。

（3）政府补助利得，是指企业取得的与其日常活动无关的政府补助，如企业因遭受重大自然灾害而获得的政府补助。

（4）无法支付的应付款项，是指由于债权单位撤销或其他原因而无法支付，按规定程序报经批准后转入当期损益的应付款项。

（5）捐赠利得，是指企业接受外部现金和非现金资产捐赠而获得的利得。

（6）盘盈利得，是指企业在财产清查中发现的库存现金实存数额超过账面数额而获得的资产溢余利得。

2. 营业外收入的账务处理。企业应通过“营业外收入”账户，核算营业外收入的取得及结存情况。该账户属于损益类账户，其贷方登记企业发生的各项营业外收入，借方登记期末转入“本年利润”账户的营业外收入数，期末结转后应无余额。该账户应按营业外收入项目设置明细账，进行明细分类核算。

【例 10－20】 兴达股份有限公司将固定资产报废清理的净收益 80 000 元，转作营业外收入，应编制如下会计分录：

借：固定资产清理　　80 000

　　贷：营业外收入——非流动资产毁损报废收益　　80 000

【例 10－21】 兴达股份有限公司接受 B 公司捐赠 100 000 元，款项已存入企业存款账户。应编制如下会计分录：

借：银行存款　　100 000

　　贷：营业外收入　　100 000

【例 10－22】 接【例 10－20】和【例 10－21】，兴达股份有限公司本期营业外收入总额为 180 000 元，期末结转本年利润，该公司应编制如下会计分录：

借：营业外收入　　180 000

　　贷：本年利润　　180 000

（二）营业外支出

1. 营业外支出核算的内容。

营业外支出，是指企业发生的与日常活动没有直接关系的各项损失，主要包括非流动资产毁损报废损失、罚款支出、捐赠支出、非常损失、盘亏损失等。

（1）非流动资产毁损报废损失，是指因自然灾害等发生毁损、已丧失使用功能而报废的固定资产等非流动资产所产生的清理净损失。

（2）罚款支出，是指企业由于违反合同、违法经营、偷税漏税、拖欠税款等而支付的违约金、罚金、滞纳金等支出。

（3）捐赠支出，是指企业对外进行公益性和非公益性捐赠而付出资产的公允价值。

（4）非常损失，是指企业由于自然灾害等客观原因造成的财产损失，在扣除保险公司赔款和残料价值后，应计入当期损益的净损失。

（5）盘亏损失，是指企业在财产清查中发现固定资产数量少于账面数量而发生的资产短缺损失。

营业外收入和营业外支出所包括的收支项目互不相关，不存在配比关系，因此，不得以营业外支出直接冲减营业外收入，也不得以营业外收入抵补营业外支出，两者的发生金额应当分别核算。

2. 营业外支出的账务处理。

企业应通过“营业外支出”账户，核算营业外支出的发生及结存情况。该账户属于损益类账户，其借方登记企业发生的各项营业外支出，贷方登记期末转入“本年利润”账户的营业外支出数，期末结转后应无余额。该账户应按营业外支出项目设置明细账，进行明细分类核算。

【例 10－23】 2×18 年 1 月 1 日，兴达股份有限公司取得一项价值 1 000 000 元的非专利技术并确认为无形资产，采用直线法摊销，摊销期限为 10 年。2×21 年 1 月 1 日，由于该技术已被其他新技术所替代，公司决定将其转入报废处理，报废时已累计摊销 300 000 元，未计提减值准备。该公司应编制如下会计分录：

借：累计摊销　　　　　　　　　　　　　　　300 000
　　营业外支出　　　　　　　　　　　　　　700 000
　　贷：无形资产　　　　　　　　　　　　　　1 000 000

【例 10－24】兴达股份有限公司发生原材料自然灾害损失 70 000 元，经批准全部转作营业外支出。该企业对原材料采用实际成本进行日常核算，应编制如下会计分录：

（1）发生原材料自然灾害损失时：

借：待处理财产损溢　　　　　　　　　　　　70 000
　　贷：原材料　　　　　　　　　　　　　　　70 000

（2）批准处理时：

借：营业外支出　　　　　　　　　　　　　　70 000
　　贷：待处理财产损溢　　　　　　　　　　　70 000

【例 10－25】兴达股份有限公司用银行存款支付税款滞纳金 30 000 元，应编制如下会计分录：

借：营业外支出　　　　　　　　　　　　　　30 000
　　贷：银行存款　　　　　　　　　　　　　　30 000

【例 10－26】接【例 10－23】～【例 10－25】，兴达股份有限公司本期营业外支出总额 800 000 元，期末结转本年利润，应编制如下会计分录：

借：本年利润　　　　　　　　　　　　　　800 000
　　贷：营业外支出　　　　　　　　　　　　　800 000

第三节　所得税与所得税会计

一、所得税会计概述

（一）会计利润与应税所得额

会计利润，是根据财务会计准则和会计制度的规定、通过财务会计程序确认的企业一定期间内的经营成果。计算的基本方法是，按照实现原则确认企业在一定会计期内的收入，按照配比原则确定在同一期间内的费用成本，将收入与相关的费用成本相减，即为企业在这一会计期间的利润。会计利润也被称为利润总额、税前利润。

应税所得也称为应纳税所得额，是根据税法规定计算的，作为企业所得税计税依据的收益额。计算应税所得的目的是正确确定企业应缴纳的所得税。

应纳税所得额＝应纳税收入总额－准予扣除项目

纳税人的收入总额包括生产经营收入、财产转让收入、利息收入、租赁收入、特许权使用费收入、股息收入和其他收入。准予从收入中扣除的项目，是指与纳税人取得收入有关的成本、费用、税金和损失。

财务会计的目的是为了向信息使用者提供可靠、相关的会计信息，反映企业管理层受托责任履行的情况，有助于财务会计报告使用者作出经济决策，其提供信息必须遵循可理解性和及时性等原则。而税法以课税为目的，本着经济合理、公平税负、促进竞争的原则，依据有关税收法规，确定一定时期纳税人应缴纳的税额。由于会计准则和税法在目标、原则和计算方法等方面存在差异，由此导致依据会计制度确定的会计利润与依据税法确定的应纳税所得额（简称“应税所得”，下同）存在差异，进而导致会计上确定的所得税费用与税法要求的应交所得税也存在差异。

（二）资产负债表债务法

《企业会计准则第 18 号——所得税》准则规定采用资产负债表债务法核算所得税。

资产负债表债务法是从资产负债表出发，通过比对资产负债表上列示的资产、负债按照会计准则规定确定的账面价值与按照税法规定确定的计税基础，对于两者之间的差异分别应纳税暂时性差异与可抵扣暂时性差异，确认相关的递延所得税负债与递延所得税资产，并在此基础上确定每一会计期间利润表中的所得税费用。企业进行所得税核算时一般应遵循以下程序：

1. 确定资产负债表中除递延所得税资产和递延所得税负债以外的其他资产和负债项目的账面价值。

2. 确定资产负债表中有关资产、负债项目的计税基础。

3. 比较资产、负债的账面价值与其计税基础，分析两者之间的暂时性差异；分别确定当期递延所得税资产和递延所得税负债。

4. 计算应交所得税。

5. 确定利润表中的所得税费用。

资产和负债的账面价值是指按照企业会计准则规定确定的有关资产、负债在企业的资产负债表中应列示的金额。

二、所得税的计税基础

（一）资产的计税基础

资产的计税基础，指企业收回资产账面价值的过程中，计算应纳税所得额时按照税法规定可以自应税经济利益中抵扣的金额，即某一项资产在未来期间计税时按照税法规定可以税前扣除的金额。例如，某企业一项固定资产入账原值为 100 000 元，其中含有 5 000 元的预计弃置费。税法不承认这部分弃置费，则其计税基础就是 100 000 - 5 000 = 95 000（元）。

【例 10 - 27】 2 × 21 年 12 月末，兴达股份有限公司持有一项交易性金融资产，取得成本为 100 万元，期末公允价值 120 万元；持有的库存商品成本 500 万元，提取存货跌价准备 50 万元，该项资产账面价值 450 万元。

按照税法规定，企业资产负债均按实际成本计量，不确认任何持有损益。兴达股份有限公司持有的交易性金融资产的计税基础仍按成本计量为 100 万元；但会计准则规定，交易性金融资产期末应按公允价值计量，公允价值变动计入当期损益，该项交易性金融资产的账面价值为 120 万元，账面价值与计税基础之间的差额 20 万元确认为暂时性差异（应纳税暂时性差异），在将来出售该项交易性金融资产时，20 万元的差额转入应纳税所得额并按照当时的税率确定应交所得税。此外，兴达股份有限公司持有的库存商品的计税基础仍然是 500 万元，账面价值450万元，该计税基础与其账面价值之间形成的差额50万元确认为暂时性差异（可抵扣暂时性差异）。在将来出售这些库存商品时，50万元的差额抵扣当期的应纳税所得额，并按照当时的税率确定应交所得税。

（二）负债的计税基础

负债的计税基础，指各项负债账面价值减去其在未来期间计算应纳税所得额时按照税法规定可予抵扣的金额。

负债的计税基础 = 负债账面价值 - 未来期间按照税法可予税前扣除的金额

【例10－28】兴达股份有限公司因销售商品提供售后服务等原因于销售当期确认了100万元的预计负债，在确认预计负债的当期尚未发生售后服务费用。

根据税法规定，有关产品售后服务等与取得经营收入直接相关的费用应于实际发生时期在税前列支。而在尚未实际支付售后服务费用时不许在税前列支，因此该项预计负债的计税基础为零（账面价值100万元－可从未来经济利益中扣除的金额100万元）。由于该项负债账面价值大于计税基础，形成差额100万元。在将来企业为客户提供售后服务以偿还预计负债时，100万元的差额应用于抵减当期的应纳税所得额，并按照当时的税率确定应交所得税。

（三）暂时性差异

《企业会计准则第18号——所得税》规定："暂时性差异，是指资产或负债的账面价值与其计税基础之间的差额。未作为资产和负债确认的项目，按照税法规定可以确定其计税基础的，该计税基础与其账面价值之间的差额也属于暂时性差异。"

【例10－27】中所提到的交易性金融资产账面价值大于计税基础形成的差额20万元、库存商品账面价值小于计税基础形成的差额50万元，【例10－28】中所提到的预计负债账面价值大于计税基础形成的差额100万元均属于暂时性差异。

按照暂时性差异对未来期间应税金额的影响，分为应纳税暂时性差异和可抵扣暂时性差异。《企业会计准则第18号——所得税》规定："应纳税暂时性差异，是指在确定未来收回资产或清偿负债期间的应纳税所得额时，将导致产生应税金额的暂时性差异。可抵扣暂时性差异，是指在确定未来收回资产或清偿负债期间的应纳税所得额时，将导致资产可抵扣金额的暂时性差异"。一般地，应纳税暂时性差异通常产生于以下情况：资产的账面价值大于其计税基础或负债的账面价值小于其计税基础。可抵扣暂时性差异一般产生于以下情况：资产的账面价值小于其计税基础或负债的账面价值大于其计税基础。

【例10－27】说明的交易性金融资产账面价值大于计税基础形成的差额20万元就属于应纳税暂时性差异，因为该项差异会导致未来期间应税所得和纳税义务的增加。

三、所得税的确认与计量

（一）递延所得税资产和递延所得税负债

企业应于资产负债表日，对资产、负债的账面价值与其计税基础进行比较。如果两者之间存在差异，则需要分别确定纳税暂时性差异和可抵扣暂时性差异。

如果存在应纳税暂时性差异，该差异将导致在销售或使用资产或偿付负债的未来期间内应税所得和纳税义务的增加，因此应相应地确认为“递延所得税负债”。具体地，企业应当确认所有应纳税暂时性差异产生的递延所得税负债，但商誉的初始确认和同时具有以下特征的交易中产生的资产或负债的初始确认：该项交易不是企业合并；交易发生时既不影响会计利润也不影响应纳税所得额的交易中产生的递延所得税负债除外。

如果存在可抵扣暂时性差异，该差异将导致在销售、使用资产、偿付负债的未来期间内应税所得和纳税义务的减少，因此应相应地确认为“递延所得税资产”。具体地，企业应当确认由可抵扣暂时性差异产生的递延所得税资产，确认金额以很可能取得用来抵扣可抵扣暂时性差异的应纳税所得额为限。但当交易同时具有下列特征：不是企业合并；交易发生时既不影响会计利润也不影响应纳税所得额（或可抵扣亏损），因资产或负债的初始确认所产生的递延所得税资产不予确认。

（二）当期应交所得税

应交所得税是指企业按照国家税法规定，应从生产经营等活动的所得中交纳的税金。

应交所得税 = 应纳税所得额 × 适用税率

由于会计准则与税法收入、费用（税前扣除项目）规定的计算范围、确认时间不同，在纳税时需要将当期实现的会计利润根据税法的规定进行调整为应纳税所得额。

应纳税所得额 = 税前会计利润 + 纳税调整增加额 − 纳税调整减少额

【例 10－29】 兴达股份有限公司 2×21 年利润总额为 760 万元，适用的所得税税率为 25%。该企业当年会计利润与应税所得之间存在如下差异：

（1）国债利息收入 50 万元；

（2）税款滞纳金 60 万元；

（3）交易性金融资产公允价值增加 20 万元；

（4）提取存货跌价准备 50 万元；

（5）因售后服务预计费用 100 万元。

根据上述资料计算确定应纳税所得额及应交所得税如下：

应纳税所得额 = 760（利润总额）− 50（国债利息收入）+ 60（税款滞纳金）− 20（交易性金融资产公允价值增加）+ 50（提取存货跌价准备）+ 100（售后服务预计费用）= 900（万元）

应纳所得税 = 900 × 25% = 225（万元）

（三）当期的所得税费用

根据权责发生制原则，企业在计算确定当期的所得税费用时，应在当期应交所得税的基础上进行调整，加计当期发生的递延所得税。计算公式如下：

所得税费用 = 当期所得税 + 递延所得税

【例 10－30】 承【例 10－29】，假定兴达股份有限公司递延所得税资产和递延所得税负债不存在期初余额，2×21 年末资产负债表中有关项目账面价值及其计税基础如表 10－1 所示。

表 10－1　　兴达股份有限公司资产、负债项目暂时性差异计算　　单位：万元

项目	账面价值	计税基础	暂时性差异	
			应纳税暂时性差异	可抵扣暂时性差异
交易性金融资产	120	100	20	
存货	450	500		50
预计负债	100	0		100
合计			20	150

假定除上述项目外，该企业其他资产、负债的账面价值与其计税基础不存在差异，也不存在可抵扣亏损和税款抵减；前文已经计算确定兴达股份有限公司 2×21 年度应交所得税为 225 万元，该企业预计在未来期间能够产生足够的应纳税所得额用以抵扣可抵扣暂时性差异。

该企业计算确认的递延所得税负债、递延所得税资产、递延所得税费用以及所得税费用如下：

递延所得税负债＝20×25%＝5（万元）

递延所得税资产＝150×25%＝37.5（万元）

当期确认所得税费用＝225＋5－37.5＝192.5（万元）

企业确认和计量所得税业务，除了使用“所得税费用”和“应交税费”账户以外，还应设置如下账户：“递延所得税负债”账户，核算企业递延所得税负债的发生及转回；“递延所得税资产”账户，核算企业递延所得税资产的发生及转回。

兴达股份有限公司根据上述计算结果编制会计分录如下：

（1）确认所得税费用时：

借：所得税费用　　1 925 000

　　递延所得税资产　　375 000

　　贷：应交税费——应交所得税　　2 250 000

　　　　递延所得税负债　　50 000

（2）期末结转所得税费用时：

借：本年利润　　1 925 000

　　贷：所得税费用　　1 925 000

结转所得税以后，兴达股份有限公司“本年利润”账户贷方余额为 567.5 万元（760－192.5），即为本年度实现净利润。

（3）将“本年利润”账户结清，转入“利润分配”账户时：

借：本年利润　　5 675 000

　　贷：利润分配——未分配利润　　5 675 000

第四节 利润确定与利润分配

一、利润及其构成

（一）利润的概念

利润是指企业在一定会计期间的经营成果，包括收入减去费用后的净额、直接计入当期利润的利得和损失等。其中，直接计入当期利润的利得和损失，是指应当计入当期损益、最终会引起所有者权益发生增减变动的、与所有者投入资本或者向所有者分配利润无关的利得或者损失。

收入减去费用后的净额反映的是企业日常活动的业绩，直接进入当期利润的利得和损失，反映的是企业非日常活动的业绩。企业应当严格划分收入和利得、费用和损失之间的界限，以更加准确地反映企业的经营业绩。

利润的确认主要依赖于收入和费用，以及直接计入当期利润的利得和损失的确认，利润金额的计量主要取决于收入和费用金额，以及直接计入当期利润的利得和损失金额的计量。

（二）利润的构成

在利润表中，利润的金额分为营业利润、利润总额和净利润三个层次计算确定。

1. 营业利润。营业利润是指企业通过一定期间的日常活动取得的利润。营业利润的具体构成，可用公式表示如下：

营业利润 = 营业收入 − 营业成本 − 税金及附加 − 销售费用 − 管理费用 − 研发费用 − 财务费用 − 资产减值损失 − 信用减值损失 + 其他收益 + 投资收益（− 投资损失）+ 公允价值变动收益（− 公允价值变动损失）+ 资产处置收益（− 资产处置损失）

其中，营业收入是指企业经营业务所确认的收入总额，包括主营业务收入和其他业务收入。

营业成本是企业经营业务所发生的实际成本总额，包括主营业务成本和其他业务成本。

税金及附加是指企业经营业务应负担的税金及附加费用，如消费税、城市维护建设税、资源税、教育费附加、房产税、城镇土地使用税、车船税、印花税等。

研发费用是指企业在研究与开发过程中发生的费用化支出，是管理费用的一部分，在利润表中应将其从管理费用当中分离出来，单独列报。

资产减值损失是指企业计提的各项资产减值准备所形成的损失。

信用减值损失是指企业计提的各项金融工具减值准备所形成的预期信用损失。

其他收益是指与企业日常活动相关，但不宜冲减成本费用而应计入其他收益的政府补助，如增值税即征即退、与资产相关的政府补助确认为递延收益后的分期摊销额等。

投资收益（或损失）是指企业以各种方式对外投资所取得的收益（或发生的损失）。

公允价值变动收益（或损失）是指企业交易性金融资产等公允价值变动形成的应计入当期损益的利得（或损失）。

资产处置收益（或损失）是指企业出售划分为持有待售的非流动资产（金融工具、长期股权投资和投资性房地产除外）或资产组（子公司和业务除外）时确认的处置利得或损失，以及处置未划分为持有待售的固定资产、在建工程、无形资产等而产生的处置利得或损失。

2. 利润总额。利润总额是指企业一定期间的营业利润，加上营业外收入减去营业外支出后的所得税税前利润总额。即：

利润总额 = 营业利润 + 营业外收入 − 营业外支出

其中，营业外收入和营业外支出，是指企业发生的与日常活动无直接关系的各项利得或损失。营业外收入与营业外支出，虽然与企业日常生产经营活动无直接关系，但站在企业主体的角度来看，同样是其经济利益的流入或流出，从而构成利润的一部分，对企业的盈亏状况具有不可忽视的影响。

3. 净利润。净利润是指企业一定期间的利润总额减去所得税费用后的金额，即：

净利润 = 利润总额 − 所得税费用

其中，所得税费用是指企业按照会计准则的规定确定的，应当从当期利润总额中扣除当期所得税费用和递延所得税费用。

二、利润的结转

（一）结转本年利润的方法

会计期末，结转本年利润的方法有表结法和账结法两种。

1. 表结法。表结法下，各损益类账户每月末只需结计出本月发生额和月末累计余额，不结转到“本年利润”账户，只有在年末时才将全年累计余额结转入“本年利润”账户。但每月末要将损益类账户的本月发生额合计数填入利润表的本月数栏，同时，将本月末累计余额填入利润表的本年累计数栏，通过利润表计算反映各期的利润（或亏损）。表结法下，年终损益类账户无须结转入“本年利润”账户，从而减少了转账环节和工作量，同时，并不影响利润表的编制及有关损益指标的利用。

2. 账结法。账结法下，每月末均需编制转账凭证，将在账上结计出的各损益类账户的余额结转入“本年利润”账户。结转后“本年利润”账户的本月余额反映当月实现的利润或发生的亏损，“本年利润”账户的本年余额反映累计实现的利润或发生的亏损。账结法下在各月均可通过“本年利润”账户提供当月及本年累计的利润（或亏损）额，但增加了转账环节和工作量。

（二）结转本年利润的会计处理

“本年利润”账户。在实际会计工作中，应设置“本年利润”作为汇总性账户，定期将全部收入与费用转入该账户，进行收入和费用的配比，以计算当期财务成果。

期末，企业将各项收入转入“本年利润”贷方，各项成本费用转入“本年利润”借方。结转后若余额在贷方，则为企业当期实现的利润总额，若为借方余额则为企业当期所发生的亏损总额。本年利润在会计上称为税前利润，再扣除所得税费用后，“本年利润”贷方的余额为累计净利润，也称税后利润。

年末“本年利润”账户的余额应转入“利润分配”账户，结转后，“本年利润”账户无余额。

“本年利润”账户的借、贷方登记内容如表10－2所示。

表10－2　　本年利润

主营业务成本 其他业务成本 税金及附加 销售费用 管理费用 财务费用 资产减值损失 信用减值损失 营业外支出 所得税费用	主营业务收入 其他业务收入 其他收益 公允价值变动收益 投资收益 资产处置收益 营业外收入
当年发生累计亏损	当年实现累计利润
年末，将本年累计净利润结转“利润分配”账户贷方	年末，将本年累计亏损结转“利润分配”账户借方

【例10－31】兴达股份有限公司2×21年12月末各损益类账户余额见表10－3（该企业采用表结法年末一次结转损益类账户，所得税税率为25%）。

表10－3　　兴达股份有限公司月末损益类账户余额　　单位：元

账户	借方	贷方
主营业务收入		1 100 000
主营业务成本	600 000	
税金及附加	34 000	
其他业务收入		60 000
其他业务成本	47 000	
销售费用	63 000	
管理费用	70 000	
财务费用	72 000	
资产减值损失	30 000	

续表

账户	借方	贷方
信用减值损失	20 000	
公允价值变动损益		86 000
投资收益		500 000
营业外收入		30 000
营业外支出	40 000	

兴达股份有限公司2×21年末结转本年利润，应编制如下会计分录：

（1）将各损益类账户年末余额结转至“本年利润”账户。

①结转各项收入、利得类账户：

借：主营业务收入　　1 100 000

　　其他业务收入　　60 000

　　公允价值变动损益　　86 000

　　投资收益　　500 000

　　营业外收入　　30 000

　　贷：本年利润　　1 776 000

②结转各项费用、损失类账户：

借：本年利润　　976 000

　　贷：主营业务成本　　600 000

　　　　其他业务成本　　47 000

　　　　税金及附加　　34 000

　　　　销售费用　　63 000

　　　　管理费用　　70 000

　　　　财务费用　　72 000

　　　　资产减值损失　　30 000

　　　　信用减值损失　　20 000

　　　　营业外支出　　40 000

（2）经过上述结转后，“本年利润”账户的贷方发生额合计1 776 000元减去借方发生额合计976 000元即为税前会计利润800 000元。

（3）假设兴达股份有限公司2×19年度不存在所得税纳税调整因素。

（4）应交所得税 = 800 000 × 25% = 200 000（元）。

①确认所得税费用：

借：所得税费用　　200 000

　　贷：应交税费——应交所得税　　200 000

②将所得税费用结转入“本年利润”账户：

借：本年利润　　200 000

　　贷：所得税费用　　200 000

（5）将“本年利润”账户年末余额600 000（1 776 000 - 976 000 - 200 000）元转入“利润分配——未分配利润”账户：

借：本年利润　　600 000

　　贷：利润分配——未分配利润　　600 000

三、利润的分配

企业确定了利润总额并按规定缴纳了所得税后，就可以将实现的净利润进行分配。企业的利润分配，既关系到所有者合法利益的实现，又关系到企业的长远发展，必须按法律和会计准则的有关规定进行。

（一）利润分配顺序

企业当期实现的净利润，加上年初未分配利润（或减去年初未弥补亏损）后的余额，即为可供分配的利润。《公司法》第一百六十六条规定企业可供分配利润，应按照以下顺序进行分配：

1. 提取法定盈余公积。公司分配当年税后利润时，应当按当期净利润的10%列入公司法定盈余公积。公司法定盈余公积累计额为公司注册资本的50%以上的，可以不再提取。公司的法定盈余公积不足以弥补以前年度亏损的，在提取法定公积金之前，应当先用当年利润弥补亏损。

2. 提取任意盈余公积。公司从税后利润中提取法定公积金后，经股东会或者股东大会决议，还可以从税后利润中提取任意公积金。

3. 向投资者分配的现金股利或利润。是指企业按照利润分配方案分配给股东的现金股利，也包括非股份公司分配给投资者的利润。

4. 转作股本的股利。是指企业按照利润分配方案以分派股票股利的形式转作股本的股利，也包括非股份公司以利润转增的资本。

5. 未分配利润。企业的年初未分配利润，加上本年净利润，减去本年利润分配后，即为年末未分配利润。

盈余公积和年末未分配利润也称为留存收益。盈余公积是指定用途的留存收益，主要是用于弥补亏损，符合条件的盈余公积也可转增资本或分派现金股利。而未分配利润是未指定用途的留存收益，既可弥补亏损，也可转增资本或分派现金股利。

（二）利润分配的会计处理

企业应当设置“利润分配”账户，核算利润的分配（或亏损的弥补）情况，以及历年积存的未分配利润（或未弥补亏损）。该账户下应分别设置“提取法定盈余公积金”“提取任意盈余公积金”“应付投资者利润”“转作股本的股利”“盈余公积补亏”“未分配利润”等明细账户进行明细核算。年度终了，企业应将“利润分配”账户所属其他明细账户余额转入“未分配利润”明细账户，结转后，“利润分配——未分配利润”账户如为贷方余额，表示累计未分配的利润金额；如为借方余额，则表示累计未弥补的亏损金额。

【例10-32】兴达股份有限公司2×21年度实现净利润为325 000元。董事会决议，按净利润的10%提取法定盈余公积金，按6%提取任意盈余公积金。经股东大会批准，当年分配现金股利，每股0.1元，兴达股份有限公司共有外发普通股163万股。

（1）兴达股份有限公司会计处理如下：

法定盈余公积金提取数 = 325 000 × 10% = 32 500（元）

任意盈余公积金提取数 = 325 000 × 6% = 19 500（元）

应付投资者利润 = 1 630 000 × 0.1 = 163 000（元）

（2）编制会计分录如下：

借：利润分配——提取法定盈余公积金　　32 500
　　　　　　——提取任意盈余公积金　　19 500
　　　　　　——应付投资者利润　　163 000
　贷：盈余公积——法定盈余公积金　　32 500
　　　　　　——任意盈余公积金　　19 500
　　应付股利——应付投资者利润　　163 000

为了正确划分各个年度的利润与利润分配的界限，在每年年末，必须对“本年利润”和“利润分配”账户的各个明细账户的期末余额进行结转，将全年实现的利润总额从“本年利润”账户的借方（或贷方）转入“利润分配——未分配利润”账户的贷方（或借方）。同时，将利润分配中“提取法定盈余公积金”“提取任意盈余公积金”“应付投资者利润”等明细账户的余额转入“利润分配——未分配利润”账户的借方。通过结转，使得“利润分配”账户的所有明细账户中，只有“未分配利润”明细账户有年末余额，这个余额就是年末资产负债表上反映的当年未分配利润的数字来源。“利润分配”其他各明细账户年末均无余额。

【例10－33】兴达股份有限公司2×21年初“利润分配——未分配利润”账户的贷方余额为35 000元，2×21年末未结转前，“本年利润”账户贷方余额为325 000元，“利润分配”账户各明细账户余额见表10－4。

表10－4　兴达股份有限公司利润分配明细账余额　单位：元

分配项目	分配金额
提取法定盈余公积金	32 500
提取任意盈余公积金	19 500
应付投资者利润	163 000

根据以上数据，编制结转本年实现净利润的会计分录：

借：本年利润　　325 000
　贷：利润分配——未分配利润　　325 000

结清利润分配各明细账户的余额：

借：利润分配——未分配利润　　215 000
　贷：利润分配——提取法定盈余公积金　　32 500
　　　　　　——提取任意盈余公积金　　19 500
　　　　　　——应付股利　　163 000

经过上述结转后，“利润分配——未分配利润”账户在2×21年末的贷方余额为145 000元

(35 000 + 325 000 − 215 000)。这是当年累计未分配余额，可以并入以后年度利润共同分配。

第五节 会计变更与前期差错

一、会计政策及其变更

(一) 会计政策

1. 会计政策的概念。会计政策，是指企业在会计确认、计量和报告中所采用的原则、基础和会计处理方法。原则，是指企业按照国家统一的会计准则规定的、适合于企业会计核算所采用的特定会计原则；基础，是指为了将会计原则应用于交易或者事项而采取的会计基础；会计处理方法，是指企业在会计核算中从诸多可选择的会计处理方法中所选择的、适合于本企业的具体会计处理方法。

2. 会计政策的特点。在我国会计准则属于法规，会计政策所包括的具体会计原则、基础和会计处理方法由企业会计准则规定，企业基本上是在法规所允许的范围内选择适合本企业实际情况的会计政策。所以，会计政策具有强制性和多层次的特点。

(1) 会计政策的强制性。由于企业经济业务的复杂性和多样化，某些经济业务在符合会计原则和基础的要求下，可以有多种会计处理方法。例如，存货的计价有先进先出法、加权平均法、个别计价法等。但是企业在发生某项经济业务时，必须从允许的会计原则、基础和会计方法中选择出适合本企业特点的会计政策。

(2) 会计政策的层次性。会计政策包括会计原则、基础和会计处理方法三个层次，其中，会计原则是指导企业会计核算的具体原则；会计基础是为将会计原则体现在会计核算中而采用的基础；处理方法是按照会计原则和基础的要求，由企业在会计核算中采用或者选择的、适合于本企业的具体会计处理方法。会计原则、基础和会计处理方法三者之间是一个具有逻辑性、密不可分的整体，通过这个整体，会计政策才能得以应用和落实。

3. 重要的会计政策。判断会计政策是否重要，应当主要考虑与会计政策相关的性质和金额，一是判断该项目在性质上是否属于企业日常活动，二是判断项目金额大小的重要性。企业应当披露重要的会计政策，不具有重要性的会计政策，可以不予披露，企业应当披露的重要会计政策包括：

(1) 发出存货成本的计量，是指企业确定发出存货成本所采用的会计处理方法。

(2) 固定资产的初始计量，是指对取得的固定资产初始成本的计量。

(3) 无形资产的确认，是指对无形项目的支出是否确认为无形资产。

(4) 投资性房地产的后续计量，是指企业在资产负债表日对投资性房地产进行后续计量所采用的会计处理。

(5) 长期股权投资的核算，是指长期股权投资的具体会计处理方法。

(6) 非货币性资产交换的计量，是指非货币性资产交换事项中对换入资产成本的计量。

(7) 收入的确认，是指收入确认所采用的会计方法。

(8) 借款费用的处理，是指借款费用的处理方法。

(9) 其他重要会计政策。

（二）会计政策变更

1. 会计政策变更的概念。会计政策变更，是指企业对相同的交易或者事项由原来采用的会计政策改用另一会计政策的行为。一般情况下，为保证会计信息的可比性，使财务报告使用者在比较企业一个以上期间的财务报表时，能够正确判断企业的财务状况、经营成果和现金流量的趋势，企业在不同的会计期间应采用相同的会计政策，不得随意变更。否则，势必会削弱会计信息的可比性。

2. 会计政策变更的条件。符合下列条件之一，企业可以变更会计政策：

（1）法律、行政法规或国家统一的会计制度等要求变更。这种情况是指按照法律、行政法规以及国家统一的会计制度的规定，要求企业采用新的会计政策。在这种情况下，企业应按规定改变原来的会计政策，采用新的会计政策。例如，采用 2017 年修订的《企业会计准则第 14 号——收入》的企业，应在履行了合同履约义务，即在客户取得相关商品控制权时确认收入。

（2）会计政策的变更能够提供更可靠、更相关的会计信息。这种情况是指，由于经济环境、客观情况的改变，使企业原来采用的会计政策所提供的会计信息，已不能恰当地反映企业的财务状况、经营成果和现金流量等情况。在这种情况下，应改变原有会计政策，按照新的会计政策进行核算，以对外提供更可靠、更相关的会计信息。

需要注意的是，除法律、行政法规或者国家统一的会计制度等要求变更会计政策应当按照规定执行和披露外，企业因满足上述第 2 条的条件变更会计政策时，必须有充分、合理的证据表明其变更的合理性，并说明变更会计政策后，能够提供关于企业财务状况、经营成果和现金流量等更可靠、更相关会计信息的理由。对会计政策的变更，应经股东大会或董事会等类似机构批准。如无充分、合理的证据表明会计政策变更的合理性，或者未经股东大会等类似机构批准擅自变更会计政策的，或者连续、反复地自行变更会计政策的，视为滥用会计政策，应按照前期差错更正的方法进行处理。

3. 不属于会计政策变更的情形。

（1）本期发生的交易或者事项与以前相比具有本质差别而采用新的会计政策。如自用的办公楼改为出租，不属于会计政策变更，而是应采用新的会计政策。

（2）对初次发生的或不重要的交易或者事项采用新的会计政策。例如，某企业第一次签订一项建造合同，为另一企业建造三栋厂房，该企业对该项建造合同采用累计发生的成本占预计总成本的比例（成本法）确认收入。由于该企业初次发生该项交易，采用成本法确认该项交易的收入，不属于会计政策变更。

（三）会计政策变更的会计处理

1. 企业依据法律、行政法规或者国家统一的会计制度等的要求变更会计政策的，应当按照国家相关规定执行。

2. 会计政策变更能够提供更可靠、更相关的会计信息的，应当采用追溯调整法处理，将会计政策变更累积影响数调整列报前期最早期初留存收益，其他相关项目的期初余额和列报前期披露的其他比较数据也应当一并调整，但确定该项会计政策变更累积影响数不切实可行的除外。

追溯调整法，是指对某项交易或事项变更会计政策，视同该项交易或事项初次发生时即采用变更后的会计政策，并以此对财务报表相关项目进行调整的方法。追溯调整法的运用通常由以下几个步骤构成：

（1）计算会计政策变更的累积影响数。

（2）编制相关项目的调整分录。

（3）调整列报前期最早期初财务报表相关项目及其金额。

（4）财务报表附注说明。

3. 确定会计政策变更对列报前期影响数不切实可行的，应当从可追溯调整的最早期间的期初开始应用变更后的会计政策。

（1）不切实可行的判断。不切实可行，是指企业在作出所有合理努力后仍然无法采用某项规定。即企业在采取所有合理的方法后，仍然不能获得采用某项规定所必需的相关信息，而导致无法采用该项规定，则该项规定在此时是不切实可行的。例如，企业因账簿、凭证超过法定保存期限而销毁，或因不可抗力而毁坏、遗失，如火灾、水灾等，或因人为因素，如盗窃、故意毁坏等，可能使当期期初确定会计政策变更对以前各期累积影响数无法计算，即不切实可行，此时，会计政策变更应当采用未来适用法进行处理。

（2）未来适用法。未来适用法，是指将变更后的会计政策应用于变更日及以后发生的交易或者事项，或者在会计估计变更当期和未来期间确认会计估计变更影响数的方法。在未来适用法下，不需要计算会计政策变更产生的累积影响数，也无须重编以前年度的财务报表。对于企业会计账簿记录及财务报表上反映的金额，在变更之日仍保留原有的金额，不因会计政策变更而改变以前年度的既定结果，在现有金额的基础上再按新的会计政策进行核算。企业如果因账簿、凭证超过法定保存期限而销毁，或因不可抗力而毁坏、遗失，如火灾、水灾等，或因人为因素，如盗窃、故意毁坏等，也可能使会计政策变更的累积影响数无法计算。在这种情况下，会计政策变更可以采用未来适用法进行处理。

二、会计估计及其变更

（一）会计估计

1. 会计估计的概念。

会计估计，是指企业对其结果不确定的交易或事项以最近可利用的信息为基础所做的判断。

2. 会计估计的特点。

（1）会计估计的存在是由于经济活动中内在的不确定性因素的影响。企业总是力求保持会计核算的准确性，但有些交易或事项本身具有不确定性，因而需要根据经验作出估计；同时，由于采用权责发生制为基础编制财务报表，也使得有必要充分估计未来交易或事项的影响。可以说，在会计核算和信息披露过程中，会计估计是不可避免的。例如，对于固定资产折旧，需要根据固定资产消耗方式、性能、技术发展等情况进行估计。

（2）会计估计应当以最近可利用的信息或资料为基础。由于经营活动内在的不确定性，企业在会计核算中，不得不经常进行估计。某些估计主要用于确定资产或负债的账面价值。例如，法律诉讼可能引起的赔偿等；另一些估计主要用于确定将在某一期间记录的收入或费用的金额，例如，某一期间的折旧费用、摊销费用的金额，在某一期间内按照投入法或产出法确定的履约进度核算建造合同已实现收入的金额，等等。企业在进行会计估计时，通常应根据当时的情况和经验，以最近可利用的信息或资料为基础进行。但是，随着时间的推移、环境的变化，进行会计估计的基础可能会发生变化，因此进行会计估计所依据的信息或资料不得不进行更新。由于最新的信息是最接近目标的信息，以其为基础所做的估计最接近实际，所以，进行会计估计时应以最近可利用的信息或资料为基础。

（3）进行会计估计并不会削弱会计核算的可靠性。进行合理的会计估计是会计核算中必不可少的部分，它不会削弱会计核算的可靠性。企业为了定期、及时地提供有用的会计信息，将延续不断的经营活动人为划分为一定的期间，并在权责发生制的基础上对企业的财务状况和经营成果进行定期确认和计量。例如，在会计分期的情况下，许多企业的交易跨越若干会计年度，以至于需要在一定程度上作出决定：哪些支出可以在利润表中作为当期费用处理，哪些支出符合资产定义，应当递延至以后各期等。由于存在会计分期和货币计量的假设，在确认和计量过程中，不得不对许多尚在延续中、其结果不确定的交易或事项予以估计入账。

3. 会计估计的判断。下列各项属于常见的需要进行估计的项目。

（1）存货可变现净值的确定。

（2）固定资产的预计使用寿命与净残值、固定资产的折旧方法。

（3）使用寿命有限的无形资产的预计使用寿命与净残值。

（4）可收回金额的确定。

（5）建造合同或劳务合同履约进度的确定。

（6）公允价值的确定。

（7）预计负债初始计量的最佳估计数的确定。

（8）承租人对未确认融资费用的分摊；出租人对未实现融资收益的分配。

（二）会计估计变更及其原因

会计估计变更，是指由于资产和负债的当前状况及预期经济利益和义务发生了变化，从而对资产或负债的账面价值或者资产的定期消耗金额进行调整。通常情况下，企业可能由于以下原因而发生会计估计变更：

1. 赖以进行估计的基础发生了变化。企业进行会计估计，总是要依赖于一定的基础，如果其所依赖的基础发生了变化，则会计估计也应相应作出改变。例如，企业某项无形资产的摊销年限原定为 15 年，以后获得了国家专利保护，该资产的受益年限已变为 10 年，则应相应调减摊销年限。

2. 取得了新的信息，积累了更多的经验。企业进行会计估计是就现有资料对未来所做的判断。随着时间的推移，企业有可能取得新的信息、积累更多的经验，在这种情况下，也需要对会计估计进行修订。例如，企业原对固定资产采用年限平均法按 15 年计提折旧，后来根据新得到的信息——使用 5 年后对该固定资产所能生产产品的产量有了比较准确的证据，企业改按工作量法计提固定资产折旧。

（三）会计估计变更的会计处理

会计估计变更应采用未来适用法处理，即在会计估计变更当期及以后期间，采用新的会计估计，不改变以前期间的会计估计，也不调整以前期间的报告结果。

1. 如果会计估计的变更仅影响变更当期，有关估计变更的影响应于当期确认。

2. 如果会计估计的变更既影响变更当期又影响未来期间，有关估计变更的影响在当期及以后各期确认。例如，固定资产的使用寿命或预计净残值的估计发生的变更，常常影响变更当期及资产以后使用年限内各个期间的折旧费用。因此，这类会计估计的变更，应于变更当期及以后各期确认。

3. 企业难以对某项变更区分为会计政策变更或会计估计变更的，应当将其作为会计估计变更处理。

【例 10－34】 兴达股份有限公司有一台管理用设备，原始价值为 84 000 元，预计使用寿命为 8 年，净残值为 4 000 元，自 2×17 年 1 月 1 日起按直线法计提折旧。2×21 年 1 月，由于新技术的发展等原因，需要对原预计使用寿命和净值作出修正，修改后的预计使用寿命为 6 年，净残值为 2 000 元。公司所得税税率为 25%，假定税法允许按变更后的折旧额在税前扣除。

该公司对上述会计估计变更的会计处理如下：

（1）不调整以前各期折旧，也不计算累积影响数。

（2）变更日以后发生的经济业务改按新估计使用寿命提取折旧。按原估计，每年折旧额为 10 000 元，已提折旧 4 年，共计 40 000 元，固定资产净值为 44 000 元，则第 5 年相关账户的期初余额如下：

固定资产	84 000
减：累计折旧	40 000
固定资产账面价值	44 000

改变估计使用寿命后，自 2×21 年 1 月 1 日起每年计提的折旧费用为 21 000 元［(44 000－2 000)÷(6－4)］。2×21 年不必对以前年度已提折旧进行调整，只需按重新预计的尚可使用寿命和净残值计算确定的年折旧费用，编制会计分录如下：

借：管理费用　　21 000

　　贷：累计折旧　　21 000

（3）附注说明。本公司一台管理用设备，原始价值为 84 000 元，原预计使用寿命为 8 年，预计净残值为 4 000 元，按直线法计提折旧。由于新技术的发展，该设备已不能按原预计使用寿命计提折旧，本公司于 2×21 年初变更该设备的使用寿命为 6 年，预计净残值为 2 000 元，以反映该设备的真实耐用寿命和净残值。此估计变更影响本年度净利润减少数为 8 250 元［(21 000－10 000)×(1－25%)］。

三、前期差错更正

（一）前期差错的概念

前期差错，是指由于没有运用或错误运用下列两种信息，而对前期财务报表造成省略或错报。

1. 编报前期财务报表时预期能够取得并加以考虑的可靠信息。

2. 前期财务报告批准报出时能够取得的可靠信息。

（二）前期差错的类型

1. 计算错误。

2. 应用会计政策错误。

3. 疏忽或曲解事实以及舞弊产生的影响。

（三）前期差错更正的会计处理

前期差错按照重要程度分为重要的前期差错和不重要的前期差错。重要的前期差错，是指足以影响财务报表使用者对企业财务状况、经营成果和现金流量作出正确判断的前期差错。不重要的前期差错，是指不足以影响财务报表使用者对企业财务状况、经营成果和现金流量作出正确判断的前期差错。

1. 不重要的前期差错的会计处理。对于不重要的前期差错，企业无须调整财务报表相关项目的期初数，但应调整发现当期与前期相同的相关项目。属于影响损益的，应直接计入本期与上期相同的净损益项目。

【例 10 – 35】兴达股份有限公司在 2 ×21 年 12 月 31 日发现，一台价值 9 600 元，应计入固定资产，并于 2 ×20 年 2 月 1 日开始计提折旧的管理用设备，在 2 ×20 年计入了当期费用。该公司固定资产折旧采用直线法，该资产估计使用年限为 4 年，假设不考虑净残值因素。则在 2 ×21 年 12 月 31 日更正此差错的会计分录为：

借：固定资产	9 600	
贷：管理费用		5 000
累计折旧		4 600

2. 重要的前期差错的会计处理。对于重要的前期差错，如果能够合理确定前期差错累积影响数，则重要的前期差错的更正应采用追溯重述法。追溯重述法是指在发现前期差错时，视同该项前期差错从未发生过，从而对财务报表相关项目进行调整的方法。前期差错累积影响数是指前期差错发生后对差错期间每期净利润的影响数之和。

如果确定前期差错累积影响数不切实可行，可以从可追溯重述的最早期间开始调整留存收益的期初余额，财务报表其他相关项目的期初余额也应当一并调整，也可以采用未来适用法。

重要的前期差错的调整结束后，还应调整发现年度财务报表的年初数和上年数。在编制比较财务报表时，对于比较财务报表期间的重要的前期差错，应调整各该期间的净损益和其他相关项目；对于比较财务报表期间以前的重要的前期差错，应调整比较财务报表最早期间的期初留存收益，财务报表其他相关项目的数字也应一并调整。

【例 10 – 36】兴达股份有限公司在 2 ×21 年发现，2 ×20 年公司漏记一项固定资产的折旧费用 150 000 元，在所得税申报表中也未扣除该项折旧。假设 2 ×20 年适用所得税税率为 25%，无其他纳税调整事项。该公司按净利润的 10% 提取法定盈余公积，按净利润的 5% 提取任意盈余公积。假定税法允许调整应交所得税。该公司应编制有关项目的调整分录为：

（1）补提折旧：

借：以前年度损益调整	150 000	
贷：累计折旧		150 000

（2）调整应交所得税：

借：应交税费——应交所得税　　37 500

　　贷：以前年度损益调整　　37 500

（3）将“以前年度损益调整”账户的余额转入利润分配：

借：利润分配——未分配利润　　112 500

　　贷：以前年度损益调整　　112 500

（4）调整利润分配有关数字：

借：盈余公积　　16 875

　　贷：利润分配——未分配利润　　16 875

财务报表的调整和重述略。

四、股利分派

公司制企业的股东享有分配股利权。股利是指股东从公司的净收益中所分得的投资报酬。股利的形式以及每股股利的多少，直接影响该股票的实际价格。

（一）股利分派的有关日期

1. 宣告日。宣告日是指股东大会决议并由董事会宣布分派股利的日期。公司董事会应先提出利润分配预案，并提交股东大会表决，利润分配方案经股东大会表决通过之后，董事会才能对外公布。它表明向股东支付股利的义务在这一天成立，也是公司在会计上应登记有关股利负债的日期。

2. 股权登记日。股权登记日是指有权领取本期股利的股东资格登记截止日期。公司规定股权登记日是为了确定股东能否领取本期股利的日期界限。因为股票是经常流动的，所以确定这个日期是非常必要的。凡是在股权登记日这一天登记在册的股东才有资格领取本期股利，而在这一天没有登记在册，即使是在股利发放日之前买入股票的股东，也无权领取本次分派的股利。股权登记日，只是用来判断谁拥有权利获得股利，不影响会计要素，公司不需要记账。

3. 除息日。除息日，也称除权日，是指从股价中除去股利的日期，即领取股利的权利与股票分开的日期。在除息日之前的股票价格中包含了本次股利，在除息日之后的股票价格中不再包含本次股利。除息日在股权登记日的次日。除息日同样不影响会计要素，公司不需要记账。

4. 股利支付日。股利支付日是指公司将股利正式支付给股东的日期。在股利支付日，公司应进行会计处理。

（二）股利的种类

股利按其分派对象，可以分为优先股股利和普通股股利。优先股股利一般按优先股面值和固定的股利支付率计算。普通股股利则根据公司的盈利水平和股利政策确定。股利按其分派的形式，可以分为现金股利、股票股利、财产股利和负债股利等，其中最为常见的是现金股利和股票股利。

1. 现金股利。现金股利是指公司以货币资金向股东支付股利，也称为红利。现金股利是企业最常见的，也是最易被投资者接受的股利支付方式。股份有限公司只有在具有可分配的剩余净利润和具备充足的现金并经股东大会批准时，才能向股东发放现金股利。企业一旦向股东宣告发放股利，就对股东承担了支付的责任，即为公司的一项流动负债，应借记“利润分配——应付现金股利”账户，贷记“应付股利”账户。

2. 股票股利，股票股利是指公司以增发股票的形式向股东支付的股利，俗称“红股”。公司发放股票股利的原因可能有：（1）保留资金用于扩大经营规模或改善公司财务状况。（2）发放股票股利有利于股票流通。（3）为了避免股东被课征所得税。股票股利在大多数国家并不认为是一种所得，因此股东可免交个人所得税。

公司宣告和发放股票股利，既不影响公司的资产和负债，也不影响股东权益总额。它只是股东权益内部各项目之间发生的增减变动，即减少留存收益项目，增加股本项目，实质上是将原来归股东共同所有的一部分留存收益，划归每一个股东名下。例如，某股份有限公司发行面值为1元的普通股1 000万股，股本为1 000万元，留存收益为400万元，股东权益总额为1 400万元。该公司经批准可以增资，决定用留存收益按普通股股本的10%分派股票股利。分派后，普通股为1 100万股，股本为1 100万元（增加100万元），留存收益为300万元（减少100万元），股东权益总额仍为1 400万元。但是，分派股票股利前后，每股净资产有所变化。分派前，每股净资产为1.4元（1 400 ÷ 1 000）；分派后，每股净资产为1.27元（1 400 ÷ 1 100）。在净收益不变的情况下，每股收益率会有所下降，每股市场价格也会有所下降。至于获得股票股利的股东，其所持股票数量虽有所增加，但在公司中所占股东权益的份额不会发生任何变化。

公司分派股票股利，应在办妥增资手续后进行会计处理，借记“利润分配——转作股本的股利”账户，贷记“股本”账户。

显然，发放股票股利是一种增资行为，需经股东大会同意，并按法定程序办理增资手续。但发放股票股利与其他的增资行为不同的是，它不会增加股东财富，企业的财产价值和股东的股权结构也不会改变，改变的只是股东权益内部各项目的金额。

第六节　盈利能力分析

盈利能力就是公司赚取利润的能力。反映公司盈利能力的指标有很多，通常使用的主要有销售毛利率、销售净利率、总资产报酬率、净资产收益率等。

一、销售毛利率

销售毛利率是销售毛利占销售收入的百分比，其中销售毛利是销售收入与销售成本的差。其计算公式为：

$$销售毛利率=\frac{销售收入-销售成本}{销售收入}\times 100\%$$

销售毛利率反映产品每1元销售收入扣除销售成本后，还有多少剩余可用于各期费用和形成利润。销售毛利率越高，表明产品的盈利能力越强。销售毛利率是公司销售净利率的基础，没有足够大的毛利率便不能盈利。

根据【例10－31】的资料，可计算兴达股份有限公司2×21年销售毛利率：

销售收入＝1 100 000＋60 000＝1 160 000（元）

销售成本＝600 000＋47 000＝647 000（元）

销售毛利率＝（1 160 000－647 000）÷1 160 000＝44.22%

二、销售净利率

销售净利率是净利润与销售收入之比，其计算公式为：

$$销售净利率=\frac{净利润}{销售收入}\times 100\%$$

销售净利率反映每1元销售收入最终赚取了多少利润，用于反映产品最终的盈利能力。在利润表上，从销售收入到净利润需要扣除销售成本、期间费用、税金等项目。因此，将销售净利率按利润的扣除项目进行分解，可以识别影响销售净利率的主要因素。

根据【例10－31】的资料，可计算兴达股份有限公司2×21年销售净利率：

净利润＝800 000－200 000＝600 000（元）

销售毛利率＝600 000÷1 160 000＝51.72%

三、总资产报酬率

总资产报酬率是指一定时期的息税前利润总额与平均资产总额的比率。其计算公式为：

$$总资产报酬率=\frac{息税前利润总额}{(期初资产总额+期末资产总额)/2}\times 100\%$$

$$息税前利润总额=利润总额+利息支出$$

一般情况下，总资产报酬率越高，表明企业的资产利用效益越好，整个企业盈利能力越强。该指标用于衡量企业利用其资产获取利润的能力，具有较强的可比性，不仅能用于企业自身不同时期的比较——纵向比较；也可在同一时期与本行业水平进行比较——横向比较，从中找出影响该指标的不利因素，以有利于企业加强经营管理。

四、净资产收益率

净资产收益率反映公司所有者权益的投资报酬率，也叫净值报酬率或权益报酬率。其计算公式为：

$$净资产收益率=\frac{净利润}{(期初所有者权益合计+期末所有者权益合计)/2}\times 100\%$$

一般认为，净资产收益率越高，企业自有资本获取收益的能力越强，运营效益越好，对企业投资人、债权人利益的保证程度越高。

净资产收益率表示每1元股东资本赚取的净利润，反映资本经营的盈利能力。该指标是企业盈利能力指标的核心，也是杜邦财务指标体系的核心，更是投资者关注的重点。一般来说，净资产收益率越高，股东和债权人的利益保障程度越高。如果企业的净资产收益率在一段时期内持续增长，说明资本盈利能力稳定上升。但净资产收益率不是一个越高越好的概念，分析时要注意企业的财务风险。

第十一章

财务报告的阅读和分析

案 例

A 公司是大型自营式电商企业、大型零售商企业和财富全球 500 强企业。

其 2015 ~2018 年部分报表数据如表 11 -1 所示。

表 11 -1　A 公司 2015 ~2018 年部分报表数据

项目	2015 年	2016 年	2017 年	2018 年
流动资产（亿元）	584.7	1 069	1 150	1 049
非流动资产（亿元）	265.5	534.4	690.3	1 043
资产总额（亿元）	850.2	1 604	1 841	2 092
股东权益（亿元）	307.2	412.2	523.9	768.3
负债（亿元）	542.9	1 192	1 317	1 323
所有者权益（亿元）	307.2	412.2	523.9	768.3
营业收入（亿元）	1 810	2 583	3 623	4 620
毛利（亿元）	220.8	353.6	508.1	659.5
净利润（亿元）	-91.18	-34.14	-0.1172	-28.01
资产净利率（%）	-12.04	-2.78	-0.0068	-1.42
股东权益报酬率（%）	-26.73	-9.50	-0.025	-4.34
销售毛利率（%）	12.20	13.69	14.02	14.27
销售净利率（%）	-5.07	-1.32	-0.0032	-0.61
资产净利率（%）	-12.04	-2.78	-0.0068	-1.42
股东权益报酬率（%）	-26.73	-9.50	-0.025	-4.34

请思考：

1. 从报表中看，你觉得 A 公司的盈利能力如何？

2. A 公司作为互联网零售业的翘楚，为何连年亏损却一路挺进世界 500 强？

3. 你能否根据现有财务资料对 A 公司做一个客观的评价？

第一节　财务报告的阅读

一、阅读财务报告的意义

在会计核算过程中，通过填制和审核会计凭证，可以明确经济业务的发生、执行和完成情况，但会计凭证提供的资料内容分散、庞杂。将会计凭证上记录的经济业务在各种账簿中加以连续、分类地记录之后，通过账簿记录所能得到的会计信息比起会计凭证无疑要集中、系统得多。但是账簿提供的会计信息还是分散在各类账户中，仍然不能系统而概括地反映经济活动的全貌。因此，就必须对账簿中的会计信息做进一步加工、整理、综合，并结合其他的核算资料，按一定的指标体系，以报告文件的形式集中地反映出来，从而全面、系统、概括地提供一个单位某一特定日期资产、负债和所有者权益情况及一定期间的经营成果和现金流动情况的会计信息。

会计报表是以货币为主要计量单位，根据日常核算资料编制的，用来总括地反映各个单位在一定时期内经济活动和财务收支活动情况的报告文件。因此编制会计报表，是会计核算的一种专门方法，也是会计核算程序的最后环节。

按报送的对象不同，会计报表分为财务会计报表和管理会计报表。财务报表也称财务会计报告、财务报告或对外报表。财务会计是对过去的交易和事项进行确认、计量，以为外部使用者提供信息为主要目标的信息系统，因此财务会计又称“对外报告会计”；财务会计报告是对外提供的反映其某一特定日期财务状况和一定期间经营成果、现金流量的书面性文件。管理会计又称“内部报告会计”，是通过一系列专门方法，利用财务会计提供的资料及其他资料进行加工、整理和报告，使企业内部各级管理人员能据以对日常发生的各项经济活动进行规划与控制，并帮助决策者作出各种专门决策的信息系统。本章主要讲述财务报表的阅读与分析。

企业财务会计目标是反映管理层的受托责任履行情况，并为外部利益相关人提供决策有用的会计信息。为优化自身利益，信息使用者需要降低财务决策过程中的不确定性，需要通过多种渠道收集决策相关财务信息。企业对外披露的书面财务报告，是企业利益相关者财务决策前重要的阅读对象之一。从信息使用者角度，财务报表分析的起点是阅读财务报表，终点是作出某种判断，支撑决策的是财务报表分析过程。

二、阅读财务报告的内容

财务报告包括财务报表和其他应当在财务报告中披露的各项会计信息。财务报表是财务报告的核心内容，是对企业财务状况、经营成果和现金流量的结构性表述，会计报表至少应当包括资产负债表、利润表、现金流量表以及所有者权益变动表和会计报表附注。

（一）资产负债表

资产负债表表示企业在特定日期（通常为各会计期末）的财务状况（即资产、负债和业主权益的状况）的主要会计报表。资产负债表依据“资产＝负债＋所有者权益”为基本理论，反映特定日期公司的财务状况。

资产负债表主要由表首、正表两部分组成。表首部分包括报表名称、报表编号、编制单位、编制日期和计量单位等。正表部分是资产负债表的核心内容，具体说明企业财务状况的各个项目。

《企业会计准则第30号——财务报表列报》规定，我国的资产负债表采用账户式，即左右结构，左边列示资产，右边列示负债和所有者权益。为反映企业财务变动状况，资产负债表设有“年初余额”和“期末余额”两栏。

站在信息使用者角度，资产负债表中的资产按其流动性分为流动资产、长期投资、固定资产、无形资产及其他资产，可以提供某一日期资产的总额及其结构，表明企业拥有或控制的资源及其分布情况；负债也按流动性大小进行列示，具体分为流动负债、长期负债等，可以提供某一日期的负债总额及其结构；所有者权益则按实收资本、资本公积、其他综合收益、盈余公积、未分配利润等项目分项列示，可以反映所有者所拥有的权益，据以判断资本保值、增值的情况以及对负债的保障程度；通过资产负债表前后期的比较分析，可以分析企业未来的发展趋势。财务报表的具体格式见第二章。

1. 资产项目。资产是指过去的交易、事项形成的，由企业拥有或控制的，预期会给企业带来经济利益的资源。按照资产的这一基本特征，不具备给企业带来未来经济利益流入的项目，不能确认为企业的资产，如待处理财产盘亏。资产项目具体包括以下内容：

（1）货币资金。货币资金是指处于货币形态的那部分资金，它流动性最强，列为资产中的第一项。反映企业库存现金、银行结算户存款、外埠存款、信用证（卡）存款、银行汇票存款、存出投资款等的合计数。

货币资金的存量多，表明企业的支付能力强，存量过少就会产生财务支付危机，且有资金闲置等待投资机会的可能性（财务弹性）。但并不是货币资金越多越好，因为货币资金的流动性最强，但其盈利性却很差。因此，企业应根据自身实际情况来确定货币资金的规模。

（2）交易性金融资产。反映企业购入的各种能随时变现，并准备随时变现的，确定按公允价值计量且其变动计入当期损益的股票、债券和基金等金融资产，以及企业持有的指定为以公允价值计量且其变动计入当期损益的金融资产的期末账面价值。该项资产的变现能力仅次于货币资金，是货币资金的后备来源，同样说明企业的支付能力，并且获利能力大于货币资金，但资产的收益与风险成正比，持有该项资产应当防范其风险的发生。

（3）应收和预付款项。包括应收票据、应收账款、预付账款等报表项目。它是企业应用商业信用发生的应收和预付的各种款项，应收款项是本企业的经济资源被他人占用，且不计利息或利息很少，是一种无偿占用，其目的是刺激销售、占领市场份额。其中，“应收款项融资”项目，是指资产负债表日以公允价值计量且其变动计入其他综合收益的应收票据和应收账款等。应收和预付款项存在的风险是坏账损失，这种损失与应收款项的数量成正比，即应收项目越大，发生的风险就越大。而且当企业资产总额一定时，应收项目占用的资金越多，资产的使用效率越低，现金越短缺，支付能力就越差。但紧缩信用政策，减少应收账款，就会制约销售。因此，企业应根据具体情况对应收款项进行质量分析，在保证销售的前提下，尽可能地减少应收款项。本项目的填列应扣减各自对应的“坏账准备”的余额进行填列。

（4）其他应收款。本报表项目应根据“应收利息”“应收股利”和“其他应收款”账户的期末余额合计数，减去“坏账准备”账户中相关坏账准备期末余额后的金额填列。其中的“应收利息”仅反映相关金融工具已到期可收取但于资产负债表日尚未收到的利息。基于实际利率法计提的金融工具的利息应包含在相应金融工具的账面余额中。

（5）存货。存货是企业在日常生产经营过程中持有以备出售，或者仍在生产过程中，或者将在生产或提供劳务过程中消耗的材料或物料等。包括各种材料、商品、在产品、半成品、包装物、低值易耗品、未满足收入确认条件的发出商品和委托代销商品等。存货包括的种类多、数量大、存放地点复杂，各种存货的不同经济性质直接影响企业资产的质量，不同存货的变现能力也有强弱之分。企业要科学合理地确定存货的经济批量和最优化存货成本。

（6）持有待售资产。“持有待售资产”项目，反映资产负债表日划分为持有待售类别的非流动资产及划分为持有待售类别的处置组中的流动资产和非流动资产的期末账面价值。该项目应根据“持有待售资产”账户的期末余额，减去“持有待售资产减值准备”账户的期末余额后的金额填列。

（7）长期投资。包括债权投资、其他债权投资、长期股权投资、其他权益工具投资、投资性房地产等报表项目。长期投资是指企业不准备在一年内变现的投资，包括股票投资，债券投资和其他投资。企业进行长期投资的目的，主要是为特殊目的或积累整笔资金，以供特定用途之需。例如，控制或影响被投资企业，或需清偿长期借款，更新厂房、生产设备或支付职工养老金等。其中：一是“债权投资”项目，反映资产负债表日企业以摊余成本计量的长期债权投资的期末账面价值。该项目应根据“债权投资”账户的相关明细账户期末余额，减去“债权投资减值准备”账户中相关减值准备的期末余额后的金额分析填列。二是“其他债权投资”项目，反映资产负债表日企业分类为以公允价值计量且其变动计入其他综合收益的长期债权投资的期末账面价值。该项目应根据“其他债权投资”账户的相关明细账户期末余额分析填列。三是长期股权投资，是指企业持有的对子公司、联营企业和合营企业的投资，该项目应根据“长期股权投资”账户的期末余额填列。四是“其他权益工具投资”项目，反映资产负债表日企业指定为以公允价值计量且其变动计入其他综合收益的非交易性权益工具投资的期末账面价值。该项目应根据“其他权益工具投资”账户的期末余额填列。五是投资性房地产，是指企业的实物性投资，主要包括出租的土地使用权、长期持有并准备增值后转让的土地使用权以及出租的房屋建筑物。长期投资金额较大、持有时间长，关系到企业的经营发展战略，且受国家宏观政策、政府发展规划和地方经济发展水平等多种企业无法约束的因素影响，企业决策者在进行长期投资时应十分谨慎。

（8）固定资产。固定资产是指企业拥有或控制的单位价值在规定限额以上，使用期限超过一年的房屋建筑物、机器设备、运输工具以及其他与生产经营有关的设施器具等长期资产。该项目反映资产负债表日企业固定资产的期末账面价值和企业尚未清理完毕的固定资产清理净损益。该项目应根据“固定资产”账户的期末余额，减去“累计折旧”和“固定资产减值准备”账户的期末余额后的金额，以及“固定资产清理”账户的期末余额填列。企业的行业归属、经营规模、经济性质不同，其固定资产规模也不同；即便同行业、同规模的新老两个企业，该项目的报表中显示的数额差别可能会很大。会计核算对固定资产的分类、价值标准、折旧政策和折旧方法都有影响，要了解企业固定资产的类别结构、使用情况、完好程度、损耗计量、原值增减变动、折旧计提等情况，应阅读附注中对固定资产项目的补充资料，以了解企业固定资产投资成本及其所能表现的企业规模和生产能力。

(9) 在建工程。“在建工程”项目，反映资产负债表日企业尚未达到预定可使用状态的在建工程的期末账面价值和企业为在建工程准备的各种物资的期末账面价值。该项目应根据“在建工程”账户的期末余额，减去“在建工程减值准备”账户的期末余额后的金额，以及“工程物资”账户的期末余额，减去“工程物资减值准备”账户的期末余额后的金额填列。

(10) 特殊行业资产。生产性生物资产和油气资产是某些行业特有的资产。生产性生物资产，是指为产出农产品、提供劳务或出租等目的而持有的生物资产，包括经济林、薪炭林、产畜和役畜等。油气资产，是指油气开采企业所拥有或控制的井及相关设施和矿区权益。油气资产属于递耗资产。递耗资产是通过开掘、采伐、利用而逐渐耗竭，以致无法恢复或难以恢复、更新或按原样重置的自然资源，如矿藏、原始森林等。油气资产是油气生产企业的重要资产，其价值在总资产中占有较大比重。

(11) 无形资产。无形资产是指企业拥有或控制、没有实物形态、可辨认的非货币性资产，包括专利权、商标权、著作权、土地使用权、特许权、非专利技术和正在研发过程中的开发支出等，会计准则规定“商誉”因无法与企业其他资产分离，不具备可辨认性，不列入无形资产范畴，作为一项长期资产单独列报。在一定程度上，无形资产反映企业创新和可持续获利能力，但目前能列入资产负债表中无形资产项目的，必须具备三个条件：一是符合无形资产定义；二是产生的经济利益很可能流入企业；三是成本能够可靠计量。因此，有一些经济资源如企业的人力资源、企业文化、不符合资本化的研发支出等，因目前不能可靠确定其成本（可计量性），没有作为无形资产列示。在阅读该项目时，必须根据报表附注、管理层分析及其他相关资料进行分析。

(12) 其他长期资产。除上述项目外，资产负债表中还需列示“使用权资产”和“递延所得税资产”。

使用权资产项目反映资产负债表日承租人持有的使用权资产的期末账面价值。该项目应根据“使用权资产”账户的期末余额，减去“使用权资产累计折旧”和“使用权资产减值准备”账户的期末余额后的金额填列。

递延所得税资产项目反映资产负债表债务法下递延所得税资产的发生及转回。只要有证据表明当前或未来很可能获得足够的应纳税所得额，可用来抵扣可抵扣暂时性差异，可以将这部分差异确认为递延所得税资产。

2. 负债项目。负债是指过去的交易或事项形成的现时义务，履行该义务预期会导致经济利益流出企业。按其流动性（偿还期限），负债分为流动负债和非流动负债。

(1) 短期借款。短期借款反映企业从银行或其他金融机构借入的、尚未归还的、期限在一年以下（含一年）的各种借款。短期借款是与金融机构发生的债务关系（金融负债），它与非金融企业之间的债务关系（经营负债，一般不计利息）不同，除到期归还本金外，还需按期（到期）支付利息，且短期借款的期限短，对现金流有较高要求，这是在阅读短期借款项目时需要注意的内容。

(2) 交易性金融负债。交易性金融负债项目反映资产负债表日企业承担的交易性金融负债，以及企业持有的指定为以公允价值计量且其变动计入当期损益的金融负债的期末账面价值。该项目应根据“交易性金融负债”账户的相关明细账户的期末余额填列。

（3）应付及预收款项。包括应付票据、应付账款和预收账款报表项目。应付及预收款项是指企业购买材料、商品和接受劳务等应付给供应单位的款项或按照合同规定向购货单位预收的款项，包括报表中的应付票据、应付账款和预收账款。应付及预收款项是企业应用商业信用无偿占用供应商或客户的资金，当企业经营现金流量一定时，应付及预收款项和应收及预付款项应会达成一定的经济关系，企业用占用他人资金来弥补他人占用本企业的资金而引起的现金流的短缺，保证企业生产经营的正常进行。

（4）应付职工薪酬。应付职工薪酬反映企业与职工个人之间的关系，主要指企业应支付给职工的各种形式的劳务报酬和其他相关支出未付部分，具体职工薪酬的内容要根据报表附注和现金流量表中“支付给职工以及为职工支付的现金”项目进行分析。

（5）应交税费。应交税费是指企业根据税法规定应向国家缴纳的各种税费，包括增值税、消费税、营业税、城市维护建设税、企业所得税、个人所得税、资源税等，另有部分不需预计应交数额的税种如印花税、耕地占用税等，不在本项目中反映。应交税费如果列示的是负数，表明企业存在尚未抵扣增值税的进项税额或多交的税额。本项目内容，取决于企业生产经营项目、发生的经济行为及其适用的税种。

（6）其他应付款。其他应付款项目，应根据应付利息、应付股利和其他应付款科目的期末余额合计数填列。其中的应付利息仅反映相关金融工具已到期应支付但于资产负债表日尚未支付的利息。应付利息和应付股利在一定程度上反映企业的筹资成本。应付利息是企业按照合同约定的应付未付利息，包括短期借款、分期付息到期还本的长期借款、企业债券等应付的利息以及其他应向债权人支付的利息。应付股利是指企业经董事会或股东大会或类似机构决议确定分配但尚未实际分派的现金股利或利润，根据企业的组织形式不同，分为应付股利和应付利润。

（7）持有待售负债。持有待售负债项目，反映资产负债表日处置组中与划分为持有待售类别的资产直接相关的负债的期末账面价值。该项目应根据“持有待售负债”科目的期末余额填列。

（8）长期借款。长期借款反映企业从银行或其他金融机构借入的、尚未归还的、期限在一年（不含一年）或一个营业周期以上的各种借款。如基建借款、技术改造借款、生产周转借款等。长期借款按担保条件分为抵押借款和无抵押借款，按偿还方式分为定期偿还借款和分期偿还借款，在利息结算上有分期付息借款和到期还本付息借款。要了解长期借款的用途、类别、计息方式和利息结算期，需阅读报表附注的相关内容。

（9）应付债券。应付债券是指企业发行的、超过一年以上的、尚未偿还的各种长期债券的本息。与增发股票相比，当投资报酬率高于债券利率时，发行债券为股东带来较大的经济利益；同时，债券的利息支出属于正常经营过程中发生的筹资费用，可以抵免所得税；但如果债券利率高于企业投资报酬率，利息费用将成为企业的负担。

（10）租赁负债。租赁负债项目，反映资产负债表日承租人企业尚未支付的租赁付款额的期末账面价值。该项目应根据“租赁负债”账户的期末余额填列。自资产负债表日起一年内到期应予以清偿的租赁负债的期末账面价值，在“一年内到期的非流动负债”项目反映。

（11）长期应付款。长期应付款是指企业除长期借款和应付债券以外的各种长期应付款项，如分期付款购买固定资产和应付融资租入固定资产的租赁费等。

（12）预计负债。预计负债是企业确认的对外提供担保、产品质量保证、未决诉讼、重组义务等很可能产生的负债。它是因或有事项产生的现时义务，履行该义务很可能导致经济利益流出企业，且金额能够可靠计量。一般地，若该义务的发生可能性大于50%，均为很可能会发生。

（13）递延收益。“递延收益”项目中摊销期限只剩一年或不足一年的，或预计在一年内（含一年）进行摊销的部分，不得归类为流动负债，仍在该项目中填列，不转入“一年内到期的非流动负债”项目。

（14）递延所得税负债。递延所得税负债反映企业确认的应纳税暂时性差异产生的所得税负债。

3. 所有者权益项目的阅读。所有者权益是指所有者在企业资产中享有的经济利益，其金额为资产减去负债后的余额。包括实收资本、资本公积、其他综合收益、盈余公积和未分配利润等。

（1）实收资本（或股本）。实收资本反映企业各股东实际投入的资本（或股本）总额。在各投资人的投资全部到位后，该项目应等于企业的注册资本。实收资本一般无须返还给投资者，它是企业持续经营的前提。

（2）资本公积。资本公积是指企业收到投资者投资额超出其在注册资本（或股本）中所占份额的部分，即资本溢价和其他资本公积，如股东对企业的捐赠等。因资本公积是非收益转化而来的，因此资本公积的用途是转增资本。

（3）其他综合收益。其他综合收益是指企业根据其他会计准则规定未在当期损益中确认的各项利得和损失，包括以后会计期间不能重分类进损益的其他综合收益项目和以后会计期间在满足规定条件时将重分类进损益的其他综合收益项目两类。

（4）专项储备。专项储备项目，反映高危行业企业按国家规定提取的安全生产费的期末账面价值。该项目应根据“专项储备”账户的期末余额填列。

（5）盈余公积。盈余公积是从净利润中提取的、具有特定用途的资金。盈余公积可分为法定盈余公积和任意盈余公积。其主要用途是弥补亏损、转增资本和在符合条件下发放股利。

（6）未分配利润。未分配利润是企业净利润分配后的剩余部分，即净利润中尚未指定用途的归所有者享有的部分，是企业留待以后年度分配的利润。从数量上应等于期初未分配利润，加上本期实现的净利润，减去当年的利润分配后的余额。该项目若为负数，则表明该企业存在以前年度未弥补亏损。

（二）利润表

利润表是指反映企业在一定会计期间的全面经营成果的会计报表。为反映企业利润变动状况，利润表设有“本年金额”和“上年金额”两栏。在结构上，我国上市公司的利润表是多步骤的，包含三个层次：

第一层次：

$$\text{营业利润}=\text{营业收入}-\text{营业成本}-\text{税金及附加}-\text{管理费用}-\text{销售费用}-\text{财务费用}-\text{资产减值损失}+\text{公允价值变动损益}+\text{投资收益}$$

第二层次：

$$利润总额 = 营业利润 + 营业外收入 - 营业外支出$$

第三层次：

$$净利润 = 利润总额 - 所得税费用$$

站在信息使用者角度，通过利润表有助于分析企业利润总额的形成步骤，揭示利润总额各构成要素之间的内在联系；有助于评价企业盈利状况和经营成果；有助于报表使用者分析预测企业今后的盈利能力。

利润表的具体格式见第二章。

（1）营业收入，反映企业经营主要业务和其他业务所确认的收入总额。本项目应根据“主营业务收入”和“其他业务收入”账户的发生额分析填列。

（2）营业成本，反映企业经营主要业务和其他业务所发生的成本总额。本项目应根据“主营业务成本”和“其他业务成本”账户的发生额分析填列。

（3）税金及附加，反映企业经营业务应负担的消费税、城市维护建设税、资源税、土地增值税和教育费附加等。本项目应根据“税金及附加”账户的发生额分析填列。

（4）期间费用，包括销售费用、管理费用、财务费用等项目。其中，销售费用项目，反映企业在销售商品过程中发生的包装费、广告费等费用和为销售本企业商品而专设的销售机构的职工薪酬、业务费等经营费用。本项目应根据“销售费用”账户的发生额分析填列。管理费用项目，反映企业为组织和管理生产经营发生的费用。本项目应根据“管理费用”账户的发生额分析填列。财务费用项目，反映企业为筹集生产经营所需资金等而发生的应予费用化的利息支出。该项目应根据“财务费用”账户的相关明细账户的发生额分析填列。

（5）其他收益，反映计入其他收益的政府补助，以及其他与日常活动相关且计入其他收益的项目。该项目应根据“其他收益”账户的发生额分析填列。企业作为个人所得税的扣缴义务人，根据《中华人民共和国个人所得税法》收到的扣缴税款手续费，应作为其他与日常活动相关的收益在该项目中填列。

（6）投资收益，反映企业以各种方式对外投资所取得的收益。其中，以摊余成本计量的金融资产终止确认收益，反映企业因转让等情形导致终止确认以摊余成本计量的金融资产而产生的利得或损失。该项目应根据“投资收益”账户的相关明细账户的发生额分析填列；如为损失，以“－”号填列。

（7）净敞口套期收益，反映净敞口套期下被套期项目累计公允价值变动转入当期损益的金额或现金流量套期储备转入当期损益的金额。该项目应根据“净敞口套期损益”账户的发生额分析填列；如为套期损失，以“－”号填列。

（8）公允价值变动损益，反映企业应当计入当期损益的资产或负债公允价值变动收益。本项目应根据“公允价值变动损益”账户的发生额分析填列，如为净损失，以“－”号填列。

（9）信用减值损失，反映企业按照《企业会计准则第22号——金融工具确认和计量》的要求计提的各项金融工具信用减值准备所确认的信用损失。该项目应根据“信用减值损失”账户的发生额分析填列。

（10）资产减值损失，反映企业各项资产发生的减值损失。本项目应根据“资产减值损失”账户发生额分析填列。

（11）资产处置收益，反映企业出售划分为持有待售的非流动资产（金融工具、长期股权投资和投资性房地产除外）或处置组（子公司和业务除外）时确认的处置利得或损失，以及处置未划分为持有待售的固定资产、在建工程、生产性生物资产及无形资产而产生的处置利得或损失。债务重组中因处置非流动资产（金融工具、长期股权投资和投资性房地产除外）产生的利得或损失和非货币性资产交换中换出非流动资产（金融工具、长期股权投资和投资性房地产除外）产生的利得或损失也包括在本项目内。该项目应根据“资产处置损益”账户的发生额分析填列；如为处置损失，以“－”号填列。

（12）营业外收支，包括营业外收入和营业外支出等项目。营业外收入，反映企业发生的除营业利润以外的收益，主要包括与企业日常活动无关的政府补助、盘盈利得、捐赠利得（企业接受股东或股东的子公司直接或间接的捐赠，经济实质属于股东对企业的资本性投入的除外）等。该项目应根据“营业外收入”账户的发生额分析填列。“营业外支出”项目，反映企业发生的除营业利润以外的支出，主要包括公益性捐赠支出、非常损失、盘亏损失、非流动资产毁损报废损失等。该项目应根据“营业外支出”账户的发生额分析填列。“非流动资产毁损报废损失”通常包括因自然灾害发生毁损、已丧失使用功能等原因而报废清理产生的损失。企业在不同交易中形成的非流动资产毁损报废利得和损失不得相互抵销，应分别在“营业外收入”项目和“营业外支出”项目进行填列。

（13）所得税费用，反映企业应从当期利润总额中扣除的所得税费用。本项目应根据“所得税费用”账户的发生额分析填列。

（14）净利润，反映企业扣减所得税费用后的利润，其中“持续经营净利润”和“终止经营净利润”项目，分别反映净利润中与持续经营相关的净利润和与终止经营相关的净利润；如为净亏损，以“－”号填列。该两个项目应按照《企业会计准则第42号——持有待售的非流动资产、处置组和终止经营》的相关规定分别列报。

（15）其他综合收益的税后净额，反映企业根据企业会计准则规定未在损益中确认的各项利得和损失扣除所得税影响后的净额。

（16）基本每股收益，是指企业应当按照属于普通股股东的当期净利润，除以发行在外普通股的加权平均数计算出的每股收益。

（17）稀释每股收益，是以基本每股收益为基础，假设企业所有发行在外的稀释性潜在普通股均已转换为普通股，从而分别调整归属于普通股股东的当期净利润以及发行在外普通股的加权平均数计算而得的每股收益。

（三）现金流量表

现金流量表是指反映企业在一定会计期间的现金和现金等价物流入和流出的会计报表。现金流量表中的现金是广义的现金，包括库存现金、银行存款（不能随时支付的定期存款，不能作为现金流量表中的现金）、其他货币资金和现金等价物（期限短、流动性高、易转为已知金额现金、价值变动风险很小的短期投资，如3个月内到期的债券投资等）。具体分为经营活动产生的现金流量、投资活动产生的现金流量、筹资活动产生的现金流量三大类。现金是上市公司的“血液”，对其分析有助于评价企业支付能力、偿债能力和周转能力、预测企业未来现金流量、分析企业收益质量及影响现金净流量的因素。现金流量表的格式见第二章。

1. 经营活动现金流量，是指企业投资和筹资活动以外的所有交易或事项产生的现金流量。企业的经营活动包括销售商品或提供劳务、购买商品或接受劳务、收到返还的税费、经营性租赁、支付工资、支付广告费用、交纳各项税款等。经营活动现金流量净额是考核收入质量和利润质量的重要指标。

（1）销售商品、提供劳务收到的现金。企业销售商品、提供劳务实际收到的现金，包括销售收入和应向购买者收取的增值税销项税额，具体包括：本期销售商品、提供劳务收到的现金，以及前期销售商品、提供劳务本期收到的现金和本期预收的款项，减去本期销售本期退回的商品和前期销售本期退回的商品支付的现金。企业销售材料和代购代销业务收到的现金，也在本项目反映。

（2）收到的税费返还。企业收到返还的各种税费，如收到的增值税、营业税、所得税、消费税、关税和教育费附加返还款等。

（3）收到的其他与经营活动有关的现金。企业除上述各项以外，收到的其他与经营活动有关的现金，如罚款收入、经营租赁固定资产收到的现金、投资性房地产收到的租金收入、流动资产损失中由个人赔偿的现金收入、除税费返还外的其他政府补助收入等。

（4）购买商品、接受劳务支付的现金。企业购买材料、商品、接受劳务实际支付的现金，包括支付的货款以及与货款一并支付的增值税进项税额，具体包括：本期购买商品、接受劳务支付的现金，以及本期支付前期购买商品、接受劳务的未付款项和本期预付款项，减去本期发生的购货退回收到的现金。

（5）支付给职工以及为职工支付的现金。企业实际支付给职工的现金以及为职工支付的现金，包括企业为获得职工提供的服务，本期实际给予各种形式的报酬以及其他相关支出，如支付给职工的工资、奖金、各种津贴和补贴等，以及为职工支付的其他费用，不包括支付给在建工程人员的工资。支付给在建工程人员的工资，在“购建资产、无形资产和其他长期资产所支付的现金”项目中反映。

（6）支付的各项税费。企业按规定支付的各项税费，包括本期发生并支付的税费，以及本期支付以前各期发生的税费和预交的税金，如支付的营业税、增值税、消费税、所得税教育费附加、印花税、房产税、土地增值税、车船税等。不包括本期退回的增值税、所得税。本期退回的增值税、所得税等，在“收到的税费返还”项目中反映。

（7）支付的其他与经营活动有关的现金。企业除上述各项目外，支付的其他与经营活动有关的现金，如罚款支出、支付的差旅费、业务招待费、保险费、经营租赁支付的现金等。其他与经营活动有关的现金，如果金额较大的，应单列项目反映。

2. 投资活动现金流量。投资活动是指企业长期资产的购建和不包括在现金等价物范围内的投资及其处置活动。长期资产是指固定资产、无形资产、在建工程、其他资产等持有期限在一年或一个营业周期以上的资产。这里所讲的投资活动，既包括实物资产投资，也包括非实物资产投资。

（1）收回投资收到的现金。企业出售、转让或到期收回除现金等价物以外的交易性金融资产、持有至到期投资、可供出售金融资产、长期股权投资等而收到的现金。不包括债权性投资收回的利息、收回的非现金资产，以及处置子公司及其他营业单位收到的现金净额。

（2）取得投资收益收到的现金。企业因股权性投资而分得的现金股利，因债权性投资而取得的现金利息收入。股票股利由于不产生现金流量，不在本项目中反映。包括在现金等价物范围内的债券性投资，其利息收入在本项目中反映。

（3）处置固定资产、无形资产和其他长期资产收回的现金净额。企业出售固定资产、无形资产和其他长期资产（如投资性房地产）所取得的现金，减去为处置这些资产而支付的有关税费用后的净额。

（4）购买或处置子公司及其他营业单位产生的现金净额。企业处置子公司及其他营业单位所取得的现金减去子公司或其他营业单位持有的现金和现金等价物以及相关处置费用后的净额。

（5）收到其他与投资活动有关的现金。企业除上述各项目外，收到的其他与投资活动有关的现金。其他与投资活动有关的现金，如果价值较大的，应单列项目反映。

（6）购建固定资产、无形资产和其他长期资产支付的现金。企业购买、建造固定资产，取得无形资产和其他长期资产（如投资性房地产）支付的现金，包括购买机器设备所支付的现金、建造工程支付的现金、支付在建工程人员的工资等现金支出，不包括为购建固定资产、无形资产和其他长期资产而发生的借款利息资本化部分，以及融资租入固定资产所支付的租赁费。

（7）投资支付的现金。企业进行权益性投资和债权性投资所支付的现金，包括企业取得的除现金等价物以外的交易性金融资产、持有至到期投资、可供出售金融资产而支付的现金，以及支付的佣金、手续费等交易费用。

（8）支付其他与投资活动有关的现金。企业取得子公司及其他营业单位购买出价中以现金支付的部分，减去子公司或其他营业单位持有的现金和现金等价物后的净额。

3. 筹资活动现金流量。筹资活动是指导致企业资本及债务规模和构成发生变化的活动。这里所说的资本，既包括实收资本（股本），也包括资本溢价（股本溢价）；这里所说的债务，指对外举债，包括向银行借款、发行债券以及偿还债务等。通常情况下，应付账款、应付票据等属于经营活动，不属于筹资活动。

（1）吸收投资收到的现金。企业以发行股票等方式筹集资金实际收到的款项净额（发行收入减去支付的佣金等发行费用后的净额）。以发行股票等方式筹集资金而由企业直接支付的审计、咨询费用等，在"支付的其他与筹资活动有关的现金"项目中反映。

（2）取得借款收到的现金。企业举借各种短期、长期借款而收到的现金，以及发行债券实际收到的款项净额（发行收入减去直接支付的佣金等发行费用后的净额）。

（3）收到其他与筹资活动有关的现金。企业除上述各项目外，收到的其他与筹资活动有关的现金。其他与筹资活动有关的现金，如果价值较大的，应单列项目反映。

（4）偿还债务支付的现金。企业以现金偿还债务的本金，包括：归还金融企业的借款本金、偿付企业到期的债券本金等。企业偿还的借款利息、债券利息，在"分配股利、利润或偿付利息所支付的现金"项目中反映。

（5）分配股利、利润或偿付利息支付的现金。企业实际支付的现金股利、支付给其他投资单位的利润或用现金支付的借款利息、债券利息。不同用途的借款，其利息的开支渠道不一样，如在建工程、财务费用等，均在本项目中反映。

（6）支付其他与筹资活动有关的现金。企业除上述各项目外，支付的其他与筹资活动有关的现金，如以发行股票、债券等方式筹集资金而由企业直接支付的审计、咨询等费用，融资租赁各期支付的现金、以分期付款方式购建固定资产、无形资产等各期支付的现金。其他与筹资活动有关的现金，如果价值较大的，应单列项目反映。

企业的三项基本活动是相互联系的，在业绩评价时不应把它们割裂开来。

（四）所有者权益变动表

所有者权益变动表是反映构成所有者权益的各组成部分当期的增减变动情况的报表。所有者权益变动表全面反映了一定时期所有者权益变动的情况，不仅包括所有者权益总量的增减变动，还包括所有者权益增减变动的重要结构性信息，特别是要反映直接计入所有者权益的利得和损失，让报表使用者准确理解所有者权益增减变动的根源。所有者权益变动表的具体格式见第二章。

1. “上年年末余额”项目，企业上年资产负债表中实收资本（或股本）、其他权益工具、资本公积、其他综合收益、专项储备、盈余公积、未分配利润的年末余额。

2. “会计政策变更”和“前期差错更正”项目，企业采用追溯调整法处理的会计政策变更的累积影响金额和采用追溯重述法处理的会计差错更正的累积影响金额。

3. 本年增减变动金额（减少以“－”号填列）。

（1）综合收益总额，是企业净利润与其他综合收益的合计金额。

（2）所有者投入和减少资本。所有者投入资本、股份支付计入所有者权益的金额及其他。

（3）利润分配。提取盈余公积、对所有者（或股东）的分配及其他。

（4）所有者权益内部结转。资本公积转增资本（或股本）、盈余公积转增资本（或股本）、盈余公积弥补亏损及其他。

4. 本年年末余额。截至本年年末，实收资本（或股本）、资本公积、其他综合收益、盈余公积、未分配利润的余额。

（五）会计报表附注

由于会计报表格式及其内容的规定性，只能提供量化的会计信息；而且要求列入报表的各项信息必须符合会计要素的确认标准，报表本身反映的会计信息就有一定的限制，这就在客观上要求在编制会计报表的同时，还要编制会计报表说明。

附注是对在资产负债表、利润表、现金流量表和所有者权益变动表等报表中列示项目的文字描述或明细资料，以及对未能在这些报表中列示项目的说明等。依据2014年《企业会计准则第30号——财务报表列报》的第二条，附注和报表是同等重要的组成部分。

信息使用者可以通过附注，获取如下信息：

1. 企业的基本情况。主要包括企业注册地、组织形式和总部地址；企业的业务性质和主要经营活动；母公司以及集团最终母公司的名称；财务报告的批准报出者和财务报告批准报出日，或者以签字人及其签字日期为准；营业期限有限的企业，还应当披露有关其营业期限的信息等。

2. 财务报表的编制基础。

3. 遵循企业会计准则的声明。企业应当声明编制的财务报表符合企业会计准则的要求，真实、完整地反映了企业的财务状况、经营成果和现金流量等有关信息。

4. 重要会计政策和会计估计。重要会计政策的说明，包括财务报表项目的计量基础和在运用会计政策过程中所做的重要判断等。重要会计估计的说明，包括可能导致下一个会计期间内资产、负债账面价值重大调整的会计估计的确定依据等。

企业应当披露采用的重要会计政策和会计估计，并结合企业的具体实际披露其重要会计政策的确定依据和财务报表项目的计量基础，及其会计估计所采用的关键假设和不确定因素。

5. 会计政策和会计估计变更以及差错更正的说明。企业应当按照《企业会计准则第28号——会计政策、会计估计变更和差错更正》的规定，披露会计政策和会计估计变更以及差错更正的情况。

6. 报表重要项目的说明。企业应当按照资产负债表、利润表、现金流量表、所有者权益变动表及其项目列示的顺序，对报表重要项目的说明采用文字和数字描述相结合的方式进行披露。报表重要项目的明细金额合计，应当与报表项目金额相衔接。

企业应当在附注中披露费用按照性质分类的利润表补充资料，可将费用分为耗用的原材料、职工薪酬费用、折旧费用、摊销费用等。

7. 或有和承诺事项、资产负债表日后非调整事项、关联方关系及其交易等需要说明的事项。

8. 有助于财务报表使用者评价企业管理资本的目标、政策及程序的信息。

9. 其他综合收益各项目的相关信息。主要包括其他综合收益各项目及其所得税影响；其他综合收益各项目原计入其他综合收益、当期转出计入当期损益的金额；其他综合收益各项目的期初和期末余额及其调节情况等。

（六）其他应当在财务报告中披露的各项非正式会计信息

为贯彻充分披露，依据实质重于形式角度，实现财务信息对于信息使用者的决策有用，上市公司还会自愿披露其他一些重要非正式财务信息。所以，信息使用者还可以获得其他相关信息，如审计报告、财务状况说明以及盈余预测信息等。

第二节　合并财务报表

合并财务报表是指由母公司编制的包括所有控股子公司会计报表的有关数据的报表。合并财务报表以母公司及其子公司组成会计主体，以控股公司和其子公司单独编制的个别财务报表为基础，由控股公司编制的反映抵销集团内部往来账项后的集团合并财务状况和经营成果及现金流量的财务报表。该报表向报表使用者提供公司集团的财务状况、经营成果和现金流量情况。

一、合并理论

编制合并会计报表要以一定的理论为依据。所谓合并理论，实际上是指认识合并财务报表的观点或看问题的角度，即如何看待由母公司与其子公司所组成的企业集团及其内部联系。合并理论主要有母公司理论、实体理论和所有权理论。

1. 母公司理论。该理论将合并财务报表视为母公司本身的财务报表反映的范围扩大来看待，从母公司角度来考虑合并财务报表的合并范围、选择合并处理方法。母公司理论认为，合并财务报表主要是为母公司的股东和债权人服务的，强调的是母公司股东的利益。按照母公司理论，在企业集团内的股东只包括母公司的股东，将子公司少数股东看作是公司集团主体的外界债权人，以这个理论编制的合并资产负债表中的股东权益和合并损益表中的净利润仅指母公司拥有和所得部分，少数股东权益列作负债，少数股东收益列作费用，商誉是母公司创造的，它把合并会计报表看作是母公司会计报表的延伸和扩展。

2. 实体理论。实体理论认为合并财务报表是企业集团各成员企业构成的经济联合体的财务报表，编制合并财务报表是为整个经济体服务的，它强调的是企业集团中所有成员企业所构成的经济实体，它对构成企业集团的持有多数股权的股东和拥有少数股权的股东一视同仁、同等对待，认为只要是企业集团成员股东，无论是拥有多数股权，还是拥有少数股权，都是共同组成的经济实体的股东。在运用实体理论的情况下，对于少数股东权益，通常视为股东权益的一部分，在合并资产负债表中股东权益部分列示和反映；少数股东收益列作净利润的一部分，商誉是归全体股东所有。

3. 所有权理论。该理论既不强调企业集团中存在的法定控制关系，也不强调企业集团各成员企业所构成的经济实体，而是强调编制合并财务报表的企业对另一企业的经济活动和财务决策的所有权。所有权理论认为，母公司理论和实体理论都不能解决隶属于两个或两个以上企业集团的企业的合并财务报表编制问题。如某一企业的全部股权由两个投资企业投资形成，各拥有其50%的股权，即共同控制企业。在这种情况下，其中任何一个投资企业都不能对该投资实施控制，根据母公司理论和实体理论都很难确定该企业的财务报表由哪一投资企业合并。为了弥补母公司理论和实体理论的不足，提出了所有权理论，以期解决共同控制下的合并财务报表的编制问题。在采用所有权理论的情况下，对于其拥有所有权的企业的资产、负债和当期实现的净损益均按照一定的比例合并计入合并财务报表。

二、合并财务报表的合并范围

编制合并会计报表，首先就必须确定其合并范围。合并会计报表的合并范围是指纳入合并会计报表的子公司的范围，主要明确哪些子公司应当包括在合并会计报表编报范围之内。根据我国《企业会计准则第33号——合并财务报表》的规定，我国合并会计报表范围应当以控制为基础予以确定。控制是指投资方拥有对被投资方的权力，通过参与被投资方的相关活动而享有可变回报，并且有能力运用对被投资方的权力影响其回报金额。控制有两个必备的要素：一是因涉入被投资方而享有可变回报；二是拥有对被投资方的权力，并且有能力运用对被投资方的权力影响其回报金额。具体包括源于表决权的权力形成的控制和源于合同安排的权力形成的控制两种情况。

（一）源于表决权的权力形成的控制

表决权资本是指对企业有投票权、能够据此参与企业经营管理决策的资本，如股份制企业中的普通股，有限责任公司中的投资者出资额等。拥有被投资企业半数以上表决权资本，是母公司对其拥有控制权的最明显标志，因此应将其纳入合并会计报表的合并范围。源于表决权的权力形成的控制是否纳入合并范围，区分为以下三种情况：

1. 投资方持有被投资方半数以上的表决权而拥有权力并形成控制的情形。投资方持有被投资方半数以上的表决权而拥有权力并形成控制，被投资方都纳入合并报表范围。

2. 投资方持有被投资方半数或以下的表决权，但拥有权力形成控制的情形。当投资方持有被投资方半数或以下的表决权，但综合考虑下列事实和情况后，判断投资方持有的表决权足以使其目前有能力主导被投资方的相关活动的，视为投资方对被投资方拥有权力：（1）投资方持有的表决权相对于其他投资方持有的表决权份额的大小，以及其他投资方持有表决权的分散程度；（2）与其他表决权持有人的协议；（3）投资方和其他投资方持有的被投资方的潜在表决权，如可转换公司债券、可执行认股权证等；（4）其他合同安排产生的权利；（5）其他显示投资方在需要决策时拥有现时能力主导被投资方相关活动的事实和情况。当投资方持有被投资方半数或以下的表决权，但拥有权力形成控制的，被投资方也应纳入合并报表的范围。

3. 投资方虽然持有被投资方半数以上表决权但不拥有权力因而不能形成控制的情形。投资方虽然持有被投资方半数以上表决权，但当这些投票权不是实质性权力时，其并不拥有对被投资方的权力：（1）当其他方拥有现时权力使其可以主导被投资方的相关活动；（2）当投资方所拥有的投票权不是实质性权力时，即使拥有多数表决权，投资方也不拥有对被投资方的权力。例如，被投资方的公司章程规定，与相关活动有关的决策必须由出席会议的投资方所持 2/3 以上的表决权通过，此时虽然投资方表决权超过半数，但该表决权本身不足以赋予投资方权力。当投资方虽然持有被投资方半数以上表决权但不拥有权力因而不能形成控制的情形的，不应纳入合并报表的范围。

（二）源于合同安排的权力形成的控制

在某些情况下，某些主体的投资方对其的权力并非源自表决权而是源于合同安排，被投资方的相关活动由一项或多项合同安排决定。例如，证券化产品、资产支持融资工具、部分投资基金等结构化主体。所谓结构化主体，是指在确定其控制方时没有将表决权或类似权利作为决定因素而设计的主体。通常情况下，结构化主体在合同约定的范围内开展业务活动，表决权或类似权利仅与行政性管理事务相关。

结构化主体通常具有下列特征中的多项或全部：（1）业务活动范围受限（在合同约定的范围内开展业务活动）；（2）有具体明确的目的，而且目的比较单一；（3）股本（如有）不足以支撑其业务活动，必须依靠其他次级财务支持；（4）通过向投资者发行不同等级的证券（如分级产品）等金融工具进行融资，不同等级的证券，信用风险及其他风险的集中程度也不同。

按照现行会计准则的规定，合并财务报表的合并范围是以控制为基础予以确定，作为母公司的投资方原则上需要将其所控制的所有被投资企业纳入合并范围，当然也包括其所控制的结构化主体在内。

三、编制合并报表的程序

为了编制合并会计报表，母公司应当统一与子公司的会计政策，如会计报表决算日、会计期间和记账本位币；对境外子公司以外币表示的会计报表，按照一定的汇率折算为以母公司的记账本位币表示的会计报表。母公司对子公司的权益性资本应采用权益法进行处理。编制合并报表的程序一般包括：

（一）设置合并工作底稿

合并工作底稿是编制合并财务报表的草稿，其格式设计并不是会计准则规范的内容，其编制的具体过程和方式由企业自己决定。但合并报表的最终列报受合并报表准则的规范，因此合并工作底稿的设计也必然受到准则要求的制约。在设计合并工作底稿时需要考虑以下问题：

第一，合并工作底稿包含哪些项目。按照我国现行企业会计准则的规定，合并会计报表主要包括合并资产负债表、合并利润表、合并现金流量表和合并所有者权益（或股东权益）变动表。合并工作底稿的设计应兼顾以上合并报表的项目。

第二，合并工作底稿的栏目设置。我们将母、子公司的个别报表过入工作底稿后，需要设置“调整与抵销分录”来反映企业集团内部的调整与抵销分录，以消除内部交易对企业集团影响。

（二）将个别报表数据过入工作底稿并加总

将母公司、子公司的资产负债表、利润表、现金流量表过入合并工作底稿，进行数据加总（合并所有者权益变动表在实务中一般是根据合并资产负债表和合并利润表分析填列）。

（三）在合并工作底稿中编制调整分录和抵销分录

1. 将母公司对子公司的长期股权投资和子公司所有者权益抵销，母公司对子公司投资收益与子公司利润分配抵销。

2. 将母公司和子公司之间以及各级子公司之间内部交易涉及的资产负债表、利润表、现金流量表项目及内部往来余额等抵销处理。

3. 确认合并财务报表层次的递延所得税资产或递延所得税负债。

（四）计算合并金额、填列合并财务报表

在母子公司个别财务报表数据各项目加总金额的基础上，加减调整与抵销分录对应的金额，分别计算合并财务报表各项目的合并金额。然后根据合并金融数据，填列对外报出的合并财务报表。合并工作底稿的基本格式见表 11－2。

表 11－2　　　　P 公司合并工作底稿

2×21 年 12 月 31 日　　　　单位：

项目	母公司	子公司 A	子公司 B	合计金额	调整与抵销分录		合并金额
					借方	贷方	
（资产负债表部分）							
货币资金							

续表

项目	母公司	子公司A	子公司B	合计金额	调整与抵销分录		合并金额
					借方	贷方	
应收账款							
应收票据							
存货							
长期股权投资							
固定资产							
商誉							
资产总计							
应付账款							
应付票据							
长期借款							
股本							
资本公积							
盈余公积							
未分配利润							
少数股东权益							
负债与股东权益总计							
调整与抵销金额合计							
(利润表部分)							
营业收入							
营业成本							
税金及附加							
销售费用							
管理费用							
财务费用							
信用减值损失							
投资收益							
营业利润							
营业外支出							
利润总额							
所得税费用							
净利润							
少数股东利润							
归属于母公司股东的净利润							

四、合并财务报表的编制

（一）调整子公司的个别报表

在进行调整之前，需要先对子公司进行分类：是同一控制下企业合并取得的，还是非同一控制下企业合并取得的。

属于同一控制下企业合并取得的子公司，如果不存在与母公司会计政策和会计期间不一致的情况，则不需要对其个别财务报表进行调整，只需要抵销内部交易即可。

属于非同一控制下企业合并取得的子公司，除了存在与母公司会计政策和会计期间不一致的情况需要调整子公司个别财务报表外，还应当根据母公司为子公司设置的备查账记录的子公司可辨认资产、负债等在购买日的公允价值为基础对子公司的个别财务报表进行调整，使其反映为在购买日公允价值基础上确定的可辨认资产、负债在本期资产负债表的金额。

（二）对集团内部交易编制抵销分录

由于编制合并财务报表的目的在于反映母公司与各子公司作为一个经济体的经济活动概况，因而集团内部公司间的所有交易或业务往来都应抵销，以便使合并财务报表只反映集团与其外部有关方面发生的经济活动。

1. 编制合并资产负债表时应进行抵销处理的项目。合并资产负债表是反映企业集团在某一特定日期财务状况的财务报表，由合并资产、负债和所有者权益各项目组成。其抵销内容包括如下项目：

（1）母公司长期股权投资与子公司所有者权益的抵销处理。

（2）内部债权债务的抵销处理。

（3）存货价值中包含的未实现内部销售损益的抵销处理。

（4）内部固定资产交易的抵销处理。

合并资产负债表格式与个别资产负债表基本相同，只是在“未分配利润”项目下增加了“归属于母公司所有者权益”和“少数股东权益”两个项目。

2. 编制合并利润表时应抵销处理的项目。编制合并利润表时应抵销处理的项目包括母公司与子公司、子公司相互之间持有对方长期股权投资的收益的抵销处理；内部营业收入和内部营业成本的抵销处理；内部购进商品作为固定资产、无形资产等资产使用时的抵销处理；内部应收款项计提的坏账准备等减值准备的抵销处理；内部投资收益（利息收入）和利息费用的抵销处理等项目。

合并利润表的格式与个别利润表基本相同，只是在“净利润”项目下增加了“归属于母公司股东的利润”和“少数股东损益”两个项目。

3. 编制合并现金流量表时应进行抵销处理的项目。

合并现金流量表是综合反映母公司及其子公司组成的企业集团在一定会计期间现金流入、现金流出数量以及其增减变动情况的会计报表。在实际编制合并现金流量表时，通常是以合并范围内的个别现金流量表为基础，通过编制抵销分录将企业集团内业务对个别现金流量表的影响予以抵销，从而编制出合并现金流量表。

合并现金流量表时应进行抵销处理的项目包括：（1）内部销售业务现金收付的抵销，

例如，支付现金的一方作为经营活动现金流出或者收到现金的一方作为经营活动现金流入；支付现金的一方作为投资活动现金流出或者收到现金的一方作为投资活动现金流入。（2）集团内权益性投资与筹资相关的现金收付，包括内部权益性投资与筹资的现金收付抵销和内部权益性投资收益与权益性筹资费用的现金收付抵销。（3）内部债券投资与筹资相关的现金收付抵销，包括内部债券投资与筹资相关现金收付的抵销、内部债券投资收益与债券筹资费用的现金收付抵销、内部债券投资收回现金收付的抵销。（4）内部固定资产、无形资产和其他长期资产交易的现金收付抵销。（5）少数股东权益抵销，包括少数股东增加对子公司的权益性投资和子公司向少数股东支付现金股利。

合并现金流量表的格式与个别现金流量表的格式基本相同，只是在“筹资活动产生的现金流”中“吸收投资收到的现金”项目增加“其中：子公司吸收少数股东投资收到的现金”和“分配股利利润或偿付利息支付的现金”项下增加“其中：子公司支付给少数股东的股利、利润”。

4. 编制股东权益变动表时应进行抵销处理的项目。合并所有者权益变动表是反映构成企业集团所有者权益的各组成部分当期的增减变动情况的财务报表。合并所有者权益变动表应当以母公司和子公司的所有者权益变动表为基础，在抵销母公司与子公司、子公司相互之间发生的内部交易对合并所有者权益变动表的影响后，由母公司合并编制。合并所有者权益变动表也可以根据合并资产负债表和合并利润表进行编制。

编制合并所有者权益变动表时需要进行抵销处理的项目，主要有：（1）母公司对子公司的长期股权投资与母公司在子公司所有者权益中所享有的份额相互抵销；（2）母公司对子公司、子公司相互之间持有对方长期股权投资的投资收益应当抵销。以上抵销项目已在前文做了较为详细的介绍，此处不再赘述。

合并股东权益变动表的格式与个别股东权益变动表不同的是将所有者权益的本年金额和上年金额分别按“归属于母公司所有者权益”和“少数股东权益”列示。

第三节　财务报表的一般分析

站在信息使用者角度，财务报表分析是以公司的财务报表为主要依据，对其中相关项目变动原因以及内在联系进行分析，借以判断其相关项目的质量，最终对公司整体的财务状况、经营成果以及现金流量状况作出预测，是为其经济决策提供必要信息的一种评估活动。

财务报表分析的起点是阅读财务报表，终点是作出某种判断（包括评价和找出问题），中间是对财务报表的分析过程。财务报表分析的对象是企业的各项基本活动，需要采取一定分析方法分析企业的经营活动过程和结果。

一、财务报表分析的基本方法

信息使用者在阅读财务报表的基础上，发现报表项目的变动以及原因，分析其内在联系，评价公司的经营活动。一般可采取水平分析法、共同比分析法以及比率分析法。

（一）水平分析法

水平分析法，是指将报表资源中不同时期的同一项目数据进行横向对比，研究企业特定经济活动发展变动情况的一种财务分析方法。水平分析法中具体有两种方法：比较分析法和指数趋势分析法。

1. 比较分析法。比较分析法是将上市公司两个年份的财务报表进行比较分析，旨在找出单个项目各年之间的不同，以便发现某种趋势。在进行比较分析时，除了可以针对单个项目研究其趋势，还可以针对特定项目之间的关系进行分析，以揭示隐藏的问题。

【例 11－1】兴达股份有限公司是 2×20 年成立的一家商业企业，在成都市专营一知名品牌（儿童服装）销售，2×20 年和 2×21 年利润表主要项目资料见表 11－3。

表 11－3　　2×20～2×21 年兴达股份有限公司利润比较分析　　金额单位：元

利润表项目	2×20 年	2×21 年	绝对值差异	百分比差异
营业收入	10 000 000	12 000 000	+2 000 000	+20%
营业成本	6 000 000	7 500 000	+1 500 000	+25%
毛利	4 000 000	4 500 000	+500 000	+12.5%
销售费用	500 000	1 000 000	+500 000	+100%
管理费用	400 000	700 000	+300 000	+75%
财务费用	100 000	100 000	0	0
营业利润	3 000 000	2 700 000	－300 000	－10%

2×19 年度营业利润 300 万元，2×20 年度大幅增加广告投入扩大知名度，实施降价让利策略巩固客户关系，试图扩大销售。

2×20 年度相比于 2×19 年度营业利润减少 30 万元，为何 2×20 年度在销售收入增加了 20% 的情况下，营业利润不仅没有随之增长，反而降低了 10%？

结合 2×19～2×20 年营销资料和财务资料，分析如下：

（1）查阅 2×20 年度采购资料，发现商品采购成本不变。2×19 年销售毛利率＝（1 000－600）/1 000＝40%。2×20 年由于扩大广告宣传增加了销售数量，扩大了销售收入；但由于销售中实施让利策略，相比 2×19 年毛利率，2×20 年毛利率降低至（1 200－750）/1 200＝37.5%。

（2）2×20 年度扩大广告宣传，致使销售费用增加了 100%，为加强内部管理使管理费用也有 75% 的攀升，所以 2×20 年度营业利润出现了小幅下滑。

所以，兴达股份有限公司管理层会议和调研认为，市场份额基本稳定，决议在 2×20 年利润管理实施两大措施：一是要进一步拓展市场，扩大销售；二是压缩期间费用，特别是销售费用和管理费用。

2. 指数趋势分析法。当需要比较 3 年以上的财务报表时，比较分析法就变得很麻烦，于是就产生了指数趋势分析法。指数趋势分析的具体方法是：在分析连续几年的财务报表时，以其中一年的数据为基期数据（通常是以最早的年份为基期），将基期的数据值定为

100，其他各年的数据转换为基期数据的百分数，然后比较分析相对数的大小，得出有关项目的趋势。

【例 11 –2】承【例 11 –1】，兴达股份有限公司 2 ×19 ~2 ×21 年度利润表主要项目资料见表 11 –4。

表 11 –4　　2 ×19 ~2 ×21 年兴达股份有限公司指数趋势分析　　单位：元

利润表项目	2 ×19 年	2 ×20 年	2 ×21 年	2 ×20 年指数	2 ×21 年指数
营业收入	10 000 000	12 000 000	14 000 000	120	140
营业成本	6 000 000	7 500 000	8 500 000	125	142
毛利	4 000 000	4 500 000	5 500 000	112. 5	137. 5
销售费用	500 000	1 000 000	680 000	200	136
管理费用	400 000	700 000	500 000	175	125
财务费用	100 000	100 000	110 000	100	110
营业利润	3 000 000	2 700 000	4 210 000	90	140. 3

相比 2 ×20 年度，2 ×21 年度广告投入在收缩，公司内部管理费用在收缩，为何 2 ×21 年营业利润会有幅度达 56% 的增加？

财务部门结合 2 ×19 ~2 ×21 年营销资料和财务资料，分析如下：

（1）查阅 2 ×21 年采购资料，发现商品采购成本不变。2 ×21 年公司贯彻 2 ×20 年底公司管理层利润管理决议，适度增加广告宣传增加了销售数量，扩大了销售收入；2 ×21 年虽实施让利策略，但由于提升了服务，2 ×21 年毛利率略增至（1 400 –850)/1 400 =39. 29%，达到预期利润率管理目标。

（2）2 ×21 年市场调研发现：2 ×20 年扩大的广告宣传和市场布局，兴达股份有限公司顾客市场基本稳定，市场协同作用已初步显现。

（3）公司目前处于向好发展阶段，预期 2 ×22 年销售收入还会有小幅度增加。

结合例题，可以发现指数趋势分析有助于观察多个期间数值的变化，找出重要的变化，为下一步的分析指明方向；有助于通过过去相关项目序时资料对其未来变化趋势实施预测。

指数分析注重的是关键项目不同年份的比较，分析报表项目时应特别关注相关指标的可比性，结合报表附注则排除各年份非常或偶然事项的影响，特别是结合附注披露判断因会计政策或会计处理方法变动而对报表中某些项目前后的影响程度。

（二）共同比分析法

在有着不同规模的企业之间直接进行财务报表的比较分析，会因规模差异而产生误导。例如，甲公司拥有 1 500 万元负债，乙公司拥有 15 000 万元负债，那么，如果依此认为乙的杠杆程度比甲高可能就是错误的。因此，不同规模的公司进行比较时，就必须控制规模差异。控制规模差异的途径之一，就是编制共同比的财务报表。

共同比分析法，又称垂直分析法，是一种财务资料纵向分析方法。共同比分析法与水平分析法相对应，更注重于报表内部各项目的内在结构分析。

共同比分析法应用时，一般有三个基本步骤：

步骤一，计算出表中各项目在总体中所占比重；

步骤二，依据该比重判断该项目在报表中所占位置，其重要性如何；

步骤三，将该比例与基期或上一年度的比重数据相对比，观察其变化趋势。

所以，共同比分析法，在一张财务报表中，用表中各项目的数据与总体相比较，揭示出该项目在总体中的位置、重要性与变化情况。项目比重越大，说明其重要程度越高，对总体的影响越大。一般而言，在使用共同比分析法时，利润表中的所有项目用营业收入的百分率表示，资产负债表中的项目则用资产总额的百分率表示。

会计报表经过垂直分析法处理之后，也叫同度量报表、总体结构报表、共同比报表。

【例11－3】 承【例11－1】和【例11－2】，兴达股份有限公司2×19～2×21年度利润表主要项目资料见表11－5，其中百分比取整数。

表11－5　　　　2×19～2×21年兴达股份有限公司共同比报表分析

利润表项目	2×19年（万元）	2×20年（万元）	2×21年（万元）	2×19年共同比（%）	2×20年共同比（%）	2×21年共同比（%）
营业收入	10 000 000	12 000 000	14 000 000	100	100	100
营业成本	6 000 000	7 500 000	8 500 000	60	63	61
毛利	4 000 000	4 500 000	5 500 000	40	38	39
销售费用	500 000	1 000 000	680 000	5	8	5
管理费用	400 000	700 000	500 000	4	6	4
财务费用	100 000	100 000	110 000	1	1	1
营业利润	3 000 000	2 700 000	4 210 000	30	23	30

注：2×21年营业利润共同比＝421/1 400，取百分比整数30%。

相比2×20年度的同期数据，2×21年度的营业收入只增加了17%，为何2×21年营业利润增幅达56%？

根据表11－5兴达股份有限公司的简要垂直分析表，分析如下：

首先，计算比较年度影响营业利润各项目的比重，发现产品采购成本基本稳定。

其次，将2×21年度各项目的比重与前期同项目比重对比，发现：（1）2×20年度投入的销售广告仍发挥着积极持续的影响，促使2×21年度销售费用比重降至2×19年度水平；（2）2×20年度实施管理改革提升了管理效率，促使2×21年度管理费用比重回归至2×19年度水平；（3）财务费用比重基本稳定。

最后，将兴达股份有限公司2×21年度项目比重与行业平均资料进行对比，发现本公司的销售费用和管理费用的控制效率较高，是目前的一种优势，但产品采购成本还有进一步降低的空间，需要加强和供应商的谈判，优化采购批量，获得采购过程中的商业折扣。

（三）比率分析法

比率分析法是以同一期财务报表上若干重要项目的相关数据相互比较，求出比率，用以分析和评价公司的经营活动以及公司目前和历史状况的一种方法，是财务分析最基本的工具。

由于进行财务分析的目的不同，因而各种分析者包括债权人、管理当局、政府机构等所采取的侧重点也不同，但一般需要分析目标公司的获利能力比率、偿债能力比率、成长能力比率、周转能力比率这四大类财务比率。

在财务分析中，虽然比率分析用途最广，但也有局限性，突出表现在：比率分析属于静态分析，对于预测未来并非绝对合理可靠。比率分析所使用的数据为账面价值，难以反映物价水准的影响。可见，在运用比率分析时：

1. 注意将各种比率有机联系起来进行全面分析，不可单独地看某种或各种比率，否则便难以准确地判断公司的整体情况。

2. 注意审查公司的性质和实际情况，而不光是着眼于财务报表。

3. 注意结合差额分析，这样才能对公司的历史、现状和将来有一个详尽的分析、了解，达到财务分析的目的。

（1）所分析的项目要具有可比性、相关性，将不相关的项目进行对比是没有意义的。

（2）对比口径的一致性，即比率的分子项与分母项必须在时间、范围等方面保持口径一致。

（3）选择比较的标准要具有科学性，要注意行业因素、生产经营情况差异性等因素。

二、财务报表分析的基本内容

财务报表分析是以企业基本活动为对象、以财务报表为主要信息来源、以分析和综合为主要方法的系统认识企业的过程，其目的是了解过去、评价现在和预测未来，以帮助报表使用人改善决策。

财务报表分析主要包括四项内容：获利能力分析、偿债能力分析、资产运营能力分析、成长能力分析。一个公司偿债能力很差，收益能力也不会好；收益能力很差，偿债能力也不会好。提高资产运用效率有利于改善偿债能力和收益能力。偿债能力和收益能力下降，必然表现为现金流动状况恶化。

所以，要注意将各种比率有机联系起来进行全面分析，不可孤立地看某种或某类比率，同时要结合其他分析方法，这样才能对企业的历史、现状和将来有一个详尽的分析和了解，达到财务分析的目的。

（一）盈利能力

常用的分析公司获利能力的比率。

1. 资产报酬率。资产报酬率也称投资盈利率，指公司资产总额中平均每 100 元所能获得的纯利润，其计算公式为：

$$\frac{息税前利润}{平均资产总额}\times 100\%$$

$$息税前利润=净利润+利息费用+所得税$$

$$平均资产总额=\frac{期初资产总额+期末资产总额}{2}$$

资产报酬率是用以衡量公司运用所有投资资源所获经营成效的指标。其比率越高，则表明公司善于运用资产，反之，则资产利用效果越差。

由于资产来源除股东外，还有其他债权人，如银行以及公司债券的投资者等，因此，公式中的资产总额包括两部分：一部分来源于负债；另一部分来自所有者权益或企业自有资本。利息费用是债权人所提供资产的报酬；所得税是企业对国家应尽的义务，只有税后利润才是最终归属于企业所有。因此，在计算全部资产报酬率时，应在税前利润额的基础上，加上利息费用，以便正确评价企业资产的运营效率。即：

$$资产报酬率=\frac{利润总额+利息支出}{平均资产总额}\times 100\%$$

2. 资本报酬率。资本报酬率即净收益与股东权益比率、税后盈利与资本总额比率。其计算公式为：

$$资本报酬率=\frac{税后盈利(净收益)}{平均资本总额(股东权益)}\times 100\%$$

资本报酬率是用以衡量公司运用所有资本所获得经营成效的指标。该比率越高，表明公司资本的利用效率越高，反之则资本未得到充分利用。

（二）偿债能力

公司的偿债能力包括短期偿债能力和长期偿债能力。反映短期偿债能力，即将公司资产转变为现金用以偿还短期债务能力的比率主要有流动比率、速动比率以及流动资产构成比率、举债经营比率等。

1. 流动比率。

$$流动比率=\frac{流动资产}{流动负债}$$

流动比率也称营运资金比率，是衡量公司短期偿债能力最通用的指标，这一比率越大，表明公司短期偿债能力越强，并表明公司有充足的营运资金；反之，说明公司的短期偿债能力不强，营运资金不充足。一般财务健全的公司，其流动资产应远高于流动负债，起码不得低于1∶1，一般认为大于2∶1较为合适。

但是，对于公司和股东而言，这一比率并不是越高越好。流动比率过大，并不一定表示财务状况良好，尤其是由于应收账款和存货余额过大而引起的流动比率过大，则对财务健全不利，一般认为这一比率超过5∶1，则意味着公司的资产未得到充分利用。

将流动比率与营运资金结合起来分析，有助于观察公司未来的偿债能力。

2. 速动比率。

$$速动比率=\frac{速动资产}{流动负债}$$

速动比率又称酸性测验比率，是用以衡量公司到期清算能力的指标。速动资产包括货币资金、短期投资、应收票据、应收账款及其他应收款，它们可以在较短时间内变现。而流动资产中的存货及一年内到期的非流动资产不应计入。投资者通过分析速动比率，可以预测公司在极短时间内取得现金偿还短期债务的能力。一般认为，速动比率最低限为0.5∶1，如果保持在1∶1，则流动负债的安全性较有保障。因为，当此比率达到1∶1时，即使公司资金周转发生困难，亦不致影响即时的偿债能力。

3. 流动资产构成比率。流动资产构成比率计算公式为：

$$流动资产构成比率=\frac{每一项流动资产}{流动资产总额}$$

分析这一比率的作用在于：了解每一项流动资产所占用的投资额，弥补流动比率的不足，达到检测流动资产构成内容的目的。

上述三种比率，主要涉及公司的短期偿债能力。

反映长期偿债能力，即公司偿还长期债务能力的比率主要有负债比率、固定资产对长期负债比率、利息保障倍数等。

下述的各种比率则主要涉及长期偿债能力。公司长期偿债能力的强弱，不仅关系到投资者的安全，而且关系到公司扩展经营能力的强弱。

4. 举债经营比率。

$$举债经营比率=\frac{负债总额}{总资产净额}\times 100\%$$

举债经营比率表明公司的资产总额中，债权人的投资额是多少。负债总额即债权人权益，总资产净额则是全部资产总额。例如，A公司的负债为1 500万元，总资产净额为2 200万元，其举债经营比率为68.18%，即每100元资产中，有68.18元是经举债取得的。

运用这一比率可以测知公司扩展经营的能力大小，并分析股东权益的运用程度。比率越高公司扩展经营的能力越大，股东权益也能得到充分运用。但是，举债经营要承担一定的风险。如果经营顺利，这一比率高的公司虽然承担了较大风险，但也有机会获得更大的利润，为股东带来更多的收益；反之，如果经营不佳，则借贷的利息将由股东权益补偿，当负债太多以至于无法支付利息或本金时，可能被债权人强迫清算或改组，对股东不利。可见，公司在进行举债经营决策时，必须在预期利润的增加和风险的增加这两点上权衡利弊，均应以市场状况、经营状况的顺利与否为转移。

（三）营运能力

周转能力比率（活动能力比率）是分析公司经营效应的指标，其分子通常为销售收入或销售成本，分母则以某一资产项目构成。

1. 应收账款周转率。

$$应收账款周转率=\frac{销售收入}{(期初应收账款+期末应收账款)\div 2}=\frac{销售收入}{平均应收款}$$

由于应收账款是指未取得现金的销售收入，所以用这一比率可以测知公司应收账款金额是否合理以及收款效率高低。这一比率是应收账款每年的周转次数。如果用一年的天数即365天除以应收账款周转率，便求出应收账款每周转一次需多少天，即应收账款转为现金平均所需要的时间。其算法为：

$$应收账款变现平均所需时间 = \frac{一年天数}{应收账款年周转率}$$

应收账款周转率越高，每周转一次所需天数越短，表明公司收账越快，应收账款中包含旧账及无价的账项越小。反之，周转率太小，每周转一次所需天数太长，则表明公司应收账款的变现过于缓慢以及应收账款的管理缺乏效率。

2. 存货周转率。

$$存货周转率 = \frac{销售成本}{(期初存货 + 期末存货) \div 2} = \frac{销售成本}{平均商品存货}$$

存货的目的在于销售并实现利润，因而公司的存货与销货之间必须保持合理的比率。存货周转率正是衡量公司销货能力强弱和存货是否过多或短缺的指标。其比率越高，说明存货周转速度越快，公司控制存货的能力越强，则利润率越大，营运资金投资于存货上的金额越小。反之，则表明存货过多，不仅使资金积压，影响资产的流动性，还会增加仓储费用与产品损耗、过时风险。

3. 固定资产周转率。

$$固定资产周转率 = \frac{营业收入}{平均固定资产金额}$$

这一比率表示固定资产全年的周转次数，用以测知公司固定资产的利用效率。其比率越高，表明固定资产周转速度越快，固定资产的闲置越少；反之则不然。当然，这一比率也不是越高越好，太高则表明固定资产过度投资，会缩短固定资产的使用寿命。

4. 资产周转率。

$$资产周转率 = \frac{营业收入}{平均资产总额}$$

这一比率是衡量公司总资产是否得到充分利用的指标。总资产周转速度的快慢，意味着总资产利用效率的高低。

（四）成长能力

成长能力比率可用来测知公司扩展经营的能力。上述偿债能力比率，在一定意义上也可用来测知公司扩展经营的能力。因为安全性乃是收益性、成长性的基础，公司偿债能力比率的指标合理，财务结构才健全，才有可能扩展经营，否则，如果偿债能力弱，则很难想象公司有余力去扩展经营。至于举债经营比率、固定资产对长期负债比率，则更是公司外部的成长性比率指标。公司举债经营比率高，也说明信誉高，债权人乐于向它投资，公司靠举债获得更多资金扩展经营。而如果固定资产对长期负债比率高，也表明其尚有余力借入更多的长期债务用于扩展经营。反映公司内部性的扩展经营能力的比率则主要有：

1. 利润留存率。

$$利润留存率=\frac{税后利润-应发股利}{税后利润}$$

这一比率表明公司的税后利润（盈利）有多少用于发放股利、多少用于留存收益和扩展经营。其比率越高，表明公司越重视发展的后劲，不致因分发股利过多而影响公司未来的发展；比率越低，则表明公司经营不顺利，不得不动用更多的利润去弥补损失，或者分红太多，发展潜力有限。

2. 再投资率，又称内部成长性比率。其计算公式如下：

$$\begin{aligned}再投资率&=税后利润\div股东权益\times[(股东盈利-股息支付)\div股东盈利]\\&=资本报酬率\times股东盈利保留率\end{aligned}$$

这一比率表明公司用其盈余所得再投资，以支持公司成长的能力。公式中的股东盈利保留率即股东盈利减股息支付的差额与股东盈利的比率。股东盈利则指每股盈利与普通股发行数的乘积，实际上就是普通股的净收益。

这一比率越高，公司扩大经营的能力则越强；反之则不然。

【例11-4】QH公司主要从事电冰箱、空调器、电冰柜、洗衣机、热水器、洗碗机、燃气灶等家电及其相关产品生产经营研发和商业流通业务。2018 年度 QH 公司资产负债表简表和利润表简表见表 11-6 和表 11-7。

表 11-6　　QH 公司资产负债表

2018 年 12 月 31 日　　单位：万元

资产	期末余额	上期期末余额	负债和所有者权益（或股东权益）	期末余额	上期期末余额
流动资产：			流动负债：		
货币资金	3 745 636	3 582 544	短期借款	629 850	1 087 858
交易性金融资产	177 565	0	交易性金融负债	21 875	0
以公允价值计量且其变动计入当期损益的金融资产	0	2 068	以公允价值计量且其变动计入当期损益的金融负债	0	252
衍生金融资产	9 672	0	衍生金融负债	3 560	0
应收票据及应收账款	2 465 213	2 592 428	应付票据及应付账款	4 738 522	4 261 607
其中：应收票据	1 422 094	1 303 308	预收款项	1 468	586 195
应收账款	1 043 119	1 289 120	合同负债	548 233	0
预付款项	59 456	62 889	应付职工薪酬	265 140	248 064
其他应收款	162 698	119 229	应交税费	183 844	197 018
存货	2 237 719	2 253 762	其他应付款	1 268 568	1 130 958
合同资产	45 678	0	持有待售负债	3 236	0

续表

资产	期末余额	上期期末余额	负债和所有者权益（或股东权益）	期末余额	上期期末余额
持有待售资产	14 409	2 745	一年内到期的非流动负债	301 506	614 930
一年内到期的非流动资产	507 988	442 558	其他流动负债	42 364	4 296
流动资产合计	9 426 034	9 058 223	流动负债合计	8 008 166	8 131 178
非流动资产：			非流动负债：		
可供出售金融资产		141 535	长期借款	1 554 147	1 603 649
其他债权投资	0	0	应付债券	919 190	621 109
长期应收款	24 579	28 979	长期应付款	10 676	10 602
长期股权投资	1 396 648	1 298 726	长期应付职工薪酬	93 497	95 051
其他权益工具投资	140 032		预计负债	283 974	266 079
其他非流动金融资产	32 736		递延收益	64 355	49 714
投资性房地产	3 088	3 121	递延所得税负债	40 534	34 385
固定资产	1 731 964	1 720 220	其他非流动负债	182 387	119 748
在建工程	387 349	161 062	非流动负债合计	3 148 760	2 800 337
无形资产	920 924	822 656	负债合计	11 156 926	10 931 515
开发支出	53 838	96 605	所有者权益（或股东权益）：		
商誉	2 115 555	2 034 462	实收资本（或股本）	636 842	609 740
长期待摊费用	23 076	17 776	其他权益工具	90 449	43 142
递延所得税资产	181 562	207 664	资本公积	220 877	231 232
其他非流动资产	232 569	125 406	其他综合收益	77 263	442
非流动资产合计	7 243 920	6 658 212	盈余公积	228 830	210 306
			未分配利润	2 685 974	2 235 095
			归属于母公司所有者权益	3 940 235	3 329 957
			少数股东权益	1 572 793	1 454 964
			所有者权益（或股东权益）合计	5 513 028	4 784 920
资产合计	16 669 954	15 716 435	负债及所有者权益合计	16 669 954	15 716 435

表 11-7 **QH 公司利润表**

2018 年度

单位：万元

项目	本期金额	上期金额
一、营业收入	18 331 656	16 342 883
减：营业成本	17 486 651	15 637 538
税金及附加	85 723	82 190
销售费用	2 865 322	2 899 624
管理费用	832 433	716 485
研发费用	508 060	450 985
财务费用	93 918	160 397
其中：利息费用	146 465	143 114
利息收入	47 564	33 239
资产减值损失	76 028	67 136
信用减值损失	9 751	0
加：其他收益	89 464	91 201
投资收益（损失以“-”号填列）	192 320	148 299
其中：对联营企业和合营企业的投资收益	132 485	119 069
公允价值变动收益（损失以“-”号填列）	-14 519	61 407
资产处置收益（损失以“-”号填列）	26 780	1 351
二、营业利润（亏损以“-”号填列）	1 139 051	1 007 603
加：营业外收入	47 416	68 952
减：营业外支出	23 529	26 227
三、利润总额（亏损总额以“-”号填列）	1 162 938	1 050 328
减：所得税费用	185 878	147 487
四、净利润（净亏损以“-”号填列）	977 060	902 841
（一）持续经营净利润（净亏损以“-”号填列）	977 060	902 841
（二）终止经营净利润（净亏损以“-”号填列）	0	0
五、其他综合收益的税后净额	84 346	-55 411
（一）不能重分类进损益的其他综合收益	0	0
（二）将重分类进损益的其他综合收益	0	0
六、综合收益总额	1 061 406	847 430
七、每股收益		
（一）基本每股收益	11.210	1.133
（二）稀释每股收益	11.182	1.085

根据以上资料，QH 公司 2018 年财务报表分析指标计算如下：

（1）获利能力。

税前净利 = 净利润 + 利息费用 + 所得税 = 977 060 + 146 465 + 185 878 = 1 309 403（万元）

平均资产总额 =（期初资产总额 + 期末资产总额）÷ 2

=（16 669 954 + 15 716 435）÷ 2 = 16 193 194.5（万元）

资产报酬率 = 税前净利 ÷ 平均资产总额 × 100% = 1 309 403 ÷ 16 193 194.5 = 8.0861%

资本报酬率 = 税后盈利（净收益）÷ 资本总额（股东权益）× 100%

= 977 060 ÷ 5 513 028 × 100% = 17.7227%

（2）偿债能力。

流动比率 = 流动资产 ÷ 流动负债 = 9 426 034 ÷ 8 008 166 = 1.1771

速动比率 =（货币资金 + 交易性金融资产 + 应收项目等）÷ 流动负债 =（3 745 636 + 177 565 + 9 672 + 2 465 213 + 162 698）÷ 8 008 166 = 0.8193

举债经营比率（又称资产负债率）= 负债总额 ÷ 总资产净额 × 100%

= 11 156 926 ÷ 16 669 954 × 100% = 66.9284%

（3）周转能力。

应收账款周转率 = 营业收入 ÷ 平均应收账款

= 18 331 656 ÷ [（1 043 119 + 1 289 120）÷ 2] = 15.7202

存货周转率 = 营业收入 ÷ 平均存货 = 18 331 656 ÷ [（2 237 719 + 2 253 762）÷ 2] = 8.1629

固定资产周转率 = 营业收入 ÷ 平均固定资产金额

= 18 331 656 ÷ [（1 731 964 + 1 720 220）÷ 2] = 10.6203

资产周转率 = 营业收入 ÷ 平均资产总额

= 18 331 656 ÷ [（16 669 954 + 15 716 435）÷ 2] = 1.1321

（4）成长能力。

利润留存率 =（税后利润 − 应发股利①）÷ 税后利润

=（977 060 − 16 221）÷ 977 060 = 98.3398%

再投资率 =（税后利润 ÷ 股东权益）× [（股东盈利 − 股息支付）÷ 股东盈利]

= 资本报酬率 × 股东盈利保留率

= 17.7227% × [（977 060 − 16 221）÷ 977 060] = 17.4285%

为了更客观和清晰地分析 QH 公司的财务状况，我们按照以上指标的计算方法，计算了 QH 公司 2016 ~ 2018 年的财务指标（见表 11 − 8）。

表 11 − 8　　财务指标

项目	财务指标	2016 年	2017 年	2018 年
获利能力	资产报酬率（%）	8.5988	8.4362	8.0861
	资本报酬率（%）	23.7066	24.9417	17.7227

① 由于 2018 年财政部对报表项目进行了调整，应付股利被并入“其他应付款”项目进行列示，经过阅读 QH 公司 2018 年财务报表附注得知该公司 2018 年发放股利金额为 16 221 万元。

续表

项目	财务指标	2016 年	2017 年	2018 年
偿债能力	流动比率	0.9464	1.1141	1.1771
	速动比率	0.6782	0.7571	0.8193
	资产负债率（%）	71.3685	69.5547	66.9284
周转能力	应收账款周转率（次）	13.0171	12.9930	15.7202
	存货周转率（次）	10.0067	14.5028	8.1629
	固定资产周转率（次）	9.9389	9.9815	10.6203
	资产周转率	1.1492	1.1553	1.1321
成长能力	利润留存率（%）	20.2816	22.3558	16.2279

近年来，QH 公司不断进行海外扩张，成为全球颇具影响力的家电行业。2016 年斥巨资收购了 TY 业务。QH 公司的利润表显示 2018 年的营业收入进一步增长，与 2017 年相比增长 12%，净利润增长 8%，但由于 QH 公司的不断扩张，资产规模不断膨胀，导致其资产/资本盈利能力不断下滑。表 11－8 显示，2018 年的资产报酬率和资本回报率分别为 8.0861% 和 17.7227% 均低于 2017 年和 2016 年，造成这一结果的原因，一方面可能是 QH 公司近年扩张迅猛，资产增长的速度快于营业收入的增长速度；另一方面则可能是并购导致的管理问题逐渐显现侵蚀了资产的获利能力。

从反映偿债能力的指标来看，QH 公司一直在努力控制财务风险，由于 2016 年的并购资金大多来自负债融资，因此，2016 年的资产负债率高达 71.3685%，流动性比例甚至低于 1。在此后的 2017 年和 2018 年这些指标都有了一些改善。一般来说，制造业的流动比例接近 2，速动比率接近 1 是安全的。但很显然，QH 公司的偿债能力指标与这些传统评价标准存在一定距离，因此 QH 公司在控制重大财务风险方面还需继续努力。

周转率反映了企业运用资产创造营业收入的能力，QH 公司 2018 年总资产周转率为 1.1321，略低于 2017 年，其主要原因是存货周转率的下降幅度太大。2018 年，经过 QH 公司卓有成效的管理，应收账款的周转率由 2017 年的 12.9930 跃升为 15.7202；固定资产周转率也有小幅提升，由 9.9815 提升至 10.6203；但存货周转率却由 2017 年的 14.5028 骤降至 8.1629。存货周转率降低不仅意味着公司商品的生产体量超过销售体量，更意味着公司将有更多资金被积压在存货上以及要付出更多成本储存存货，这也是造成公司资本回报率降低的原因之一。因此公司应加强存货管理，提升存货的周转速度。

利润留存率反映了企业利用内部盈余支持企业进行再投资的能力，2018 年该指标为 17.4285%，低于比较年度。一方面是由于 2018 年的资本报酬率较低；另一方面是 2018 年 QH 公司进行了较多的分红，其分红比例约占股东盈利的 15%，而 2017 年的分红比例还不及股东盈利的 10%。对于全球性的跨国公司，特别是在刚完成中国家电行业最大的一次并购之后，适当分红以便维持良好的形象也是十分必要的。

第四节　财务报表附注阅读与理解

一、企业财务报表附注分析的必要性

（一）澄清财务报表模糊的相关信息

传统会计理论认为，会计信息具有客观性、相关性和清晰性的特征。而随着社会经济的发展和不确定因素的增加，会计信息的模糊性特征越来越强，主要体现在：

1. 财务报表中名义数值与实际数值并存。会计核算实际上处于一种不确定的环境之中，为便于核算，须对不确定的环境作出一系列假设，如持续经营、币值稳定等，从而将会计核算人为地置身于可确定的环境状态之中，这可能导致部分账面数值即名义数值与实际数值的背离。

2. 无形资产在生产经营中的作用日益重要，但却不能在财务报表中得到完全的反映。无形资产是一种特殊形式的资产，其凝聚的价值与成本高度分离，无形资产在公司的生产经营中占有极其重要的地位，正如可口可乐公司总裁所言，如果可口可乐公司毁于一场灾难，只要可口可乐公司的商标和配方还在，在两年以内仍可东山再起。因此，无形资产的价值可以左右投资者决策行为。目前我国会计准则对无形资产的处理不能精确反映公司无形资产的创利能力。

3. 在财务报表中，关于权责关系的信息有混淆不清的现象。产权明晰、权责分明是现代企业的两个基本特征，会计作为一个信息系统，应能清晰地反映出企业的产权关系。但是实际中仍有一些具两重性的项目，如住房公积金、专项拨款等。另外还有一些项目，如少数股权、可赎回优先股等，虽在资产负债表中有了较明确的归属，但负债和所有者权益的界限模糊，仍存在争议。

4. 在财务报表中，企业经常性的经济活动与偶然事项的影响混淆不清，这在利润表中体现得尤为明显。利润表中的利润总额是两种不同性质活动的收益的合成物。在利润表中，收入与利得、费用与损失的划分是确定的，但对于有些企业，这种区分显得不尽合理。如随着经济的发展，投融资活动日益成为某些企业经常性的活动，由此产生的利息、股利和分得的利润对企业来说已与营业利润趋同。但这宗活动却被排除在经常性活动之外，其产生的收益与投资转让损益一起合并为投资收益，直接作为利润的调整项目。

单纯的财务报表分析，不能澄清上述模糊的信息，只有利用财务报表附注中披露的相关事项，才能对上述问题有较清晰的认识。

（二）掌握财务报表中不能容纳的关于企业经营的重要信息

财务报表附注可以对财务报表未能揭示的重要信息进行披露，以进一步扩大会计报表的信息量，增强其有用性。譬如，一种经济业务，可能存在不同的会计原则和会计处理方法，也就是说有不同的会计政策可供选择。如果不交代财务报表中的这些项目是采用什么原则和方法确定的，就会给财务报告使用者理解财务报表带来一定的困难，折旧需要在财务报告附注中加以说明。又如，财务报表由于形式的限制，只能按大类设置项目，至于各项目内部的情况及项目背后的情况往往难以在表内反映。以资产负债表中的应收账款为例，它只是一个年末余额，至于各项应收账款的账龄情况就无从得知，而这方面的信息对于财务报告使用者了解企业信用资产质量却是必要的，所以需要在财务报告附注中提供应收账款账龄方面的信息。具体表现在以下几个方面：

1. 财务报表中的信息是反映企业过去的经营活动的信息，对于交易中产生的不确定事项和未来事项不能恰当表述，财务报表使用者无法通过财务报表了解事项的存在，更不用说知晓这些事项对企业的影响。

2. 对于大量新的经济业务，现代会计理论难以对其计量或解释，难以将其纳入财务报表体系内，衍生金融工具就是一个典型的例子。

3. 大量与企业经营有关的非定量信息不能纳入财务报表体系内，如重大的投资计划、企业竞争对手或潜在竞争者对企业产生的影响等。

财务报表反映的信息的局限性使得财务报表附注包含的内容越来越多，财务报表附注的分析变得日益重要。

二、企业财务报表附注分析的内容

财务报表附注作为财务报表的一部分，其分析可归纳为三个方面，即财务状况分析、盈利能力分析和资产管理效率分析。

财务状况分析，重点应落在分析企业的财务弹性上。财务弹性是企业在面临突发事件而产生现金需求时，作出有关反应的能力。主要从以下几个方面分析：未使用的银行贷款指标、可能迅速转化为长期资产的有关状况可用非经营性资产所占的比重、长期债务状况、或有事项和担保。

盈利能力分析，主要是利用财务报表附注，更准确地了解企业经营活动的性质、经营活动的财务影响，认清企业发展的趋势。

资产管理效率分析，利用财务报表附注可更深入地揭示企业各项资产管理效率高低的内外部原因以及预测企业未来资产管理情况。

三、案例分析

【例 11－5】王先生是 ABC 上市公司的董事会成员之一，2×19 年末审查职业经理人是否履行受托责任，对 ABC 公司报表附注阅读时发现：附注中披露由于 2×19 年物价持续上涨，2×19 年企业将存货发出计价方法由月末一次加权平均改为先进先出法。为什么会做这样的会计政策变更，王先生将 2×18 年末报表中的存货与营业成本资料与 2×19 年末进行了比较：

2×19 年年初和年末存货余额分别是 100 万元和 91.36 万元。2×18 年和 2×19 年两年的营业成本分别为 58 万元、77.84 万元。

2×18年度存货周转率＝58/[(120＋100)/2]＝0.53（次）

2×19年度存货周转率＝77.84/[(100＋91.36)/2]＝0.81（次）

该公司通过调整存货发出计价方法，提高存货周转率。存货周转率越快，表明企业资金利用的效果越好，效率越高，企业管理人员的营运能力越强。同时，在物价持续上涨的情况下，先进先出法可以虚增当期的利润。

王先生作为ABC上市公司的一名管理人员，通过比较阅读发现，职业经理人之所以对存货发出计价方法做如此变更，目的是为了粉饰报表，夸大自己的经营绩效，好让董事会认为其很好地履行了受托责任。

【例11-6】李先生是一家银行信贷部门的工作人员，在受理AC公司贷款申请时，对该公司近几年的报表进行阅读。发现2×19年利润较2×18年发生减少，而且资产负债表中固定资产的总额也发生了减少。是不是该公司的经营状况不好呢？在阅读2×19年末AC公司财务报表附注中发现，该公司将某项固定资产折旧方法从原来的平均年限法改为双倍余额递减法，为什么会做这样的会计政策变更？李先生将2×18年末与2×19年末该台机器设备的相关资料做了如下比较：

2×17年12月AC公司取得该机器设备，原始价值为10万元，预计使用5年，报废时无预计净产值。AC公司2×18年采用平均年限法提取折旧一年后，因某种原因从2×19年改用取双倍余额递减法提取折旧。

按平均折旧法，年折旧额＝（100 000－0）÷5＝20 000（元），即每年平均计提取折旧2万元。

AC公司在第一年2×18年采用平均折旧法，第二至第五年采用加速折旧法（双倍余额递减法），1～5年的折旧额分别为20 000元、40 000元、20 000元、10 000元、10 000元。2×19年折旧额与平均折旧法下的各年平均为20 000元折旧额的情况相比存在较大差距，它对于2×19年利润额的形成和税款的缴纳等均有一定程度的影响，也影响现金流量，从而影响企业的偿债能力。

李先生通过分析认为，2×16年利润下降不是因为该公司经营状况不好，而是折旧费用较以前多提了。会计报表附注的补充披露就能为使用者正确理解会计信息提供帮助，从而提高会计信息的客观性和可比性，以便银行对企业的偿债能力进行监控。

【例11-7】方先生是一位著名的投资人，2×20年在对广西南方控股公司进行投资之前，对该公司近3年的报表进行了分析和研究。该上市公司在2×17年度和2×18年度均亏损，并且2×19年度也亏损，但前期差错更正调整增加年初未分配利润46 859 519.52元，使2×18年度的净利润由－2 469 688.95元更正为3 973 120.46元，避免了连续亏损。

按规定，上市公司连续两年将被“特别处理”（ST），若第三年再亏损则可能面临暂停上市或者终止上市的风险。连续亏损也会对上市公司的融资资格产生影响。该上市公司会选择利用前期差错更正实现年度间的利润调节，以避免因“二连亏”“三连亏”而遭特别处理甚至终止上市的命运。方先生最终并没有对该公司进行投资。

参考文献

[1] 中华人民共和国会计法．中华人民共和国主席令第24号．

[2] 中华人民共和国公司法．中华人民共和国主席令第42号．

[3] 中华人民共和国企业所得税法及其实施条例［M］．北京：中国法制出版社，2007.

[4] 中华人民共和国财政部．企业会计准则（2006）［M］．北京：经济科学出版社，2014.

[5] 中华人民共和国财政部．企业会计准则应用指南（2006）［M］．北京：中国财政经济出版社，2006.

[6] 中华人民共和国财政部．会计基础工作规范［M］．北京：经济科学出版社，1996.

[7] 财政部会计编写组．企业会计准则讲解（2010）［M］．北京：人民出版社，2010.

[8] 国务院国资委财务监督与考核评价局．企业绩效评价标准值［M］．北京：经济科学出版社，2020.

[9] 周萍华．会计学［M］．重庆：重庆大学出版社，2016.

[10] 周萍华，周蕾．会计学［M］．北京：经济科学出版社，2020.

[11] 周晓苏．会计学［M］．大连：大连出版社，2012.

[12] 徐经长，孙蔓莉，周华．会计学（非会计专业用）［M］．北京：中国人民大学出版社，2010.

[13] 陆正飞，黄慧馨，李琦．会计学［M］．北京：北京大学出版社，2008.

[14] 王俊生．基础会计学［M］．北京：中国财政经济出版社，2002.

[15] 沃尔特·T. 哈里森，查尔斯·T. 亨格瑞．财务会计［M］．5版．韩洁，等译．北京：北京大学出版社，2006.

[16] 特蕾西·诺布尔斯，布伦达·T马蒂森，埃拉·梅·玛苏姆拉．会计学（第10版）［M］．刘俊勇，等译．北京：中国人民大学出版社，2016.

[17] 简·R. 威廉姆斯，苏珊·F. 哈卡，马克·S. 贝特纳．会计学——企业决策的基础（财务会计分册）［M］．冯正权，等译．北京：机械工业出版社，2016.